백만장자의
창업 바이블

일러두기

- 이 책은 국립국어원 표준국어대사전의 표기법을 따랐으나 인명, 지명 등 고유명사의 표기는 관례와 원어 발음을 존중해 그에 따랐다.
- 각주는 원서에 표기된 것이며, 독자의 이해를 돕기 위한 옮긴이 주는 괄호에 '— 옮긴이'로 표기하였다.
- 국내 번역 출간된 책은 한국어판 제목으로 표기하였으며, 미출간 도서는 원어를 병기하였다.

Inner Entrepreneur: A Proven Path to Profit and Peace
© 2025 Grant Sabatier
All rights reserved.

All rights reserved including the right of reproduction in whole or in part in any form.

This Korean translation published by arrangement with Avery, an imprint of Penguin Publishing Group, a division of Penguin Random House LLC. through Alex Lee Agency.

이 책의 한국어판 저작권은 알렉스리 에이전시 ALA를 통해서 Avery, an imprint of Penguin Publishing Group, a division of Penguin Random House LLC 사와 독점계약한 웅진씽크빅에 있습니다. 저작권법에 의하여 한국 내에서 보호를 받는 저작물이므로 무단전재와 복제를 금합니다.

백만장자의
창업 바이블

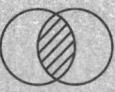

**MBA도 초기 투자도 없이
맨몸으로 부딪혀 얻은 사업 성장의 기술**

그랜트 사바티어 지음 | 조용빈 옮김 | 김기영 감수

INNER ENTREPRENEUR

리더스북

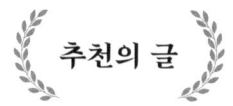

추천의 글

명료하고 탁월하다. 사바티어가 전하고자 한 기업가 정신의 본질, 그리고 반복 가능한 성장의 구조를 설계하는 접근법에서 독자의 경제적 자유를 돕고자 하는 진심이 느껴진다. 불안과 싸우는 예비 창업자와 모든 창업자에게 일독을 권한다.

―김기영, 벤처 투자자, 『VC 스타트업』 저자

날카로운 질문과 강력한 진실로 가득 찬 이 책은 변화를 만들려는 기업가들에게 유용한 기준점이 될 것이다.

―세스 고딘, 경영사상가, 『세스 고딘의 전략 수업』 저자

진정으로 좋아하는 사업을 구축함으로써 자유를 얻길 원하는 모든 이를 위한 청사진이다.

―지노 위크먼, EOS 창립자, 『트랙션』 저자

진정한 명작이다! 이 책은 기업가 정신을 다룬 고전이 될 것이다.

―밥 버그, 『기버 1, 2』 공동 저자

단순히 수익률에 관한 책이 아니다. 사업을 통해 지속 가능한 삶을 영위하는 법을 다룬다. 저자는 친밀하면서도 동기를 부여하는 여정을 제시해, 기업가 정신을 덜 부담스럽게 느끼고 실현 가능하도록 한다.

―샘 파, 햄튼앤더허슬Hampton and the Hustle 창립자, 〈My First Million〉 팟캐스트 진행자

그랜트 사바티어는 모험적인 사업가 정신의 대가다. 총명한 사고로 기회를 포착하는 재주를 갖췄으며, 기업을 성장시킨 뒤 내려놓을 줄 아는 능력 또한 지녔다. 그의 영혼은 의미와 진리를 찾아 불타오른다. 그의 지혜를 깊이 탐구하라. 그의 창의력과 추진력이 내게 그랬듯 당신의 삶에도 반드시 영향을 미치게 하라.

—비키 로빈, 『부의 주인은 누구인가』 공동 저자, 〈노년의 도래〉 블로그 운영자

사업을 시작해 그것을 기반으로 원하는 삶을 구축하면 엄청난 보람을 느낄 수 있다. 그러나 대부분의 사람은 사업의 노예가 되고 만다. 이 책의 저자는 '당신을 위해 움직이는 사업'을 어떻게 시작하고 운영할지 알려준다. 이것은 매우 중요한 차이다!

—JL 콜린스, 『부자 교육』 저자

이 책을 절반쯤 읽었을 때, 나는 내 사업을 개선했을 뿐 아니라 새로운 사업 아이디어까지 떠올리고 있었다. 사업에 관한 실질적인 실행 방법과 구체적인 조언으로 가득 차 있어 단 한 단어도 허투루 쓰이지 않았다. 창업을 꿈꾸는 미래의 기업가부터 베테랑 기업가까지 모두의 필독서다.

—조던 그루멧, 『상황 파악 Taking Stock』 저자, 〈Earn & Invest〉 팟캐스트 진행자

내 딸과
그리고 사업을 시작하려는
모든 용기 있는 사람들에게
이 책을 바친다.

당신이 가진 행복의 양은
당신 마음속에 있는
자유의 양에 달려 있다.

- 틱낫한

차례

추천의 글 **4**

1장 ◆ 기업가가 되는 일이 지금보다 쉽고 중요했던 적은 없었다

어떻게 성공 가능성을 높일 것인가 **19** | 사업은 부로 향하는 지름길 **22** | 사업가의 특권, 시간을 통제하는 힘 **25** | 삶의 깊이와 풍요를 더하는 법 **26** | 누구에게나 기업가 정신이 있다 **27** | 삶을 스스로 설계할 자유 **31** | 모든 기회가 선물은 아니다 **33** | 내게 주어진 자유를 활용하는 법 **33** | 기업가 정신의 4단계 **35** | 내 의지대로 삶을 확장한다는 것 **39**

2장 ◆ 성공한 기업가들의 7가지 진실

돈을 좇는 일은 어쩌면 가장 쉽다 **49** | 진실 1 : 자유는 선택이 아닌 제약에서 온다 **50** | 진실 2 : '생각'보다 '느낌'을 믿어라 **53** | 진실 3 : 약점보다 강점에 집중하라 **55** | 진실 4 : 인센티브가 모든 것을 움직인다 **57** | 진실 5 : 하나를 숙달한 뒤 다각화하라 **60** | 진실 6 : 경쟁보다 협력이 더 강하다 **61** | 진실 7 : 추진력은 가장 강력한 힘이다 **63**

LEVEL 1. 실험적 기업가
: 최소한의 리스크로 시장을 탐색하라

3장 ◆ 사업의 아이디어는 발견하는 것이 아니라 설계하는 것이다

완벽한 사업 공식 **78** | 시간 투자와 배분 **79** | 강점 집중 **83** | 당신의 열정은 무엇인가 **85** | 당신의 사명은 무엇인가 **86** | 연습 : 교차점 찾기 **89** | 아이디어로 돈 버는 법 **96** | 제품 비즈니스 **97** | 디지털 제품 **98** | 실물 상품 **105** | 서비스업 **113** | 서비스의 '제품화' **119** | SaaS 비즈니스 **123** | 제휴 마케팅 또는 광고 마케팅 **125**

4장 ◆ 기회 평가, 가격 책정, 그리고 첫 매출

기회 평가 137 | 시장 검증 140 | 가격 책정 원칙 145 | 첫 매출 만들기 160

5장 ◆ 고객의 마음을 사로잡는 브랜드 스토리를 만들어라

브랜드를 만드는 3가지 요소 167 | 관심을 끄는 서사의 힘 168 | 브랜드 서사 구축 169 | 차별화된 콘텐츠의 원리 172 | 영향력 있는 콘텐츠 만드는 법 176 | 유료 마케팅 vs 오가닉 마케팅 188 | 랜딩 페이지와 웹 사이트 활용 189 | 검색 엔진 최적화 190 | 키워드 조사와 검색 사용자 타깃팅 194 | 좋은 도메인과 브랜드 이름 198 | 웹 사이트 구성 200 | 설득력 있는 이메일 214

6장 ◆ 기초 재무 관리

유한책임 회사 229 | 재정 분리 232 | 장부 정리와 회계 시스템 234 | 현금 흐름 개선 및 비용 절감 235 | 내 급여를 책정하는 방법 242 | 세금 최적화 244 | 재무 건전성 평가 246

LEVEL 2. 1인 기업가
: 무기가 되는 시스템과 수익 구조 만들기

7장 ◆ 사업의 단단한 뿌리, 커뮤니티와 고객 관리

1단계: 관심사와 목표 공유 267 | 2단계: 신뢰 구축을 위한 콘텐츠 확장 272 | 3단계: 고객 참여 유도 278 | 4단계: 제품 판매 전략 283 | 5단계: 판매 지표 평가 286

8장 ◆ 지속 가능한 현금 흐름 확보와 투자 극대화

현금 흐름 측정 및 관리 298 | 현금 흐름 개선 방법 301 | 현금 긴한 주기 309 | 현금 흐름 관리의 5단계 313

9장 ◆ 알아서 굴러가는 시스템을 구축하라

성과 데이터 모니터링 **335** | 프로세스 표준화 **337** | 팔리는 서비스를 만드는 법 **344** | 최고의 계약직 고용 및 관리 방법 **349** | 1·2·4개월 단위 계획 **357**

LEVEL 3. 성장 기업가
: 사람과 전략으로 비즈니스를 가속화하는 법

10장 ◆ 성장을 가속화하는 전략에 집중하라

디지털 광고의 장단점 **377** | 디지털 광고 시작하는 법 **379** | 마케팅 지출 최적화 **384** | 고객 획득 비용 **385** | 고객 생애 가치 **389** | 마케팅 예산 책정 **398** | 유료 마케팅의 활용 **401** | 제휴 프로그램 구축 **403** | 레거시 미디어 활용법 **405** | 마케팅 다각화와 신제품 출시 **407** | 경쟁사 및 시장 분석 **408** | 핵심 그룹 **409**

11장 ◆ 인재 영입과 인센티브

채용의 필요성 평가 **418** | 초기 팀 구성의 기준 **428** | 핵심 인재 발굴과 검증 **432** | 면접 방법 **435** | 투명한 조직 운영 **439** | 효과적인 인센티브 도입 **440** | 파트너십 모델 **443** | 90일 평가 기간 **446** | 조직 문화 설계 **447** | 직원별 투자수익률 계산 **450**

12장 ◆ 언제든 사업을 매각할 준비가 되어 있어야 한다

사업 매각의 의미와 수익 **458** | 매각을 위한 성장 방법 **463** | 주요 지표 및 프로세스의 문서화 **467** | 잠재적 구매자 찾는 법 **475** | 회사의 잠재적 가치 평가 **478** | 최고의 조건으로 거래하는 방법 **482** | 총 구매 가격 **487** | 매각 시기 **492**

LEVEL 4. 자신만의 제국을 세우는 기업가
: 새로운 판을 짜는 투자·인수 전략

13장 ◆ 지주회사를 설립해 당신의 제국을 성장시켜라

지주회사의 네 가지 유형 508 | 지주회사 설립 시점 512 | 지주회사 설립 방법 520

14장 ◆ 인수 기회를 잡을 안목을 키워라

인수 가치가 높은 사업체 532 | 인수 전 점검 542 | 인수 유형 결정 542 | 시장조사 544 | 고객으로서의 경험 549 | 비효율성과 이상 징후 550 | 대금 지불 553 | '정말로 이것을 하고 싶은가?' 561 | 인수 팀 구성 562

15장 ◆ 인수 거래는 신속하고 신중해야 한다

사업체 소유주 또는 중개인과의 접촉 568 | 기밀 유지 협약 체결 572 | 사업체 자료 검토 573 | 초기 질문 목록 작성 576 | 다자간 회의 577 | 최초 제안 및 조건 명시 580 | LOI 및 자금증명서 제출 581 | 실사 체크리스트 점검 583 | 자산구매계약서 589 | 거래 완료 590 | 인수 이후 591

16장 ◆ 당신이 찾는 모든 것은 이미 당신 안에 있다 595

감사의 말 605
더 읽을 거리 607
주 610
찾아보기 613

1장

기업가가 되는 일이 지금보다 쉽고 중요했던 적은 없었다

> 기회는 잡을수록
> 더 많아진다.
>
> — 손자孫子

　어느 고요한 여름날의 아침 7시, 딸아이가 바닥에 앉아 내 기타를 통탕거린다. 밝은 파란 눈과 사랑스러운 미소를 지닌 그녀는 아내를 쏙 빼닮았지만 손재주는 나를 닮았다. 지난 한 시간 동안 딸아이와 함께하며 여유롭게 커피를 내리고 아침을 먹으며 흘러가는 순간을 붙잡으려 애썼다. 사무실에 가거나 화상회의에 참석하러 서둘지 않아도 된다는 것이 얼마나 다행스런 일인지 모른다.

　상사에게 보고할 필요도, 월급을 받기 위해 일할 필요도 없으며, 내 시간을 어떻게 쓸지 스스로 선택할 수 있다. 나는 이런 아침의 자유보다 더 좋은 것을 아직 경험하지 못했다.

　마침 휴대전화를 보니 주식시장이 열렸고, 다우존스 지수는 거의

2% 상승했다. 재빨리 머릿속으로 계산해보니 지난달 투자 수익만으로 25만 달러 이상을 벌었다. 시간을 전혀 들이지 않고 이만한 돈을 벌었다는 사실이 여전히 믿기지 않는다. 메일함을 확인하니 비서 에밀리가 이미 몇 시간 동안 이메일을 읽고 정리해놓았다. 덕분에 나는 매주 약 25시간을 절약한다. 내가 소유한 MMG미디어그룹의 수익 추적 시스템을 열어보니, 우리 웹 사이트들이 오늘만 벌써 거의 1만 달러의 수익을 올렸다. 내년에 마흔이 되는 나는 벌써 일곱 번째 회사 운영을 시작했다.

나는 15년 동안 사업을 구축하고 저축하고 투자해왔다. 주식시장의 호황 덕분에 수백만 달러의 투자 수익을 올렸지만, 처음 주식시장에 넣은 돈의 대부분은 내가 창업해 운영하고 성장시킨 사업에서 벌어들인 것이었다. 다시 말해 내가 기업가가 되지 않았다면 이 모든 일은 불가능했을 것이다.

나는 MBA 학위도 없고, 경영학 수업을 들어본 적도 없다. 교수나 경영 컨설턴트, 저널리스트처럼 사업을 시작하고 확장하는 방법에 대해 글을 쓰지도 않는다. 나는 그저 기업가다. 현장에서 직접 발로 뛰며 어려움을 극복하고, 중요한 결정을 내려 사업을 번창시킨다. 나는 외부 투자자의 도움 없이 자수성가한 기업가이기도 하다. 사업을 운영해 벌어들인 돈으로 사업을 성장시켜왔고, 최대한 빠른 시일 내에 수익을 내는 것을 중요한 목표로 삼아왔다.

이 책의 주된 목표는 여러분이 나처럼 성공적인 사업을 일구어 경제적 풍요, 시간적 여유 그리고 정신적 안정을 얻을 수 있도록 돕는 것이다. 나는 15년간의 기업가 경험을 통해 얻은 값진 교훈 가운데 내게 경제적 성공과 정신적 평화를 가져다준 핵심 내용만을 독자 여러분에게 전할 것이다. 하지만 사실 이 책에 거창한 이론 같은 것은 없다.

내가 이 책에서 권하는 모든 것은 내가 직접 경험했거나 지금도 경험하고 있는 일이다. 이러한 전략들은 이제 막 부업을 시작했든, 파트타임으로 사업을 시작했든 혹은 여러 사업체를 동시에 운영하든 누구에게나 상관없이 적용된다. 사업을 새로 시작해 성장시키는 일은 결코 쉽지 않지만, 스스로 경쟁력을 확보할 수 있는 방법은 많다.

어떻게 성공 가능성을 높일 것인가

이 책은 성공 가능성을 높이고 실패 위험을 줄일 전략과 전술 그리고 사업과 관련된 지표에 집중해 여러분의 시간을 절약하도록 구성되어 있다. 솔직히 경고하자면 당신은 실패하게 되어 있다. 모든 창업가가 그렇다. 그러나 더 많이 시도하고 배울수록 실패는 더 빨리 찾아올 것이고 성공할 기회 역시 더 많아질 것이다. 대부분의 사람은 아예 시작조차 하지 않거나 중도에 포기하겠지만, 그들의 그런 선택이 결국 당신에게는 오히려 유리한 기회가 될 것이다. 이 게임에 더 오래 머무를수록 성공 확률은 더 높아진다.

대부분의 경영서와 소위 '전문가'들은 하나의 아이디어에만 집중한다. 이를테면 훌륭한 팀을 구축하는 방법, 이익을 늘리는 방법, 마케팅을 확장하는 방법, 사업을 매각하는 방법 같은 것들이다. 그러나 이런 제한적인 관점으로는 사업 전체의 기회를 조망할 수 없고, 그 기회를 활용하기 위해 무엇을 해야 하는지도 제대로 이해하지 못한다. 사업의 한 측면이나 유형에만 집중한다면 무궁무진한 사업 기회와 기업가가 될 수 있는 다양한 방식을 독자 여러분에게 전달할 수 없다.

이 책은 아이디어 착안부터 사업 매각까지 그리고 타 사업 인수부터 지주회사 설립 및 상속에 이르기까지 기업 운영의 전반적인 과정을 폭넓게 조망한다. 또한 이 책은 다양한 창업 경로를 제시하고 각 경로의 현실적 요구 사항을 명확히 설명하며, 실질적인 의사 결정 정보를 제공함으로써 독자가 가장 알맞은 길을 선택하도록 돕는다. 당신은 다양한 선택지를 명확히 인지하고, 각 선택이 불러올 이점과 감수해야 할 부분을 균형 있게 이해하게 될 것이다.

나는 이 책이 분명 당신에게 도움이 될 것이라 확신한다. 나 역시 당신과 마찬가지로 평범한 사람일 뿐이지만, 기업가로서 경험한 자유로운 삶, 일에서 오는 기쁨 그리고 목표 달성에서 얻는 만족감을 당신도 느꼈으면 한다. 어떤 종류의 사업을 구축해야 하는지, 어디에 돈을 써야 하는지 또는 어떻게 살아야 하는지 같은 것을 말하려는 게 아니다. 당신의 인생이지 내 인생이 아니기 때문이다.

다행히도 기업가는 자신의 가치관과 목표에 따라 의미 있는 길을 스스로 선택할 수 있다. 또한 당신은 사업의 구축 방법과 각 단계에 따르는 장단점을 스스로 판단하고 결정할 수 있다. 이 책 전반에서 나는 당신이 돈과의 관계를 건강하게 설정하고, 상황에 따라 유연하게 대처하도록 이끌 것이다. 그래야만 사업을 하다 보면 흔히 나타나는 성공에 대한 압박감, 과도한 기대, 무조건적인 성장주의에 휩싸이지 않을 수 있다.

이 책은 억만장자가 되거나, 빨리 부자가 되거나, 가능한 한 많은 돈을 버는 방법을 알려주는 책이 아니다. 기업가 정신을 통해 스스로 기회를 만들고 어려움을 극복하며, 자신만의 가치 있는 삶을 구축하는 데 초점을 맞추고 있다.

전통적인 기업가 정신이나 경영서는 오로지 성장, 이익, 효율의 극대화에만 초점을 맞추며, 사업과 관련된 결정이 창업가 개인의 삶에 미치는 영향을 거의 고려하지 않는다. 당신이 사업을 위해 감수하는 모든 위험, 복잡한 상황, 투자 행위는 당신의 삶에 어떤 식으로든—재정적·감정적·육체적·영적으로 또는 이 네 가지가 뒤섞여—영향을 미칠 것이다. 문제는 그 영향이 긍정적인가 부정적인가, 중요한가 미미한가이다. 그것이 당신의 가능성을 넓힐 것인가, 아니면 제약할 것인가?

당신과 당신의 사업은 별개의 존재지만 실제로는 불가분의 관계에 있다. 이 점을 인정하지 않고 사업을 운영한다면 불필요하고 어리석은 위험을 초래하며, 결국 자신의 삶의 질과 자유를 저해할 수 있다. 만약 사업에 모든 것을 쏟아붓는다면 다른 사람을 위해 일하는 것과 다를 바 없다. 사업은 삶의 수단이지 삶의 목적이 되어서는 안 된다.

이 책에서 우리는 사업을 통해 더 많은 기회를 창출하고 삶에 더 큰 평화를 가져오는 방법까지 모두 다룰 것이다. 내 삶과 꿈을 재정적으로 뒷받침해주는 믿을 만한 사업을 구축하면, 밤에 더 잘 잘 수 있고 스트레스를 덜 받으며, 정신적인 여유가 생겨 새로운 아이디어를 생각하거나 자신이 좋아하는 취미와 활동에 더 많은 시간을 쓸 수 있다.

사업은 부로 향하는 지름길

본론부터 말하자면 급여소득자는 가장 느리게 부를 쌓는다. 다른 사람이 나의 급여와 잠재적 수입을 결정하며, 근로소득은 가장 높은 세율로 과세되기 때문이다. 또한 연봉 협상에서 주도권을 쥐기 어려우며, 평균 연봉 인상률은 1~3%에 불과하다.

시간이 지나면서 소득의 일부를 저축해 부를 늘릴 수는 있지만, 401(k) 퇴직연금(미국의 대표적인 퇴직연금 제도로, 근로자가 자발적으로 급여 일부를 적립하고 고용주가 선택적으로 일정 비율을 추가 납입하는 제도-옮긴이)이나 기타 비과세 투자에는 한도가 있다. 당신의 휴가 일수는 제한적이고 '임의 고용' 신분이므로 언제든 어떤 이유로든 해고될 수 있다. 열심히 일할수록 상사와 회사 소유주 및 주주 들은 더 많은 돈을 벌지만 그 이익을 당신이 나누어 가질 수는 없다. 설사 회사 지분이나 주식을 보유했다 해도 대부분은 회사가 수십억 달러에 매각되지 않는 한 가치가 없으며, 설령 그렇게 되더라도 창업자 외에는 거의 누구도 이익을 얻지 못하기 마련이다.

9시부터 5시까지 근무하는 전통적인 회사 생활에서 벗어나 보니 그 모든 것이 얼마나 비인간적으로 느껴지는지 모른다. 다니기 싫은 직장에서 보너스를 최대한 받기 위해 또는 연봉 10만 달러를 바라보며 스트레스를 받는 사람이 여전히 많다. 그렇게 열심히 일하면서도 착취당하고, 그러면서도 자신의 직업을 좋아하지 않는 사람이 대다수라는 사실이 못마땅하다. 만약 자신의 직업과 삶을 사랑한다면 당신은 운이 좋은 사람이다. 갤럽의 「세계 직장 현황 2023 State of the Global Workplace : 2023」 보고서에 따르면 직장인 중 77%가 직장에서 몰입하지 못하며, 51%는 적극적으로 새로운 직업을 찾고 있다. 또한 직장에서 받는 스트레스 역시 사상 최고치에 달했다.[1]

대부분의 직업이 보람 없이 힘들기만 하다는 점을 생각하면 놀라운 일도 아니다. 그런 직업은 사람들이 좋아하는 일이 아니라 단지 월급을 받기 위한 수단에 불과하다. 하루가 빨리 흘러가기를 바라며 주말만을 기다리게 만드는 일이다. 결국 이런 직업은 안 좋은 결과를 초래하기 마련이어서 사람들을 슬프게 만든다. 이런 일자리는 얻기는 쉽지만 막상 일을 하다 보면 대부분의 시간을 그 자리를 잃지 않으려 애쓰며 보내게 된다. 인생이란 그저 안주하고 흐름에 몸을 맡기며 살 때 더 편안한 법이다. 수많은 계층의 사람들이 다른 수많은 계층의 사람들을 떠받치는 구조의 대기업에서는, 흥미를 잃고 무관심해지기가 더욱 쉽다.

안타깝게도 기업 인수합병의 증가, 불안정한 시장 상황, 세계화 등 여러 요인으로 인해 과거에는 안정적이라고 여겨졌던, 9시부터 5시까지 근무하는 전통적인 직업들이 이제는 장기적으로 매우 위험한 상황에 놓였다. 불과 몇 년 전까지만 해도 안전한 직업으로 여겨졌던 아마존, 메타, 구글 같은 최고 기업 세 곳이 지난 몇 달 동안 총 7만 5,000명 이상의 직원을 해고했다. 2023년 IBM은 향후 몇 년 안에 AI로 대체될 것으로 예상되는 약 7,800개의 직책에 대해 채용을 보류하겠다고 발표했다. 세계경제포럼The World Economic Forum 역시 불과 5년 안에 전체 일자리의 약 25%가 AI로 대체될 수 있다고 전망했다. 이런 현실에서 더 이상 안전한 직업은 없다. 그렇다면 왜 자신의 미래를 다른 사람의 손에 맡기려 하는가?

반면 자신의 사업을 시작하면 사업의 주체로서 통제권을 가지며 매년 회사의 이익을 나눌 수 있다. 현명한 기업가는 일반 소득세율로 과세되는 개인소득을 늘리기보다 매출과 수익 그리고 기업 가치의 성장을 우선시한다. 사업이 성장할수록 지분 가치와 개인 순자산이 함께 증가한다. 가장 좋은 점은 지분을 팔거나 회사를 매각할 때만 세금이 부과되므로, 지분 가치는 매각하는 날까지 과세 없이 커질 수 있다는 점이다.

한편 미국 세법은 기업가와 고용주에게 유리하게 설계되어 있기 때문에 세금 측면에서 상당한 이익을 누릴 수 있다. 회사의 가치를 키운 뒤 매각하면 이익이 발생하는데, 이때 적용되는 양도소득세율은 급여소득자의 소득세율보다 낮다. 가장 좋은 점은 더 많은 돈을 벌 수 있다는 것이다. 나는 7년 동안 밀레니얼머니Millennial Money라는 회사를 만들어 키웠고, 이 회사를 매각하면서 순자산이 7배나 증가했다.

사업가의 특권, 시간을 통제하는 힘

연구에 따르면 자기 사업을 운영하는 사람들은 여러 압력을 받으면서도 고용주 아래에서 일하는 사람들보다 번아웃을 겪을 가능성이 낮고 행복감을 느낄 가능성은 높다고 한다. 좋아하는 사람들과 좋아하는 일을 하는 한 번아웃은 쉽게 찾아오지 않는다.

원하는 것을 원하는 때에 원하는 방식으로 할 수 있는 자유와 유연성이 있다는 것은, 설사 일반 회사에서 일할 때보다 더 많은 시간 근무하더라도, 사업을 시작하고 성장시키는 과정에서 돈 이상의 가치를 얻을 수 있다는 의미다. 또한 억지로 외부에서 행복이나 의미를 찾으려 애쓸 필요가 없다. 사업을 하면 성취감, 에너지, 목적의식이 자연스레 커진다.[2]

기업가 정신에는 획일적인 접근 방식이 없으며, 누군가에게 효과적인 것이 다른 누군가에게는 전혀 맞지 않을 수 있다. 우리는 저마다 다른 목표, 열망, 기술 및 아이디어를 가지고 있다. 이런 점을 고려하지 않고 사업을 시작한다면 수익은 나더라도 자신의 영혼을 고갈시키는 사업을 구축할 위험이 있다. 결국 기업가의 진정한 목표는 단순히 돈을 버는 것이 아니라, 자신의 고유한 삶을 영위하면서 잠재력을 최대한 발휘할 자유를 얻는 데 있다.

삶의 깊이와 풍요를 더하는 법

　물론 사업에는 항상 위험이 따라왔다. 그러나 내가 이 글을 쓰는 오늘날은 자신의 방식으로 돈을 벌기가 그 어느 때보다 쉽다. 초기 투자비나 운영비가 거의 들지 않거나, 심지어 집을 나설 필요조차 없는 경우도 많다. 우리는 자본주의의 황금시대에 살고 있다. 50년 전의 삶을 떠올려보라. 부를 상속받거나 엄청난 행운이 뒤따르지 않는 한 한번 직업을 선택하면 거기에 매달릴 수밖에 없었다. 물론 당시에도 연금이 있기는 했지만 그것을 받으려면 30, 40년을 일해야 했고, 그 기간 동안 깨어 있는 시간의 상당 부분을 어떻게 보낼지에 대한 자유도 선택권도 없었다.

　한편 재택근무와 기술의 발전 덕분에 풀타임 직업이 있더라도 예전처럼 장시간 근무할 필요가 없어, 남는 시간에 자신의 사업을 구축할 수 있는 유연성이 생겼다. 필요한 것은 단지 인터넷, 좋은 아이디어 그리고 일을 하려는 의지뿐이다. 기회는 무궁하지만 그렇다고 위험이 사라진 것은 아니다. 변화와 혁신이 매우 빠른 속도로 일어나기 때문에 새로운 기회가 생겨나도 그것을 포착하고 활용할 수 있는 시간은 짧다. 따라서 빠르게 행동하는 것이 중요하다.

　인플루언서들은 종종 하룻밤 사이에 유명세를 얻어 수백만 달러를 벌지만, 알고리즘이 업데이트되면 그만큼 빠르게 몰락하기도 한다. 심지어 전통적으로 의존해온 주식이나 부동산 같은 시장조차 큰 위험에 직면해 있으며, 미국 경제와 주택 가격이 끝없이 성장할 것이라는 우리의 믿음마저 불확실해지고 있다.

이런 현실을 고려하면, 겉보기에 안정적인 풀타임 직업을 가진 사람들조차 이제는 기업가가 되어 스스로 부를 구축하고 소유하는 것이 매우 중요한 시대가 됐다. 직업과 경제가 변화하는 이 추세 속에서 우리는 이미 우리 안의 기업가 정신을 발휘해 더욱 창의적인 해결책을 찾아 나서는 능력을 길러왔다.

이제 그 능력을 최대한 활용할 때다.

누구에게나 기업가 정신이 있다

대부분의 경영서는 기업가는 만들어지는 게 아니라 타고나는 존재라는 진부한 이야기로 시작한다. 기업가는 남다르다거나 위험 감수 성향이 크다고도 한다. 혹은 그들이 스티브 잡스Steve Jobs나 일론 머스크Elon Musk처럼 엄청난 야망을 가진 외골수 천재라고 말한다. 검증되지 않은 사업 모델, 기술, 제품에 과감히 투자해 억만장자가 된 사람들이라고도 한다. 그러나 그런 말들을 믿을 필요는 없다.

당신은 이미 기업가다. 당신은 당신 삶의 창조자다. 당신은 이미 자신과 시간을 팔고 있지만, 그 혜택을 누리는 사람은 누구인가? 당신은 이미 기업가의 기술을 가지고 있다. 왜 그것을 최대한 활용하지 않는가?

연구에 따르면 대부분의 기업가들도 우리와 마찬가지로 위험을 회피하는 경향이 있다. 그들은 한 세대에 한 명 나올까 말까 한 선지자가 아니다. 회사 생활에 만족하지 못하고 그 이상의 것을 바란 평범한 사람들일 뿐이다. 그들은 창의적이고 열정적이다. 자신과 지역사회를 위해 가치를 창출하고 싶어 한다. 결국 그들은 우리 모두가 원하는 것, 즉 먹고 살기에 충분한 재산을 일구고 세상에 가치 있는 것을 내놓고 싶어 하는 평범한 인간이다.[3]

기업가가 되는 길은 여러 가지가 있지만, 내 생각에 가장 좋은 출발은 먼저 아이디어를 떠올리고 제로에서 사업을 구축하는 것이다. 아무것도 없는 상태에서 시작해 자력으로 사업을 일으키며 배우는 전략과 교훈은 기업가의 길에서 매우 귀중한 자산이 된다.

또는 다른 사람이 만든 청사진을 바탕으로 사업을 구축할 수도 있다. 그러면 처음부터 시행착오를 거칠 필요가 없기 때문에 나는 이 방식을 좋아한다. 그런 모델은 이미 성공적이므로 당신은 그것을 활용하기만 하면 된다. 과거에는 사업을 구축하는 방법을 배우려면 경영 대학원에 가거나 성공한 기업가를 찾아 멘토링을 받아야 했다. 다행히도 이제는 점점 더 많은 기업가들이 자신의 성공 모델을 무료로 인터넷에 공개하고 있다.

미첼 소르킨Mitchell Sorkin의 사례를 보자. 그는 X(구 트위터)에 소규모 ATM 운영업체 인수, 관할 구역 확장, ATM을 설치한 매장주들과의 더 가치 있는 파트너십 구축을 통해 ATM 사업을 어떻게 육성하고 있는지 그 과정을 매우 상세히 공개하고 있다. 다른 예로 카일 놀란Kyle Nolan은 재무관리 도구인 프로젝션랩ProjectionLab의 개발 과정을 공개하고 월별 수익을 온라인에 공유하며, 제품 개선을 위한 새로운 아이디어와 기능에 대해 대중으로부터 피드백을 받고 있다. 이런 '빌드인퍼블릭 운동build-in-public movement'은 소프트웨어 개발자에 국한하지 않고 다양한 유형의 기업가들 사이로 빠르게 확산되고 있다. 선도적인 이들을 팔로우하고 그들과 소통하는 것만으로도 여러 분야에서 사업을 구축하는 방법을 배울 수 있다.

기업가가 되는 또 다른 방법은 성공적인 사업을 인수하여 운영하는 것이다. 최근에는 처음부터 새로운 사업을 시작하기보다 이미 성공적으로 운영 중인 사업체를 인수해 경영하는 것이 더 안전하다고 주장하는 사람이 늘고 있다. 이미 수익을 내고 있으며 현금 흐름이 활발한 회사를 선호하는 것이다. 이런 사업을 인수하는 데 반드시 많은 초기 자본이 필요한 것은 아니지만, 그렇다고 결코 가볍게 생각해서는 안 된다. 대체로 인수 자금을 마련하기 위한 대출은 개인 자산을 담보로 요구하기 때문이다.

그럼에도 불구하고 적극적으로 노력하고 주의 깊게 살핀다면, 매우 유리한 조건의 인수 대상을 찾을 수 있다. 내가 이 글을 쓰는 시점에 은퇴를 앞둔 베이비붐 세대 사업주들이 회사를 매각하려 하면서, 우리 사회는 소위 '실버 쓰나미silver tsunami(은퇴 시기에 접어든 베이비붐 세대의 수가 급증하며 사회 전반에 급격한 고령화가 나타나는 현상-옮긴이)'의 초중반 단계에 접어들었다. 현명한 기업가라면 이미 수익성을 입증한 관련 사업체를 하나 이상 인수하는 것도 좋은 선택이 될 수 있다.

사업이 당신에게 맞지 않거나 사업가가 되기 위해 노력할 가치가 없다고 생각하는가? 이해한다. 아마 당신은 다음 중 한 가지 이상을 걱정하고 있을 것이다.

1. **시간이 없다**: 중요한 일에는 누구나 시간을 낸다.
2. **돈이 없다**: 돈은 전혀 필요 없다. 한 푼도 쓰지 않고 돈을 벌기 시작할 수 있다.
3. **기술이 없다**: 아니다. 당신은 이미 기술이 있다. 어떻게 활용할지만 알면 된다.
4. **경영 대학원을 나오지 않았다**: 나도 마찬가지다. 오히려 무엇이든 새로운 시각으로 볼 수 있다.
5. **아이디어가 없다**: 내가 도와줄 것이다. 방법만 알면 아이디어는 쉽게 찾을 수 있다.
6. **어디서 고객을 찾아야 할지 모르겠다**: 고객이 진정 원하는 것을 가지면, 고객에게 다가가는 일은 쉽다.
7. **실패할까 두렵다**: 누구나 마찬가지다. 두려움은 당신이 신경 쓰고 있다는 증거다. 더 많이 배우고, 통제할 수 있는 요소를 관리하고, 예측 가능하게 사업을 설계하면 두려움은 줄어든다. 경험이 자신감을 만든다.

이런 걱정들은 과거로부터 물려받았거나 믿도록 길러진 정신적 장벽일 뿐인데도 당신은 그것을 당연하게 받아들이고 있다. 다른 데서 들은 말을 그대로 받아들이지 말고, 이 책을 통해 새로운 것을 배우고 직접 경험한 뒤 스스로의 기준으로 진실인지 아닌지를 판단해 보기 바란다. 사고방식을 바꾸면 또 다른 길이 열리고, 이전에는 결코 생각하지 못했던 기회가 보이기 시작할 것이다.

기업가가 되거나 돈을 버는 일은 특별한 사람만이 할 수 있는 것이 아니다. 누구나 배울 수 있는 기술이다.

기업가가 되기 위해 필요한 것은 사람들이 사고 싶고 사용하고 싶은 제품이나 서비스를 제공하고, 수익을 창출할 수 있는 비즈니스 모델을 만드는 것뿐이다. 그다음에는 사업을 유지할 만큼 충분한 현금을 확보하면 된다. 그게 전부다. 다행히 사업을 시작하는 데는 많은 시간, 돈, 기술, 심지어 판매할 물건조차 필수적이지 않다.

또한 반드시 사업 계획을 세우거나 외부 투자를 유치할 필요도 없다. 오히려 이런 요소들이 자유로운 의사 결정과 빠른 실행을 방해하기도 한다. 모든 것을 스스로 알아낼 필요도 없다. 오늘날에는 다양한 정보, 도구, 기술, 전략을 활용해 적은 투자와 노력만으로도 충분히 사업을 시작하고 성장시킬 수 있다.

삶을 스스로 설계할 자유

이 책은 단순히 돈을 버는 법에 관한 책이 아니다. 당신이 사랑하는 삶을 스스로 만들 자유에 관한 책이다. 비즈니스와 삶에서 점수를 매기는 방식은 무수히 많지만, 진정한 만족감과 기쁨, 행복, 감사, 사랑 등 모든 소중한 감정은 결국 자기 내면에서 비롯된다. 사업에 성공해 막대한 부를 쌓는다 해도, 자신이 하는 일을 사랑하지 않거나 살아온 삶을 사랑하지 않는다면 아무런 의미가 없다. 끊임없이 자신을 남과 비교하며 돈만 좇거나 기대만큼 멀리 나아가지 못했다고 스트레스를 받는다면, 기업가 정신이 지닌 진정한 만족감과 성취감을 놓치는 것이다.

내가 아는 가장 행복하고 성공한 기업가들은 내면의 기준으로 만족을 측정한다. 물론 일부 기업가들은 돈에서 동기를 얻지만, 단순히 순자산을 늘리는 데만 관심을 두지는 않는다. 그들은 모두 더 깊은 목적의식을 지니고 있으며, 자신이 하는 일을 사랑한다. 당신은 어떤 일을 하든 돈을 벌 수 있다. 그러나 사랑하는 일을 한다면 진정으로 의미 있는 행복을 느낄 수 있다. 자신이 좋아하는 일을 할 때면 단순한 성공이나 만족을 넘어 삶의 근본적인 평화를 경험하기가 더 쉬워진다.

당신이 사랑하는 사업을 구축하려면 시간을 내어 자신의 내면을 들여다보고, 진정으로 원하는 것이 무엇인지 깊이 생각해야 한다. 인생을 어떻게 보내고 싶은가? 가장 깊은 열망은 무엇인가? 그것을 실현하는 데 얼마나 많은 돈이 필요할까? 사업은 그 꿈에 도달하는 데 어떤 방식으로 도움이 될까?

사업을 시작하고 성장시키는 동안 이 질문들을 끊임없이 되새기며 기억해야 한다. 그것은 불확실성을 관리하고 더 나은 결정을 내리는 데 도움을 주며, 궁극적으로 삶의 기반을 튼튼히 하고 가능성을 넓히도록 이끌어줄 것이다.

이 여정에 당신과 함께하게 되어 진심으로 기쁘다.

모든 기회가 선물은 아니다

　기업가로서 성장하고 성공할수록 재정적 성취뿐 아니라 더 다양하고 폭넓은 기회가 찾아올 것이다. 하지만 모든 기회가 다 가치 있는 것은 아니며, 당신에게 알맞은 기회는 그중 일부에 불과하다. 당신이 무엇을 할 수 있다고 해서 반드시 해야 하는 것은 아니다. 사업이 궤도에 오르면 '예'보다는 '아니요'라고 말해야 하는 상황에 더 많이 직면한다. 단순히 금전적인 이익을 좇기보다 시간의 효율성과 삶의 질을 고려해야 하기 때문이다.

　나 역시 경력 초반에는 좋아하는 곳이나 평소 궁금했던 곳이 아니면 출장 가는 것을 매우 꺼렸다. 이후로도 아무리 큰돈을 벌 수 있는 기회라 해도 가족과 떨어져 지내야 하는 출장이라면 일관되게 거절해왔다. 고객을 상대하고 호텔에서 생활하는 일이 너무 힘들었기 때문이다. 아무리 많은 돈을 준다 해도 소용없었다. 시간과 돈을 맞바꾸는 것은 내게 결코 그만한 가치가 없는 일이다.

내게 주어진 자유를 활용하는 법

　사업에서 성공할수록 원하는 대로 시간을 쓸 자유는 더 커진다. 그러나 주어진 자유를 활용하는 데 두려움을 가질 필요는 없다. 우리는 다른 사람의 기대, 익숙한 편안함 또는 늘 그렇게 해왔기에 다른 방식을 알지 못한다는 이유로 관성대로 살아간다. 심지어 이런 방식의 삶에 만족하지 못하면서도, 내가 감수하는 대가가 결코 그 결과만큼의 가치는 없음을 알면서도, 멈출 경우 닥쳐올 일이 두려워 늘 하던 대로 계속하는 경우가 많다. 결국 실패에 대한 두려움과 후회에 대한 두려움 사이에 갇혀 어쩔 줄 모른다.

당신이 어떻게, 누구와 시간을 보내는지가 곧 당신의 삶을 구성한다. 나는 많은 기업가들을 만나면서 늘 놀라곤 한다. 그들 대부분은 늘 스트레스에 시달리고, 희망이 없어 답답하다고 느낀다. 이유는 분명하다. 자신이 해야 한다고 생각하는 사업을 구축하거나 남들이 하는 사업을 따라 할 뿐, 정작 자기만의 사업과 삶은 구축하고 있지 않기 때문이다. 또는 빠른 성장이 사업 성공의 지표라고 착각해 무리하게 사업을 확장하는 경우도 있다. 그 결과 필요 이상으로 직원을 많이 고용하고 과도한 고정비와 운영비로 현금 흐름이 악화되며, 사업은 쓸데없이 복잡해진다.

이들은 하루 종일 긴급한 문제만을 해결하며 체계적이지 않게 일하거나, 투자자들을 기쁘게 하려 애쓰지만 정작 자신이 만족할 만한 일은 하지 않는다. 서류상으로는 성공한 듯 보일지 모르지만 현실은 비참하다. 많은 돈을 벌고도 그 과정에서 만족감을 느끼지 못한다면, 당신은 너무나 많은 것을 놓치고 있는 것이다. 아무리 당신이 사업주일지라도 여전히 시간을 팔아 돈을 버는 방식에 머물러 있다면, 결국 외부의 힘이 당신의 삶을 통제하도록 내버려두는 셈이다.

다행인 점은 언제든 다른 선택을 할 수 있다는 것이다. 진정으로 좋아하는 사업을 구축하는 데는 시간이 필요하지만, 결코 그 과정이 복잡하지는 않다. 당신은 사업을 세우는 외적인 작업과 동시에, 자신이 진정으로 원하는 것과 필요한 것을 파악하는 내적인 작업도 함께해야 한다.

결국 당신은 언제까지나 자신으로부터 도망칠 수는 없다.

기업가 정신의 4단계

사업을 하면서 나는 기업가 정신에는 4단계가 있음을 깨달았다. 이 책은 그 단계를 기준으로 구성되어 있다. 각 섹션에서는 해당 단계에서 고려해야 할 주요 결정 사항, 수행해야 할 과업, 구축해야 할 시스템 및 관련 인원들에 대해 다루고 있다. 내 경험뿐 아니라 내가 만나고 존경해온 다른 기업가들의 경험도 공유한다. 또한 각 단계를 구축하는 방법에 관한 단계별 지침을 제공하고, 그 과정에서 발생하는 득실을 살펴본다. 그리고 이런 득실이 감수할 가치가 있는 것인지 판단하는 데 도움이 되는 정보를 제공하고 있다.

각 단계의 간략한 개요는 다음과 같다.

1단계 : 실험적 기업가 Experimental Entrepreneur

자신이 어떤 유형의 기업가가 되고 싶은지 파악하는 가장 좋은 방법은 작은 규모로 시작해 직접 실험해보는 것이다. 이 단계의 목표는 아이디어를 발굴해 사업을 시작하고, 가능한 한 빨리 수익을 창출하는 것이다. 아이디어를 품고 키우며 변화에 적응하는 시기와 같다고 할 수 있다. 여러 가능성을 시도하고 위험을 감수하면서 실제로 사업을 운영해보는 과정에서 당신은 사업 운영 방식을 배울 수 있다. 동시에 여러 아이디어를 실험해보며 무엇이 더 효과적이고 반대로 무엇이 효과가 없는지 그리고 자신이 무엇을 좋아하는지를 빠르게 알게 될 것이다.

시간이 지나면서 직접 모든 일을 처리해 초기 비용을 절약할 수 있고, 동시에 훗날 사업이 성장할 경우 어떤 부분을 외부에 맡겨야 할지 판단해 효율적인 아웃소싱의 기초를 다질 수 있다. 이 과정에서 아이디어 목록을 만들고 다른 회사의 제품과 서비스를 분석하며, 웹 사이트를 구축하고, 판매 전략을 시험하고, 현금 흐름을 관리하는 등의 다양한 작업을 하게 된다.

이런 실험은 다시 일어설 수 있는 회복력을 키우는 데에도 도움이 된다. 시장, 수요, 기술 및 고객은 끊임없이 변화한다. 반복하고 실험하는 능력이 뛰어날수록 커져가는 불확실성에도 더 잘 적응할 수 있다.

2단계: 1인 기업가 The Solopreneur

'1인 기업가'는 혼자서 사업체를 운영하는 기업가다. 정규 직원은 없으며, 이익을 극대화하기 위해 비용을 낮게 유지한다. 이 단계는 부업으로 시작한 일이 실제적이고 지속 가능한 사업으로 성장하는 시기다. 수익이 꾸준히 발생하기 시작하지만, 여전히 자신의 시간과 노력을 투입해야만 돈을 벌 수 있는 구조다.

하지만 꾸준히 노력하면 점차 시간을 확보해 장기적인 전략과 삶 자체에 집중할 수 있는 시스템을 구축할 수 있다. 결국 이 단계에서 중요한 것은 지속 가능성이다. 지속 가능한 현금 흐름, 성장하는 고객 기반 그리고 프로세스와 사람으로 운영되는 지속 가능한 시스템을 마련해야 더 많은 시간을 확보할 수 있다.

3단계: 성장 기업가 The Growth Entrepreneur

사람들을 고용해 사업 규모를 확장하고 더 이상 시간과 돈을 맞바꾸지 않는다면 '성장 기업가'가 된다. 이 단계에서 중요한 것은 이미 구축한 시스템을 적극적으로 활용하고, 그 시스템에 투자해 성장을 가속화하는 것이다. 매출과 이익을 늘리기 위해 사업에 재투자하는 것 또한 중요하다.

성장 기업가 정신은 그로스 해킹growth hacking(한정된 자원으로 단기간 폭발적인 성장을 이루는 것을 목표로 하는 마케팅 및 제품 개발 전략-옮긴이)이나 무조건적인 성장을 뜻하지 않는다. 오히려 기업가 자신의 삶을 긍정적으로 지지하고 균형을 맞추는 방식으로 성장을 관리하는 법을 배우는 것이다. 그러려면 원하는 방향으로 성장하기 위해 좋은 기회를 거절해야 할 때도 있다. 자신의 능력과 감당할 수 있는 범위를 파악하고, 스스로에게 '충분함'이 무엇을 의미하는지 깨닫는 데는 시간이 걸리기 마련이다.

이 단계에서는 일상적인 업무의 대부분 혹은 전부를 운영할 사람을 고용할 수 있다. 또한 더 많은 자원과 시간이 주어지면서 삶이 확장되므로 더 깊은 사업적, 개인적 성장의 기회가 열린다.

4단계: 자신만의 제국을 세우는 기업가 The Empire Entrepreneur

사업에 합리적으로 재투자할 수 있는 것 이상으로 현금을 벌기 시작하면 제국을 세울 수 있다. '자신만의 제국을 세우는 기업가'라고 하면 거대함을 떠올리겠지만 여기서 규모는 중요하지 않다. 이 단계의 핵심은 가진 돈을 최대한 활용해 소득, 수익 그리고 영향력을 극대화하고, 하나의 사업체를 넘어 투자 포트폴리오를 확장하며 사업 영역을 다각화하는 것이다.

이런 위치에 있는 사업주들은 남는 돈을 이익 배당으로 가져가 세금을 낸 뒤, 자신의 포트폴리오 일부로 주식과 같은 다른 자산에 투자하기도 한다. 하지만 자금을 사업 내부에 유지하고 회사나 지주회사를 대신해 다른 자산에 투자하는 편이 더 효과적일 수도 있다. 이렇게 사업체 명의로 투자하면 세금을 절약할 수 있고, 효율적인 세금 구조와 법적 보호 장치 속에서 소유주 또는 주주로서 순자산을 계속 불려갈 수 있다.

또한 보유 자산을 부동산, 주식, 대체 자산 등 다양한 형태로 분산할 수 있으며, 투자나 인수 혹은 새로운 회사를 설립하는 방식으로 다른 회사에 직접 투자해 보유 자산을 다각화할 수 있다. 이 단계에서는 당신의 시간, 돈, 노력 그리고 기쁨을 최적화할 수 있다. 사업과 삶의 여러 요소가 긍정적으로 조화를 이루며 최적화될 때, 사업을 통해 당신은 상상하지 못했던 기회를 맞이하게 된다.

내 의지대로 삶을 확장한다는 것

때로는 기업가로서의 삶이 힘들고 외로울 수도 있다. 그러나 사업 덕분에 나는 감히 꿈조차 꾸지 못했던 방식으로 성장했고, 내 삶을 확장할 수 있었다. 예상보다 훨씬 많은 돈을 벌고 시간을 자유롭게 관리할 수 있었을 뿐 아니라, 삶을 경험할 새로운 기회를 끊임없이 마주할 수 있었다. 나는 내가 만든 것으로 사람들에게 가치를 제공했고 동시에 그들로부터 배우며, 함께 성장하는 수십만 명 규모의 커뮤니티를 일궈냈다.

그리고 가장 좋은 점은 내가 하고 싶은 일과 하고 싶지 않은 일을 선택할 수 있다는 것이다. 삶이 달라지면서 몇 년 전이라면 당연히 '예'라고 답했을 일들에 이제는 '아니요'라고 말할 수 있고, 그 덕분에 나는 가족과 더 많은 시간을 보낼 수 있다. 반대로 사람들과 더 많이 소통하고 내 커뮤니티와 마음을 확장하는 일에는 '예'라고 말하고 있다. 최근에는 오하이오주 콜럼버스에 클린턴빌북스 Clinton-ville Books라는 오프라인 서점을 열었다. 돈이 되지 않는 사업임을 알았지만 지역사회에 서점을 제공하고 싶다는 바람과 책에 대한 애정이 컸기 때문이다.

내 의사 결정에서 돈이 최우선인 경우는 드물다. 대신 나는 다음과 같은 질문에 집중한다. 이것이 우리 가족에게 어떤 도움이 될까? 우리를 얼마나 행복하게 할까? 얼마나 큰 영향을 미칠 수 있을까? 얼마나 재미있을까? 이것이 나를 살아 있다고 느끼게 할까? 나는 이런 기준으로 선택을 한다.

돈이나 사업 때문에 스트레스를 받으면 그 생각에만 매몰되기 쉽다. 사람들은 전체 사고의 80~90%를 돈, 일 혹은 사업 스트레스에 쏟는 듯하다. 다른 것을 생각할 여유가 없는 것이다. 하지만 돈을 벌고, 저축하고, 투자하고 또 삶을 풍요롭게 해줄 사업을 구축해 나가다 보면 돈과의 관계는 변화할 것이다.

당신은 마음속에 더 많은 여유와 자유를 되찾기 시작할 것이다. 돈을 더 많이 벌고 사업이 성장함에 따라 주어지는 자유를 얻고 나면, 그 여유를 활용해 새로운 경험을 하고 또 더 많은 선택지와 마음의 평화를 누릴 수 있다. 또한 마음이 끌리는 대로, 옳다고 느끼는 방향으로 나아갈 수도 있다. 인생에서 우리가 통제할 수 있는 것은 극히 적지만, 돈과의 관계만큼은 스스로 다룰 수 있다. 자신에게 맞는 방식을 찾는 데는 시간과 연습이 필요하지만, 그 과정을 통해 우리는 결국 충만한 삶에 이를 수 있다.

바라건대 이 책을 읽으면서 독자들이 자유롭게 가능성을 상상하되, 그 상상에 집착하지는 않았으면 한다. 불확실성을 받아들이면서도 자신의 삶을 주도해 나가길 바란다. 초심자의 태도를 가지고 자신을 붙잡고 있던 모든 믿음을 내려놓을 수 있기를 바란다. 또한 삶을 확장하는 것은 더하는 과정이 아니라 빼는 과정임을 깨닫기를 바란다. 불확실함 속에서도 편안함을 느끼고, 찾고 있는 모든 것이 이미 당신 안에 있음을 느꼈으면 한다. 이 책을 통해 자유를 느끼는 경험의 폭이 한층 넓어지기를 바란다.

2장

성공한 기업가들의 7가지 진실

> 평화는 어려움도 고된 일도 없이
> 모든 것이 순탄하게만 흘러가는 경험이 아니다.
> 그것은 일어나는 모든 일을 위협으로 느끼지 않고
> 포용할 수 있을 만큼 넉넉한 마음이다.
>
> — 페마 초드론 Pema Chödrön, 세계적 명상 지도자

의사는 내 눈을 똑바로 바라보며 단도직입적으로 말했다. "그랜트, 계속 이런 식으로 가다간… 얼마나 더 살수 있을지 장담할 수 없습니다." 당시 나는 30대 초반이었고, 혈압은 천장을 뚫을 듯 높았다. 잠도 제대로 자지 못했고, 백만장자가 되기 위해 애쓰는 동안 체중이 20킬로그램 넘게 늘어 있었다.

그 이전의 5년 동안 나는 마치 중독자처럼 돈을 좇았다. 순진하게도 돈이 모든 문제를 해결해주고 나를 행복하게 하며, 더 큰 평화를 가져다줄 것이라 믿었다. 그래서 다른 모든 것을 희생하면서 돈을 추구했다. 하지만 그 선택은 오히려 내 문제들을 더 심각하게 만들 뿐이었다. 진정으로 무엇을 원하고 필요로 하는지 자신의 내면을 들

여다보지 않으면, 더 많은 돈을 원하는 것은 그저 목적 없는 추구에 불과하다. 그날 병원을 나서면서 나는 변하기로 마음먹었다.

다행히 그때까지 벌어들인 돈이 있었기에 잠시 멈춰 서서 나 자신을 돌아보고, 앞으로의 방향을 다시 생각하는 소중한 기회로 삼을 수 있었다. 스물다섯 살 무렵, 나는 서른 살까지 백만장자가 되어 돈 때문에 일하지 않는 삶을 살겠다고 결심했다. 회사 생활을 몇 년 해보니, 안정적인 수입을 얻기 위해 싫어하는 일을 계속하는 것은 내 소중한 시간과 삶의 에너지를 낭비하는 것이며, 결코 그만한 가치가 없는 일임을 깨달았다. 그래서 나는 돈에 대한 지식을 적극적으로 습득하고, 순자산을 늘리기 위해 다양한 시도를 하기 시작했다.

결국 나는 디지털 마케팅 에이전시와 컨설팅 회사를 공동으로 창업했고, 덕분에 서른 살까지 백만장자가 되겠다는 목표를 달성할 수 있었다. 하지만 그 대가는 컸다. 일은 시간이 많이 들고 스트레스가 심했으며, 정작 나는 그 일에 전혀 관심이 없었다. 의사의 충격적인 경고 덕분에 더 이상 그렇게 살 필요가 없음을 다행히 일찍이 깨달은 것이다. 나는 이미 경제적 독립을 이루었으니 이제는 그 자유를 누리며 진정으로 원하는 삶을 살기로 결심했다.

그래서 순수한 열정으로 다른 사람들의 경제적 독립을 돕기 위해 내 이야기를 공유하는 커뮤니티 웹 사이트인 밀레니얼머니를 운영하기 시작했다. 내가 컨설팅 업계를 떠날 무렵 그 사이트의 월간 방문자는 몇백 명에 불과했고, 영리를 추구하는 사업도 아니었다. 애초에 사업으로 만들려고 시작한 것도 아니었다. 나는 직장을 그만두면서 생긴 여유 시간을 활용해 건강을 되찾으러 애쓰면서 동시에 그 커뮤니티에 집중하기로 했다.

고된 회사 생활의 기억에서 완전히 벗어나고, 끊임없이 돈에만 매달리던 태도를 멈추는 데는 시간이 필요했다. 서서히 세상에 마음을 열기 시작했고 그러자 내 삶 깊숙이 평화가 깃드는 것을 느꼈다. 내면의 안정을 되찾자 약을 쓰지 않아도 혈압이 내려갔다. 잠도 더 잘 자기 시작했으며, 더 이상 스트레스를 크게 느끼지 않았다. 깨어 있는 내내 행복감을 느꼈고, 정신적으로 성장하고 있었다. 삶은 내가 원하는 모습으로 바뀌기 시작했다. 나는 내가 사랑하는 삶으로 자연스럽게 흘러들어가고 있었다.

이어지는 장에서는 사업을 어떻게 시작하고 구축하고 성장시킬 수 있는지를 다룰 것이다. 하지만 그에 앞서 잠시 멈추어, 자신이 왜 사업을 시작하고 싶은지를 곰곰이 생각해보기 바란다. 나는 초보 창업가들이 자기 이해나 판단 기준 없이 섣불리 다양한 아이템이나 기회를 쫓아다니는 모습을 많이 봤다. 하지만 미리 이 내면의 작업을 해두면 중요한 결정을 더 쉽게 내릴 수 있고, 결국 자신이 진정으로 사랑하는 사업과 삶을 만들어갈 수 있다.

대부분의 경영서와 재테크 서적은 독자의 궁극적인 목표가 더 많은 돈을 버는 것이라고 전제한다. 그러나 돈을 버는 데만 집중하다 보면 돈의 진정한 가치를 놓칠 수 있다. 돈은 단순한 물건이 아니라 에너지다. 이 에너지를 어디로 향하게 하느냐에 따라 삶에 미치는 영향이 달라진다. 돈처럼 에너지도 쓰거나 투자할 수 있다. 당신은 좋아하는 일을 하면서 돈을 버는가, 아니면 자신을 비참하게 만드는 일을 하며 돈을 버는가? 당신은 돈을 쓰는가, 아니면 불리는가? 당신은 돈을 창조하는 데 쓰는가, 아니면 파괴하는 데 쓰는가? 당신은 돈을 충분히 가지고 있는가, 아니면 부족한가? 아니면 필요 이상으로 많이 가지고 있는가?

어떤 활동을 하든 우리는 에너지를 사용하고, 그 에너지는 소모되기 마련이다. 소모된 에너지를 다시 채우고 더 많은 에너지를 얻으려면 새로운 에너지를 사용해야 한다. 에너지를 투자하면 복리로 늘어나 기하급수적으로 성장한다. 그러나 싫어하는 직장에서 일하기, 교통 체증 속에서 기다리기, 지루한 행사에 참석하기, 관심 없는 사람들과 시간 보내기 같은 활동은 에너지를 고갈시키며, 장기적으로 당신의 건강과 행복에 해로운 영향을 미친다.

크게 성공하고 행복한 기업가들은 이 에너지를 사용해 삶을 풍요롭게 만든다. 그들은 파도를 타듯 에너지를 다룬다. 충분히 가지고 있으면서도 더 많은 것을 원하는 게 가능하다는 사실을 알고 있다. 성공한 사업가들의 사업 운영 방식에는 억지스러움이나 과도한 부담이 없고 자연스럽고 가벼우며, 그것이 당연하게 느껴진다. 그렇다고 쉽다는 뜻은 아니다. 또한 도전적이고 재미를 느끼며, <u>스스로</u> 깊이 만족한다. 가장 중요한 것은 그들 자신이 살아 있음을 느낀다는 점이다.

잠시 생각해보자. 더 많은 돈을 원하는 이유는 무엇인가? 이 여분의 에너지로 무엇을 할 생각인가? 정말로 원하는 것이 돈인가, 아니면 다른 무엇인가? 나는 이것을 '돈으로 가리기money masking'라고 부른다. 우리가 진정으로 바라는 것은 더 많은 여유 시간, 스트레스 감소, 평화, 동료애, 가족과 함께하는 시간 그리고 더 많은 선택이다. 그러나 우리는 그것을 '더 많은 돈을 원한다'는 생각으로 착각한다.

물론 진정으로 원하는 것을 탐색하는 과정에서 이미 당신은 그것을 가지고 있음을 깨달을 수도 있다. 어쩌면 당신은 이미 게임에서 이겼을지도 모른다.

돈을 좇는 일은 어쩌면 가장 쉽다

돈을 좇는 일은, 원하도록 길들여진 것이 아니라 진정으로 원하는 것을 발견하기 위해 내면의 깊은 작업을 하는 것보다 쉽다. 이 작업은 불편하고 고될 수 있지만, 이 과정을 거치지 않고서는 진정한 충만감을 경험할 수 없다. 자신에게 솔직하지 않으면 당신의 삶은 항상 무언가 부족하다는 느낌이 들 것이다.

당신이 왜 이 사업을 하려는지 그 이유를 분명히 알 수 있다면, 그것은 앞으로 사업을 하며 직면할 모든 기회와 타협에 대한 강력한 기준이 된다. 사업을 하다 보면 특히 초기에는 어쩔 수 없이 타협해야 할 순간이 온다. 처음 시작한 사업을 지속 가능한 단계로 끌어올리기 위해 시간과 에너지를 투자해야 하기 때문이다. 문제는 그 타협이 과연 가치 있느냐는 점이다. 예를 들어 자녀와 더 많은 시간을 보내고 싶다면, 그것이 가능하도록 사업을 구축해야 한다. 아이들은 금세 커버리기 때문이다.

하지만 가족과 더 많은 시간을 보내고 싶다고 말하면서도, 실제로는 그럴 필요가 없음에도 수년간 주 60시간씩 일하는 사람들을 흔히 본다. 그들은 항상 죄책감에 시달리면서도 오직 더 많은 돈을 모으는 데만 몰두한다. 사업을 하면서 무엇을 포기할지는 결국 당신에게 달려 있다. 그러나 중요한 것은 당신이 구축하는 사업이 자신이 원하는 삶의 방식과 조화를 이루고, 그것을 뒷받침하는 방향이어야 한다는 점이다.

나는 기업가 정신에 관한 일곱 가지 진실을 발견했다. 그것은 내가 기업가로서의 여정에서 직접 발견한 것이거나 혹은 평화로운 삶을 가꾸면서도 수익성 있는 사업을 구축한 다른 기업가들의 여정에서 목격한 것이다. 이 책 전반에 걸쳐 이 진실들을 반복해서 다루어 독자 여러분이 스스로 자신을 점검할 수 있도록 하겠다. 이 진실들을 사업이나 기회를 평가하는 데 활용할 도구로 삼기를 바란다.

진실 1: 자유는 선택이 아닌 제약에서 온다

어머니가 처음으로 내가 혼자 자전거를 타고 길 끝을 넘어 숲까지 가도 된다고 허락했던 순간이 기억난다. 일곱 살이 될 때까지 내가 갈 수 있는 가장 먼 곳은 그 길 끝이었다. 그것은 부모님이 정해준 세상의 경계이자 한계였다. 하지만 그날, 아무런 예고도 없이 그 한계가 사라졌고 갑자기 모든 것이 가능해졌다. 더 이상 아무도 나를 지켜보거나 감시하지 않았다. 부모님이 정해주는 경계 대신 스스로 경계를 정할 자유가 내게 주어졌다. 원한다면 자전거를 타고 6마일 떨어진 워싱턴 D.C.까지 갈 수도 있었지만, 나는 스스로 숲 너머 언덕 위에 있는 초등학교보다 더 멀리 가지 않겠다는 제한을 두었다. 그곳은 미지의 영역이었고, 조심스럽게 탐색해야 한다고 느꼈다.

그 뒤 몇 달 동안 나는 친구 브라이스와 함께 숲속 깊은 곳에 정교한 요새를 지었다. 우리는 쓰러진 나뭇가지를 모아 튼튼하고 안전한 요새를 세웠고, 큰 자부심을 느꼈다. 요새 위는 방수포로 덮어 비를 피할 수 있게 만들었다. 처음으로 우리만의 공간을 갖게 된 것이다. 언덕 아래에서 저녁 종이 울려 우리를 부를 때까지, 우리에게는 무한한 시간이 있었다.

그곳은 우리만의 자유로운 공간이었다.

완전한 자유를 원하는 것과 그 자유 속에서 살아가는 것은 전혀 다른 문제다. 진정한 자유는 너무나 광대하기 때문에 그것을 제대로 누리려면 경계가 필요하다. 즉 자신만의 자유로운 공간을 설정해야 한다. 이 공간을 만들고 경계를 설정하며 스스로의 벽을 쌓지 않으면, 사회적 통념, 계층적 제약 그리고 세상의 일반적 기대와 같은 외부 요인들이 정한 한계 안에서 살아가게 된다. 당신이 선택하지 않으면 세상이 대신 선택할 것이다.

우리는 흔히 자유를 무제한적인 선택권으로 착각하곤 한다. 그러나 연구에 따르면 선택지가 지나치게 많을수록 스트레스, 혼란, 불만족이 커지는데, 이를 '선택의 역설paradox of choice'이라고 한다. 반대로 선택의 폭을 좁히면 결정이 더 쉬워지고, 그 결정에 대한 확신도 커진다. 돈이 많을수록 자연스럽게 선택의 폭이 넓어진다. 진정으로 원하는 것과 원하지 않는 것을 기준으로 스스로 제한을 설정하면 더 나은 선택을 하고 더 큰 만족을 얻을 수 있다. 무언가를 할 수 있다고 해서 반드시 해야 하는 것은 아니다.

올바른 선택은 사업을 성공으로 이끌고, 한계는 우리를 집중하게 한다. 최고의 사업가들은 신속하게 결정을 내리는 데 능숙하다. 그들은 의사 결정을 위한 정보 필터링 기준과 의사 결정 체계를 의식적·무의식적으로 개발했기 때문이다.

암호화폐부터 인공지능의 부상에 이르기까지 더 많은 혁신 기술이 시장에 등장하고, 더 많은 기업가가 이를 활용하려 노력하고 있다. 이런 상황일수록 시간과 에너지를 불필요한 데 낭비하지 않고 정말 중요한 일에 집중하는 일의 중요성이 점점 더 커진다. 삶에서 중요한 일에 집중하려면 주의를 산만 하게 하는 요소들로부터 스스로를 보호해야 한다. 오늘날이 창업하기에 아주 좋은 시기인 것은 분명하지만, 쏟아지는 새로운 기회에 현혹되어 줏대 없이 남들을 따라가기만 한다면 결국 위험한 결과를 맞게 될 것이다.

올바른 사고방식과 전략, 기술만 있다면 무엇이든 할 수 있지만, 모든 것을 다 할 수는 없다. 성공할수록 상상조차 못했던 가능성이 열리고, 돈을 버는 능력이 커질수록 기회를 포착하는 능력 또한 함께 커질 것이다. 이런 성공을 통해 얻는 자유는 분명히 존재하지만, 시간이라는 근본적인 제약 때문에 오직 제한된 범위 안에 머무를 수밖에 없다.

  만약 제한이 없다면 이미 주어진 자유조차 온전히 누리지 못한 채 위험하게 또 다른 돈을 쫓게 될 것이다. 당신이 기업가로서 여정의 어디에 서 있든, 오늘부터 제한을 설정하길 권한다. 싫어하는 것부터 줄이며 점차 범위를 좁혀가보자. 본래 무언가를 더하는 것보다 덜어내는 것이 더 쉽다. 무엇을 줄이거나 포기한다는 결정은 이미 그것을 경험해봤다는 뜻이기 때문이다. 단 소극적으로 시도조차 하지 않고 미리 포기하는 것과는 분명히 다른 일이라는 점을 명심하자.

  한편 우리는 어떤 일이 일어날지 혹은 어떤 사람이 될지 두려워서 시험해보지도 않고 지나치게 많은 한계를 세우는 경향이 있다. 그러면 우리는 안전한 상태로 되돌아가게 된다. 이는 안전을 추구하려는 본능과 새로운 것을 시도하려는 욕망 사이에서 균형점을 찾는 문제이기도 하다. 당신은 지금 스스로 한계를 설정하고 있는가, 아니면 단지 새로운 일을 시도하는 게 두려운 것인가?

진실 2: '생각'보다 '느낌'을 믿어라

  우리는 신체의 감정보다 이성적 판단을 우선시하도록 교육받아 왔다. 그 결과 삶에서 매우 강력한 힘이 될 수 있는 직관을 제대로 활용하지 못하고 있다. 모든 결정을 데이터 기반의 주장으로 뒷받침하고 그것을 중심으로 이끌어가야 한다고 배우지만, 실제로는 우리의 직관이 이미 답을 알고 있는지도 모른다. 직관은 항상 우리 자신을 위해 작용하며, 이성적 이해를 넘어 더 깊은 의식과 연결되어 있다. 그것은 우주로 향하는 통로다. 명상, 자연 속 산책, 음악, 주문, 기도 혹은 어떤 형태의 순수한 성찰을 통해서든 이 통로를 더 많이 열수록 삶의 문제와 상황에 대해 더욱 명확히 이해하고 올바른 방향을 찾을 수 있다.

감정은 신호다. 그것은 당신이 귀 기울여야 할 것을 알려주고, 실질적으로 전달되지 않을 수도 있는 정보까지 감지하게 해준다. 만일 스트레스를 받거나 갈등을 느낀다면 반드시 이유가 있기 마련이다. 갇혀 있는 느낌이 든다면 실제로 제약이 있기 때문이다. 무언가를 해서는 안 된다고 느껴지면 하지 않아야 하기 때문일 것이고, 해야 한다고 느껴지면 해야 하기 때문일 것이다. 다만 직관적인 느낌이 들더라도 반드시 그것이 타당한지 논리적으로 점검해야 한다.

기업가의 마음은 직관적인 느낌과 반(反)직관적인 사고에 의해 움직인다. 즉 직관이 이끌고 이성적인 사고가 그것을 뒷받침한다.

인간은 기계가 아니므로, 감정을 무시하는 것은 최고의 결정을 내리도록 설계된 잠재의식의 가장 깊은 부분을 무시하는 일이다. 그것이 이성적으로 말이 되지 않고 타인에게는 이상하게 보일지라도 그렇다. 예를 들어 내가 첫 회사를 떠나기로 결정했을 때, 대다수는 내가 큰돈을 벌 기회를 제 발로 차버리는 미친 짓을 했다고 여겼다. 하지만 나는 그 사업이 아무리 성공해도 결코 행복할 수 없음을 알고 있었다. 그 이후에도 이성보다 직관을 믿을 때마다, 놀랍게도 시간이 지나면 결국 그 결정이 언제나 옳은 선택이었음을 알게 됐다.

당신이 자신의 직관을 더 많이 믿고 따를수록 그 직관은 더욱 예리하고 강력해진다. 처음에는 다소 의식적인 노력이 필요할 수 있지만, 시간이 흐르면 점점 쉬워지고 마침내 아무런 노력 없이도 자연스럽게 받아들여질 것이다.

직관은 당신 스스로 성공을 정의하게 하고, 자신의 속도에 맞추어 성장하도록 이끈다. 도전적인 것과 흥미로운 것 그리고 수월한 것 사이에서 균형을 찾는 일이 중요하다. 쉬운 것은 금세 지루해지기 마련이다. 나의 경우 성장하고 있다는 감각을 느끼며 적절한 도전을 통해 성취감을 얻고, 완전히 낯선 것과 익숙한 것 사이의 균형이 맞는 상황에서 가장 큰 행복을 느낀다.

당신 내면의 감정과 직관에 주의를 기울이고 그것을 따르는 일은, 당신의 진정한 모습에 걸맞은 삶으로 인도해줄 것이며, 결국 당신이 행복하고 성공적으로 번성하는 데 큰 도움이 될 것이다. 미지의 영역에 자신을 맡기는 것이야말로 진정한 앎으로 나아가는 길이다. 당신은 이미 당신에게 필요한 것이 무엇인지를 알고 있다.

진실 3: 약점보다 강점에 집중하라

미국에서는 자립심, 즉 마음먹고 열심히 노력하면 혼자서 무엇이든 할 수 있다는 생각에 집착한다. 이것이 바로 '자수성가'라는 신화이자 아메리칸드림의 핵심이다. 이 자기 계발 문화로 인해 우리는 성공하려면 끊임없이 자신을 개선해야 한다는 압박감을 느낀다.

하지만 당신이 선천적으로 잘하지 못하거나, 흥미를 느끼지 못하는 일을 억지로 개선하려는 노력은 엄청난 시간과 에너지를 낭비하는 일이다. 차라리 그 소중한 자원을 자신의 강점을 키우거나 더 의미 있고 영향력 있는 일에 집중하는 편이 훨씬 현명하다. 따라서 자신이 잘하는 것과 좋아하는 것을 명확히 파악하고, 그것에 맞는 사업을 구축해야 한다. 나 역시 사람을 관리하는 일을 좋아하지도 않고 잘하지도 못한다. 그래서 정규직 직원을 고용하는 대신 각자 스스로 역할을 수행하는 파트너들과 협력하고, 능숙하지 않은 분야의 업무는 외부 전문가에게 맡긴다.

그렇지만 창업 초기 단계에서는 사업이 어떻게 돌아가는지에 대한 기본적인 것들, 즉 현금이 어떻게 들어오고 나가는지, 어떻게 고객을 유치하고 또 유지하는지, 가장 큰 비용이 무엇인지, 어떻게 세금 부담을 줄이는지 그리고 자금 활용을 어떻게 극대화하는지 등의 여러 일을 직접 경험하고 배우는 것은 매우 중요하다. 그러나 성공한 기업가는 사업을 지속적으로 성장시키고 규모를 키우려면 혼자서 모든 것을 다 해낼 수 없다는 사실을 잘 알고 있다. 사업 규모가 커질수록 모든 일이 더욱 복잡해지기 때문이다. 그럴 때는 강점에 집중하고, 약점은 과감히 아웃소싱해야 한다.

아웃소싱은 어느 정도 기본을 알고 있을 때 더 효과적이다. 모든 분야의 전문가가 될 필요는 없지만, 기본적인 것을 알면 전문가를 찾을 때나 그들이 당신이 필요로 하는 일을 제대로 하고 있는지 판단할 때 훨씬 수월하다. 많은 기업가들이 아웃소싱하는 작업의 기본을 이해하지 못하는 탓에 실력을 가늠하지 못한 채 전문가를 고용하며 돈을 낭비하곤 한다. 원래 일이 어떻게 돌아가는지 이해하지 못하면 감독조차 할 수 없는 법이다.

문제가 생겼을 때는 스스로 해결할 방법만을 찾기보다 누구를 고용하면 좋을지도 고민하라. 나이가 들고 경력이 쌓이면 젊었을 때보다 더 높은 수입을 올릴 수 있다는 장점이 있다. 그 돈을 현명하게 사용해서 시간을 확보하고, 그렇게 얻은 시간을 더 중요하고 가치 있는 일에 투자하는 방법을 생각해보라. 일주일에 몇 시간이라도 그렇게 시간을 마련한다면, 장기적으로 절약한 에너지가 엄청난 수익으로 돌아올 수 있다.

특정 가사일이나 행정 업무를 아웃소싱할 수 있는가? 나는 대학생에게 시간당 20달러를 주고 설거지와 빨래를 맡겼다. 덕분에 우리 부부는 일주일에 거의 20시간을 절약한다. 그 시간을 버는 데 400달러가 든다면 고민할 필요도 없다. 당신은 시간을 절약하기 위해 비서를 고용하거나, 각종 도구 또는 소프트웨어를 구입할 의사가 있는가?

진실 4 : 인센티브가 모든 것을 움직인다

이 글을 쓰는 지금, 나는 MMG미디어그룹의 사업 파트너들이 회사를 키우기 위해 노력하고 있다는 사실을 알고 있다. 나는 그들을 신뢰하므로 그들의 행동을 감시할 필요가 없다. 왜냐하면 우리는 이미 함께 일한 경험이 있고 서로를 존중하며, 상호 보완적인 기술을 갖추고 있고 이해관계 또한 서로 일치하기 때문이다. 내가 대주주이기는 하지만 회사의 소유권은 그들과 공유한다. 물론 직원들이 자신의 가치를 인정받고 회사 분위기에 잘 적응하며, 회사가 추구하는 목표를 믿는 것도 매우 중요하다. 하지만 직원들에게 실질적으로 동기를 부여하고 장기적으로 함께 가기 위해서는 무엇보다 '인센티브'가 중요하다.

인센티브는 사람들이 열심히 일하고 회사에 가치를 더하며, 사업을 성장시키도록 동기를 부여한다. 하지만 무엇보다 인센티브는 실제로 직원들에게 동기를 줄 수 있어야 한다. 즉 당신이 제공하는 것이 월급이든, 근무 유연성이든, 교육 기회든, 개인적 성장이든, 관계 개선이든 또는 이 모든 것이든 직원들이 그것을 진정으로 원해야 한다.

누구나 '나에게 어떤 이득이 있을까?'를 자문한다. 직원들이 무엇을 원하는지 더 잘 이해할수록, 회사는 운영 방식, 보상 체계, 복지 제도, 성장 기회 등을 조정해 그들의 필요를 충족시킬 수 있다. 누구나 인정받고 싶어 한다. 누군가에게는 그것이 더 많은 보상의 형태로 나타날 수도 있고, 다른 누군가에게는 더 큰 유연성이나 멋진 프로젝트에서 뛰어난 사람들과 함께 일할 기회로 나타나기도 한다.

인센티브의 효과를 높이는 가장 좋은 방법은 개인별로 맞춤화하는 것이다. 대부분의 사람은 더 많은 급여, 소속감, 팀원으로서의 인정, 근무 유연성, 보장된 성장 경로를 원하지만, 각 항목의 중요도는 나이나 성향에 따라 조금씩 달라진다. 예를 들어 20대 초반의 젊은 직원은 얽매인 것이 없어 회사 일에 더 많은 시간을 쏟을 수 있고, 유연성을 덜 요구하며 금전적 동기에 크게 좌우된다. 그러나 세 자녀를 둔 40대 가장은 다른 책임을 많이 지기 때문에 그에게는 이런 인센티브가 효과적이지 않다.

나를 성공적인 기업가로 만든 한 가지가 있다면, 그것은 사람들이 무엇을 원하는지 파악한 다음 그들에게 그것을 제공하기 위해 내가 할 수 있는 모든 것을 다했다는 점이다. 사업의 인센티브 구조를 직원들이 원하는 바와 일치시킬 수 있다면, 당신은 그들을 행복하게 만들 뿐 아니라 뛰어난 인재를 끌어올 수도 있다.

직원을 교체하는 데는 평균적으로 해당 직원 첫해 연봉의 40~60%의 비용이 든다. 이조차 전체적인 손실 중 오직 돈으로만 계산할 수 있는 부분에 불과하다. 팀 구성원이 쌓아온 회사 관련 지식과 경험의 손실 그리고 그 직원이 근속했을 때 사업에 미칠 영향은 고려하지 않은 것이다.

다음 협상 때 스스로에게 물어보라. '그들에게 어떤 이득이 있는가?' 상대방의 입장이 되어 생각해보고, 그들이 진정으로 원하는 것을 주기 위해 최선을 다하라. 직원들과 목표와 보상이 일치하는 인센티브 구조는 동기를 높이고 충성도를 제고하며, 회사의 사업 기반을 다지는 데 큰 기여를 한다.

진실 5: 하나를 숙달한 뒤 다각화하라

많은 기업가들이 고객이 무엇을 원하는지 파악하기도 전에 지나치게 많은 제품을 제공하려 한다. 또한 동시에 여러 사업을 벌이려 하면서도 어느 하나의 아이디어에 충분히 집중하지 못한다. 혹은 생각만 하다가 시작조차 하지 못하기도 한다. 반면 성공적인 기업가들은 하나의 제품에 집중해 끊임없이 개선한다. 그리고 그 제품으로 성공한 뒤에야 비로소 다각화를 시작한다.

이 책을 쓰는 도중에 나는 존경하는 동료 기업가이자 학자금 대출 상환 컨설팅 업체 스튜던트론플래너Student Loan Planner의 창립자인 트래비스 혼스비Travis Hornsby와 이 아이디어에 대해 이야기했다. 그의 말은 내게 깊은 인상을 남겼다.

"당신은 세계 20위 안에 들 수 있는 사업을 선택해야 합니다."

그는 그의 아내와 그녀의 친구들이 10만 달러가 넘는 학자금 대출을 저금리로 전환하도록 도운 경험을 바탕으로 이 회사를 설립했다. 그 과정에서 그는 이 일에 깊은 열정을 가지고 있음을 깨달았다. 이후 보험, 대출 및 기타 금융 상품으로 사업을 다각화했지만, 처음 몇 년 동안은 독자적인 학자금 대출 전환 분석 도구를 완성하고 수백 명의 고객이 부채를 줄이고 갚도록 돕는 데만 집중했다. 그는 먼저 핵심 제품을 숙달하며 고객의 필요를 더 깊이 이해했고, 그런 다음에야 다각화를 시도했다. 이 전략이 성공에 큰 도움이 됐다.

대부분의 기업가는 '반짝이는 물건 증후군shiny-object syndrome(새

물건이나 아이디어에 쉽게 현혹되어 기존에 하던 일을 멈추고 주의가 산만해지는 상태-옮긴이)'을 앓고 있어 새로운 아이디어나 기회에 쉽게 현혹된다. 그러나 사업을 구축하려면 팔고 있는 단 한 가지에 집중하고 그것을 최고로 잘하려고 노력해야 한다. 다행히도 대부분의 산업에서는 경쟁자들이 단순히 돈을 버는 데 급급하거나, 현재의 성공에 안주해 더 나은 서비스를 제공하려는 노력을 하지 않는다. 따라서 제품의 질을 꾸준히 높이고 효과적인 마케팅으로 고객에게 다가가며, 만족스러운 경험을 제공하려 노력한다면 대부분의 경쟁자보다 훨씬 앞서 나갈 수 있다.

사업 개선에 더 많은 노력을 쏟을수록 당신은 더 큰 성공을 거둘 것이다. 고객들은 당신이 진심으로 신경 쓰는 모습을 알아본다. 사실 알고 보면 단순한 이치다.

진실 6 : 경쟁보다 협력이 더 강하다

대부분의 경영 서적은 성공적인 기업가가 되는 길은 끊임없이 경쟁자를 능가하는 것뿐이라고 말한다. 그러나 경쟁자를 적으로만 여기면 결국 한쪽만 이길 수 있는 제로섬 게임에 빠진다. 사업의 성공은 '승리'에서 오는 것이 아니라 지속 가능한 무언가를 구축하는 데서 온다. 대부분의 시장과 기회는 여러 회사가 번창하고도 남을 만큼 충분히 크다.

경쟁자와 경쟁하는 대신 협력하면 서로의 기술과 지식에서 이익을 얻을 수 있고, 이는 당신과 고객 모두에게 더 큰 가치를 창출한다. 또 함께 시장을 키워 기회를 넓힐 수도 있다. 강력한 커뮤니티는 다양한 기회를 주고받을 수 있는 귀중한 통화와 같다.

2018년부터 나는 약 20명의 개인 재테크 웹 사이트 운영자들 그룹에 속해 있었고, 그들은 내 학습 속도를 **빠르게** 높이는 데 큰 도움을 줬다. 어떤 면에서는 나의 직접적인 경쟁자들이었지만, 우리 모두는 성공할 기회가 충분히 많다는 사실을 알고 있다. 동시에 우리는 시장을 장악하려는 몇몇 거대 미디어 회사들과 경쟁하고 있다. 그렇기에 협력은 치열한 산업 속에서 우리가 서로 번창하는 데 큰 도움이 된다.

이 그룹의 장점 중 하나는 회원들이 서로 다른 기술을 보유하고 있어, 거의 모든 사람이 다른 사람은 모르는 분야의 전문가라는 점이다. 내가 초대받을 수 있었던 이유는 전통 미디어에 노출되는 데 능숙하고, 주요 출판사와 책 계약을 맺은 경험이 있기 때문이다. 가입한 이후 나는 그들로부터 웹 페이지 최적화, 제휴 마케팅, 추적 도구, 작가 네트워크 관리 등 많은 것을 배웠다. 질문이 생기거나 누군가 조언을 구하면 우리는 개인 대화방을 통해 적극적으로 서로를 돕는다.

협력의 또 다른 이점은 그로부터 생기는 동료애다. 특히 혼자 일하는 기업가는 외로움을 느끼기 쉽다. 온라인으로 대부분의 일을 하는 경우라면 더욱 그렇다. 내가 밀레니얼머니를 처음 시작했을 때도 혼자 웹 사이트를 기획하고 만들었다. 그러다가 네트워크를 확장하고 경쟁자들과 협력하기 시작하면서, 스트레스가 극심한 순간에도 안정감을 주고 동기 부여가 되는 커뮤니티를 비로소 만들 수 있었다. 경쟁자와의 협력은 내 사업 성공에 필수적인 요소였으며, 혼자였다면 지금의 성과를 결코 이룰 수 없었을 것이다.

진실 7: 추진력은 가장 강력한 힘이다

사업은 추진력을 필요로 하고 또 스스로 만들어낸다. 추진력이 멈추면 사업도 멈춘다. 사업의 창조자로서 당신은 그 안에 생명력을 불어넣을 책임이 있다. 그래서 진심으로 자신이 만드는 것에 애정을 갖는 일이 중요하다. 억지로 꾸며낼 수는 없다. 고객이나 직원, 파트너는 당신의 마음이 거기에 있는지 없는지 금세 알아차린다. 물론 당신의 에너지는 매일 변동할 것이다. 밀어붙여서 추진해야 할 때가 있는 한편, 휴식해야 할 때도 있다. 성공한 기업가들은 이 에너지의 흐름을 관리하는 법을 익힌다. 그렇지 않으면 에너지는 정체되고 사업은 무겁게 느껴질 것이며, 결국 녹초가 되고 만다.

짧은 시간 집중해 일하고 이어서 휴식하는 방식이나 규칙적인 휴식과 운동, 일상적인 움직임, 건강한 식습관, 가족과 함께하는 시간 같은 단순한 전략들로 에너지를 균형 있게 유지할 수 있다. 에너지를 관리하면 사업도 훨씬 가볍게 느껴진다. 나 역시 과거에는 번거로운데다 스트레스가 많으며 삶의 에너지를 고갈시키는 사업을 운영했었다. 고등교육 마케팅 대행업이었다. 지금은 그 일을 모두 정리하고 부담 없는 두 개의 사업만 운영한다. 이 사업들은 내 삶을 풍요롭게 하고 에너지를 불어넣는다. 이전과 가장 큰 차이는 함께 일하는 사람들과 우리가 하는 일에 대한 나의 열정이다.

내가 함께 일해온 대부분의 초보 기업가들은 너무 많은 선택지 앞에서 무엇을 골라야 할지 몰라 어려움을 겪고, 잘못된 선택을 할까 두려워 결국 아무 결정도 내리지 못한다. 반면 지구상에서 금전적으로 가장 성공한 사람들은 매일 수많은 선택을 내린다. 그것은 다른 회사를 인수할지 여부처럼 중대한 선택일 수도, 한 시간을 확보하기 위해 회의를 취소할지 여부처럼 사소한 선택일 수도 있다. 하지만 모든 선택은 세상에 에너지를 불어넣고, 시간이 쌓이며 복합적으로 작용해 큰 영향을 남긴다.

선택은 행동으로 이어지고 행동은 추진력을 낳으며, 추진력은 결과를 만든다.

세상은 항상 위험과 불확실성으로 가득 차 있다. 비생산적인 사람들은 모든 선택을 최적화하려 노력하며 이 불확실성을 관리하려 한다. 반면 생산적인 사람들은 심사숙고하되 결정을 내리면 행동을 우선시한다. 내가 아는 성공한 사람들은 결정을 빠르게 내리고 이메일에 신속하게 응답하며, 누구보다 빠르게 움직인다. 속도는 곧 이점이다. 시간이 지나면서 이 작고 꾸준한 행동으로 인해 그들은 더 많은 정보를 얻고, 불확실성을 다루는 능력이 커진다.

어떤 것이 효과가 없다면 과감히 포기하고 계속 나아가라. 작은 실패는 피할 수 없다. 그러나 실패에 좌절해 주저앉아 앞으로 나아갈 힘을 잃는 어리석음을 범하지는 않아야 한다.

　그것은 작은 것에서부터 시작된다. 처음 경제적 자립을 결심했을 때, 나는 무엇을 어떻게 해야 할지 전혀 알지 못했다. 목표는 너무나 거대했고, 나는 제로에서 출발하고 있었다. 백만장자가 되겠다고 마음먹긴 했지만 필요한 지식이 없어 계획조차 세울 수 없었다. 그래서 나는 매일 작지만 꾸준한 행동들을 이어갔다. 최선의 경우 목표에 한 걸음 다가설 수 있고, 최악의 경우에도 귀중한 것을 배울 수 있는 것들이었다.

　결국 작은 행동들이 복합적으로 작용해 눈에 띄는 결과를 만들어냈고, 더 나은 결정을 내리는 데 필요한 정보를 제공해줬다. 세상은 빠르게 변화하고 시간은 소중하다. 하나의 결정을 완벽하게 내리려 고민하는 데 너무 많은 시간을 낭비하기보다, 신속하게 여러 번 결정을 내리고 실행하는 편이 목표에 더 빨리 도달하는 효과적인 방법이다.

　결정을 내리는 행위를 반복함으로써 직관은 더욱 예리해지고 신속하게 작동하도록 훈련된다. 그러면 머지않아 당신은 거의 무의식적으로 결정을 내리기 시작할 것이다. 일에 진전이 없거나 원하는 결과가 나오지 않는다고 느낄 때, 자신에게 이런 질문들을 던져보라.

- 내가 붙잡고 있지만 놓아야 할 것은 무엇인가?
- 어떤 행동이 내가 성취하고자 하는 것에 더 가까이 다가가게 하는가?
- 오늘 내가 내릴 수 있는 선택 중 무엇이 나를 목표에 더 가깝게 이끌 것인가?

- 내가 미뤄온 행동은 무엇인가?
- 내 선택을 방해하는 것은 무엇이며, 그 장벽을 어떻게 제거할 수 있는가?
- 나는 무엇을 중요하게 생각하는가? 어떤 행동이 나의 가치관과 일치하는가?
- 얼마나 많은 정보가 있어야 충분히 좋은 결정을 내릴 수 있는가?
- 행동하는 것과 행동하지 않는 것의 기회비용은 무엇인가?

시간은 부족하고 불확실성은 피할 수 없음을 기억하라. 어떤 행동이든 위험을 동반하지만, 행동하지 않으면 정체되고 제자리에 머물러서는 절대 앞으로 나아갈 수 없다. 행동을 연습하고 결과를 있는 그대로 받아들여라. 그것이 자신에게 어떤 느낌을 주는지 살펴보라. 꾸준히 지속하면 더 큰 추진력을 얻게 될 것이고, 일단 추진력이 붙으면 이전보다 적은 노력으로도 더 큰 성과를 거둘 수 있다.

진정으로 무엇을 원하고 필요로 하는지
자신의 내면을 들여다보지 않으면,
더 많은 돈을 원하는 것은
그저 목적 없는 추구에 불과하다.

LEVEL 1

실험적 기업가
: 최소한의 리스크로 시장을 탐색하라

　기업가들은 본질적으로 끊임없이 실험하지만, 특히 시작 단계에서는 모든 것이 실험이다. 그 누구도 이 단계를 피할 수는 없다. 성공한 모든 기업가가 거치는 과정이기에 적극적으로 행동하고 결과를 냉철히 평가하며, 포기하지 않고 계속해서 나아갈 마음의 준비가 필요하다. 대부분의 사업은 실패한다. 첫 아이디어나 시도가 곧바로 당신을 백만장자로 만들어줄 것이라 기대하지 말라. 백만장자가 되는 길은 혼란스럽고 오랜 시간이 걸릴 수밖에 없다. 그러나 열린 마음으로 새로운 것을 받아들이고 호기심을 잃지 않으며, 끊임없이 배우고 꾸준히 노력한다면 당신이 원하는 목표에 반드시 도달할 것이라고 약속한다.

　이번 단계에서는 원하는 삶을 가능하게 하는 사업을 만들기 위해 지금 이 시간을 어떻게 활용해야 하는지를 다룰 것이다. 어떤 사업을 시작할 수 있는지, 시장에서 성공할 기회를 어떻게 찾고 또 당신만의 경쟁력을 어떻게 분석할 것인지 그리고 가격을 어떻게 책정해야 최대의 수익을 올릴 수 있는지에 대해 구체적으로 이야기할 것이다.

실험은 회복 탄력성을 키우는 데 도움이 된다. 아이디어를 반복적으로 개선하고 다양한 시도를 통해 배우는 능력을 기를수록, 예상치 못한 어려움이나 외부적인 변화에도 당황하지 않고 더 잘 적응할 수 있다. 초기에는 비용을 절약하기 위해 많은 시간을 들여 직접 일을 치리해야 할 것이다. 하지만 이런 경험은 훗날 그 일을 외부에 맡길 때 그것에 대해 더 잘 이해하고 올바른 판단을 내릴 수 있는 기반이 된다. 부족한 자원으로 아이디어를 실험하고 문제를 해결하려는 과정은 당신의 사고방식을 단련시켜 창의적으로 그리고 남다르게 사고하는 힘을 길러준다.

이 단계는 단순히 돈을 벌기 위한 아이디어를 실험하는 과정이 아니다. 동시에 자신의 삶을 실험하는 과정이기도 하다. 이 단계를 거치면서 당신은 어떤 종류의 사업가가 되고 싶은지 자문해봐야 한다. 당신은 시간을 절약하거나 돈을 벌기 위해 무엇을 포기할 수 있는가? 무엇을 하며 여생을 보내고 싶은가? 무엇이 당신에게 에너지를 주고, 무엇이 에너지를 소모시키는가? 이런 질문들에 명확히 답할수록 당신이 사랑하는 사업을 만드는 데 도움이 되는 결정을 내리기가 더 쉬워질 것이다.

3장

사업의 아이디어는 발견하는 것이 아니라 설계하는 것이다

> 처음부터 충분히 열정적이지 않다면,
> 절대 끝까지 해낼 수 없을 것이다.
>
> ― 스티브 잡스

 결국 이렇게 됐다. 커피를 마셨지만 나는 오히려 더 피곤해졌고, 시카고로 돌아가는 비행기는 세 시간이나 지연됐다. 단순히 피곤한 정도가 아니었다. 마치 죽은 사람처럼 멍했고, 완전히 녹초가 되어 있었다. 지난 3주 동안 나는 고객에게 제출할 결과물을 준비하고, 새로운 사업 제안서를 개발하고, 연말 실적 검토 발표를 위해 출장을 다녔다. 이제는 완전히 질려버렸다.

 2015년 11월이었다. 그해 초, 나는 서른 살까지 백만장자가 되겠다는 목표를 달성했다. 세계 최고 MBA 프로그램의 디지털 마케팅 캠페인을 주관하는 컨설팅 회사의 파트너로 일한 덕이 컸다. 4년 전 합류한 나는 이전 직장에서 쌓은 기술을 활용해 이제 회사 수익의 상당 부분을 창출하고 있었다.

하지만 나는 그것이 남은 인생을 바치고 싶은 일은 아님을 알고 있었다. 성취한 결과가 자랑스럽기는 했지만 매일 반복되는 일상이 싫었다. 특히 출장 다니는 일이 가장 싫었다. 20, 30대 팀원들의 감정 기복을 관리하는 일도 질색이었다. 고객들에게 매주 똑같은 이야기를 반복하는 것도 지겨웠다. 물론 그들에게 웃으며 좋은 결과를 전할 수는 있었지만, MBA 프로그램을 성장시키는 일에 큰 열정은 없었다. 필요한 돈은 이미 충분히 번 참이었다. 이제는 그 이상의 무언가가 필요했다.

물론 그만둘 수도 있었다. 내가 경제적 자립을 이루려 했던 가장 큰 이유는 원하지 않으면 더 이상 일을 하지 않아도 되도록 하기 위해서였다. 그러나 경제적 자립의 여정을 시작한 뒤로, 나는 비즈니스를 만들고 부를 쌓을 수 있는 온갖 기회에 너무 흥분되어 도저히 멈출 수가 없었다. 더 이상 일할 필요가 없다고 해서 일하고 싶지 않은 것은 아니었다. 형편없는 직업은 삶에서 기쁨과 에너지를 빼앗지만, 가치 있는 일은 의미를 주고 에너지를 만들어낸다. 게다가 나는 아직 서른 살이었다. 위대한 무언가를 만들고 사회에 영향력을 미치는 사람이 되고 싶었다.

그래서 대부분의 사람이 잠시 눈을 붙이거나 휴대전화 화면을 멍하니 바라보고 있었을 시카고의 그 끔찍한 겨울밤, 나는 새로운 웹사이트 밀레니얼머니에 '소득원을 다각화하는 방법'이라는, 사람들에게 도움이 될 만한 콘텐츠를 열심히 작성하고 있었다.

그때는 몰랐지만, 순수한 열정으로 시작해 2020년에 매각했다가 2022년에 다시 인수한 이 웹 사이트는 내 가장 성공적인 사업이 됐다. 마케팅 에이전시에서보다 훨씬 많은 돈을 벌어들였을 뿐 아니라, 전 세계 수백만 명에게 도움을 주었고, 상상조차 못했던 경험들을 할 수 있었다.

마케팅 경력을 통해 나는 이미 웹 사이트를 디자인하고 구축하며, 매력적인 콘텐츠를 작성하고, 구글 검색에 최적화하는 방법을 알고 있었다. 하지만 고등교육 사업과는 달리 밀레니얼머니는 개인 재테크와 투자에 대한 내 열정을 쏟아낼 수 있는 의미 있는 일이었다. 기법과 열정, 이 두 가지 요소의 결합은 내 삶에 엄청난 만족과 기쁨을 안겨줬을 뿐 아니라, 다른 사람들에게도 가치를 제공하고 긍정적인 변화를 이끌어낼 수 있다는 점에서 큰 의미와 보람을 느끼게 했다.

밀레니얼머니는 내게 완벽한 사업이었지만, 첫 블로그 글을 쓰기까지 이어진 수년간의 실험과 시행착오가 있었기에 성공할 수 있었다. 백만장자가 되겠다고 결심하기 전부터 이미 나는 밀레니얼머니를 만드는 데 필요한 기술을 습득하고 열정을 발견하기 시작했던 것이다. 본격적으로 사업을 시작한 뒤 여러 어려움과 도전을 겪으며 나는 다양한 사업 아이디어를 실험했고, 그 과정에서 돈 버는 법에 관한 귀중한 교훈을 얻었다. 또한 나 자신과 나의 한계에 대해서도 많은 것을 배웠다. 덕분에 주변 사람들이 저마다 다른 방식으로 사업을 운영하고 있을 때에도, 나는 내게 가장 잘 맞는 방식으로 밀레니얼머니를 성장시킬 수 있었다.

완벽한 사업 공식

어떤 아이템으로든 사업을 시작할 수 있다. 그러나 성공적이고 만족스러운 사업을 구축하려면 기회를 포착하고, 충분한 시간을 투자하고, 기존의 기술을 활용하고, 자신의 열정을 쏟을 수 있는 일을 해야 한다. 여기에 더 나아가 최대의 성과를 얻고 싶다면 더 큰 의미와 목적을 추구하며 사업을 확장해야 한다.

완벽한 사업 = (시간 + 기술 + 열정 + 시장 기회) × 사명

누구나 어느 정도의 시간, 자본, 기술 그리고 시장 기회를 가지고 사업을 시작할 수 있다. 다른 사람의 문제를 해결해주거나 삶을 더 편리하게 만들고 더 행복하게 하며, 돈을 벌게 해주거나 즐거움을 줄 수 있다면 그리고 그런 일에 시간을 투자할 의향이 있다면 누구나 돈을 벌 수 있다. 사업은 막연한 것이 아니라 누구나 배울 수 있는 기술이다. 지금 당장 시작할 수 있는 아이디어는 무수히 많다.

처음 온라인에서 글쓰기를 시작했을 때, 나는 콘텐츠로 어떻게 돈을 벌고 사업으로 발전시킬 수 있는지에 대한 지식이 부족했다. 그래서 막막할 때마다 구글에서 검색해보거나 유튜브에서 방법을 찾아보곤 했다. 배울 시간이 있거나 아웃소싱할 자금이 있다면 부족한 기술 격차는 충분히 메울 수 있다. 무언가를 시작해 수익을 창출하는 데는 많은 것이 필요하지 않다.

하지만 이 책은 단순히 돈을 벌기 위한 창업 안내서가 아니다. 기업가 정신을 통해 삶을 확장하고 풍요롭게 하는 방법에 관한 책이다. 만약 내가 단기간에 많은 돈을 벌고 싶었다면 컨설팅 회사를 계속 확장해 규모를 키운 뒤 매각했을 수도 있다. 내게는 자원이 있었고, 시장에서의 기회도 충분했기 때문이다.

하지만 그럴 기회가 있었음에도 불구하고 나는 만족스럽지 않았다. 컨설팅 회사의 시장 가치는 일반적으로 연간 매출의 100~200%로 낮게 평가된다. 사업의 성과가 특정 소유주의 능력과 소수의 주요 고객과의 관계에 크게 의존하기 때문이다. 게다가 그 일 자체에 만족하지도 못했다. 당시 나는 그저 관성적으로 일할 따름이었다. 좋은 사업이었지만 내가 사랑하는 사업은 아니었던 것이다. 돈은 벌었지만 즐겁지는 않았다.

인생은 사랑하지 않는 일을 하며 보내기에는 너무나 짧다.

시간 투자와 배분

사업을 시작하는 데는 돈이 꼭 필요한 것은 아니다. 물론 오프라인 매장이나 실물 상품을 판매하는 사업이라면 초기 투자금이 필요하다. 하지만 돈을 먼저 쓰지 않고도 수익을 올릴 수 있는 분야는 많다. 베이비시터, 과외, 컨설팅 같은 서비스가 대표적이다. 고객이 이런 서비스나 기술에 기꺼이 돈을 지불한다면 곧바로 현금을 벌기 시작할 수 있다. 온라인 사업을 운영하는 경우 웹 사이트 구축에 초기 비용이 들 수 있지만, 진입 장벽이 비교적 낮아 보통 몇백 달러를 넘지 않는다.

모든 기업가에게 가장 필요한 자원은 시간이다. 아이디어에 충분한 시간을 투자할 의향이 없다면, 그것은 결국 아이디어에 머물 뿐이다. 자본이 있다면 많은 일을 다른 사람에게 맡길 수 있다. 하지만 사업 운영의 전반을 책임지고 관리하며, 모든 것이 제대로 돌아가는지 확인하는 일은 반드시 스스로 해야 한다. 그렇게 하지 않는다면 그것은 더 이상 당신의 사업이 아니다.

우리는 모두 시간에 쫓기며 살아가고, 어떤 사람들은 다른 누구보다 더 바쁘다. 하지만 매주 다섯 시간이라도 집중적으로 아이디어에 투자할 수 있다면, 특히 무엇에 집중해야 할지를 알고 추진력을 유지한다면, 반드시 진전을 이루고 성공할 것이다. 당신이 진정 몰두하고 있는 아이디어가 우선순위가 될 것이고, 기꺼이 다른 일을 포기해 시간을 낼 수 있다. 넷플릭스를 보거나 휴대전화를 스크롤하는 대신, 당신은 자신의 미래를 건설하는 것이다.

아이를 키우면서 일하는 데 쓸 수 있는 시간은 줄었지만 생산성은 오히려 높아졌다. 시간이 적다는 것을 알기 때문에 자연스럽게 집중력이 높아진 것이다. 마찬가지로 나이가 들수록 일에 쓸 수 있는 시간은 줄어든다. 20대 때처럼 에너지가 넘치지 않아 매일 새벽 2시까지 일할 수는 없기 때문이다. 바로 그런 시간의 제약이 집중력을 높여 결과적으로 생산성을 높인다.

지난 몇 달 동안의 달력을 한번 살펴보라. 당신이 시간을 어디에 사용하고 있는지 그리고 현실적으로 언제 사업에 시간을 할애할 수 있는지 확인해보라. 당신은 아침형 인간인가? 아니면 저녁형 인간인가? 언제 가장 집중이 잘되고 에너지가 넘치는가? 주말에 시간을 낼 수 있는가? 밤에 사업에 투자할 수 있는 시간은 언제인가? 나의 경우 처음 사업을 시작했을 때는 방해받지 않는 토요일 아침과, 주중에는 주 2회 아침과 밤 시간을 활용했다.

'적절한 때'나 '동기부여가 될 때'까지 기다려서는 안 된다. 인생은 예측 불가능하지만 그럼에도 계속 나아가야 한다. '진실 7'을 상기하라. 추진력은 사업에서 가장 강력한 힘이다. 많은 회사들이 사업주가 추진력을 잃으면 활력을 잃고 결국 실패한다. 기업가라면, 특히 초기 단계에 있다면 이 에너지를 키우고 추진력을 유지하는 것이 필수적이다. 일단 추진력을 만들고 키우기 시작하면 그 힘을 분명히 느낄 수 있다. 예전에는 힘들고 버겁게만 보였던 일들이 덜 부담스럽고 자연스럽게 느껴지며, 마치 마땅히 해야 할 일을 하고 있다는 느낌이 들 것이다.

만약 확실하게 확보할 수 있는 시간이 보이지 않는다면, 새로운 관점에서 시간을 마련할 다양한 방법을 찾아보라. 한 가지 방법은 시간을 '사는' 것이다. 사업이 성장하면 다른 사람에게 특정 작업을 맡겨 사업을 더욱 확장할 수 있다. 하지만 지금 당장 작은 규모로도 시도할 수 있다. 예를 들어 좋아하지 않는 집안일이나 업무를 아웃소싱하는 것이다. 물론 비용이 들고 재정적 독립을 향해 나아가고 있다면 지출을 줄이고 싶을 것이다. 그러나 약간의 돈을 투자해 시간을 절약한다면, 그로 인해 창출되는 가치가 지출한 돈의 10배가 될 수도 있다.

실험적 기업가로서 내가 한 최고의 투자 중 하나는 회계 담당자를 고용해 회계 소프트웨어 퀵북스QuickBooks 계정을 설정하고 관리하게 한 일이다. 덕분에 나는 수입과 지출을 쉽게 파악할 수 있었다. 초기 사업을 시작했을 때는 이 소프트웨어를 설정하고 입력하는 방법을 직접 배웠지만 많은 시간이 들었으며, 한편으로는 잘못하고 있을지도 모른다는 불안감이 있었고 실제로도 그랬다. 이후 웹 사이트 개발 에이전시를 운영하면서 매달 약 300달러를 들여 사람을 고용했고, 그 대신 엄청난 시간을 절약할 수 있었다. 나는 이 시스템을 더 효과적으로 사용할 수 있게 되면서 더 많은 수익을 올리고 세금도 최적화할 수 있었다. 게다가 경험이 풍부한 사람이 내 장부를 관리하는 것을 보며 회계에 대해 많은 것을 배울 수 있었다.

일단 전략적으로 생각하기 시작하면 얼마나 많은 시간을 절약할 수 있는지 깨닫고 놀라게 될 것이다. 실제로 점점 더 많은 시간제 근로자들이 부업에 더 많은 시간을 쓰기 위해 주 5일에서 4일로 근무 시간을 줄이는 현상이 나타나고 있다. 만약 당신이 급여소득자라면, 업무의 일부를 자동화하거나 시스템화해 더 짧은 시간에 더 많은 일을 해내는 방법을 브레인스토밍해보라. 요즘 많은 직업이 재택근무로 전환됐지만, 여전히 사무실로 출근해야 하더라도 책상 앞에서 보내는 40시간 전부를 업무에만 쓸 필요는 없다. 새로운 사업에 대한 열정과 목표는 오히려 현재 직장에서 하는 일의 업무 효율성을 높이는 긍정적인 자극제가 될 수 있다.

현재의 직장 생활에 지장을 주지 않는 선에서 가능한 한 많은 시간을 할애해 부업을 키우는 데 집중하라. 단 신중하게 계획하고 전략적으로 접근해야 한다. 꾸준히 시간을 들이면 결국 결실을 맺지만, 그러려면 충분한 시간이 필요하다. 매주 몇 시간이라도 생산적인 시간을 프로젝트에 투자하지 않는다면 그 아이디어는 재고해봐야 한다. 당신이 즐기는 일에는 분명 시간을 쏟을 것이다. 만약 꾸준히 시간을 내지 않는다면 그것은 당신이 진정으로 몰두하지 않는다는 뜻이며, 더 열정을 쏟을 수 있는 다른 것을 찾아야 한다는 신호다.

강점 집중

처음 사업을 시작할 때는 이미 가지고 있는 기술을 활용해 할 수 있는 일을 하는 것이 중요하다. 물론 새로운 기술은 언제든 습득할 수 있고, 사업이 성장할수록 자연스럽게 더 많은 기술을 익히게 된다. 하지만 실험적 기업가 단계의 핵심은 가능한 한 수익을 내기 시작해 사업을 빠르게 개선하고 배우는 것이다. 따라서 이미 할 줄 아는 것을 활용할 때 훨씬 더 쉽게 성과를 이룰 수 있다.

내가 처음으로 시작해보고 싶었던 회사는 2010년 말과 2011년 초에 개발하려 했던 '딕더바이브Digthevibe'라는 앱이었다. 사용자가 원하는 분위기에 맞는 술집과 식당을 검색할 수 있도록 만드는 것이 이 앱의 목적이었다. 현장에 있는 사람들에게 분위기가 어떤지 물어봄으로써 술집이 얼마나 붐비는지, 사람들이 즐겁게 시간을 보내고 있는지 등을 알려줄 수 있었다. 당시로서는 혁신적인 아이디어였고, 나는 이 일에 강한 열정을 가지고 있었다.

비록 재정적으로 독립한 지는 얼마 되지 않았지만, 당시 나는 이미 소득의 80%를 저축하고 있었다. 그래서 저축한 돈 5,000달러를 써서 그 앱을 만드는 과정에서 배울 수 있는 모든 것을 익히려 했다. 하지만 기술 장벽이 너무 높았다. 필요한 기능을 구현할 기술력이 부족했고, 자원이 제한적이어서 작동하는 데 필요한 모든 개발 작업을 감당할 여력이 없었다. 외부 투자자로부터 자금을 조달받을 수도 있었지만, 기업가 경력 초기에 외부의 간섭을 받고 싶지는 않았다.

나는 본업이 있는 상태에서 약 18개월 동안 최선을 다해 딕더바이브를 운영했지만 점차 추진력을 잃고 흥미도 사라졌다. 다행히 내가 추진하던 사업은 그것만이 전부는 아니었고, 마침 마케팅 대행사 사업이 성장하기 시작했다. 딕더바이브가 아닌 다른 사업에 전념하는 일은 쉬웠다. 이런 식으로 여러 사업 아이디어를 동시에 실험하면 가장 즐겁고 잘되는 쪽으로 방향을 전환할 수 있다.

딕더바이브가 실패했을 때, 나는 더 작게 시작해야 했고 '진실 3'을 존중해야 한다는 것을 깨달았다. 약점을 고치려 하기보다 강점에 집중해야 한다. 나는 이미 잘하는 것, 즉 웹 사이트 구축과 디지털 마케팅 캠페인을 통한 고객 유치를 기반으로 사업을 발전시키고 활용해야 했다. 이 실험과 마케팅 대행사의 성공은 결국 내가 가진 기술과 열정을 하나의 성공적인 사업으로 결합할 수 있게 해주었다.

당신의 열정은 무엇인가

 사업이 실패하는 가장 큰 이유 중 하나는 사업주가 자기 사업에 열정을 갖지 못하기 때문이다. 다른 사람이 성공한 사업을 그대로 따라 하거나, 이해하지도 못하고 관심도 없는 유행에 뛰어들어 돈을 벌어들이려 하기도 한다. 그러나 기업가 정신은 남을 베끼는 것이 아니라 자신의 삶을 구축하는 것이다.

 아무리 좋은 아이디어라도 다른 사람에게 효과가 있었다고 해서 당신에게도 효과가 있으리라는 보장은 없다. 처음 선택한 산업이나 사업에 대해 모든 것을 알 필요는 없지만, 기본적인 이해조차 없이 완전히 생소한 분야에 무턱대고 뛰어들면 결국 실패할 가능성이 크다. 그 분야를 배우고 따라잡느라 시간을 허비하다가 기회를 놓치거나, 어려움에 지쳐 포기하게 될 것이다.

 기업가들 사이에서는 사업을 시작할 때 당장 돈을 벌 수 있는 수익성 높은 아이템을 선택해야 하는지, 아니면 수익성은 조금 떨어지더라도 진정으로 좋아하고 열정을 쏟을 수 있는 분야를 선택해야 하는지를 두고 의견이 엇갈린다. 나의 경우 두 방식 모두로 돈을 벌었지만, 나를 포함해 내가 아는 가장 행복한 기업가들은 언제나 자신이 열정을 느끼는 일을 할 때 더 큰 만족을 얻는다. 그러면 시장을 잘 알기에 기회를 포착하기 쉬울 뿐만 아니라, 좋아하는 일을 하기에 훨씬 더 재미있고 활력 넘치게 일할 수 있다.

 당신이 사업을 통해 진정으로 만족하고 행복한 삶을 만들고 싶다면, 그 사업 자체가 당신이 좋아하는 일이어야 한다.

나는 서른 살이 되어서야 비로소 내가 좋아하는 일을 찾을 수 있었다. 지금 당장 열정을 느끼지 못하거나, 좋아하는 일을 중심으로 사업을 구축해야 할 필요성을 느끼지 못하더라도 걱정할 필요는 없다. 가장 중요한 것은 일단 사업을 시작하고 실험을 해보는 것이다. 그것이야말로 사업을 구축하는 방법을 배우면서도 당신이 사랑하는 분야로 진출할 수 있을 만큼 충분히 실험해볼 수 있는 유일한 방법이다.

당신의 사명은 무엇인가

사업을 시작할 때 반드시 사명감이나 거창한 목적의식이 필요한 것은 아니다. 하지만 사업에 가치를 담으면 당신이 쏟는 노력에 더 큰 의미가 생기고, 삶 전체에도 더 큰 영향을 미칠 수 있다. 처음에는 자신의 사명이 무엇인지 모를 수도 있다. 혹은 사명은 있지만 기업가로서 어떻게 그것을 향해 나아가야 할지 아직 모를 수도 있다. 그래도 괜찮다. 자신의 느낌을 믿으면 결국 모든 것이 분명해질 것이다.

처음 밀레니얼머니에 글을 쓰기 시작했을 때, 나는 부를 쌓는 과정에서 배운 모든 지식과 경험을 사람들과 나누고 싶었다. 그 지식과 경험이 내게 큰 도움이 되었듯, 다른 사람들에게도 분명히 유익할 것이라 믿었기 때문이다. 내 사명은 단순하다. 사람들이 더 많은 자유를 누리기 위해 돈을 저축하고 투자하도록 돕는 것이다. 내가 하는 모든 일은 이 사명과 연결되어 있다.

돈에 대해 글을 쓰며 얻는 개인적 만족과 충족감에 초점을 둔 나의 열정과 달리, 사람들의 경제적 자유를 돕는다는 사명은 개인적 차원을 넘어 타인의 삶에 의미 있는 변화를 일으키려는 더 크고 숭고한 목표를 지향한다.

또한 이 사명은 내가 매일 하는 일을 계속할 수 있도록 동기를 부여한다. 내 사명은 나의 사업보다 더 크며, 이 사명과 나의 일은 전 세계 사람들과 나를 연결해준다. 그것은 또한 내 삶에 깊은 충족감과 목적의식을 더해주고, 내가 글쓰는 작업에 쏟는 사랑과 에너지가 독자들의 이메일과 대화를 통해 증폭되어 되돌아오는 것을 느낄 수 있게 한다.

사명을 갖는다는 것은 모든 기회를 그 사명과의 일치 여부로 판단할 수 있게 해주기 때문에 어떤 결정을 내리기가 훨씬 쉬워진다. 그것이 내가 삶에 세운 규칙이다. 나는 늘 '이 기회가 사명을 달성하는 데 어떻게 기여하는가?'를 자문한다. 기여하지 않는다면 그 기회를 받아들이지 않는다. 나는 정기적으로 강연 초대를 받는다. 강연하는 것 자체는 내가 좋아하는 일이 아니지만, 내 핵심 사명을 표명할 수 있는 자리에 주로 대학이나 비영리단체처럼 메시지를 필요로 하는 곳이라면, 개인적인 불편을 감수하고라도 기꺼이 참여한다.

수입이 연간 2만 달러에 불과했던 싱글맘 웨이트리스 애슐리 해밀턴Ashley Hamilton은 세금 환급금을 종잣돈으로 부동산 투자 사업을 시작했는데, 그 중심에는 디트로이트와 미시건의 저소득층 가정에 저렴하면서도 질 좋은 주거 환경을 제공하겠다는 뚜렷한 사명감이 있었다. 그녀는 자신의 투자를 수백만 달러 규모의 부동산 사업으로 키워내며 그 사명을 실현했다. 이렇게 명확한 사명이 있었기에 그녀는 사업을 성장시켜 사회에 큰 영향을 미칠 수 있는 결정을 더 쉽게 내릴 수 있었다.

자신과 가족을 위해 돈을 벌 목적으로 사업을 구축하는 것이 잘못된 것은 아니다. 하지만 사업의 목표를 넓혀 더 많은 사람의 삶에 긍정적인 변화를 만들 수 있다면, 그 경험은 당신에게 훨씬 더 큰 만족감을 줄 것이다. 인간은 본래 타인에게 베풀고 도움을 주도록 타고났기에, 그런 행동을 할 때 다른 방식으로는 얻을 수 없는 깊이 있는 기쁨을 경험한다. 나는 "더 많이 줄수록 더 많이 돌아온다"라는 격언이 진실임을 깨달았다. 당신이 다른 사람들을 돕는다면, 우주는 예상치 못한 깊고도 큰 방식으로 보상할 것이다.

당신의 사명이 세상을 바꿀 만큼 엄청날 필요는 없다. 직원들의 삶과 지역사회를 개선하는 회사를 만들겠다는 것과 같이 단순해도 좋다. 반대로 수백만 명의 삶을 바꾸겠다는 더 큰 사명을 가질 수도 있다. 세상에 너무 크거나 너무 작은 사명은 없다. 중요한 것은 그 사명이 당신 자신보다 크다는 것이고, 다른 사람을 돕는 기쁨은 혼자서는 결코 얻을 수 없는 풍요로움을 당신의 삶에 더해줄 것이라는 점이다. 너무나 많은 사람이 고통받고 도움을 필요로 하는 세상에서, 당신에게는 기업가로서 사업을 통해 세상에 영향을 미칠 수 있는 진정한 기회가 있다.

연습: 교차점 찾기

다음은 당신의 열정과 기술을 함께 고려해 어떤 유형의 사업을 구축할지 결정하는 간단한 연습이다. 이 연습이 효과가 있다는 사실을 나는 잘 알고 있다. 첫 번째 책에서 이 방법을 소개했고, 이를 통해 자신이 열정을 쏟아 몰두할 수 있는 사업을 찾았다는 긍정적인 피드백을 수많은 사람으로부터 받았기 때문이다.

먼저 종이 한 장을 꺼내 반으로 접은 뒤 왼쪽 상단에는 '열정', 오른쪽 상단에는 '기술'이라고 적자(다음 페이지 표 참고). 물론 휴대전화나 컴퓨터로도 할 수 있다. 두 개의 목록만 만들면 된다. '열정' 아래에는 당신이 사랑하는 모든 것을 적어보라. 예를 들어 나의 경우 기타 연주, 글쓰기, 투자, 책 수집, 자전거 타기, 카약 타기, 동굴 탐험, 하이킹, 여행, 미술품 수집, 명상 등이다. 물론 직장에서 하는 일도 포함할 수 있다. 당장 돈을 벌 수 있는 방법이 없어 보이는 일이더라도 떠오르는 것은 무엇이든 적으면 된다.

다음으로 '기술' 열에는 당신이 가진 모든 기술을 나열하라. 특정 훈련이나 자격증이 필요한 '하드 스킬(예를 들어 백엔드back-end 웹 개발, 카피라이팅, 검색 엔진 최적화SEO, 그래픽 디자인, 전기 수리 등)'과 '소프트 스킬' 또는 재능(예를 들어 대중 연설, 중재, 협상 등)까지 모두 적어보자.

열정	기술

잘 모르겠는가? 그렇다면 주변 사람들에게 당신이 잘하는 것이 무엇인지 물어보라. 친구, 가족, 동료에게 피드백을 구하고, 직무 평가나 인사고과에서 받았던 내용을 떠올려보라. 다른 사람들이 당신에게 어떤 도움을 요청하는가? 당신은 어떤 긍정적인 업무 평가를 받았는가? 반드시 과거에 돈을 벌었던 경험으로 한정할 필요는 없다. 예상치 못한 곳에서도 좋은 아이디어가 나올 수 있다.

최근 내 친구 닉과 나눈 대화를 예로 들어보겠다. 39세인 닉은 골프를 무척 좋아하고, 새로운 사업 아이디어를 탐색하며 실험해보고 싶어 한다. 그는 정규직으로 만족스럽게 일하고 있지만, 자신이 즐기는 일을 통해 수입을 다각화하고 싶어 했다. 그래서 그에게는 새로운 아이디어가 필요했다. 다음은 닉이 작성한 목록이다.

우리는 팜스프링스에서 함께 골프를 친 적이 있었다. 그는 20타 차로 나를 압도적으로 이긴 뒤 다른 사람들에게 골프를 가르치고 싶다고 말했다. 하지만 닉은 공인 골프 프로가 아니었고 자격증을 취

열정	기술
골프	엑셀
여행	뛰어난 글솜씨
하이킹	프로젝트 관리
농구	갈등 해결
태국 음식	다른 사람 가르치기
웨이트 리프팅	강건한 신체
정원 가꾸기	긍정적인 태도

득하는 데에도 관심이 없었다.

공인 자격증이 없으니 가르칠 수 있는 대상이 제한되기는 했지만, 논의 끝에 우리는 닉이 과거에 골프를 치다가 중단했지만 사회적 교류, 정신적 활동, 유연성 및 건강 관리를 위해 다시 골프를 치고 싶어 하는 노인들을 대상으로 가르치는 것이 좋겠다는 결론에 이르렀다. 닉이 거주하는 시애틀에는 재력이 상당한 베이비붐 세대가 많이 살고 있다.

우리는 곧바로 사업 아이디어, 목표 시장 그리고 판매 전략을 구상했다. 닉은 단순히 시간당 돈을 받는 골프 강사가 되는 것을 원하지 않았지만, 우선은 시간당 요금을 받고 몇 명의 노인 고객을 확보해 시범적으로 운영해볼 계획을 세웠다. 그는 이 시도가 장차 자신이 직접 고객을 가르치는 것을 넘어, 다른 사람들을 고용해 훈련을 맡기거나 더 나아가 골프 관련 이벤트를 개최하고, 멤버십 프로그램을 운영하는 등의 다양한 사업 영역으로 확장될 수 있으리라 낙관하고 있다.

앞의 표의 열정과 기술 목록에서 겹치는 부분을 찾아보자. 당신의 열정 가운데 어떤 것이 당신이 가진 기술과 맞아떨어지는가? 나의 경우 글쓰기가 그렇다. 나는 글쓰기를 좋아하고 잘한다고 생각한다. 그것이 바로 내가 미디어 회사를 시작한 이유다. 이처럼 정확히 일치하는 부분이 있다면, 그것을 당신이 직접 사업을 시도해보거나 사업 아이디어의 핵심 요소로 포함시켜야 한다는 의미다. 물론 아직 명확하지 않더라도 걱정할 필요는 없다.

취미나 열정을 통해 수익을 창출하는 것이 어떤 느낌인지 시험해보는 것도 이런 실험의 또 다른 이점이다. 물론 모든 취미나 열정이 반드시 수익화되어야 하거나 수익화될 수 있는 것은 아니다. 하지만 취미나 열정은 여러분이 사랑하는 사업을 찾기 위한 실험을 시작하기에 좋은 출발점이 된다.

당신이 꼼꼼하고, 엑셀 스프레드시트를 능숙하게 다루며, 소셜 미디어에 큰 흥미를 느낀다고 해보자. 그렇다면 '미스 엑셀Miss Excel'이라 불리는 캣 노턴Kat Norton처럼 소셜 미디어와 유튜브를 활용해 다른 사람들에게 엑셀을 효과적으로 사용하는 방법을 가르치는 강좌를 판매할 수 있다. 그녀는 엑셀과 정보 정리에 대한 열정을 바탕으로 엑셀을 전문적으로 가르치기 위해 마이크로소프트의 공신력 있는 인증을 받았고, 탁월한 실력 덕분에 마이크로소프트로부터 워크숍 진행 비용을 지원받기도 했다. 또한 젊은 직장인들이 업무에 엑셀을 사용하는 방법을 춤과 유머를 통해 즐겁게 배울 수 있도록 소셜 미디어와 유튜브 채널을 이용해 교육 효과를 극대화 했다.

어쩌면 여러분은 훌륭한 팀 리더로서 회사에서 승승장구하고 있지만, 한편으로는 피트니스에 푹 빠져 있을 수도 있다. 그렇다면 영국의 인도계 전직 프로 운동선수였던 탄비 샤Tanvi Shah처럼 될 수 있나. 그녀는 세계 4대 회계 컨설팅 법인에서 근무한 경험을 링크드인, 인스타그램, 틱톡에 공유해 팔로워를 모은 다음 회계 법인을 떠나 남아시아 여성의 스포츠계 진출을 넓히려는 자신의 열정을 추구했다. 그녀는 자신만의 독특한 이력과 전문성을 바탕으로 소셜 미디어에서 많은 팔로워를 확보했다. 이후 안정적인 직장 생활을 정리하고 사업을 시작했으며, 현재는 삼성 같은 글로벌 기업의 광고 캠페인에도 정기적으로 등장하고 있다.

당신이 중소기업 사장들을 돕는 데 열정이 있고 소셜 미디어를 즐기며 특정 분야의 학위를 가지고 있다면, 대형 로펌을 떠나 자신의 법무 법인을 설립한 에릭 퍼시피치Eric Pacifici처럼 될 수 있다. 그는 잘나가던 인수합병 전문 변호사였지만, 안정적인 대형 로펌을 과감히 떠나 X(구 트위터)를 통해 쌓은 인맥과 그들의 소개를 바탕으로 자신만의 독자적인 법인을 성공적으로 세웠다. 그의 회사인 'SMB 법무법인SMB Law Group'은 최초의 소셜 미디어 기반 로펌이다. 그는 대형 로펌의 구시대적인 '무조건 성공' 문화에서 벗어나 중소기업 사장들과 기업가들의 사업 매각 및 인수를 돕는, 완전 원격 근무 방식의 새로운 유형의 로펌을 만들었다.

좋아하는 것만큼이나 싫어하는 것도 중요하다. 종이 뒷면에 그것들을 적어보라. 사업은 삶의 목표 달성이나 행복 추구에 도움이 되어야 하며, 사업에 끌려다니게 되어서는 안 된다. 무엇을 원하고 또 원하지 않는지 명확하지 않다면, 사업을 구축하고도 금세 싫증을 느낄 수 있다.

사업 아이디어를 찾는 데 도움이 되는 질문들

1. 가장 잘하는 것은 무엇인가?
2. 가장 많이 알고 있는 것은 무엇인가?
3. 자유 시간을 어떻게 보내는가?
4. 지금 당신이 사랑하고 5년 뒤에도 여전히 사랑할 것이라 확신하는 것은 무엇인가?
5. 인생에서 어떤 어려움을 극복한 경험이 있는가?
6. 다른 사람들이 당신에게 도움을 요청하는 것은 무엇인가?
7. 일상이나 직장에서 겪는 문제점이나 고충은 무엇인가?
8. 다른 사람들이 가치 있다고 여길 만한 당신의 기술이나 전문 지식은 무엇인가?
9. 다른 사람들보다 더 많이 알고 있는 새로운 트렌드나 기술이 있는가?
10. 시중에 없지만 존재했으면 하는 제품이나 서비스는 무엇인가?
11. 특별히 흥미를 느끼는 산업 분야는 무엇이며, 그 안에서 어떻게 혁신할 수 있을까?
12. 친구, 가족, 동료로부터 흔히 듣는 불만이나 피드백은 무엇인가?
13. 기존 제품이나 서비스를 어떻게 개선하거나 단순화할 수 있을까?
14. 배워서 사업으로 발전시킬 수 있는 것은 무엇인가?
15. 제대로 관심받지 못하는 시장이나 고객층이 있는가?
16. 규제나 법률의 변화는 어떤 새로운 사업 기회를 만들 수 있는가?
17. 당신이 기존에 접근할 수 있는 네트워크는 무엇인가?
18. 다른 사람들에게는 없는 당신만의 자원은 무엇인가?
19. 지역이나 지역사회의 부족한 부분 중 당신이 해결할 수 있는 것은 무엇인가?
20. 기존 아이디어나 개념을 어떻게 새롭고 혁신적인 방식으로 결합할 수 있을까?

'진실 1'을 기억하라. 자유는 무한한 선택이 아니라 제약에서 비롯된다. 무엇을 좋아하고 싫어하는지 분명히 하지 않으면 금세 싫증날 사업에 뛰어들 위험이 있다. 따라서 사업을 시작하기 전에 기꺼이 감수할 수 있는 것과 절대 타협할 수 없는 것을 미리 생각해야 한다. 물론 이런 기준은 당신이 변화함에 따라 필연적으로 변하겠지만, 사업을 시작하기 전 사업의 범위와 한계를 설정하는 것은 무엇보다 중요하다. 그것들을 목록으로 적어두고 자주 들여다보자. 모든 일을 다 하려 하기보다 싫어하는 일을 피하는 것이 목표 달성과 성공에 이르는 더 빠른 길이 될 수 있다.

나의 경우 출장을 다니며 고객을 상대하는 일은 최대한 피하고 싶었기 때문에 반드시 온라인 사업을 구축하는 데 집중했다. 덕분에 나는 고객을 만나기 위한 출장을 떠나지 않아도 되지만, 내가 좋아하는 도시에서 열리는 몇몇 컨퍼런스에는 매년 참석한다. 또한 사람들을 관리하는 것을 좋아하지 않아서 시작할 수 있는 사업의 종류와 규모가 제한적이다. 계약을 처리하는 것도 번거로워서 훌륭한 비즈니스 변호사를 따로 두고 있다. 한편 한 번에 하나의 프로젝트에만 집중하는 것도 내 성향과 맞지 않는다. 여러 일을 동시에 진행할 때 오히려 아이디어가 떠오르고 동기부여가 되기 때문이다. 따라서 나는 전통적인 단일 사업 모델을 따르는 유형이기보다 'LEVEL 4'에서 자세히 다루고 있는 '자신만의 제국을 세우는 기업가'에 더 가깝다. 당신의 한계는 무엇인가? 그것을 해결하는 과정에서 당신은 성공에 한 발 가까워질 것이다.

아이디어로 돈 버는 법

기업은 단순히 제품이나 서비스를 파는 것이 아니라, 문제의 해결책을 팔아 돈을 번다. 고객은 당신의 제품이나 서비스 자체에 큰 관심이 없고 그것이 어떻게 작동하는지, 왜 최고의 제품인지도 별로 신경 쓰지 않는다. 그들이 원하는 것은 당신이 그들의 문제를 정확히 파악하고, 기존의 다른 제품들이 왜 그 문제를 제대로 해결하지 못했는지 설명하며, 당신의 제품이 어떻게 그 문제를 해결할 수 있는지를 보여주는 것이다. 당신은 문제를 해결할 수 있다는 명확한 약속을 해야 한다.

'제품 약속 방정식'은 간단하다.

약속 = 무엇(이 문제인가?) + 왜(이것이 당신에게 도움이 되는가?) + 어떻게(할 것인가?)

다음은 스튜던트론플래너의 트래비스 혼스비 사례를 통해 이 방정식이 어떻게 적용되는지를 설명한 것이다.

- **무엇(문제)**: 개인은 학자금 대출 부채를 어떻게 줄일 수 있는가?

이제 방정식의 다음 요소로 넘어가보자. 고객이 당신의 제품을 사용할 때 어떤 긍정적인 결과나 이익을 얻을 수 있을지를 생각해보

라. 당신은 고객이 당신과 거래를 함으로써 무엇을 얻게 될 것이라고 약속하고 있는가?

- **왜(이점)**: 이 프로그램을 이용하면 채무 관련 비용을 절감할 수 있고, 그로 인한 스트레스도 줄일 수 있다.

다음은 이 약속을 어떻게 이행할 것인가 하는 문제다. 당신은 실질적으로 어떤 제품이나 서비스를 제공하는가? 무엇을 판매하든 실제로 가치를 제공해야 한다.

- **어떻게(제공)**: 우리는 고객 개개인의 상황에 따라 맞춤형 학자금 대출 상환 계획을 제공한다. 또한 더 낮은 이율로 전환 대출을 받을 수 있도록 사설 대출 기관과 고객을 연결해주는 서비스를 제공한다. 고객이 지불한 수수료보다 더 많은 금액을 절약할 수 있음을 보장하며, 그렇지 않으면 수수료를 환불해준다.

이제 제품, 서비스 또는 상품화된 서비스를 통해 솔루션을 제공하는 방법에 대해 구체적으로 살펴보자. 각각에는 장단점이 있다.

제품 비즈니스

제품이란 개 목줄, 전자책, 애플파이처럼 누군가가 구매할 수 있는 구체적인 물건을 말한다. 제품 비즈니스의 가장 큰 장점은 비교적 쉽게 규모를 확장할 수 있다는 점이다. 초기 제품 개발에 성공하면 매번 새 버전을 설계하거나 마케팅할 필요 없이, 그 성공을 바탕으로 지속적인 판매와 수익 창출이 가능하다.

제품 비즈니스의 가장 큰 단점은 보통 판매가 얼마나 잘될지 모르는 상태에서 제품을 미리 만들어야 한다는 점이다. 실물 상품을 판매하는 경우 생산 및 보관에 대한 비용을 미리 지불해야 한다. 그래서 나는 디지털 상품, 전자책, 온라인 강좌, 인쇄용 파일 또는 다운로드할 수 있는 제품을 선호한다. 초기 디지털 제품을 생산하는 데 자원을 투자하면, 추가 시간이나 비용을 들이지 않고 수요가 있는 한 계속 판매할 수 있다. 게다가 모든 것이 온라인에 있으므로 제품을 창고에 보관하거나 배송하는 데 자원을 쓸 필요도 없다.

디지털 제품

디지털 제품에는 소프트웨어, 디지털 다운로드가 가능한 콘텐츠, 전자책, 온라인 강좌, 프리미엄 팟캐스트, 유료 멤버십 커뮤니티, 거래 플랫폼 등이 포함된다. 디지털 제품은 초기 투자 비용과 시간 부담이 적고 개선이 용이하며, 즉시 판매를 시작할 수 있어 초기 기업가들이 아이디어를 시험하기에 특히 유리하다. 또한 무한한 확장성과 유연성을 제공하는 장점도 있다.

제조, 배송 및 보관이 필요한 물리적 제품과 달리 디지털 제품은 고객이 몇 번의 클릭만으로 즉시 접근해 다운로드할 수 있다. 나는 예전에 확보한 이메일 주소를 활용해 9.99달러짜리 부업 관련 전자책을 먼저 판매했고, 이어서 그 구매자들에게 49달러의 온라인 부업 강좌를 판매했다. 그다음에는 월 49달러의 부업 커뮤니티 멤버십을, 더 나아가 시간당 500달러의 코칭 서비스 통화와 397달러의 강좌까지 판매할 수 있었다. 이 모든 성공은 처음에는 엄청난 가치를 무료로 제공해 사람들의 신뢰를 얻고, 이후 적은 금액의 제품부터 판매하기 시작했기에 가능한 일이었다.

지난 몇 년 동안 경쟁이 치열해지고 소비자의 기호가 까다로워지면서 디지털 제품 판매는 과거보다 어려워졌다. 하지만 가능성 있는 틈새시장을 찾아 거기에 맞는 좋은 제품을 만들고, 경쟁 제품과 차별화되는 독특한 관점을 제시할 수 있다면 디지털 분야는 여전히 창업가가 시작하기에 가장 쉽고 유리한 곳이다.

코디 베르만Cody Berman과 줄리 벌링어Julie Berlinger는 디지털 상품 시장을 잘 활용하는 기업가의 좋은 예다. 두 사람은 각자의 엣시 스토어Etsy Store(미국의 글로벌 전자 상거래 플랫폼-옮긴이)를 통해 고객이 구매해 다운로드하고 창의적으로 활용할 수 있는 인쇄용 파일(다운로드를 위해 비용을 지불하는 디지털 파일)을 판매한다. 베르만의 스토어는 할로윈 파티 초대장, 밸런타인 러브 쿠폰, 산타에게 보내는 편지 등 계절별 인쇄물을 판매하고, 벌링어의 스토어인 스웩엘리펀트Swag Elephant는 수많은 품목 중에서도 독신 졸업 파티 게임 템플릿, 테마별 기프트 카드 홀더, 목표 플래너 등을 판매한다.

각 아이템은 디자인하고 업로드하는 데 수 시간이 걸리지만, 일단 완료되면 추가적인 노력 없이 무한대로 판매될 수 있다. 이것이야말로 진정한 의미의 '패시브 인컴passive income(처음에는 노력이 필요하지만 시스템이 구축되면 지속적인 큰 노력 없이도 얻을 수 있는 소득-옮긴이)'이다. 다운로드 후 출력하는 인쇄용 파일 제품의 성공을 바탕으로, 베르만과 벌링어는 또 다른 디지털 제품 사업인 골드시티벤처스Gold City Ventures를 공동 창업해 야심 찬 창업가들이 처음부터 인쇄용 파일 판매 사업을 시작할 수 있도록 돕는 강좌와 멤버십 커뮤니티를 제공한다. 두 사람은 이 세 개의 사업에서 연간 200만 달러(원화로 약 28억 원) 이상의 수익을 올리고 있다.

디자이너가 아니어도 상관없다. 전문 기술이 있거나 일상에서 직접 사용하기 위해 템플릿을 개발한 적이 있다면 그것을 온라인 버전으로 만들어 돈을, 그것도 상당한 금액을 벌 수 있다. 나 역시 개인적으로 순자산을 관리하려고 만든 엑셀 템플릿을 밀레니얼머니에서 판매해 3만 달러(원화로 약 4,300만 원) 이상의 수익을 올렸다.

그래도 어떤 종류의 디지털 제품을 판매해야 할지 감이 오지 않는가? 아이디어를 구상하고 성공적으로 판매하는 데 도움이 되는 일곱 가지 팁을 소개하겠다.

1. 작게 시작해 우선 시장을 테스트하라

인쇄용 파일 제품과 전자책의 장점 중 하나는 빠르게 제작해 시장 수요를 시험해볼 수 있다는 것이다. 특정 주제를 다룬 제품을 9.99달러나 19.99달러에 청중이 구매하도록 할 수 있다면, 더 높은 가격의 강좌를 판매하거나 멤버십 커뮤니티를 만드는 일도 가능하다. 하지만 낮은 가격대에서는 아무것도 판매하지 않다가 갑자기 197달러짜리 강좌를 판매하기는 어렵다. 작게 시작하면 새로운 제품 아이디어를 빠르게 시험하고 반복하여 판매를 시작할 수 있다. 그런 다음 이를 발판 삼아 더 비싼 디지털 제품으로 확장하고, 도달 범위를 넓히고, 제품을 개선할 수 있다.

2. 자신이 아는 것을 판매하라

어떤 것에 대해서든 디지털 제품을 만들 수 있지만, 주제와 틈새 시장에 대해 많이 알수록 아이디어를 찾기가 더 쉽다. 특정 전문 분야의 배경이 있다면, 그 틈새시장에서 1,000건 이상 판매된 디지털 제품, 가장 잘 팔리는 강좌 그리고 성공적인 페이스북 그룹이나 멤버십 커뮤니티를 운영하는 사람들을 조사해보라. 이미 인기 있는 디지털 제품이 존재한다는 사실은 그 분야에 수요가 많아 진입했을 때 수익을 낼 가능성이 높다는 신호다.

예를 들어 2019년에 고등학교 교사 롭 펠란Rob Phelan은 교사들이 워크시트 및 교육 자료를 제작해 다른 교사들에게 판매할 수 있는 온라인 마켓플레이스인 티처스페이티처스닷컴 TeachersPayTeachers.com에서 인쇄용 파일 제품을 판매하기 시작했다. 그는 재정적 독립을 추구하기 시작한 뒤, 교사들이 교실에서 금융 교육을 진행하는 데 도움이 될 자료를 제공할 수 있겠다는 아이디어를 떠올렸다. 이후 그는 약 90개의 인쇄용 파일 제품을 만들어 매달 약 1,300달러(원화 약 180만 원)의 패시브 인컴을 올리고 있다. 여전히 정교사로 근무하는 그에게는 부업에 불과하지만, 같은 플랫폼에서 10만 달러(원화 약 1억 4,000만 원) 이상의 소득을 올리며 인쇄용 파일 제품 판매를 전업으로 삼은 다른 교사 출신 기업가들도 있다.

3. 전자 상거래 플랫폼에서 구매자들이 검색하는 제품을 확인하라

제품에 대한 수요가 있는지 확인하는 가장 좋은 방법 중 하나는 데이터를 활용하는 것이다. 검색 데이터를 분석할 수 있는 웹 사이트와 소프트웨어를 이용하면 어떤 것이 인기 있고 유행하는지 확인할 수 있다. 예를 들어 '물 섭취량 추적기'나 '편집 가능한 아이의 첫 생일 파티 초대장'이라는 문구가 매달 많은 검색량을 기록하고 있다는 사실을 알 수 있다.

수요가 많은 제품을 찾는, 또 다른 덜 알려진 방법은 엣시, 구글, 핀터레스트 등의 검색창에 단어를 입력하면 자동 완성되는 내용을 확인하는 것이다. 이를 통해 해당 플랫폼에서 가장 인기 있는 검색어가 무엇인지 알 수 있다. 검색 데이터를 이해하는 데는 시간이 걸리지만, 이 방법이야 말로 디지털 제품을 판매할 때 가장 유용한 기술 중 하나다. 검색 데이터에 관해서는 이 책의 뒷부분에서 더 자세히 다루고 있다.

4. 당신이 사고 싶은 것을 팔라

정말 알고 싶거나 배우고 싶은 것이 있는가? 그렇다면 그것을 배워 자신만의 디지털 상품으로 만들어보자. 다른 디지털 강좌를 수강한 다음, 배운 내용을 바탕으로 자신만의 방식으로 재구성해 독특한 관점을 나눌 수도 있다.

운동 목표 달성에 도움이 되는 운동 추적기가 필요한가? 다가오는 친구의 생일 파티에 친구를 대신해 초대장을 보내기로 했는가? 부업의 수입과 지출을 추적할 수 있는 스프레드시트가 필요한가? 자신을 위해 만든 디지털 상품을 엣시 같은 플랫폼에 등록하는 데는 추가 작업도 거의 필요 없다.

5. 고객은 독특한 것을 원한다

디지털 상품 시장은 경쟁이 치열하므로 눈에 띄려면 독특한 제품이 있어야 한다. 이미 잘 작동하는 것을 굳이 다시 만들 필요는 없지만, 다른 무언가를 보여줘야 한다. 그래서 자신의 이야기와 경험을 활용하는 것이 매우 중요하다.

예를 들어 '투자를 시작하는 방법'에 대한 강좌나 전자책, 인쇄물은 무수히 많지만, 자신만의 독특한 방식을 담아 소비자의 공감을 얻는다면 그 속에서도 얼마든지 성공할 수 있다. 유머 감각, 출신 배경, 살아온 환경처럼 자신을 특별하게 만드는 요소를 찾아 콘텐츠나 상품에 녹여내야 한다. 군중 속에서도 눈에 띄도록 당신만의 독특함을 활용하라.

6. 계절 변화를 잘 이용하라

고객은 계절에 따라 특정 시기에 특정 상품을 구매한다. 예를 들어 1월에는 재테크 계획이나 건강 관련 상품을, 봄에는 정원 가꾸기 정보를, 11월 말에는 강림절 달력(강림절은 기독교에서 성탄절 전 4주간을 이르는 말로, 이 기간을 기념하는 달력-옮긴이)을 찾는다. 상품 아이디어의 계절별 추세를 조사하고, 사람들이 당신의 상품을 찾기 시작하기 몇 달 전에는 제작을 시작해야 한다.

7. 계속 실험하라

성공적인 상품을 만들려면 다양한 아이디어로 여러 차례 제작해 시장에 내놓고, 고객의 반응을 살펴야 할 수도 있다. 이 점을 늘 염두에 두고 이것이 과정의 일부임을 받아들여야 한다.

히트 상품을 만들기까지 많은 시행착오를 겪었지만, 나는 고객에게 완벽한 상품을 계속 찾아냈다. 비록 시간이 걸리겠지만 실험을 거듭할수록 더 많이 배우고, 상품은 더 좋아질 것이다. 디지털 상품 판매는 단기간에 부자가 되는 방법은 아니지만, 합법적인 수동적 수입원이 될 수 있고 기업가 정신을 실험하기에 좋은 출발점이다.

실물 상품

양질의 제품 제작과 브랜드 구축에 시간을 투자할 의향이 있는 사람에게 온라인에서 실물 상품을 판매하는 것은 큰 기회다. 시장 조사 기관 이마케터eMarketer와 경제경영 미디어 《비즈니스 인사이더Business Insider》에 따르면, 미국 소매 전자 상거래 판매액은 2027년까지 1조 7,200억 달러에 이를 것으로 예상된다. 또한 2024년부터 2027년까지 연평균 10% 성장하며, 전체 소매 판매액의 20% 이상을 차지하는 기록을 세울 것이라 전망된다.[4]

온라인에서 실물 상품 판매를 시작하는 가장 쉽고 인기 있는 방법 중 하나는 아마존의 FBAFulfillment by Amazon(판매자를 대신해 상품 보관, 포장, 출하, 고객 서비스까지 처리해주는 주문 처리 서비스-옮긴이) 프로그램이다. 경쟁이 치열하긴 하지만, FBA를 활용하면 아마존의 거대한 플랫폼에 접근할 수 있어 자체 플랫폼을 구축하거나 잠재 고객을 찾기 위해 애쓸 필요가 없다.

로건 레키Logan Leckie는 아마존에서 여러 제품을 성공적으로 판매하고 있다. 그의 제품은 월 5,000달러 이상의 수익을 창출해 생활비를 충당할 수 있을 뿐 아니라, 그는 더 큰 기업가적 목표를 추구할 수 있게 됐다.

친구들과 밤새 신나게 놀며 돈을 너무 많이 쓴 뒤, 레키는 첫 번째 제품 아이디어를 떠올렸다. 바로 '비밀 술병 secret flask'이었다. 그는 술값을 절약하기 위해 술집이나 행사장에 술을 몰래 가져갈 간단한 방법이 있는지 궁금했다. 아마존에서 검색해보니 우산이나 선크림 통 안에 술병을 숨겨 파는 판매자들이 몇몇 있었지만 많지는 않았다. 그는 먼저 아마존 제품 판매 분석 도구인 헬리움10 Helium 10을 활용해 판매량을 확인했다. 경쟁은 심하지 않았지만 판매량이 높다는 점을 확인하고 그는 경쟁 제품을 출시했다. 레키는 매달 최소 2,000달러 이상의 매출을 올릴 잠재력이 있으면서, 아마존에서 경쟁하는 판매자가 6명 미만인 제품을 꾸준히 찾아본다.

이런 기준에 따라 잠재적인 제품을 확인한 다음에는 판매자가 누구인지, 브랜드 경쟁력이 있는지 그리고 어떻게 경쟁에서 이길 수 있을지를 더 깊이 분석한다. 특히 미국 판매자에게는 진정한 기회가 열려 있다. 많은 판매자가 중국에 기반을 두고 있는데, 이들은 미국 시장에 맞는 매력적인 브랜드를 구축하는 데 능숙하지 않기 때문이다. 어색한 이름, 형편없는 로고, 부정확한 문법 등 브랜드 완성도가 낮은 흔적이 상품 설명에서 드러난다. 대신 제조비가 낮아 가격은 저렴한 경우가 많다.

그래서 나는 늘 고품질 제품과 세련된 디자인으로 고급 브랜드를 구축할 것을 권장한다. 제조비는 더 들겠지만, 그만큼 높은 가격을 책정해 더 큰 수익을 얻을 수 있다. 단순히 가격 경쟁력만으로 승부를 거는 전략은 지속 가능하지 않다.

경쟁사를 분석한 뒤, 레키는 해당 술병에 대한 수요가 얼마나 되는지 그리고 자신이 무엇을 차별화할 수 있는지 파악했다. 그는 아마존 FBA나 모든 실물 상품을 출시할 때 적용할 수 있는 두 가지 핵심 제품 전략 중 하나를 활용했다. 아직 포화되지 않은 시장을 찾고 기존 제품을 모방해 브랜드와 기능을 조금 개선한 것이다.

수요는 많았지만 경쟁이 심하지 않은 시장에서 그는 효과적인 마케팅과 브랜딩 전략을 수립했다. 그러나 독특하거나 새로운 제품은 아니었기 때문에 그는 중국의 전자 상거래 플랫폼인 알리바바에서 제조업체를 쉽게 찾아 저렴한 비용으로 주문할 수 있었다. 많은 사람이 알리바바를 아마존의 경쟁자로 여기지만, 실제로는 거의 모든 제품의 제조업체를 찾는 데 활용할 수 있다.

제조업체가 이미 해당 제품을 생산하고 있다면 다른 버전을 만드는 것도 쉽고, 최소 주문 수량도 대체로 낮다. 레키는 우선 알리바바를 통해 우산 술병 샘플 몇 개를 주문했다. 프로토타입을 테스트하고 아마존에 있는 경쟁 제품에 대한 부정적인 리뷰를 검토한 뒤, 그는 제조업체에 몇 가지 개선을 요구했다.

예를 들어 그는 경쟁 제품 리뷰에서 술병의 내용물이 샌다는 불만을 확인했고, 자신이 사용한 제품에서도 같은 문제를 경험했다. 그래서 그는 제조업체에 밀봉을 더 단단히 하고 누출 방지 기능을 추가해줄 것을 요구했다. 또 병 주둥이가 너무 좁아 사용 후 씻기가 어렵다는 점을 알게 됐는데, 이는 다른 소비자들도 리뷰에서 지적한 내용이었다. 그는 주둥이를 넓히고 작은 청소용 솔을 함께 제공해줄 것 또한 요청했다.

제품이 준비되자 그는 제품을 등록하고, 제조업체에서 아마존으로 직접 배송해 판매했다. 그런 다음 '음악 축제에 술 가져가는 방법', '술 숨기는 방법' 같은 키워드를 구글에서 검색한 뒤, 각 검색어의 상위 5개 결과에 링크된 웹 사이트 운영자에게 연락해 자신의 제품 링크를 삽입하는 조건으로 수수료를 제안했다. 이 전략은 매우 효과적이었고, 이런 독특한 링크 덕분에 그의 제품은 아마존 검색 결과 상위권으로 급상승했다. 아마존은 전환율(상품 페이지를 방문한 고객 중 실제로 구매한 고객의 비율-옮긴이)이 높은 제품을 우선시하는데, 이는 곧 플랫폼의 수익을 창출하는 것이기 때문이다. 또한 외부 웹 사이트에서 고객을 유입시켜 판매로 전환시키는 제품은 아마존의 고객 기반을 넓힐 잠재력이 있기 때문에 훨씬 더 높은 순위를 부여받는다.

실물 제품을 만드는 또 다른 접근 방식은 완전히 새로운 것을 창조하는 것이다. 레키가 자신의 브랜드 프리즈믹나이브즈Prismic Knives를 설립하고 한 일이 바로 이것이다. 그는 런던의 작은 시장을 방문했고, 판매 중인 칼들이 모두 검고 칙칙하다는 인상을 받았다. 그리고 개성 있고 다양한 색상의 칼을 만들 기회가 있을지 궁금했다. 아마존에서도 검색해봤지만 멋지고 다채로운 칼은 찾을 수 없었다. 그래서 그는 직접 새로운 제품을 시험하고 만들기로 결정했다.

레키는 자신과 마찬가지로 주방에 다채로운 칼을 두고 싶어 하는 사람이 세상에 많을 것이라 확신했다. 곧바로 직접 제품 디자인을 시작하고 시제품 제작을 위해 제조업체에 연락했다. 이런 독특한 제품은 제조업체가 새로운 설비와 디자인을 갖춰야 하므로 만드는 데 시간이 오래 걸리고 비용 역시 많이 든다. 하지만 그만큼 잠재적으로 엄청난 성공과 이익을 가져다줄 수도 있다. 이처럼 레키는 새로운 제품과 관련된 특정 키워드에서 수익을 선점하고 아마존 검색 최상위에 자신의 위치를 확고히 하는 '선점자 효과first-mover advantage'를 누리고 있다.

온라인에서 다른 모든 것과 마찬가지로, 어떤 제품이 성공하면 누구든 쉽게 복사할 수 있다. 따라서 강력한 브랜드를 구축하고 자체 웹 사이트를 통해 아마존 외부 판매를 다각화하는 것이 필수적이다. 이런 이유로 레키는 자체 웹 사이트와 쇼피파이Shopify 스토어를 통해 직접 고객에게 판매하고, 기존 성공 제품과 유사한 신제품을 꾸준히 출시해 제품 라인업을 확장하고 있다. 또한 틱톡에서 강력한 소셜 미디어 존재감을 쌓으며 점점 더 많은 대중과 소통하고 있다.

반면 많은 아마존 FBA 판매자는 단일 제품 및 유통 채널에만 의존하는 실수를 범한다. 트래픽 소스를 다각화하지 않고, 아마존 외부 판매를 하지 않으며, 제품 구성을 다양화하지 않고, 브랜드 구축에도 소홀하다. 그 결과 성장 잠재력이 제한되고, 아마존의 알고리즘과 플랫폼에 종속된다.

나는 아마존에서 잘나가던 상위 판매자들의 계정이 아무런 설명도 없이 삭제되어 하룻밤 사이에 사업이 무너지는 사례를 여러 번 목격했다. 이것이 바로 소비자에게 직접 판매DTC, Direct to Customer 하기 위해 자체 웹 사이트를 구축하고 구글, 소셜 미디어, 제휴 마케팅(이에 대해서는 뒤에서 자세히 설명하겠다)으로부터 트래픽traffic(특정 온라인 공간으로 유입되는 사용자 또는 그들의 방문 횟수-옮긴이)을 유도하는 방식이 매우 유리한 이유다.

또한 이것은 단순히 제품을 만드는 것과 장기적 가치를 지닌 브랜드를 구축하는 것 사이의 본질적인 차이를 보여준다. 단순히 제품을 판매하는 경우 차별화를 위해 끊임없이 경쟁해야 하지만, 브랜드를 구축하면 일관된 고품질 제품 라인과 뛰어난 고객 서비스를 통해 소비자 신뢰를 구축할 수 있기 때문이다. 이 주제는 책의 뒷부분에서 더 자세히 다루고 있다.

강력한 브랜드를 만드는 것이야말로 아마존 마켓플레이스에서 찾을 수 있는 진정한 기회다. 여기서 판매되는 제품은 대개 강력한 브랜드를 기반으로 하는 것이 아니라 단지 틈새 수요를 이용하는 국제적인 판매자의 제품일 뿐이기 때문이다.

혹시 투자할 자본이 있다면 직접 아마존 FBA 사업을 시작하기보다, 신뢰할 수 있는 중개인이나 온라인 플랫폼을 통해 이미 자리를 잡고 수익을 내고 있는 FBA 사업체를 인수하는 것도 하나의 대안이 될 수 있다. 이런 거래는 엠파이어플리퍼스닷컴EmpireFlippers.com이나 플리파닷컴Flippa.com에서 가능하다. 다만 실적이 좋은 아마존 FBA 사업을 차지하려는 경쟁은 치열하다. FBA 사업의 장점 중 하나는 일단 수익성이 확보되면 일반적으로 쉽게 매매할 수 있다는 점이다. FBA 및 기타 전자 상거래 사업에 대한 구매 수요가 많기 때문이다.

기존 사업체를 인수하려면 몇 가지 조건을 확인해야 한다. 현금 흐름에 여유가 있고, 지난 12개월 동안 변동성이 크지 않으면서 꾸준히 매출이 성장했으며, 총 마진(매출에서 매출원가를 뺀 금액)이 최소 70%가 되는지 확인해야 한다. 또한 유행을 타지 않고, 경기 침체에도 영향을 받지 않으며, 복제하기 어렵고, 고객의 요구를 분명히 충족하는 제품에 집중하는 사업이어야 한다. 그러나 그것보다 더 좋은 기회는 남들이 주목하지 않는 소외된 시장에 서비스를 제공하는 사업을 찾는 것이다.

이 글을 쓰는 현재, 일반적으로 기피되는 특정 질병(성병, 정신 질환 등-옮긴이)이나 건강 문제에 대한 전자 상거래 시장이 성장하고 있다. 하지만 끊임없이 변화하는 시장 상황에 주의를 기울이면 새로운 사업 기회를 항상 발견할 수 있다. 판매용 사업을 평가하는 방법은 이 책의 뒷부분에서 더 자세히 다룰 예정이다.

실험해볼 수 있는 제품 카테고리는 많지만, 특히 매년 꾸준히 수요가 있는 제품에 주목할 것을 권한다. 계절성 사업은 좋은 다각화 수단이 될 수 있지만, 연중 나머지 기간의 수익 잠재력이 제한되기 때문에 핵심 사업으로 삼기에는 적절하지 않다. 물론 시카고 길거리에서 크리스마스트리를 팔고, 그 돈으로 나머지 기간을 마이애미에서 보내고 싶다면 그래도 좋다. 그렇게 사는 것도 꽤 매력적인 삶의 방식이 될 수 있다.

다음의 표는 온라인 판매 시 고려할 만한 제품 카테고리와 잠재적으로 피하는 것이 좋은 제품 카테고리를 정리한 것이다.

제품 카테고리

고려할 만한 카테고리	잠재적으로 피해야 할 카테고리
반려동물 용품 및 액세서리: 반려동물은 가족의 일원이며, 주인들은 그들을 위해 많은 돈을 쓴다.	**식료품 및 식품**: 초기 비용이 크고 경쟁이 매우 치열하며, 마진이 낮다.
유아 용품, 장난감 및 액세서리: 대부분의 부모는 자녀에게 아낌없이 지출하며, 어린 아이들이 관심을 갖는 것들은 시간이 지나도 크게 변하지 않는다.	**소비자 가전**: 빠르게 구식화되고 개발 비용이 높다.
건강, 미용, 의료 및 개인 관리: 높은 마진, 낮은 보관 및 배송비, 꾸준한 재구매를 통해 높은 고객 가치를 창출할 수 있는 매력적인 시장이다.	**소프트웨어 및 디지털 게임**: 빠르게 구식화되고 개발 비용이 높으며, 인공지능의 등장으로 파괴적 혁신에 더욱 취약해지고 있다.
여행: 사람들은 여행을 좋아하며, 준비하는 과정에서 자연스럽게 지출이 발생한다. 여기에는 여행 가이드, 여행 컨설턴트, 여행용 제품 및 액세서리가 포함된다.	**의류 및 액세서리**: 유행을 타는 경향이 있고 경쟁이 치열하며, 차별화가 거의 없고 브랜드 중심적이다. 많은 마케팅 비용과 고객 획득 비용이 필요하다.
가정, 주방 및 정원: 대부분의 사람은 자신의 집에 많은 시간과 돈을 투자한다.	**취미 및 수집품**: 틈새시장 성격이 강해 시장 기회가 제한적이다.
스포츠 및 아웃도어 장비: 경쟁이 치열하지만 혁신적인 아이디어로 성공할 수 있는 잠재력이 큰 분야다.	**공구 및 자동차 용품**: 경쟁이 극도로 치열한 편이다.

다만 특정 카테고리를 '잠재적으로 피해야 할' 목록에 넣었다고 해서, 당신이 정말 좋은 아이디어를 가지고 있음에도 그 카테고리를 피해야 한다는 뜻은 아니다. 다만 앞서 말한 이유 때문에 이런 카테고리는 상대적으로 더 까다로울 수 있다는 의미다.

서비스업

서비스업에서 고객은 특정 행동을 대신 수행해주는 대가로 비용을 지불한다. 대표적인 서비스 제공자로는 애견 미용사, 경영컨설턴트, 부동산 중개인, 인생 코치, 개인 트레이너, 과외 교사, 배관공, 자동차 정비사, 그래픽디자이너 등이 있다. 서비스 품질이 높고 특정 시장에서 수요가 많을수록 제공자는 더 높은 비용을 청구할 수 있다.

서비스업의 가장 큰 장점은 이미 가진 것, 즉 자신의 기술과 시간을 판매하기 때문에 거의 아무것도 없이 시작할 수 있다는 점이다. 재고를 보관할 필요가 없고, 서비스 내용을 바꾸거나 확장해야 할 때도 빠르게 방향을 전환할 수 있다. 그러나 서비스업의 가장 큰 문제점은 자신이나 팀원의 시간을 투입해 돈을 벌기 때문에 규모를 키우기 어렵다는 점이다. 일할 수 있는 시간은 제한적이며, 꾸준히 해야만 추진력을 유지할 수 있다.

많은 사람이 자기 사업을 시작하는 방법으로 컨설팅업에 뛰어든다. 컨설턴트는 특정 주제에 대한 전문 지식을 갖추고 있으며, 이를 필요로 하는 사람에게 판매한다. 인테리어 컨설턴트, 비즈니스 컨설턴트, 마케팅 컨설턴트, 조경 컨설턴트 등 거의 모든 산업 분야에 컨설턴트가 있다. 어떤 도움이 필요하다면 구글에서 '[분야]+컨설턴트'로 검색해보라. 당신이 원하는 컨설팅을 제공하는 사람을 쉽게 찾을 수 있을 것이다.

컨설턴트는 시간당 또는 프로젝트별 요금을 청구할 수 있다. 컨설팅 회사를 운영할 때 나는 항상 프로젝트별 요금을 청구했다. 대개 고객이 특정 결과물을 확인한 뒤 비용을 지불했기 때문이다. 시간을 효율적으로 활용할 수만 있다면 시간당 요금을 받는 것보다 결과에 대한 요금을 청구하는 편이 훨씬 더 유리하다.

나는 디지털 마케팅 대행사에서 정규직으로 일하면서 부업으로 마케팅 컨설턴트 일을 하며 기업가 정신의 여정을 밟기 시작했다. 정규직으로 구글 광고 캠페인을 운영하는 방법을 익힌 다음, 퇴근 후나 주말 등 자유 시간을 활용해 고객을 유치하고 관련 서비스를 제공했다. 그리고 1년 뒤 정규직을 그만두고 풀타임 컨설턴트로 일하기 시작했다.

그러나 컨설턴트로서 곧 여러 제약에 부딪혔다. 첫째, 나는 고객이 기꺼이 지불할 의사가 있는 만큼 높은 요금을 청구할 수 있었고 6개월도 안 되어 500달러짜리 웹 사이트에서 5만 달러짜리 웹 사이트로 옮겨갈 수 있었지만, 여전히 시간을 돈으로 바꾸는 구조에서 벗어나지 못했다. 훌륭한 사업이기는 했지만 모든 일을 직접 해야 했다. 둘째, 늘 다음 고객을 찾는 데 시간을 써야 했다. 특히 사업 초기에는 안정적인 파이프라인을 구축하고 업무 방식을 익히기 위해 고객을 가리지 않았다.

하지만 시간이 지나면서 MBA 프로그램용 웹 사이트 구축 및 마케팅 캠페인에 집중했다. 1년이라는 짧은 기간 만에 나는 해당 분야의 전문가 수준에 올랐고, 상위 3위 안에 드는 컨설턴트가 됐다.

MBA 프로그램이 고가인 만큼 내 작업은 이를 운영하는 교육 기관에 높은 경제적 가치를 제공했다. 내 컨설팅 덕분에 이 고객들은 많은 수익을 올렸고, 나는 일반 마케팅 대행사보다 더 높은 요금을 청구할 수 있었다.

시간을 돈으로 바꿀 때는 적절한 고객 기반이나 틈새시장을 찾아 시간당 청구액을 최대한 높여야 한다. 일반적으로 시장에서 더 전문화될수록 그 전문 지식에 대해 더 많은 비용을 청구할 수 있다. 다만 고객에게 실제로 그만한 비용을 지불할 경제적 여력이 있어야 한다는 점도 중요하다.

나는 고도의 전문성을 갖추며 시간당 수입을 크게 늘릴 수 있었지만, 여전히 시간을 직접 투입해야만 돈을 벌 수 있는 구조에서 벗어나지 못했다. 또한 마케팅 캠페인 관리의 일상 업무 대부분을 처리할 직원들을 고용했음에도 여전히 사업 운영에서 완전히 손을 뗄 수는 없었다. 내가 개입하지 않으면 사업이 제대로 돌아가지 않았기 때문이다. 결정적으로 고객과 직접 대면해 일하는 것을 좋아하지 않았기에 결국 컨설팅업은 내게 맞지 않는다고 결론을 내렸다.

앞서 언급했듯 컨설팅 회사의 가치 평가액이 낮은 이유는 창업자나 일부 컨설턴트에게 의존하는 경우가 많기 때문이다. 이런 이유로 다른 유형의 사업에 비해 컨설팅 회사를 매각해 얻을 수 있는 금액은 크지 않다.

그렇다고 컨설턴트가 되는 게 나쁘다는 뜻은 아니다. 오히려 사업 구축의 요령을 배우고, 자신의 시간과 기술의 가치를 파악하는 좋은 방법이 될 수 있다. 내 컨설턴트 친구들 중 상당수는 자신이 하는 일을 매우 좋아한다. 하지만 열정과 기술을 고려한 끝에 컨설팅이나 서비스업이 자신에게 적합하다고 결론을 내렸다면, 시작 단계에서 이 사업 모델의 한계를 고려해야 한다.

사실 다른 서비스 기반 사업 전문가들도 자신의 시간을 돈으로 바꾸며 일한다. 하지만 면허나 자격증이 필요한 서비스 기반 사업은 시간을 돈으로 바꾸는 구조여도 다른 서비스업보다 수익성이 높고 확장 가능성도 크다. 예를 들어 전기 기사나 배관공처럼 면허와 자격증이 필요한 분야는, 진입 장벽이 비교적 낮은 바닥 데크 청소업이나 해충 구제업보다 일반적으로 수익성이 더 높다.

서비스업의 수익성은 수요와 공급에 따라 결정된다. 예를 들어 미국에는 부동산 중개인이 많아 이 분야에서 크게 성공하기는 쉽지 않지만, 배관공은 심각하게 부족하기 때문에 수익성 면에서 배관공이 되는 편이 훨씬 좋다.

인구가 증가하고 미국 전역에 더 많은 주택이 건설되면서 주택 관련 서비스업에 대한 수요도 함께 증가할 것으로 예측된다. 경기 침체와 기후 변화에도 강한 이 분야에 진출할 의향이 있다면 이는 엄청난 기회가 될 것이다. 사모펀드 회사들이 주택 서비스 회사를 인수하는 데는 분명한 이유가 있다. 항상 수요가 많고 수익성이 매우 높기 때문이다. 내 친구 마이크는 오하이오주 콜럼버스에 사는 39세의 전기 기사다. 그는 2016년에 회사를 설립하고 2021년에 1,800만 달러(원화 약 260억 원)에 매각했다. 최근 동종 업계 취업 금지 조항이 만료되자, 그는 같은 청사진을 따라 다시 사업을 시작하고 있다.

다음은 고려할 만한 서비스 기반 사업 리스트다.

서비스 기반 사업 리스트

기업 간 거래 B2B, Business to Business
이런 서비스는 대부분 온라인으로 구축할 수 있고, 온라인 사업가에게 필수적인 지원 서비스로서 엄청난 확장성을 가지고 있다.

회계사 및 부기 담당자	그래픽 디자이너
작가 및 편집자	급여 및 복리 후생 전문가
원격 비서	연구원
감수 및 교열 전문가	고객 지원 담당
출장 공증인	웹 사이트 디자이너
소셜 미디어 컨설턴트	카피라이터
임대 부동산 관리자	광고 캠페인 관리자
IT 컨설턴트	비즈니스 컨설턴트
데이터 분석가	계약서 작성 및 검토 전문가
영상 또는 팟캐스트 편집자 또는 제작자	홍보 담당자
SEO 전략가	변호사
제휴 마케팅 관리자	프레젠테이션 디자이너

홈 서비스 사업
이 분야 사업의 상당수는 기후 변화나 경기 침체의 영향을 거의 받지 않는 것이 특징이다. 수요가 많고 공급이 적을 때, 이 분야는 매우 수익성이 높고 현금 흐름이 풍부한 사업이 될 수 있다. 최근 사모펀드들이 냉난방 공조 HVAC, Heating Ventilation & Air Conditioning 회사를 앞다투어 인수하는 이유도 바로 이 때문이다.

집 수리공	전기 기술자

집 수리공	전기 기술자
가사도우미	배관공
이동식 차량 세차 관리	잔디 관리사(깎기, 심기, 낙엽 제거 등)
창문 청소부	조경사
고압 세척	지붕 수리 기사
바닥 마감 기술자	진입로 수리 기사
나무 제거 및 수목 관리사	울타리 설치 및 보수
태양광 패널 설치 기사	수영장 및 온수 욕조 유지 보수
조명 컨설턴트	주택 관리인
홈 데코레이터	정리 컨설턴트
열쇠 수리공	관개 컨설턴트
냉난방 공조 기술자	가구 조립 기사
해충 구제 및 방역 업체	모기 및 진드기 방역 업체

개인 서비스 사업

이런 사업은 사치재 성격을 띠며, 부의 증가와 개인의 건강 및 웰빙에 대한 관심 확대로 성장할 것으로 보인다. 하지만 필수재로 인식되지 않는다면 기후 변화나 경기 침체의 압력으로 어려움을 겪을 수 있다.

개인 트레이너	개인 요리사
출장 연회 업체	집사
재정 상담사	마사지 치료사
영양 상담사	미용사
명상 지도자	개인 운전기사
요가 강사	침술사
행사·웨딩 플래너	노인 및 간병·가정 건강 관리사
메이크업 아티스트	가족사진 또는 영상 촬영 작가

개인 스타일리스트 또는 쇼핑 도우미	물리치료사
여행 플래너	연애 상담사
개인 비서	여행 가이드

아동 및 반려동물 돌봄 사업

사람들은 자녀와 반려동물에게 아낌없이 지출한다. 이와 관련한 사업은 기후 변화나 경기 침체의 영향을 거의 받지 않는다.

산파 또는 출산 상담사	반려견 산책 도우미
보모	반려동물 미용사(출장 또는 방문)
베이비시터	반려동물 돌봄 및 위탁 관리
수유 상담사	반려동물 훈련사
아기 수면 컨설턴트	개인 스포츠 강사
어린이집 운영자	개인 교사
개인 음악·미술·언어 강사	대학 입시 지도사
휴가지 아기 용품 대여 회사	반려동물 초상화 화가

서비스의 '제품화'

일부 서비스 비즈니스가 고전하거나 실패하는 가장 큰 이유는 변수와 불확실성이 너무 많아 사업이 흔들리기 때문이다. 모든 것이 개인 맞춤화되고 예측 불가능하며 다양한 고객층을 만족시켜야 하는 복잡한 상황을 직면한 사업주는 고객, 현금 흐름, 직원을 관리하기가 어려워진다. 어떻게든 고객을 확보하고 성장을 꾀하더라도 전문성이 부족해 집중적이고 효율적인 사업 운영이 어렵다.

그 대표적인 예가 마케팅 대행사다. 이들은 특정 산업이나 유형의 서비스를 전문으로 하지 않고, 다양한 산업에서 다양한 서비스를 판매하는 경우가 많다. 그 결과 표준화가 되지 않아 규모의 경제를 만들지 못하고, 대행사의 효율성도 크게 떨어진다. 모든 잠재 고객에게 모든 것을 제공하려다 보니 서비스에 독특함이나 차별성이 사라지고, 결국 일반 상품을 파는 것과 다르지 않게 된다.

이런 문제를 해결하는 좋은 방법은 서비스를 '제품화'하는 것이다. 제품화를 통해 특정 고객층을 대상으로 정해진 가격과 일정에 따라 명확한 결과물을 제공할 수 있다. 이렇게 하면 변수를 더 쉽게 통제하고 운영을 단순하게 유지할 수 있다. 즉 서비스를 제공하는 데 걸리는 시간, 제공 비용, 이익 마진을 더 쉽게 계산할 수 있는 것이다. 또한 다른 사람들에게 서비스 제공 방식을 가르치기 더 쉬워지므로, 더 이상 자신의 시간을 돈과 맞바꿀 필요가 없다. 이렇게 제품화된 서비스는 일회성 요금이나 구독 형태로 판매할 수 있다.

제품화된 서비스 비즈니스를 구축하려면 먼저 직접 서비스를 제공하며 아이디어를 검증하고 경험을 쌓아야 한다. 그다음 고객 피드백을 기반으로 서비스 제공 방식을 제품처럼 체계화하는 것이다. 제품은 모든 고객에게 동일한 방식으로 제공되며, 결과가 이미 정해져 있어 마케팅하기 쉽다. 고객이 무엇을 얻고 얼마를 지불할지 명확히 알 수 있기 때문이다. 이렇게 표준화하면 다른 사람을 고용해 해당 서비스를 제공하는 것도 쉬워진다.

이것이 바로 내가 첫 번째 디지털 마케팅 사업을 시작할 때 오로

지 변호사와 부동산 중개인을 위한 웹 사이트를 만드는 데 집중한 이유다. 분야를 불문하고 무작정 일을 맡는 대신, 나는 특정한 요구 사항이 있으면서도 일반적으로 고객이 상당한 마케팅 예산을 지닌 분야를 선택했다. 그런 다음 해당 분야를 파악하고, 그 분야의 모든 고객에게 적용할 수 있는 표준화된 서비스를 개발했다.

몇 년 뒤 나는 MBA 프로그램의 입학률을 높이는 일에 집중하기 시작했다. 여기에는 웹 사이트 제작에서 마케팅 캠페인까지 다양한 유형의 서비스 제공이 포함됐다. 그러나 사업이 성장하고 시장을 더 잘 알게 되면서 웹 사이트 구축은 완전히 중단하고, MBA 프로그램을 위한 구글 광고 캠페인 운영에만 집중했다. 그것이 내가 가장 잘하는 일이었고, 자동화가 많이 이루어져 가장 수익성이 높은 '제품'이었기 때문이다.

우리의 제품화된 서비스는 연간 전략 발표, 월별 캠페인 관리, 팀 회의를 포함한 월별 성과 보고서로 구성된 구글 광고 전략 및 캠페인 관리였다. 가격은 기관의 규모, 제공되는 학위 프로그램의 수, 고객의 월별 광고 예산에 따라 3만 달러에서 25만 달러까지 다양하게 책정했다.

이 하나의 제품이 회사 수익의 70~80%를 차지했다. 모든 고객에게 동일한 제안서 템플릿을 사용해 쉽게 판매할 수 있었고, 서비스를 정확히 수행하는 방식을 설명하는 표준 운영 절차(SOP, Standard Operating Procedure)를 만들어뒀기 때문에 내가 직접 모든 업무를 감독하지 않아도 직원들이 문제없이 서비스를 제공할 수 있었다.

이것이 바로 혼스비가 스튜던트론플래너 사업을 구축한 방식이다. 몇몇 가족과 지인이 그에게 학자금 대출 상환에 대한 도움을 요청했을 때, 그는 직장에서 채권 트레이더로 일하며 쌓은 재무 계획과 데이터 분석 기술을 활용해 채무를 줄이는 다양한 공식을 알아냈다. 당시 이런 서비스를 제공하는 회사가 없었기 때문에 그는 가족들에게 매우 성공적으로 적용했던 이 서비스를 사업화해 판매하기로 결정했다.

처음에 그는 모든 일을 직접 맡았다. 그러나 곧 자신의 컨설팅 서비스를 다른 사람들도 제공할 수 있도록 표준화된 절차를 개발해 제품화했다. 덕분에 그는 모든 고객을 직접 상대하지 않고도 추가 컨설턴트를 고용해 더 많은 고객에게 서비스를 판매할 수 있었고, 서비스 품질을 유지한 채 사업을 확장할 수 있었다. 컨설턴트에게는 고객에게 청구한 수수료의 일부를 지급하고, 나머지는 회사 수익으로 가져갔다.

사업을 제품화한 덕분에 혼스비는 스튜던트론플래너를 연간 수백만 달러의 매출을 올리는 회사로 성장시킬 수 있었다. 사업을 제품화하는 방법에 대해 8장에서 더 자세히 다루겠지만, 처음부터 서비스를 쉽게 제공하고 판매 및 확장할 수 있도록 제품화를 고려하는 것이 여러모로 유리하다.

> **서비스의 제품화**
>
> 거의 모든 서비스를 제품화할 수 있지만, 인기 있는 몇 가지 예는 다음과 같다.
>
> **집안 청소 구독 서비스**: 주간 또는 월간 구독 방식으로 정기적인 청소 서비스를 제공하며, 정해진 작업 범위와 가격을 제시한다.
>
> **개인 맞춤형 피트니스 계획**: 개인의 목표와 상황에 맞추어 운동 기간과 종류, 식단 지침을 제공한다.
>
> **아기 사진 패키지**: 아기의 성장을 기록하기 위해 3개월마다 촬영하고, 연간 고정 가격으로 정해진 수의 편집 사진을 제공한다.
>
> **SEO 감사 및 최적화**: 키워드 조사, 페이지 내 최적화, 보고서를 포함한 포괄적 웹 사이트 SEO 감사 및 최적화 패키지를 고정 요금으로 제공한다.
>
> **원격 비서 서비스**: 이메일 관리, 일정 관리, 데이터 입력 등 특정 업무를 월별 고정 요금으로 일정 시간 제공한다.
>
> **회계 및 장부 정리**: 시간당 요금이 아닌 고객의 재정적 필요의 복잡성에 따라 월별 고정 요금으로 회계 및 장부 정리 서비스를 제공한다. 이를 통해 안정적인 월 수익을 확보할 수 있고, 시간당 요금보다 더 높은 이윤을 창출할 수 있다.
>
> **콘텐츠 작성 패키지**: 블로그 게시물, 기사, 웹 사이트 카피 제작 서비스를 제공하며, 패키지별 단어 수와 마감 시간이 사전에 정해져 있다.

SaaS 비즈니스

서비스형 소프트웨어SaaS, Software as a Service 비즈니스는 고객이 인터넷을 통해 접근할 수 있는 소프트웨어를 구독 형태로 판매하는 모델이다. 대표적인 예로 드롭박스Dropbox, 슬랙Slack, 세일즈포스Salesforce 등이 있다. 다른 구독 서비스 비즈니스와 마찬가지로, SaaS 비즈니스도 시장의 요구를 잘 찾고 타깃 고객층의 문제를 효과적으로 해결해 사용자에게 효용을 제공한다면 반복 수익을 창출할 수 있다. 또한 물리적 설비나 재고에 큰 비용을 투자할 필요가 없고, 인터넷만 연결되어 있다면 전 세계 어디에서든 소프트웨어를 지속적으로 발전시키고 업데이트할 수 있다.

일부 SaaS 비즈니스는 놀라운 성공을 거두었다. 예를 들어 세일즈포스는 기업이 고객을 효율적으로 관리해 수익성을 높이는 데 탁월한 역할을 한다. 팬데믹 기간에는 화상회의 소프트웨어 줌Zoom이 사용자 친화적인 온라인 회의 플랫폼으로 명성을 얻어 큰 수요가 있었다. 한편 업무용 단체 메신저 슬랙은 팀이 효과적으로 소통하고 협업하는 데 필수적인 도구로 자리 잡았다. 어도비 크리에이티브 클라우드Adobe Creative Cloud는 포토샵 및 일러스트레이터 같은 인기 소프트웨어에 클라우드 기반 액세스를 제공해 크리에이티브 전문가들의 작업을 간소화한다.

금융 독립 운동을 알게 된 뒤, 보스턴 출신의 소프트웨어 엔지니어 카일 놀란은 다른 사람들의 금융 독립 달성을 돕기 위해 재무 모델링 SaaS 회사를 설립하기로 결정했다. 최근 그는 프로젝션랩을 운영하며 월간 반복 매출MRR 2만 4,000달러(원화 약 3,400만원)를 창출하고 있다. 그는 풀타임으로 사업에 전념하기 위해 정규직을 그만두기도 했다.

소프트웨어를 구축하기 위해 놀란은 본업 외에도 주중 밤과 주말에 거의 40시간을 더 일했다. 종종 매일 밤 8시부터 자정까지, 주말에는 하루에 약 10시간을 일했다. 그가 500명의 고객을 확보하는 데는 14개월이 걸렸지만, 현재는 2개월마다 500명의 신규 고객을 확보하고 있다. 놀란은 새로운 기업가들에게 이렇게 조언한다. "자신이 깊이 이해하고 진정으로 해결하고 싶은 문제를 찾으세요. 그리고 실제로 자신이 사용할 만한 것을 만드세요."

숙련된 개발자가 아니면 고품질 소프트웨어를 구축하는 데 상당한 시간과 비용 투자가 필요하다. 그러나 AI의 발전으로 개발 기술이 없는 사람들도 SaaS 제품을 쉽게 만들 수 있게 되면서, 신규 기업가의 진입 장벽은 낮아지고 기존의 SaaS 기업은 복제되기 쉬워졌다. 그 결과 신규 및 기존 SaaS 기업 모두 경쟁이 더 치열해질 가능성이 있다. 기술이 보편화되고 기능 복사가 쉬워질수록 강력한 브랜드와 스토리가 더욱 중요해진다.

다른 구독 비즈니스와 마찬가지로, SaaS 비즈니스에서도 신규 고객을 확보하면서 기존 고객을 유지하는 일은 쉽지 않다. 또한 상당한 자금이 필요할 수 있다. 특히 벤처 캐피털 투자를 받게 되면 운영 과정에서 큰 스트레스를 받을 수 있다.

만약 당신이 세상을 놀라게 할 만한 혁신적 SaaS 사업을 시작하고 싶다면, 사람들의 삶을 진정으로 개선하고 변화하는 요구에 꾸준히 부응하는 소프트웨어를 만드는 데 집중해야 한다.

제휴 마케팅 또는 광고 마케팅

제휴 마케팅 또는 광고 기반 마케팅 비즈니스는 제휴사나 광고주로부터 주요 수익을 얻는 방식이다. 제휴사는 당신의 콘텐츠를 통해 고객을 유치한 대가로, 광고주는 고객이 광고를 보는 대가로 돈을 지불하는 모델이다. 이 모델에서는 웹 사이트 방문자가 광고나 링크를 클릭하거나 제휴사의 제품을 구매할 때마다 수수료를 받는다. 그 결과 당신은 수익을 얻고 제휴 파트너도 이익을 얻으며, 사용자는 적은 비용으로 고품질 콘텐츠를 이용할 수 있다.

밀레니얼머니 역시 시작부터 지금까지 대부분 제휴 마케팅 비즈니스라고 할 수 있다. 독자는 모든 콘텐츠를 무료로 이용할 수 있지만, 내가 수익을 얻는 기회는 독자가 사이트에서 소개하는 다른 회사의 제품이나 서비스에 가입할 때 생긴다. 아무도 가입하지 않으면 수익은 전혀 나지 않는다. 따라서 독자에게 가치를 더하고 꾸준히 다시 찾게 만드는 훌륭한 콘텐츠를 만들어 유지하는 동시에, 독자들에게 실제로 도움이 될 만한 제휴사와 협력해야 한다.

밀레니얼머니는 모바일 앱 다운로드 건당 5달러에서 비즈니스 신용카드 가입 시 1,000달러 이상까지 다양한 수익을 얻는다. 제휴 마케팅에서 가장 마음에 드는 점은 잠재 고객이 증가할수록 수익이 사실상 무한대로 늘어난다는 점이다. 방문자 수와 전환율이 높아질수록 여러 브랜드가 더 많은 비용을 지불하게 된다. 이런 성장은 시간이 지나면서 복리처럼 작용해, 더 적은 시간에 더 많은 수익을 올릴 수 있다.

온라인 마케팅 교육 플랫폼 오소리티해커Authority Hacker에 발표된 2023년 제휴 산업 현황 조사는 어떤 제휴 분야에서 가장 많은 수수료를 받을 수 있는지를 보여준다. 이는 1회 판매 기준 수수료이므로,

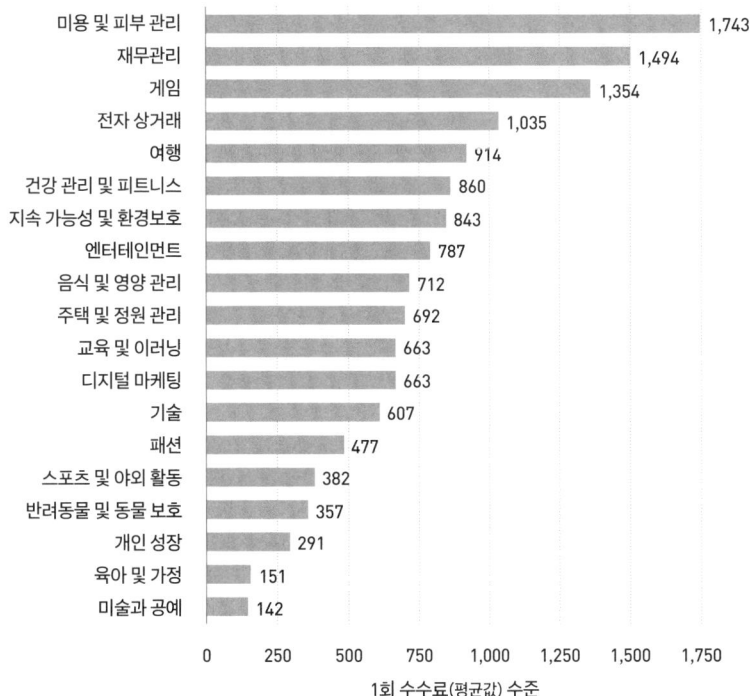

분야별 제휴 수수료 순위 (단위: 달러)

시간이 지나면서 수익이 얼마나 빠르게 증가할 수 있는지를 가늠할 수 있다.

이런 유형의 비즈니스의 또 다른 강점은, 특히 브랜드를 처음 구축할 때 직접 판매하기 어려운 창의적 활동을 통해서도 수익을 창출할 수 있는 방법이라는 점이다. 대개 콘텐츠를 무료로 얻는 데 익숙하기 때문에, 사람들이 당신의 콘텐츠에 직접 돈을 지불하게 만들려면 이미 많은 팬을 보유하고 있거나 다른 콘텐츠와 확연히 구별되는 강력한 차별점이 있어야 한다. 당신의 잠재 고객에게 도달하고자 하는 광고주 및 브랜드 파트너에게 적극적으로 다가가 협력하면, 좋아하는 콘텐츠를 만들고 독자에게 가치를 제공하는 데 집중하면서 더 많은 방문자를 끌어들여 더 많은 수익을 올릴 수 있다. 나와 많은 동료 창업가들은 이런 방식으로 수백만 달러를 벌었다.

라이드셰어가이Rideshare Guy로 알려진 해리 캠벨Harry Campbell의 예를 들어보자. 그는 블로그에 우버 운전사로서의 경험을 쓰기 시작했다. 또한 우버와 제휴해 자신의 유튜브 영상이나 블로그 게시물 속 링크를 통해 누군가 우버 운전사로 가입할 때마다 수수료를 받았다. 그의 명성이 높아지고 방문자가 늘어나면서 우버가 신규 운전사 가입 건마다 그에게 기꺼이 지불하는 금액도 커졌다. 캠벨은 2,000개 이상의 게시물을 보유하고 있으며, 많은 게시물에 제휴 링크가 포함되어 있어 연간 100만 달러 이상의 수익을 올리고 있다.

제휴 비즈니스를 구축할 때 가장 큰 어려움 중 하나는 콘텐츠 제작에 많은 시간이 걸리고, 제휴를 통해 수익을 창출할 수 있는 잠재 고객 기반을 만들려면 상당한 마케팅 기술이 필요하다는 점이다. 다만 제휴 프로그램을 운영하는 대부분의 브랜드는 고객 규모와 상관없이 협력하려 할 것이다. 그들에게는 손해볼 것이 없기 때문이다. 당신이 웹 사이트에 해당 제품이나 서비스 링크를 추가하기만 하면 된다. 그러면 그들에게는 아무런 비용이 들지 않으면서 잠재적으로 더 많은 판매로 이어질 수 있다. 그러나 방문자가 충분하지 않으면 큰 수익을 내기는 어렵다.

처음에는 방문자가 많지 않아도 상관없지만, 일반적으로 최소 월 100달러를 벌려면 적어도 월 5,000명 정도의 방문자가 있어야 한다. 방문자 중 추천 제품이나 서비스를 구매 또는 가입하는 사람의 비율이 매우 낮기 때문이다.

전환율은 편차가 매우 크지만, 대부분의 제품은 1~10% 사이를 보인다. 제품이 핵심 고객과 잘 맞을수록 전환율은 높아진다. 한편 방문자가 증가하고 전환율 최적화CRO, Conversion Rate Optimization (웹 사이트 방문자를 실제 고객으로 전환하는 비율을 높이는 과정-옮긴이)에 집중하면 수익은 빠르게 증가할 수 있다. 월간 방문자 수가 약 1만 명에 이르면 웹 사이트 디자인을 개선하거나 링크를 더 눈에 띄는 위치에 배치하는 방식 등으로 전환율을 최적화할 수 있다.

그 수준에 도달하기 전에는 방문자가 충분하지 않아 CRO의 효과가 크지 않다. 하지만 방문자가 많건 적건 정확히 얼마를 벌고 어디에서 수익이 발생하는지 파악하려면 효과적인 링크 추적 시스템에 투자해야 한다.

견고한 제휴 마케팅 틈새시장을 선택하기 위한 핵심 요소는 다음과 같다.

1. 해당 분야에 대한 경험이 얼마나 있는가?
2. 해당 주제에 얼마나 관심이 있는가?
3. 해당 주제는 얼마나 인기가 있는가?
4. 해당 주제는 얼마나 경쟁이 치열한가?

5. 그 시장은 얼마나 수익성이 있는가?

제휴 마케팅 틈새시장의 수익성은 경쟁 수준, 제공되는 제품 또는 서비스의 품질, 타깃 콘텐츠의 시청자 등 여러 요인에 따라 달라진다. 다음은 역사적으로 수익성이 높았던 몇 가지 제휴 마케팅 틈새시장을 정리한 것이다. 다만 시장 상황은 시간이 지나며 변할 수 있다는 점을 기억해야 한다.

사업이 성장하면 하나의 수익 모델에 의존하는 것이 아니라 여러 방식을 조합해 수익을 창출하는 구조로 발전할 수 있다. 예를 들어 스튜던트론플래너는 처음에는 학자금 대출을 받은 사람에게 빚 관리와 재융자 컨설팅 서비스를 제공했지만, 오늘날에는 핵심 서비스(10만 달러 이상의 학자금 대출 차입자들이 기존 대출을 저금리 대출로 전환해 상환하도록 돕는 서비스) 외에도 상품 판매(투자 방법에 대한 온라인 강좌 등) 그리고 제휴 수익(고객이 중소기업 대출, 주택담보대출, 보험 상품 같은 관련 금융 상품에 제휴사를 통해 가입할 때 발생)으로 수익을 창출

수익성 높은 제휴 마케팅 분야 15

제휴 마케팅은 수익성이 높을수록 경쟁이 치열하지만, 그럼에도 자신이 정말로 좋아하는 분야에 뛰어드는 것이 좋다. 또한 경쟁이 거의 없는 작은 틈새시장을 발견했다면 빠르게 진입해 경쟁 우위를 확보할 수도 있다.

1. **건강 및 웰빙**: 체중 감량, 피트니스, 영양, 보충제 및 정신 건강 관련 분야는 수익 잠재력이 크다. 사람들은 건강과 웰빙을 개선하는 제품 및 서비스에 기꺼이 투자할 의향이 있기 때문이다.

2. 금융 및 투자: 재테크, 투자, 신용카드 및 보험 관련 제휴 프로그램은 수익성이 높을 수 있다. 금융 상품의 수수료는 높은 경우가 많기 때문이다.

3. 여행: 여행 산업은 호텔과 항공권 예약, 렌터카 및 여행 보험에 대한 수수료 등 제휴 마케팅에 많은 수익 기회를 제공한다.

4. 패션 및 미용: 의류, 액세서리, 화장품 및 미용 제품 제휴 프로그램은 특히 패션에 민감한 고객을 대상으로 할 때 수익성이 높다.

5. 기술 및 IT 기기: 스마트폰, 노트북, 소프트웨어 및 전자 제품 같은 기술 제품은 수요가 꾸준하고 구매 단가가 높아 홍보 시 수익성이 높을 수 있다.

6. 주택 리모델링: 주택 개선, DIY 및 인테리어 디자인과 관련한 제품은 주택 소유자가 생활 공간을 개선하려는 수요가 꾸준해 홍보 시 수익성이 높을 수 있다.

7. 온라인 교육 및 이러닝: 온라인 교육이 성장하면서 온라인 강좌, 전자책 및 교육 플랫폼을 홍보하는 것은 수익성 있는 분야가 될 수 있다.

8. 웹 호스팅 및 도메인 등록: 웹 호스팅 및 도메인 등록과 같은 웹 사이트 관련 서비스는 대체로 높은 제휴 수수료를 제공한다.

9. 소프트웨어 및 앱 다운로드: 소프트웨어 애플리케이션 및 모바일 앱을 홍보하면, 특히 수요가 많은 소프트웨어일수록 많은 수익을 창출할 수 있다.

10. 게임 및 엔터테인먼트: 게임의 높은 인기를 바탕으로 하는 비디오 게임, 게임 액세서리, 스트리밍 서비스 등의 구매 수수료를 얻을 수 있는 제휴 마케팅은 이 분야에서 수익성이 있을 수 있다.

11. 반려동물 및 반려동물 관리: 반려동물 용품, 관리 및 건강과 관련한 틈새시장은 반려동물을 가족의 일부로 여기는 사람이 많기 때문에 수익성이 높을 수 있다.

12. 친환경 및 지속 가능한 생활: 친환경 및 지속 가능한 제품에 대한 관심이 높아지면서 이런 생활 제품은 수익성 있는 틈새시장이 될 수 있다.

13. 홈 오피스 및 재택근무: 재택근무가 증가하면서 사무용 가구, 생산성 도구 및 재택근무 소프트웨어를 포함한 홈 오피스 시장의 제휴 마케팅은 수익성이 높을 수 있다.

14. 연애 및 데이트: 데이트 웹 사이트 및 관계 조언에 대한 제휴 프로그램은 특히 특정 연령대를 대상으로 할 때 수익성이 높을 수 있다.

15. 미술 및 공예: 2022년 공예품 온라인 판매 규모는 160억 달러로 성장했으며, 여전히 성장하고 있는 시장이다.

하고 있다.

하지만 처음 시작할 때는 무엇보다 자신의 기술과 열정을 가장 쉽고 즐겁게 결합해 돈을 벌 수 있는 사업 유형을 선택하기 바란다. 성공적인 사업을 만들려면 단순히 돈을 버는 방법뿐 아니라 '시장 기회'를 제대로 포착하는 것이 매우 중요하다.

4장

기회 평가, 가격 책정 그리고 첫 매출

> 실패를 걱정하지 말라.
> 단 한 번만 성공하면 된다.
>
> ― 드루 휴스턴Drew Houston, 드롭박스 창립자

현재 당신이 실험적 기업가 단계에 있다면, 탐색하려는 시장에 깊이 들어가 그 일부가 되어야 한다. 시장을 이해하는 가장 빠른 길은 언제나 그 내부에 있기 때문이다. 나이키 창업자 필 나이트Phil Knight와 빌 바우어만Bill Bowerman이 나이키 운동화에 대한 시장 수요를 발견하고 제품을 만든 것은 어쩌면 그들에게는 쉬운 일이었다. 나이트는 달리기 선수였고 바우어만은 육상 코치였기 때문이다. 그들 자신이 목표 고객이었기 때문에 달리기 선수들이 무엇을 필요로 하고 어떤 제품이 이미 시중에 나와 있는지를 잘 알고 있었다.

2015년 밀레니얼머니를 시작하기 전, 나는 재테크 콘텐츠 제작자와 금융 콘텐츠 창작자 들이 참여하는 핀콘FinCon 컨퍼런스에 참석

했다. 아직 웹 사이트조차 없었고 그 주제에 대한 깊은 관심만 있었을 때였다. 나는 이미 재테크 콘텐츠의 소비자이자 애호가였던 덕분에 시장의 일부였다. 하지만 제작자가 되는 방법은 전혀 알지 못했다. 컨퍼런스에 참석하는 동안, 참석하지 않았다면 결코 알 수 없었을 많은 것을 발견했다.

가장 큰 발견은 아마추어 블로거들과 주류 금융 웹 사이트 사이의 격차였다. 아마추어들은 자신의 재정 상황과 어려움을 솔직하고 투명하게 드러냈는데, 그들의 웹 사이트도 아마추어답게 디자인이 세련되지 못해 전문성이 떨어져 보였다. 콘텐츠는 훌륭했지만, 웹 사이트는 사용자들이 그것을 쉽고 편리하게 이용하기에 어려웠다. 브랜드들이 그들과의 협력을 주저하는 이유를 이해할 수 있었다. 한편 은행, 투자회사, 주류 언론사가 운영하는 대형 웹 사이트들도 있었다. 이들은 겉보기에는 좋았지만 내부적 한계와 법적 제약 때문에 콘텐츠는 평범하고 재미가 없었다. 겉으로는 매우 전문적이고 세련되어 보였지만 실제로는 인간적인 매력이 부족했다.

내게는 이것이 기회였다. 나는 디지털 마케팅 기술을 활용해 대형 기관의 웹 사이트처럼 훌륭한 사용자 경험과 탄탄한 브랜드를 갖추되, 콘텐츠는 아마추어 블로거들처럼 인간적이고 솔직하며 투명하게 만들고자 했다. 그렇게 하면 사용자들이 내 콘텐츠에 주목하고 유용한 정보를 얻어 계속해서 다시 찾아올 것이라 예상했다. 성공한다면 대형 브랜드들도 적극적으로 나와 협력할 것이라 기대했다.

나는 내 시장을 잘 알고 있었다. 내가 바로 그 시장의 구성원이었기 때문이다. 또한 나는 독자들이 관심을 갖는 주제에 대해 글을 써왔다. 나 역시 그것에 관심이 있었기 때문이다. 당시 미국에는 8,500만 명이 넘는 밀레니얼 세대가 있었고, 그만큼 시장 기회가 엄청나다는 사실을 이미 알고 있었다. 나는 열정과 기술 그리고 독특한 이야기를 활용해 다른 금융 웹 사이트와 차별화된 콘텐츠와 브랜드를 만들 수 있다고 생각했다.

기회 평가

물론 개인적으로 익숙하지 않은 분야에서도 시장 기회를 발견하는 일은 가능하며, 사업을 시작하고 운영하는 법을 더 많이 배울수록 이는 점점 쉬워진다. 만약 당신이 아직 목표 시장에 속해 있지 않더라도 자신의 기술과 열정을 바탕으로 성공적인 사업을 구축할 수 있다. 그러려면 성공적인 시장 진입과 기회 포착을 위해 내부자만큼 깊이 있는 시장조사를 선행해야 한다. 시장 내부에 있든 아니든, 먼저 다음 질문에 답해보자.

1. 이 제품은 존재하는가? 그렇지 않다면 그 이유는 무엇인가? 존재한다면 어떻게 더 큰 가치를 제공할 수 있을까?

단지 아직 존재하지 않는다고 해서 반드시 기회가 있는 것은 아니다. 어떤 제품이나 서비스가 존재하지 않는 이유는 아무도 그것을 원하지 않거나 존재해야 할 논리적 근거가 없기 때문이다. 또는 법적·물류적 제약으로 인해 아이디어 자체가 실현 불가능할 수도 있다. 만약 당신의 아이디어와 비슷한 것이 존재하지 않거나 다른 사람들이 그것을 시도했다가 실패했다면, 그 이유가 무엇일지 먼저 스스로 확인해보자.

만약 비슷한 것이 존재한다면, 당신의 아이디어를 시장에 내놨을 때 어떤 가치를 제공할 수 있을지 자문해보자. 내가 처음 밀레니얼 머니를 시작했을 때, 시장에는 이미 수천 개의 재테크 웹 사이트가 있었다. 하지만 나만의 독특한 이야기와 시각을 담아내는 글쓰기 기술 그리고 사람들이 읽고 싶은 웹 사이트를 구축할 수 있는 마케팅 기술을 갖추고 있었기에 차별화할 수 있다고 확신했다.

2. 고객에게 도달할 능력이 있는가?

물론 훌륭한 제품과 서비스도 반드시 필요하지만, 사업을 구축하는 데 가장 가치 있는 기술은 마케팅이다. 사람들이 당신의 제품이나 서비스가 존재하는지를 모른다면 애초에 구매할 수가 없다. 오늘날처럼 주의를 끌기 어려운 시대에는 사람들의 관심을 사로잡기가 더욱 쉽지 않다. 하지만 당신의 고객이 누구인지, 어디에 있는지, 무엇을 원하는지를 안다면 그들의 관심을 끌고 제품과 서비스를 알리는 일이 훨씬 쉬워진다.

전혀 모르는 시장에 뛰어드는 것보다, 비록 당신이 자신의 제품이나 서비스의 주된 소비자는 아니더라도 이미 목표 고객을 알거나 그들에게 도달하는 방법을 아는 사업을 시작하는 편이 더 쉽다. 당신이 속한 다양한 커뮤니티(지리적, 인구 통계학적, 사회적)의 구성원들을 생각해보라. 또는 당신이 일하고 있거나 인접한 산업의 종사자들을 떠올려보라.

그들이 관심 가질 만한 콘텐츠는 무엇일까? 그들은 무엇을 검색할까? 당신의 콘텐츠를 어디에(블로그, 팟캐스트, 영상, 소셜 미디어 등) 배포할 수 있을까? 그들은 온라인 어디에서(레딧 그룹, 포럼, 소셜 미디어 그룹, 특정 블로거 등) 활동할까? 또 어떤 오프라인 행사에 참석할까? 그들이 속한 협회에 가입할 수 있을까? 당신은 그들이 속한 그룹에 가입하거나 고객이 시간을 보내는 곳에 직접 가서 함께 어울려야 할 것이다.

얼마 전 나는 내 커뮤니티의 멤버인 맷과 이야기를 나눌 기회가 있었다. 그는 대형 컨설팅 회사의 1년 차 컨설턴트와 비즈니스 분석가들에게 금융 및 경력 코칭을 제공하고 싶어 한다. 메트는 세계 4대 회계 법인 중 하나인 딜로이트Deloitte의 정규직 컨설턴트로 일하고 있어 자신의 목표 고객에게 어떻게 도달해야 하는지 잘 알고 있다. 매일 그들과 함께 일하고 있으며, 같은 사회 및 네트워킹 그룹에 속해 있기 때문이다. 그야말로 완벽한 조합이다.

기존 커뮤니티 안에서 사업을 구축하는 편이 외부에서 시작하는 것보다 항상 더 쉽고 비용도 적게 든다. 훌륭한 제품과 막대한 예산을 가진 많은 신규 진입자와 스타트업이 실패하는 이유는 단순히 돈만 쓰면 시장에 들어갈 수 있다고 생각하기 때문이다. 지난 10년 동안 나는 이런 생각을 가진 금융 및 재테크 스타트업이 시장 진입에 실패하는 모습을 여럿 보았다. 그들은 돈을 충분히 쓰면 커뮤니티를 구축할 수 있다고 믿었지만, 재테크 커뮤니티는 그들을 결코 쉽게 받아들이지 않았다. 신뢰와 좋은 평판은 돈으로 살 수 없다. 당신은 그것을 진정성 있게 쌓아야 한다.

시장 검증

1. 시장 규모는 얼마나 큰가? 성장하고 있는가? 사람들이 그것에 대해 이야기하고 있는가?

총 시장 규모TAM, Total Addressable Market와 그중 당신이 공략할 수 있는 시장SAM, Serviceable Available Market의 비율을 조사하는 방법은 여러 가지가 있다. 그중 가장 효율적인 방법은 뉴스를 꾸준히 살펴보고, 산업 보고서를 연구하고, 구글 트렌드와 검색 엔진 볼륨 데이터를 분석하고, 경쟁사 분석 도구를 활용하는 것이다. 각각의 방법을 자세히 살펴보자.

먼저 목표 시장에 관한 최근 뉴스를 검색해보자. 대부분의 뉴스 기사는 특히 새로운 산업을 많이 다룬다. 예를 들어 '피클볼pickle-ball(테니스, 배드민턴, 탁구의 요소를 결합한 패들 스포츠-옮긴이) 시장 규모' 또는 '피클볼 시장 동향'과 같이 간단히 구글에서 검색해 최근 뉴스 기사와 상위 노출 웹 사이트만 살펴봐도 해당 산업의 전반적인 시장 동향을 쉽게 파악할 수 있다.

다음으로 기사에 링크된 관련 보고서를 읽고, 나아가 다른 보고서도 찾아보자. 이런 보고서에는 시장 규모, 성장률, 예측에 대한 유용한 데이터가 담겨 있는 경우가 많다. 시장 보고서는 해당 산업 협회나 컨설팅 회사에서 발행하며, 무료로 다운로드할 수 있다. 가트너Gartner, 닐슨Nielsen, 아이비스월드IBISWorld 같은 조사 기관이 편집한 보고서도 쉽게 찾을 수 있다. 미국 노동통계국Bureau of Labor Statistics과 인구조사국Census Bureau은 소비자 행동 및 패턴에 관한 귀중한 시장 통찰과 추세 데이터를 제공하므로, 이를 통해 시장 규모를 파악하는 데 도움이 될 것이다.

다음은 다시 구글로 돌아가 구글 트렌드 데이터를 분석하거나, 퍼플렉시티Perplexity 같은 새로운 AI 검색 엔진에서 시장 관련 주제를 검색해보자. 아레프스Ahrefs나 셈러시SEMrush 같은 유료 도구에 접근할 수 있다면 이를 활용해 검색 데이터를 분석할 수 있다. 이런 분석을 위해 아레프스 또는 셈러시를 한 달만 구독해 필요한 검색량 데이터를 모두 수집한 다음, 향후 콘텐츠 제작에 이 도구들을 사용할 게 아니라면 구독을 취소할 것을 권한다.

모든 소비자 검색의 90% 이상이 구글에서 이루어지므로, 구글의 트렌드 및 검색 데이터는 시장 수요를 파악하는 데 탁월한 지표다. 하지만 사람들은 유튜브와 틱톡 같은 플랫폼에서도 검색을 하기 때문에 소셜 미디어 검색 데이터 역시 중요하다.

또한 대체로 성장하는 시장을 선택하는 것이 바람직하다. 새롭고 지속 가능한 트렌드를 더 일찍 예측할수록 더 많은 기회를 얻을 수 있기 때문이다.

마지막으로 다양한 '스파이 도구spy tools(경쟁사나 시장 정보를 엿보듯 분석하고 파악하는 데 사용되는 소프트웨어, 플랫폼 또는 그 방법을 비유적으로 일컫는 말-옮긴이)'를 활용하면 시장 규모를 분석하고 경쟁자를 파악할 수 있으며, 특정 제품의 판매 성과와 현재 어떤 제품이 소비자의 주목을 받는지도 알 수 있다. 앞서 헬리움10(아마존용)을 언급했지만, 정글스카웃Jungle Scout(역시 아마존용), 엣시헌트EtsyHunt(엣시용), 거미서치GummySearch(레딧용) 등 다양한 도구를 통해 각 플랫폼에서 소비자가 무엇을 검색하고 이야기하며 구매하는지, 또 판매자들이 무엇을 얼마나 판매하는지도 확인할 수 있다.

2015년에 부업side hustles에 대해 글을 쓰기 시작했을 때만 해도 그 용어의 월 검색량은 수천 건에 불과했지만, 오늘날에는 수십만 건에 이른다. 당시에는 이렇게 관심이 폭발적으로 증가할 것이라 전혀 예측할 수 없었지만, 온라인으로 돈을 벌 수 있는 새로운 방법이 많아지면서 더 많은 사람이 수입원을 다각화하는 데 관심을 가질 것이라는 점은 확신했다.

비록 성장하는 시장이 아니더라도, 심지어 쇠퇴하는 경우에도 규모가 충분하다면 여전히 수익을 창출할 엄청난 기회가 있을 수 있다. 미국의 야구가 좋은 예다. 관중 수, 시청률, 온라인 검색량은 줄어들고 있지만, 시장 규모 자체가 워낙 커서 야구 관련 블로그, 콘텐츠 플랫폼, 제품은 여전히 인기 있고 수익성도 높다. 그렇지만 그럼에도 불구하고 항상 성장하는 시장을 선택하는 것이 가장 바람직하다.

2. 이 시장의 사람들은 돈이 있는가?

당신이 속한 시장의 사람들이 돈이 많을수록 그들에게 청구할 수 있는 금액도 커진다. 아무리 심각한 문제를 해결해준다 해도 돈을 쓸 여력이 없는 사람들을 상대로는 결코 돈을 벌 수 없다. 그러므로 가격이 구매 결정의 주요 요인이 아니거나 가성비만을 중시하지 않는 시장을 찾아야 하며, 일반적인 상품이 아닌 프리미엄 제품을 판매해야 한다. 시장에서 가장 비싸거나 최고가로 포지셔닝하면 판매 건수는 줄더라도 수익성은 더 높아질 수 있다.

무엇보다 가장 좋은 것은, 가장 저렴한 선택지가 아닌 최고이거나 최고의 가치를 지닌 선택지로 인식되는 것이다. 가격 경쟁으로는 결코 이길 수 없다. 그런 전략을 택하면 이익은 줄고 불필요한 스트레스만 사업에 더할 뿐이다.

내가 고등교육 컨설팅 회사에서 파트너로 일할 때, 우리는 구글 광고 캠페인을 운영하며 대학에 높은 수수료를 청구할 수 있었다. 그 이유는 수익성이 높은 틈새시장인 MBA 프로그램을 전문으로 했고, 대학들은 자금이 넉넉했으며, 나는 그들에게 꼭 필요한 학생들을 모집하는 고부가가치 작업을 맡고 있었기 때문이다. 결국 우리가 제공하는 가치 덕분에 시장의 다른 제공업체보다 3~5배 더 높은 비용을 청구할 수 있었다.

변호사를 위한 웹 사이트를 구축했을 때도 마찬가지였다. 처음에는 소규모 단독 법률 사무소를 대상으로 웹 사이트를 판매하다가, 점차 자금력이 훨씬 더 크고, 새로운 웹 사이트에 기꺼이 비용을 지불하려는 대형 법무 법인으로 빠르게 대상을 확장했다. 혼자 사무소를 운영하는 변호사에게 500달러는 새로운 웹 사이트에 쓰기에 큰돈이지만, 100명 규모의 법무 법인에게 5만 달러는 아무것도 아니기 때문이다.

3. 시간이 지나면 기회가 사라지는가?

코로나19 팬데믹이 한창일 당시, 사람들에게 절실히 필요하지만 공급이 부족한 품목을 판매해 빠르게 돈을 번 사람이 많았다. 기존의 섬유 회사들뿐 아니라 집에서 활동하는 수공예가들까지 나서서 직접 마스크를 만들기 시작했다. 또 기존 알코올 제조 회사들뿐 아니라 소규모 증류 업자들도 손 소독제를 생산했다. 일부 기업가들은 기존 사업을 유연하게 전환해 새로운 수요에 대응했으며, 또 어떤 사람들은 새로운 기회를 포착해 신속히 사업 시스템을 구축했다.

그러나 이런 제품 수요에는 분명한 시간적 제한이 있었다. 시장을 잘 아는 기업가들은 새로운 고객이 계속 자신들의 제품이나 서비스를 이용하도록 여러 방법을 고안했지만, 그렇지 못한 기업들은 제품 수요가 식자마자 시장을 잃었다. 그렇다. 유행을 잘 활용하거나 시장의 격차를 빠르게 메우는 것은 괜찮은 사업 방법이고 때로는 꽤 재미있는 일이다. 그러나 고객에게 장기적으로 서비스를 제공할 방법을 찾지 못하면 사업을 확장할 수 없으며, 제때 빠져나가지 못하면 손해를 볼 위험도 있다.

가지고 있는 지식만으로는 답하기 어렵다면 직접 정보를 찾아보라. 시장 안의 사람들에게 당신의 아이디어에 대한 피드백을 구해보자. 그들은 그것이 가치 있다고 생각할까? 그것을 구매할까? 어떻게 더 개선할 수 있을까? 시장에 비슷한 것이 나와 있는가? 그렇다면 사람들은 그것의 어떤 점을 좋아하거나 싫어하는가?

단 어머니나 친구에게는 묻지 말라. 그들이 당신 시장의 소비자가 아니라면 당신이 무엇을 하든 좋다고 말할 것이고, 그런 피드백은 아무런 소용이 없다. 여러 경영서나 소위 '전문가'들이 가족과 친구에게 물어보라고 권하지만, 그들은 당신의 목표 시장이 아닐 가능성이 높다. 그러니 그들을 너무 맹신하지 말고 그 말에 판단이 흐려져서도 안 된다.

사업을 시작하기 위해 목표 시장을 완벽히 알 필요는 없다. 하지만 목표 시장을 더 많이 이해하고 시작할수록 그리고 시장에 대해 꾸준히 배우는 습관을 들일수록 미래에 기회를 포착하고 의사 결정을 내리기가 훨씬 더 유리할 것이다.

가격 책정 원칙

제품 가격 책정은 예술과 과학이 절반씩 섞여 있는 작업이다. 개인이 어떤 것에 지불하려 하는 금액은 때로는 매우 비합리적인 요인에 따라 크게 달라진다. 그렇기 때문에 실험이 중요하다. 아래는 내가 제품 가격을 책정할 때 거치는 간단한 5단계 과정이다.

1단계: 경쟁사 분석

가장 성공적인 경쟁업체는 이미 시장에 맞는 제품(혼란을 방지하기 위해 제품, 서비스, 제휴 등 모든 사업적 제공물을 이하 '제품'이라 통칭한다)의 가격 책정 방식을 파악했으므로, 이를 기준으로 가격 책정을 고민해야 한다. 시간을 내어 인터넷에서 경쟁업체를 조사하고, 마치 잠재 고객인 것처럼 직접 전화하거나 방문해 다음 사항을 확인하라.

- 유사한 제품 및 서비스에 대해 얼마를 청구하는가?
- 그들의 제품은 당신의 것과 어떤 점이 다르고 비슷한가?
- 할인을 제공하는가? 그렇다면 어떤 종류의 할인인가?
- 그들이 책정한 가격은 시장의 다른 업체와 비교해 어떤가?
- 더 높은 가격이라면 그것을 정당화하기 위해 프리미엄 옵션이나 추가 서비스 같은 무언가를 제공하는가?
- 판매량과 매출은 얼마나 되는가(스파이 도구를 사용해 확인 가능하다)?

경쟁사의 가격을 추적하고, 그들의 제품과 당신의 제품이 차별화되는 요소들을 기록하고, 가능하다면 그들의 판매 데이터를 스프레드시트에 기록하라.

 지역 기반 사업을 운영한다면 지역별로 가격이 다를 수 있으므로, 우선 당신의 지역 시장을 중심으로 경쟁사 분석을 해야 한다. 그다음 비슷한 규모로 다른 지역에서 유사한 사업을 하는 회사들도 살펴보고 가격 유연성이 있는지, 배울 점이 있는지 그리고 이를 당신의 지역 시장에 적용할 수 있는지 확인하라. 예를 들어 시카고의 경쟁업체가 콜럼버스에 있는 당신의 목표 고객에게 어필할 수 있는 독특한 제품이나 가격 옵션을 제공할 수도 있다.

 만약 당신의 사업이 전국을 대상으로 하거나 주로 온라인으로 운영되고 있다면, 구글이나 인기 있는 소셜 미디어 플랫폼에서 사업과 관련된 정보를 검색해보자. 인기 검색어에서 어떤 회사가 순위에 오르는가? 아레프스나 셈러시 같은 전문 도구를 사용해 구글 순위를 분석할 수도 있지만, 동시에 구글 및 소셜 미디어 검색에도 시간을 투자해야 한다. 당신의 제품을 구매할 고객 입장에서 어떤 검색어를 사용할지 생각해보고, 그 검색어로 직접 검색해 어떤 회사가 상위에 노출되는지 확인하라. 경쟁업체 목록을 작성하고 분석하는 데 최소 몇 시간은 구글 및 소셜 미디어 검색에 투자하라.

 누가 광고를 운영하고 있는지도 주목하라. 구글 광고를 꾸준히 운영하는 회사라면 수익성이 좋은 제품이나 서비스를 보유하고 있을 가능성이 크다. 검색 광고는 경쟁이 치열하고 비용도 많이 들기 때문에 수익이 나지 않으면 지속적으로 집행하기 어렵기 때문이다. 아레프스를 이용하면 오랫동안 구글에 광고를 게재해온 회사를 확인할 수 있다. 각 브랜드의 랜딩 페이지 landing page(사용자가 특정 광고나 링크를 클릭했을 때 처음 도착하는 웹 페이지-옮긴이)를 살펴보고 그들의 웹 사이트와 광고 문구를 연구하라. 그들의 사례에서 무엇을 배울 수 있는가?

최소 분기마다 경쟁업체를 분석해 시장 변화에 능동적으로 대처하라. 나는 경쟁업체를 통해 그들의 제품 제공, 가격 책정, 제품 출시, 메시지 전달 방식 및 기타 변경 사항을 확인한다. 또한 검색 트래픽 순위 search traffic rankings(특정 키워드로 검색했을 때 당신의 웹 사이트나 경쟁사의 웹 사이트가 검색 결과 페이지에서 몇 번째로 나타나는지를 나타내는 지표-옮긴이)를 분석해 그것이 어떻게 변하는지를 추적하고, 그들이 새로 제작하는 콘텐츠 유형을 검토한다.

그리고 '진실 6'을 기억하라. 경쟁보다 협력이 더 강력하다. 온라인이든 오프라인이든 시장 안에서 활동하는 사람들의 커뮤니티에 가입해 그들의 자원을 활용하여 가격 책정 및 기타 전략에 대해 배우라. 경쟁업체에 직접 연락해 관계를 맺자. 그들이 현명하다면 협력이 경쟁보다 강력하다는 사실을 이해할 것이다. 시간이 지나면 이런 관계는 결실을 맺어, 결국 경쟁업체 중 하나에 인수되거나 반대로 경쟁업체를 인수하게 될 수도 있다.

2단계: 비용 고려

성공적인 비즈니스를 위해서는 이윤을 남겨야 하므로, 비용보다 많은 수익을 내기 위해 제품당 얼마를 청구해야 하는지를 파악해야 한다. 우선 매출원가COGS, Cost of Goods Sold를 정확히 파악하라. 여기에는 재료비, 생산비, 창고 및 보관비, 배송비(실물 상품의 경우)는 물론 제품을 만들거나 서비스를 제공하는 데 드는 모든 비용이 포함된다. 또한 제품이나 서비스를 생산 및 판매하는 데 발생하는 거래 수수료도 포함해야 한다. 예를 들어 온라인 결제를 수락하는 경우 일반적으로 신용카드 결제나 전자 결제 방식을 사용하는데, 이때 수수료를 지불해야 한다.

또한 사용하는 외부 플랫폼에서 판매 건당 부과하는 수수료를 확인하라. 예를 들어 엣시는 사이트에 각 제품을 등록할 때 수수료를 부과하고 판매 가격, 배송비 및 선물 포장비의 6.5%를 수수료로 가져간다. 내가 자체 플랫폼을 보유하는 것이 유리하다고 주장하는 이유 중 하나는 이런 수수료의 일부를 피할 수 있기 때문이다. 이는 다음 장에서 더 자세히 다루고 있다. 하지만 처음 시작해 아이디어를 테스트하는 단계라면 외부 판매 플랫폼을 이용해 시장을 구축하는 것이 합리적일 수 있다. 단 수수료를 충당하고도 원하는 만큼의 이익을 창출할 수 있을 정도로 제품 가격을 충분히 높게 책정해야 한다.

일반적으로 제품을 많이 판매할수록 생산 비용은 낮아진다. 이는 실물 상품의 경우뿐 아니라(일반적으로 제품이나 재료를 대량으로 주문할수록 단가가 저렴해지기 때문이다) 디지털 제품이나 서비스 비즈니스와 같은 자산 경량 비즈니스asset-light business(물리적 재고나 생산 설비 같은 유형 자산을 많이 보유하지 않고 운영하는 비즈니스-옮긴이)에서 특히 두드러진다. 이런 비즈니스를 운영할 때도 초기 비용은 발생할 수 있다. 예를 들어 엣시에서 판매할 인쇄물을 디자인하기 위해 필요한 소프트웨어를 구매하거나 구독하는 경우다. 그러나 이 비용은 판매 건수별로 분배되어 계산된다.

제품 가격을 결정하는 또 다른 방법은 원하는 이익을 기준으로 가격을 역산하는 것이다. 아직 실험 단계라면 실패를 자초하지 않으면서도 동기부여를 유지할 수 있는 합리적인 목표를 설정하는 것이 좋다. 예를 들어 매달 사업 이익으로 임대료를 충당하고 싶다고 하자. 또한 디자인에 대한 열정이 있어 코디 베르만과 줄리 벌링어처럼 인쇄물 사업을 시작하려 한다고 하자. 필요한 디자인 소프트웨어(대부분의 인쇄물 제작자는 저렴한 캔바Canva를 사용한다)를 이미 보유하고 있다면 고려할 유일한 비용은 엣시 수수료뿐이다. 6.5%의 수수료를 적용했을 때 품목당 5달러를 청구하면 판매 건당 순이익은 4.67달러가 된다. 임대료가 2,000달러라면, 이를 충당하기 위해 매달 약 428개의 품목을 판매해야 한다는 계산이 나온다.

3단계: 시장 테스트

실험 단계에서 당신의 목표는 제품 또는 서비스의 적절한 가격을 찾는 것이지만, 보통 다양한 가격을 시도해보고 시장의 반응을 관찰하는 '테스트' 과정이 필요하다. 디지털 제품이나 온라인으로 판매하는 제품 및 서비스의 경우 테스트하기가 더 쉽다. 대부분의 전자 상거래 카트에는 가격 테스트 기능이 있어 일부 방문자에게 기존과 다른 가격을 제시할 수 있기 때문이다.

이를 'A/B 가격 테스트'라고 하며, 쇼핑몰 트래픽이 충분하다면 이 데이터는 어떤 가격이 가장 높은 총수익을 올리는지를 보여준다. 이때 가장 많이 판매되는 가격이 가장 수익성이 높은 것은 아니라는 점을 기억하라. 예를 들어 전자 상거래 쇼핑몰에서 다섯 개 들이 아기 젖병을 판매하며 각각 15달러와 40달러로 가격 테스트를 한다고 해보자. 단순 계산하면, 주당 15달러에 100팩을 판매할 때 매출은 1,500달러지만 40달러에 40팩을 판매하면 매출은 1,600달러다. 판매 수량은 적어도 더 높은 가격이 더 큰 매출을 창출하는 것을 알 수 있다.

이제 상품 원가를 고려해 이것이 전체 이익에 어떤 영향을 미치는지 살펴보자.

$$마진율 = (매출 - 매출원가) / 매출$$

젖병을 제조, 포장 및 배송하는 데 병당 1달러가 든다고 가정해보자. 그러면 100팩(500개)에 500달러를 지출하고, 40팩(200개)에는 200달러만 지출한다. 전체 매출에서 매출원가를 빼고 계산하면, 더 높은 가격으로 판매하는 편이 훨씬 수익성이 높다는 것을 알 수 있다.

15달러에 100팩 판매 시 : 1,500달러-500달러=1,000달러 이익

vs.

40달러에 40팩 판매 시 : 1,600달러-200달러=1,400달러 이익

이것이 가격 테스트가 중요한 이유다. 또는 고객이나 잠재 고객의 이메일 목록을 점차 구축해 나가면서, 제품을 만들기 전에 시장에 설문 조사를 실시해 고객에게 얼마를 지불할 의향이 있는지를 물어볼 수도 있다.

많은 성공한 기업가들은 이 전략에서 한 단계 더 나아가 아직 개발하지 않은 제품에 대해 선불로 돈을 받기도 한다. 킥스타터Kick-starter 같은 크라우드 펀딩 서비스는 이런 개념을 기반으로 구축됐다. 크라우드 펀딩은 기업이 기존 제품을 통해 고객층을 확보하고 있는 경우 신제품을 선주문받기에 좋은 방법이다. 이는 신제품을 미리 판매해 시장 수요를 확인하고, 자신의 자금 부담 없이 고객의 자금으로 제작 비용을 충당할 수 있는 매우 유용한 방식이다.

4단계 : 프리미엄 결정

소비자는 비합리적이다. 행동경제학자들에 따르면 사람들은 돈을 쓸 때 물건의 실제 가치와 상관없는 이유에 근거해 선택을 내린다. 어떤 것의 가치는 사람마다 매우 다르다. 이 점을 이해하면 효과적으로 가격을 설정하는 데 도움이 된다.

초보 사업가들이 저지르는 큰 실수 중 하나는 더 많은 고객을 유치하고 싶어 지나치게 낮은 가격을 책정하는 것이다. 물론 가격을 높게 책정하면 구매자가 줄어들 수 있지만, 항상 그런 것은 아니다. 내가 97달러가 아니라 397달러에 강의를 판매했을 때, 고객들이 강의가 비쌀수록 더 가치 있다고 생각해서인지 오히려 훨씬 더 많은 사람이 등록했다. 소비자는 가격이 높은 제품일수록 가치를 더 높게 평가하고 더 많이 원하는 경향이 있다. 사람들은 다음과 같은 문제를 해결해주거나 가치를 제공하는 제품과 서비스에 더 높은 가격을 지불한다.

복잡성

일론 머스크는 말했다. "어렵고 복잡한 문제를 해결할수록 더 큰 보상을 받는다." 만약 당신이 반려견 산책 회사를 운영한다면, 당신이 소비자에게 청구할 수 있는 금액에는 한계가 있다. 누구나 개를 산책시킬 수 있기 때문이다. 반대로 소수만 이해하는 복잡한 법률 문제를 해결할 수 있다면 엄청난 돈을 청구할 수 있을 것이다.

편의성

한여름 야외 콘서트장에서 파는 물 한 병이 겨울철 변두리 주유소에서 파는 물보다 비싼 데는 이유가 있다. 사람들은 지금 당장 어떤 것을 원하거나 필요로 한다면, 그것을 즉시 얻기 위해 더 많은 돈을 지불한다.

품질

사람들은 경쟁 제품보다 품질이 우수하다고 생각하는 제품에 더 많은 돈을 지불할 의사가 있다. 내가 살고 있는 오하이오주 콜럼버스의 사업가 댄 리젠버거Dan Riesenberger, 일명 '빵 굽는 댄'을 예로 들어보겠다. 그는 사워도우, 크루아상, 페이스트리 등 여러 종류의 빵을 굽는다. 고품질의 재료를 사용하며, 그가 만드는 모든 빵은 환상적으로 맛이 좋다. 그는 2009년에 지역 농산물 직판장에서 판매를 시작했고, 2013년에 자신의 가게를 열었다. 최근에는 식빵 한 덩어리, 크루아상 한 개에 각 11달러씩 받는다. 이는 다른 빵집보다 최소 두 배 비싼 가격이지만, 사람들은 줄을 서서 빵이 나오기를 기다린다. 그의 가게는 금·토·일요일에만 영업하는데, 정오가 되면 모든 빵이 매진된다.

나는 리젠버거를 개인적으로 알지 못하지만, 그가 3일 동안 매일 약 1,000개의 크루아상 및 빵을 판매한다고 추정한다. 평균 11달러로 계산하면 하루 매출은 1만 1,000달러, 주당 약 3만 3,000달러의 매출을 올린다. 이를 52주로 환산하면 보수적으로 계산해도 연간 총 매출은 171만 6,000달러다. 이 수치에는 그가 도시 주변의 다른 시장에서 판매하는 제품이나 연휴 기간에 특별 판매하는 제품은 포함되지 않는다. 재료비는 분명 많이 들겠지만, 그는 단 하나의 매장과 몇 명의 직원만을 두고 있을 뿐이다. 내 생각에 그는 자신이 원하는 방식으로 빵집을 운영하면서도 연간 거의 100만 달러의 순이익을 올리고 있을 것이다.

그는 시장도 잘 알고 있을 뿐 아니라 제품 가치에 대한 인식이 중요하다는 사실을 너무나 잘 이해하기에 다른 사람들보다 더 높은 가격을 책정한 것이다. 게다가 그는 직원을 고용해 자신만의 방식과 레시피로 빵을 만들게 하고, 정작 본인은 전 세계를 돌아다니며 서핑을 즐기는 등 자신의 열정을 추구하기도 한다. 물론 그는 분명 빵집에도 머물며 뒤에서 일하겠지만, 내가 거의 매주 갔는데도 3년 동안 그를 단 한 번밖에 보지 못했다. 그조차 앞에 나와 있던 게 아니라 뒤에서 페이스트리를 채우고 있는 모습이었다. 만약 그가 이 글을 읽고 있다면, 그의 빵과 사업을 진심으로 좋아한다고 전하고 싶다.

독창성과 희소성

희귀하거나 유일무이한 것은 그 자체로 가치가 있다. 이는 예술품이나 수집품 같은 고급 사치품뿐 아니라 없어서는 안 되지만 항상 부족한 것에도 해당된다. 코로나19 팬데믹 초기 몇 달 동안 우리는 평소 저렴하고 쉽게 구할 수 있었던 물품들의 가격이 갑자기 폭등하고 품절되는 현상을 목격했다.

가치 인식

같은 서비스에 대해 서로 다른 두 사람에게 엄청나게 차이 나는 금액을 청구하는 경우가 종종 있다. 이는 한쪽이 다른 쪽보다 당신이 제공하는 가치를 더 크게 평가하기 때문이다. 이런 차이는 각자가 가진 돈의 양에 따라 크게 좌우된다. 돈의 가치는 얼마나 많은 돈을 가지고 있는지에 따라 오르락내리락하기 때문이다. 예를 들어 같은 서비스라도 백만장자는 월급으로 간신히 살아가는 사람보다 더 기꺼이 많은 돈을 지불할 수 있다. 지불하는 금액은 더 크더라도 그가 가진 돈과 비교했을 때 그 돈의 심리적 가치나 중요성은 상대적으로 낮을 수 있기 때문이다.

기업들은 이를 잘 알고 있다. 최근 내 집 두 채의 페인트칠 견적을 요청했을 때, 같은 회사로부터 전혀 다른 두 개의 견적을 받았다. 작업 범위는 비슷했고 두 집은 같은 동네에 있었지만, 한 채는 100만 달러의 가치가 있는 집이었고 다른 한 채는 50만 달러에 못 미치는 집이었다. 어떤 페인트공이라도 질로우Zillow 앱에서 부동산 가격을 검색해보면 알 수 있는 사실이다. 그들은 내 주소를 검색해봤거나, 집의 가치에 따라 가격을 책정하는 어떤 프로그램을 사용해 견적을 냈던 것이다.

마찬가지로 고객은 자신이나 사업에 큰 가치를 가져올 것이라 믿는 것에 더 많은 돈을 기꺼이 지출한다. 예를 들어 사업주는 새로운 웹 사이트 디자인에 많은 비용을 지출할 수 있다. 투자 수익이 더 높은 전환율로 이어질 것임을 알기 때문이다. 그러나 같은 사람이라도 단지 개인적인 취미인 빈티지 야구 카드 컬렉션을 정리하고 선보이는 웹 사이트를 만들 때는 그렇게 많은 돈을 쓰려 하지 않을 것이다. 그것으로 돈을 벌려는 것이 아니기 때문이다.

5단계: 가격 모델 실험

일반적으로 정액제, 시간제, 구독제 등 세 가지 가격 모델이 있다. 정액제는 특정 제품이나 서비스에 대해 고정된 가격을 청구하는 방식이다. 예를 들어 크루아상 한 개에 11달러, 이발하는 데 60달러 등이다. 이 가격에는 상품의 원가, 인건비, 배송비, 간접비 등 제품을 제공하는 데 드는 모든 비용이 포함되며, 여기에 마진이 더해져 이익을 얻는 구조다.

시간제는 제공자의 시간과 결과물에 대해 요금을 청구하는 방식이다. 예를 들어 베이비시터는 시간당 15달러, 개인 트레이너는 1시간에 100달러와 같은 식이다. 가격을 책정할 때는 시간과 전문성이 지닌 가치를 반드시 반영해야 한다. 해당 분야에서 더 뛰어난 전문가거나 전문성이 높을수록 더 많은 요금을 청구할 수 있다. 또한 하루에 쓸 수 있는 시간은 한정되어 있기 때문에 수요가 많을수록 더 많은 요금을 청구할 수 있다.

지난 10년간 디지털 및 구독 기반 비즈니스의 성장은 세 번째 모델인 구독 수익, 특히 월간 반복 매출MRR의 폭발적인 성장을 이끌었다. MRR은 말 그대로 고객이 제품이나 서비스에 가입하고 매달 요금을 지불해 이용하는 것이다. 이는 새로운 모델이 아니다. 잡지, 신문, 전기 및 가스 같은 공공 서비스 회사, 보험사 그리고 집주인들은 오래전부터 이 모델에 의존해왔다. 달라진 점은 온라인에서 서비스나 소프트웨어에 가입하는 과정이 매우 간편해지고, 구독이 자동으로 갱신되도록 설정하는 것도 쉬워져 더 많은 기업이 이 모델을 실험할 수 있게 됐다는 것이다.

다만 MRR에는 여러 가지 장점이 있다. 첫째, 매달 보장된 현금흐름을 확보해 비용을 충당하고 더 나은 계획을 세울 수 있다. 둘째, 꾸준한 수익이 발생하므로 인수 관점에서 사업체의 가치를 높인다. 셋째, 계절적 변동에 대처하고 시장 변화에 더 빠르게 적응할 수 있다. 예를 들어 팬데믹 기간에도 MRR 비즈니스는 구독 수익 기반이 보장된 덕분에 안정적으로 운영이 가능했다.

MRR 기반 구독 서비스를 구축하는 과정이 모든 유형의 비즈니스에 똑같이 명확하게 적용되는 것은 아니다. 예를 들어 고객이 정기적으로 필요로 하는 제품이나 서비스를 제공하는 경우, 구독 모델을 설정하고 운영하기가 비교적 명확하고 쉽다. 넷플릭스, 스포티파이Spotify, 오더블Audible, 마스터클래스MasterClass 같은 미디어 기업이 콘텐츠에 대한 접근 권한을 제공하는 경우도 마찬가지다. 그러나 당신이 속한 업계에서 이런 모델이 표준이 아니더라도, 당신의 비즈니스에 맞는 독창적이고 창의적인 방식으로 구독 옵션을 만들어 제공하는 방법이 있을 것이다.

내가 매달 지불하는 구독 서비스 중 하나는 정원에 뿌리는 천연성분 모기 퇴치 스프레이다(걱정할 필요는 없다. 성분은 무독성 삼나무 오일이고 다른 벌레는 죽이지 않는다). 봄, 여름, 가을 3주마다 한 번씩 정원에 모기 스프레이를 뿌리는데, 월 구독료는 약 100달러다. 내겐 그만한 가치가 있는 일이다. 시즌이 끝나 구독을 연장하면 그다음

모든 것을 담은 한 장짜리 사업 계획서

나는 일반적으로 사업 계획서를 좋아하지 않는다. 너무 길고 모호하며, 종종 창업자들이 사업을 시작하는 데 걸림돌이 되기도 한다. 내가 읽은 거의 모든 '창업 방법'에 관한 책은 대개 사업 계획서부터 시작한다. 물론 자금 조달, 담보대출, 투자 유치 등을 위해 사업 계획서가 필요할 때도 있다. 하지만 나는 완벽한 사업 계획서를 만들겠다고 몇 달, 심지어 몇 년을 허비하며 귀중한 시간과 추진력을 잃는 사례를 자주 본다. 정작 무언가를 구축해야 하는데, 계획과 이론 수립 단계에서 더 나아가지 못하는 것이다.

가능한 한 빨리 실험을 시작해야 한다. 배움은 완벽한 계획을 세우는 것에서 나오는 게 아니라, 무언가를 실행하는 과정에서 더 많이 얻을 수 있다. 만약 외부 투자를 유치하려 하거나 사업 계획서가 요구된다면, 사업을 실제로 운영한 뒤에 그것을 작성해도 늦지 않다. 사업 운영을 통해 쌓은 경험과 지식을 바탕으로 만든 사업 계획서는 시작하기도 전에 모든 것을 완벽하게 파악하려 애써 만든 것보다 훨씬 더 나은 계획서가 될 것이다.

또한 나는 한 장짜리 사업 계획서가 매우 유용하다는 것을 알게 됐다. 빠르게 작성할 수 있고, 모든 내용을 한 페이지에 압축해야 하기 때문이다. 계획서는 가급적 한 페이지로 유지하고, 사업을 운영하는 과정에서 꾸준히 업데이트하기 바란다.

사업 계획서에 포함해야 할 내용은 다음과 같다.

- 목표 시장: 누구를 대상으로 서비스를 제공하는가?

- 시장 규모: 시장의 크기는 얼마나 되는가?

- 문제: 무엇이 문제인가?

- 해결책: 어떤 면에서 고객에게 도움이 될까?

- 방법: 약속을 어떻게 이행할 것인가? 무엇을 제안할 것인가?

- 마케팅: 당신의 제품이 필요한 사람들에게 어떻게 알릴 것인가?

- 가격: 얼마를 청구할 것인가?

- 실행 단계: 다음 단계에 해야 할 세 가지 행동은 무엇인가?

해에는 항상 할인을 받았고, 두 번이나 그렇게 했다. 구독을 갱신할 때마다 나는 미소를 지으며 언젠가 이 모기 퇴치 스프레이 회사를 사는 꿈을 꾼다. 물론 좋은 사업이기는 하지만, 시간이 흐르면서 시장 경쟁이 점점 더 치열해지는 것이 보인다.

첫 매출 만들기

아무리 많은 계획과 전략이 있어도 실행하지 않으면 아무런 소용이 없다.

결국 계획 단계를 넘어 고객에게 제품을 판매하는 단계로 나아가야 한다. 그러나 많은 사람이 바로 이 지점에서 멈춘다. 나는 그런 경우를 수없이 봐왔다. 좋은 아이디어를 가지고도 이 장에서 제시된 질문들을 살펴본 뒤 자신의 시간이나 능력이 부족하다고 판단하거나, 아이디어 자체는 좋지만 자신에게 맞지 않는다는 사실을 깨닫고 결국 아무것도 하지 않는 것이다. 그들은 자신의 아이디어를 좋아하지만 그것을 실제로 성공시키려면 얼마나 많은 노력과 열정이 필요한지 잘 알고 있으며, 자신의 소중한 시간을 투자할 만큼 가치가 있는지 냉정하게 판단한다.

또는 두려움 때문에 멈추기도 한다. 새로운 사업을 시작할 때 두려움을 느끼는 것은 자연스러운 일이고, 사업의 경우 더욱 그렇다. 하지만 그 두려움이 당신을 마비시키도록 내버려둘지, 아니면 그 에너지를 동기부여에 활용할지는 전적으로 당신에게 달렸다.

두려움은 정상적인 감정이고 좋은 것이다. 그것은 당신이 그만큼 신경 쓰고 있다는 의미이기도 하다. 또 두려움은 우리가 어리석은 행동을 하거나 잘못된 결정을 내리는 것을 막아준다. 나도 수년 동안 사업을 해왔지만, 새로운 사업을 시작할 때마다 여전히 두려움을 느낀다. 이것이 바로 '진실 2'다. 생각하기 전에 자신의 감정을 믿어라. 당신은 자신의 아이디어를 어떻게 느끼는가? 그것을 생각하면 설레는가, 아니면 지치는가?

너무 깊이 생각할 필요는 없다. 느낌이 좋다면 아마도 맞을 것이다. 그러니 지금이 바로 실험을 시작할 때다. 주도권은 당신이 쥐고 있음을 기억하라. 실험은 위험을 감수하고 결과에서 배우며, 그 과정에 적응하는 것이다. 또한 회복력을 키우고 자신의 한계를 파악하며, 자신이 어떤 사람인지 알아가는 과정이기도 하다. 누군가에게 무언가를 팔기 위해 노력하는 것보다 이 세 가지를 더 빨리 배우는 방법은 없다.

판매라는 행위 자체를 부정적으로 보는 사람이 많다. 흔히 판매를 '조작manipulation'이라고 여기기도 한다. '판매'라는 단어는 중고차 딜러나 값싼 양복을 걸치고 허황된 '기회'로 사람들을 현혹하는 건달 같은 남성들을 떠올리게 한다.

하지만 판매는 실제로 다른 사람의 삶에 가치를 더하는 일이다. 삶을 개선하고 문제를 해결해줄 제품이나 서비스를 사람들에게 알리는 일이다. 당신이 제공하는 제품이나 서비스가 실제로 사람들에게 도움이 된다고 믿는다면 판매는 자연스럽게 이루어질 것이다. 반대로 믿지 못한다면 그렇게 되지 않을 것이다. 세상에 내놓는 에너지는 스스로 증폭한다. 그러므로 그 에너지가 진심에서 우러나오는 올바른 감정이어야 한다.

당신이 판매하는 것이 가치가 있는지 그리고 다른 사람이 그것을 살 만큼 충분히 가치가 있다고 믿는지를 확인하는 유일한 방법은 실제로 판매를 시도해보는 것이다. 그것이 무엇이든, 누구에게든 일단 팔아보라. 이미 시장에 참여하고 있다면 친구나 지인에게라도 팔아보라. 만약 한 사람이라도 기꺼이 구매한다면, 다른 사람도 분명 그렇게 할 것이다.

5장

고객의 마음을 사로잡는 브랜드 스토리를 만들어라

> 이야기를 들려주는 자가
> 세상을 지배한다.
>
> — 호피Hopi족 속담

어느 수요일 새벽 2시 39분, 노트북의 불빛만이 내가 사는 시카고 아파트 안을 희미하게 비춘다. 극도의 긴장감에 숨이 가빠온다. 밤새워 작업한 블로그 글에 제목을 붙인다. '돈은 자유다'. 독자 한 명 없는 새로운 웹 사이트, 밀레니얼머니의 첫 번째 게시글이다. 디지털 마케터로서 익힌 기술로 처음부터 모든 것을 내가 직접 만들었다. 하지만 이번 경험은 이전과는 완전히 다른 느낌이 든다. 이곳은 온전히 내 사이트, 내 목소리, 내 이야기다.

지금까지 내가 만든 모든 웹 사이트는 다른 사람에게 돈을 벌어주는 수단이었다. 하지만 이제 나는 충분한 돈을 가지고 있고 서른 살에 백만장자가 됐으며, 더 이상 월급을 받기 위해 일할 필요가 없다.

새벽에 일어나 글을 쓰는 이유는 의무감 때문이 아니다. 이전에는 느껴본 적 없는 에너지가 나를 움직인다. 세상에 무슨 이야기라도 하고 싶었다. 다행히도 내게는 여러 도구가 있어 가능한 일이 있다.

막연하지만 이 블로그가 내 인생을 바꿔놓을 것이라는 예감이 어렴풋이 든다. 스물다섯 살 가난한 청년이 서른 살에 경제적 독립을 이루기까지, 그것도 금융 관련 교육 하나 받지 않고 걸어온 여정을 글에 담아낸다. 숨김없이 모든 것을 털어놨다. 실명으로 이야기를 공개하며, 돈을 좇는 과정에서 감수한 어려움이나 포기해야 했던 것들에 대해 솔직하게 밝혔다. 내가 저지른 실수와 그로부터 얻은 교훈도 솔직하게 이야기했다. 독자들 혹은 잠재적 독자들이 나의 성공과 실패에서 배우기를 바란다. 나는 흔히 볼 수 있는 재테크 전문가는 아니기에, 그들의 신뢰를 얻어야만 한다.

'게시' 버튼을 누르면서 내 사업 파트너나 직원, 친구, 가족이 이 글을 혹시라도 본다면 어떤 생각을 할지 문득 궁금해진다. 나는 경제적 독립을 이루기 전까지는 온라인에 그 어떤 것도 공유하지 않았다. 하지만 이제는 내가 해낸 이야기를 내가 아는 모든 사람들과 공유하고 싶다.

내 안에서 끓어오르는 에너지가 느껴진다. 의미 있고 잠재적으로 인생을 바꿀 만한 일을 하고 있음을 확신할 때 느껴지는 바로 그 에너지다. 하지만 그 순간에는 앞으로 어떤 일이 벌어질지 전혀 알 수 없었다. 그리고 몇 년 뒤, 수백만 명의 독자를 모으고 이 웹 사이트에서 연간 수백만 달러의 수익을 올리게 된 뒤에야 비로소 이해하게 됐다. 지금 이 순간 내가 가진 이점, 즉 열정과 기술 그리고 이야기를 내가 깊이 아끼는 사업과 결합할 때 어떤 화학 작용이 일어나는지를 말이다.

나는 사람들이 좋아할 만한 브랜드를 만들 자질을 갖추고 있었지만, 내 인생이 얼마나 믿을 수 없을 만큼 놀랍게 바뀔지는 상상조차 못했다. '게시' 버튼을 눌러 처음으로 내 웹 사이트가 세상에 공개되는 순간, 안도와 기대가 뒤섞인 한숨이 새어 나왔다.

브랜드를 만드는 3가지 요소

비즈니스 아이디어를 구체화했다면 이제 잠재 고객에게 그것을 가장 효과적으로 전달할 방법을 찾아야 한다. 그것을 위한 유일하고 지속 가능한 방법은 브랜드를 구축하는 것이다.

브랜드는 이야기, 약속, 경험을 바탕으로 구축된다. 사람들에게 당신의 브랜드가 무엇인지 설명할 수는 있지만, 브랜드는 결국 회사와 고객의 상호작용 속에서 형성된다. 누구나 동일한 브랜드 구축 도구에 접근할 수 있지만, 실험 단계에서는 이 도구를 충분히 활용할 자원을 가지고 있지 못할 가능성이 크다.

다행히 이제 막 시작하는 단계라 할지라도 성공적인 브랜드를 구축하고 수많은 경쟁 속에서 두각을 나타내는 데 필요한 세 가지 핵심 요소를 활용할 수 있다.

1. **이야기**: 당신만의 독특하고 매력적인 이야기와 경험
2. **콘텐츠**: 뛰어난 콘텐츠를 통한 사람과 브랜드의 연결
3. **플랫폼**: 원하는 방식으로 고객에게 도달할 수 있는 자기 소유의 플랫폼

관심을 끄는 서사의 힘

스물다섯 살의 어느 날, 아침에 일어나 보니 은행 계좌에는 2.26달러밖에 없었다. 그러나 5년 뒤, 서른 살이 되기 직전 내 순자산은 125만 달러에 이르렀다. 가능한 한 많은 돈을 저축하고 주식시장에 전략적으로 투자하며, 부업과 사업을 통해 수입을 늘려 그것을 달성했다. 나는 재무관리나 경영학 수업을 들어본 적도 없다. 그 5년 동안 나는 돈에 대해 끊임없이 생각했고, 재테크·창업·투자 관련 서적을 300권 넘게 읽었다. 그리고 배운 것을 실천하며 그 과정에서 다른 사람들에게도 도움이 될 만한 독특한 통찰을 얻게 됐다.

나는 전형적인 금융 전문가와는 달랐다. 덥수룩한 턱수염에 길게 머리카락을 기르고 폭스바겐 웨스트팔리아 캠핑 밴을 타고 다녔다. 바로 그것이 나를 독특하고 잊히지 않게 만들었다. 꾸며낸 것이 아니라 100% 내 모습 그대로였다.

'평범한 사람이 단 5년 만에 100만 달러 이상을 저축한 이야기'는 분명 사람들의 관심을 이끄는 제목이다. 게다가 나는 컴퓨터만 있으면 누구나 접근할 수 있는 도구를 활용해 재정적 자립을 이뤘기에 사람들은 내 이야기에 공감했다. 그것은 '나도 저렇게 되고 싶다'는

열망을 불러일으키면서도, '노력하면 충분히 가능하다'고 여겨졌다. 진솔한 모습은 사람들에게 신뢰를 주는 동시에 개성으로 작용해 내가 두각을 나타내고 주목을 받는 데 도움이 됐다.

브랜드 서사 구축

당신의 이야기는 당신을 기억에 남게 하고 경쟁이 치열한 시장에서 돋보이게 하며, 다른 사람들과 연결해준다. 당신의 개인적인 경험은 당신만의 고유한 것이다. 그것은 당신이 누구이며 왜 그런 일을 하는지를 설명하는 데 도움이 된다. 그것은 당신의 삶 전체 그리고 당신의 사업 전체를 움직이는 추진력이다. 사람들은 다른 사람과 연결되기를 좋아하며, 본능적으로 이야기를 좋아한다.

당신은 자신만의 이야기를 발견해야 한다. 왜 이 제품이나 서비스를 출시하려 하는가? 무엇이 당신을 경쟁사와 다르게 만드는가? 왜 이 제품이나 서비스를 다른 사람들에게 제공하는 데 열정을 쏟는가? 당신은 누구인가? 왜 관심을 가지는가? 당신의 배경이나 사업 분야가 무엇이든 상관없이 모든 사람에게는 이야기가 있다.

제품이나 서비스를 마케팅하고 판매할 플랫폼을 구축하려면 먼저 그것을 당신의 이야기를 효과적으로 전달하는 도구로 삼을 방법을 고려하라. 이야기를 활용하기 위해 반드시 나처럼 디지털 콘텐츠 사업을 운영할 필요는 없다.

지난 몇 년 동안 가장 인기 있는 제품 브랜드들을 살펴보면, 창업자의 이야기를 제품과 어떻게 연결하는지 알 수 있다. 예를 들어 친환경 생활용품 제조사 버츠비Burt's Bees, 온라인 안경 소매업체 와비파커Warby Parker, 아웃도어 의류 및 장비 회사 파타고니아Patagonia, 에어비앤비, 애플 같은 기업들은 창업자의 이야기를 브랜드 서사에 효과적으로 통합해 제품을 더 공감할 수 있고 기억에 남게 만들며, 동시에 고객과 강력한 감정적 연결을 형성한다.

당신의 이야기를 설득력 있게 만들려면 고객의 마음을 사로잡으면서도 당신의 브랜드 가치와 비전을 반영할 수 있어야 한다. 브랜드 스토리는 단순히 이야기를 말하는 것이 아니라 행동과 경험으로 보여주는 것을 의미한다. 또한 브랜드가 성장함에 따라 고객과 함께 발전하고 변화하는 장기적인 이야기 구조를 가져야 한다는 의미이기도 하다. 나는 사업을 구축하면서 모든 성공과 어려움을 공유했기에 독자들은 마치 나와 함께 사업을 만들어가는 여정에 동행하는 듯 느꼈고, 나는 모든 것을 공개적으로 구축했다.

모든 기업가는 가짜 증후군imposter syndrome(자신의 성공을 능력이나 노력의 결과가 아니라 운이나 외부 요인 덕분이라고 생각하며 끊임없이 스스로를 사기꾼처럼 느끼는 심리 현상-옮긴이)에 빠져 자신의 경험을 과소평가하기 쉽다. 밀레니얼머니를 시작하기 훨씬 전부터 나는 사람들에게 도움이 될 만한 정보와 통찰을 배우고 쌓아왔다. 하지만 아무도 내 말에 관심을 갖지 않을까 봐 걱정되어 공유하는 것을 미뤘다. 경험의 많고 적음과 상관없이 누구에게나 다른 사람들에게 가르쳐줄 수 있는 무언가는 있기 마련이다.

그러면 사람은 당신이 배우는 동안 함께 배울 수 있다. 모든 사람은 자신을 이끌어줄 리더와 자신이 본받을 대상을 찾는다. 가치를 더하기 위해 반드시 해당 분야의 세계 최고 전문가가 될 필요는 없다. 세상은 너무나 넓기에 당신의 이야기를 들어줄 사람은 반드시 있다.

일관성 또한 매우 중요하므로 당신의 이야기가 모든 플랫폼, 모든 소통 그리고 청중 및 고객과의 모든 상호작용에 동일한 방식으로 반영되도록 주의를 기울여야 한다. 진정성 역시 매우 중요하다. 이야기는 진실해야 하고, 그것을 통해 당신의 본질을 드러내야 한다. 사람들을 잠시 속일 수는 있지만 오래가지는 못한다. 사람들은 당신이 어떤 일에 진심인지 아닌지를 금세 느낄 수 있다.

이런 이야기가 브랜드의 품질 자체를 높여주지는 못하지만, 브랜드와 잠재 고객 사이에 신뢰를 쌓아준다. 사람들은 자신을 신경 쓰지 않는 익명의 기업보다 아는 사람에게서 구매하는 것을 더 선호한다. 물론 제품이나 서비스의 품질은 당연히 좋아야 한다. 그 바탕 위에 당신만의 차별화된 이야기를 고객과 공유한다면 경쟁에서 우위를 잡을 수 있다.

이야기는 언제나 중요했지만, 인공지능 시대에는 더욱 필수적이다. 어떤 챗봇이든 괜찮은 광고 카피나 웹 사이트 문구를 작성하고, 제품이나 서비스의 이점을 설명할 수 있다. 그들은 점점 더 실제 인간에 가까운 방식으로 행동하고 있다.

그러나 더 많은 사람이 AI 도구를 활용할수록 진정한 인간적 관계의 가치는 더욱 커질 것이다. 나는 진정성을 느끼고 진실한 것과 깊이 연결되는 인간으로서의 능력을 잃지 않기를 희망한다. 이런 능력이야말로 인공지능과 인간을 구별 짓는 가장 중요한 차별점이 될 것이다. 우리는 청중과 소통하고 그들의 기억 속에 강렬하게 각인되기 위해 인간의 이야기가 필요하다.

한마디로 당신의 강력한 브랜드 스토리는 진정성 있고 일관되며, 매력적이어야 한다.

일단 콘텐츠를 만들기 시작하면 사람들은 당신이 만든 콘텐츠와 결과물을 통해 연결되는 무언가를 얻는다. 그다음에는 플랫폼을 구축해 그들에게 도달해야 한다. 플랫폼은 메시지부터 웹 사이트, 뉴스레터, 소셜 미디어에 이르기까지 세상에 당신을 나타내는 모든 것을 뜻한다.

차별화된 콘텐츠의 원리

모든 뛰어난 비즈니스에는 콘텐츠가 있다. 좋은 콘텐츠는 고객과 연결되고 경쟁 우위를 확보할 수 있게 해준다. 사용자에게 고품질 콘텐츠를 무료로 제공하는 콘텐츠 마케팅은 가장 강력한 형태의 오가닉 마케팅 organic marketing(추가 비용 없이 자연스럽게 고객을 유치하고 콘텐츠를 확산시키는 마케팅 활동-옮긴이)이다. 배관 사업을 하든, 인기 있는 인플루언서든, 사람들은 당신이 세상에 내놓는 콘텐츠를 기준으로 당신과 당신의 제품을 판단한다. 그 콘텐츠를 보고 당신이 신뢰할 만한지, 전문가인지, 주목할 가치가 있는지를 가늠한다.

효과적인 콘텐츠 전략을 세우려면 예술과 과학이 모두 중요하다. 과학적 측면은 타깃 고객이 무엇을 검색하는지 조사하고, 그들의 니즈에 직접적으로 부합하는 콘텐츠를 만드는 것이며, 예술적 측면은 당신만의 진정성 있고 독창적인 방식으로 그들과 소통하는 것이다. 이는 당신의 브랜드를 경쟁사와 차별화하고, 구매 가능성이 가장 높은 고객을 끌어들이며, 그들을 브랜드의 열렬한 팬으로 만드는 데 도움을 준다.

콘텐츠는 청중을 교육하거나 즐겁게 할 때 제 가치를 발휘하는데, 뛰어난 콘텐츠는 두 역할을 모두 해낸다. 내가 밀레니얼머니를 시작했을 때, 나를 차별화하는 주요 방법 중 하나는 솔직하고 약한 모습을 드러내는 것이었다. 내 태도는 진정성 있고 꾸밈없으며, 솔직하고 인간적이었다. 당시 대부분의 재테크 콘텐츠가 딱딱하고 전문 용어로 가득하며, 지나치게 진지했던 것과는 정반대였다.

물론 투자 및 자산 증식이라는 구체적인 주제에 대해 교육적인 내용을 담았고, 충분한 조사를 거친 신뢰할 만한 정보를 제공했지만, 동시에 많은 사람이 공감할 수 있다는 것을 알았기에 내 어려움, 두려움, 욕망도 솔직하게 털어놨다. 나의 정통성과 진정성을 통해 독자들의 신뢰를 얻을 수 있었고, 그 결과 나와 밀레니얼머니라는 브랜드에 관심을 갖는 청중을 키울 수 있었다. 그 신뢰 덕분에 독자들은 내 콘텐츠를 계속해서 찾아왔다.

청중과 소통하는 방법은 글, 오디오, 시각적 콘텐츠 등 다양하지만, 처음에는 가장 빠르게 가치를 제공하고 자신의 강점을 활용하는 전략에 집중해야 한다.

사람들의 집중 시간이 점점 짧아지고 있지만, 나는 여전히 글의 힘을 믿는다. 똑똑한 사람들과 소통하고 싶다면 글쓰기가 가장 좋은 방법이다. 비디오와 오디오 콘텐츠의 성장에도 불구하고, 글은 여전히 가장 강력한 전환 도구conversion tool(웹 사이트 방문자를 실제 고객으로 전환하는 데 도움을 주는 도구-옮긴이)의 역할을 한다. 글 콘텐츠에는 사용자가 구매 유도 페이지로 이동할 수 있는 링크를 담을 수 있기 때문이다. 훌륭한 글 콘텐츠를 쓰는 것은 사람들과 소통하고 그들의 참여를 유지하는 가장 좋은 방법이다. 더 많이 쓸수록 글쓰기와 의사소통 능력은 더욱 향상된다.

팟캐스트로 대표되는 오디오도 훌륭한 마케팅 도구가 될 수 있지만 일반적으로 많은 시간과 투자가 필요하며, 글 콘텐츠만큼 빠르고 강력하게 고객을 전환시키지는 못한다. 나는 두 개의 팟캐스트를 진행했다. 토니 로빈스Tony Robins, 제임스 클리어James Clear, 비키 로빈Vicki Robin, 케빈 오리어리Kevin O'Leary 같은 저명한 작가와 사상가들과 깊이 있는 대화를 나눌 수 있었기 때문에 청중과의 신뢰를 구축하는 데 팟캐스트가 큰 도움이 됐다. 또 이는 나의 신뢰도를 높였고, 권위 있는 웹 사이트에서 내 사이트로 연결되는 링크를 생성해 검색 엔진 최적화SEO, Search Engine Optimization(검색 엔진에서 특정 키워드로 검색했을 때 검색 결과 상위에 노출되도록 웹 사이트를 개선하는 모든 활동-옮긴이)에도 도움이 됐다.

처음에는 모든 에피소드를 직접 편집했지만, 결국 에피소드당 100달러라는 비교적 저렴한 비용으로 제작 품질을 상당히 높여줄 편집자를 고용했다. 또한 광고 공간을 판매하거나 제휴 파트너십을 맺어 특별 코드를 사용하는 청취자에게 할인을 제공함으로써 수익을 창출할 수도 있었다. 나는 2년간 쇼를 진행하며 광고주로부터 25만 달러 이상의 수익을 올렸고, 그 과정에서 광고주들과의 소통과 모든 관리를 직접 담당했다.

오디오와 마찬가지로 비디오 콘텐츠를 통해서도 깊은 이야기를 전달하고 청중과 소통할 수 있다. 또 사용자가 글 콘텐츠보다 더 쉽게 이해할 수 있고, 텍스트로는 전달하기 어려운 제품 시연이나 사용법도 제공할 수 있다. 비디오는 검색 결과에 점점 더 많이 포함되고 있다(유튜브는 전 세계에서 구글 다음으로 인기 있는 검색 엔진이다). 웹 사이트에 영상을 삽입하면 방문자가 페이지에 머무는 시간이 늘어나 SEO가 향상된다.

하지만 비디오의 가장 큰 단점은 고품질 영상을 제작하려면 많은 노력과 기술이 필요하며, 저품질 영상은 오히려 브랜드에 부정적인 영향을 미칠 수 있다는 점이다. 만일 유튜브 같은 플랫폼에 알맞은 긴 형식의 비디오에 대한 열정이 있지만 이를 잘 만드는 데 필요한 기술과 장비를 갖추고 있지 않다면, 무리하게 도전하기보다 짧은 형식의 비디오나 글 콘텐츠로 먼저 실험해보는 것이 좋다.

영향력 있는 콘텐츠 만드는 법

매일 수십억 개의 새로운 콘텐츠가 쏟아지고 있지만, 사람들의 주의 집중 시간은 점점 짧아지고 있다. 게다가 검색 엔진과 소셜 미디어는 사람들에게 내 콘텐츠와 메시지를 보여주기 점점 더 어렵게 만들고 있다. 그렇다면 어떻게 사람들의 관심을 내 콘텐츠에 집중시킬 수 있을까? 글을 쓰든, 팟캐스트를 만들든, 비디오를 제작하든 뛰어난 콘텐츠는 교육적이고 영감을 주며, 즐거움을 선사한다. 그중 하나 또는 두 가지만 수행해도 성공할 수 있지만, 가장 영향력 있는 콘텐츠는 그 세 가지를 모두 담아낸다.

이 장에서 나는 당신이 글 콘텐츠를 작성하는 것부터 시작한다고 가정하고 설명하겠지만, 아래의 전략들은 당신이 어떤 형식의 콘텐츠를 제작하든 동일하게 적용되는 것들이다.

목표 고객 식별

인터넷은 너무나 방대하기 때문에 도달하고자 하는 목표를 구체적으로 정하지 않으면 당신의 메시지는 고객들의 관심을 끌기 위해 아우성치는 숱한 소음에 묻히고 말 것이다. 브랜드는 여러 고객 그룹에 어필할 수 있지만, 그중에서도 당신이 가장 원하고 서비스를 잘 제공할 수 있는 그룹을 선택해 집중해야 한다.

먼저 가능한 한 구체적으로 고객을 설정해야 한다. 고객의 위치,

나이, 학력, 성별, 직업, 정치 성향, 종교, 소득 수준, 취미, 인종 및 민족 등 이상적인 고객과 당신의 제품으로 만족시키기 어려운 고객을 구별하는 데 도움이 되는 모든 요소를 검토해야 한다.

밀레니얼머니의 목표 고객은 25~40세 사이의 밀레니얼 세대로, 남녀 비율은 50 대 50이며, 평균 순자산은 약 11만 달러다. 대부분 미국에 거주하며 주로 샌프란시스코, 로스앤젤레스, 시카고, 뉴욕, 댈러스, 시애틀, 애틀랜타 같은 대도시에 살고 있다. 그들은 부업, 창업, 투자, 여행에 관심이 있다.

설문 조사와 독자와의 대화 등을 통해 이런 세부 정보를 확인했지만, 사실 밀레니얼머니를 처음 시작할 때부터 나는 내가 누구인지, 밀레니얼 세대에 대해 무엇을 알고 있는지를 기준으로 이들을 목표 고객으로 설정했다. 밀레니얼 세대이면서 도시에 거주한다면 평균적으로 더 높은 급여와 순자산을 보유할 것이고, 따라서 투자할 기회도 더 많을 것이라 생각해 이들을 목표로 삼은 것이다.

타깃 고객에 대한 정보를 정리했다면, 이를 바탕으로 이상적인 고객을 대표하는 목표 고객 프로필(페르소나 또는 아바타)을 두 개 또는 많게는 다섯 개 정도 간단하게 만들어보라. 이들은 이상적인 고객을 대표하는 가상의 캐릭터다. 어떤 콘텐츠를 제작할지 결정할 때 이 가상의 청중을 염두에 두면 그들의 관심사에 더 잘 맞는 콘텐츠를 만들 수 있으므로 이는 분명히 가치 있는 연습이다.

이런 가상의 프로필은 비즈니스가 성장하면서 제품 라인을 어떻게 확장할지, 오프라인 매장이 있다면 추가 매장을 어디에 열지, 제품을 어디에 마케팅할지 등을 결정할 때 유용한 필터 역할을 한다. 이 프로필은 시간이 지나면서 변할 수 있지만 자주 바뀌지는 않는다. 물론 동일한 제품에 관심 있는 사람들은 공통된 관심사나 니즈를 가지고 있을 가능성이 높기 때문에 여러 페르소나 사이에 중복이 있을 수 있다. 하지만 이런 공통점에도 불구하고 페르소나는 전체 타깃 고객층의 인구 통계적 범위를 포괄할 수 있을 만큼 다양해야 한다.

페르소나를 구별하고 인격화하기 위해 이름을 붙이고, 두세 문장으로 간단히 설명해보라. 너무 복잡하게 만들거나 많은 시간을 들일 필요는 없다. 당신은 이미 시장과 고객의 니즈를 파악했기 때문에 한 시간 정도면 페르소나를 빠르게 떠올릴 수 있다. 다음은 내가 밀레니얼머니를 시작할 때 만든 페르소나들이다.

1. 맷, 25세, 시카고:

연봉 7만 달러를 받는 마케팅 매니저로, 창업, 디지털 마케팅, 투자에 관심이 많다. 연간 3만~5만 달러의 부수입을 벌어 부동산 투자를 하기 원하며, 장기적으로는 부수입이 본업의 연봉을 넘어서는 것을 기대한다. 다소 진보적이며 사회 공헌에도 관심이 있지만, 전형적인 20대 중반답게 자기중심적인 성향을 보인다.

2. 사만다, 30세, 댈러스:

스트레스가 많은 변호사로, 삶에 큰 변화를 원한다. 8년간 꾸준히 저축하고 투자해 20만 달러를 모았지만, 앞으로 무엇을 해야 할지는 아직 모르는 상태다. 현재 직장을 그만두고 자신의 법률 사무소를 차리거나 컨설팅 사업을 하면 어떨지 고민 중이다.

3. 트레버, 35세, 세인트루이스 :

첫 아이가 태어나고 본격적으로 돈 관리를 시작했다. 401(k)와 주식 계좌는 있지만, 현재 자신의 투자 전략이 적절한지, 부업을 시작하기에 너무 늦은 것은 아닌지 고민한다. 지금의 직업을 좋아하지만, 65세까지 일하고 싶지는 않다.

4. 앤, 40세, 로스앤젤레스 :

직원 두 명을 두고 회계 법인을 운영하며 연간 25만 달러의 순이익을 올리고 있다. 성공적이고 성장하는 사업을 운영하고 있지만, 다음 단계를 고민 중이다. 사업 매각이나 조기 은퇴 가능성도 고려하고 있다. 경제적 독립을 이룰 수 있다고 믿으며, 이를 위해 어떤 단계를 밟아야 하는지 알고 싶어 한다.

5. 존, 38세, 덴버 :

이미 100만 달러 이상을 모았지만, 은퇴하기에 충분한 수준인지는 아직 확신이 없다. 앞으로 무엇을 해야 할지에 대해서도 관심이 많다. 조기 은퇴가 가능한지, 스트레스가 적은 직업으로 전환할 수 있는지, 은퇴 후 시간을 어떻게 보낼지, 투자 수익만으로 생활할 수 있는지 등을 고민 중이다.

보다시피 이들은 서로 다른 다섯 명의 '개인'이지만, 공통적으로 재테크, 창업, 투자에 관심을 갖고 있다. 나 역시 그들과 비슷한 상황을 겪어봤기에 어떤 종류의 콘텐츠와 어조가 그들에게 가장 매력적으로 다가갈지 알 수 있었다.

이렇게 페르소나를 만들었다면, 어떤 콘텐츠가 그들을 가장 잘 교육하고 영감을 주며 즐겁게 할지 스스로에게 물어보라. 내 콘텐츠가 경쟁사와 차별화될수록 독자들이 더 적극적으로 참여할 가능성이 높아진다. 그들이 더 많이 참여할수록 당신을 더 잘 기억하고, 콘텐츠를 다른 사람들과도 공유하며, 웹 사이트를 다시 찾고, 뉴스레터에 가입할 가능성도 커진다.

신뢰 구축을 위한 교육

구글 및 소셜 미디어 검색창에 입력하는 내용은 대부분 질문 형태다. 당신의 목표 고객은 어떤 질문을 하며, 당신은 어떻게 답할 것인가? 비즈니스와 관련한 광범위한 주제를 포괄적으로 다루며 자신이 권위자임을 입증하라. 목표 고객의 질문에 더 완전하고 정확하며 독창적으로 답변하고 또 더 많은 도움을 줄수록 콘텐츠의 영향력은 더 커질 것이다. 게시하는 모든 콘텐츠는 기본적인 사실이 반드시 정확해야 하지만, 당신의 개인적인 의견이나 반직관적인 관점을 제시하는 것을 두려워할 필요는 없다.

영감을 통한 연결

사람들 대부분은 스트레스, 피로, 불안, 우울함을 느끼며 그 속에서 영감을 얻기를 갈망한다. 세상에는 이미 너무나 많은 부정과 비관, 고통이 존재한다. 그렇기에 사람들에게 영감을 주는 콘텐츠를 만들면 관심을 끌 수 있다. 당신이 판매하는 것에 대해 긍정적이고 낙관적이며 열정적이어야 한다. 그리고 당신의 이야기를 솔직한 태도로 공유하라. 사람들은 당신이 진심으로 신경 쓰는지 아닌지를 알아차린다. 진정한 모습을 드러낼 때, 그것은 다른 이들에게 영감을 줄 것이다.

기억에 남는 즐거움

가장 재미있게 읽은 블로그 게시물이나 책 혹은 가장 재미있게 본 동영상을 기억하는가? 나는 기억한다. 우리는 자신을 즐겁게 하고 기쁘게 하는 것을 오래 기억한다. 모든 것이 미스터 비스트Mr. Beast의 유튜브 영상처럼 과장될 필요는 없지만, 재미있는 콘텐츠는 항상 다른 콘텐츠보다 사람들의 기억에 더 오래 남고 더 많은 참여를 유도하기 마련이다. 좋은 글쓰기, 스토리텔링, 팟캐스트, 비디오 등 어떤 콘텐츠든 모두 재미있을 수 있다.

꾸준함 유지

사람들 대부분은 몇 주나 몇 달 해보고 콘텐츠 제작을 포기한다. 열정이 부족했거나, 선택한 콘텐츠 형식이 별로였거나, 번아웃이 왔거나, 단순히 포기했기 때문이다. 그렇기에 포기하지 않고 계속 이어가기만 해도 절반은 이기는 셈이다.

콘텐츠 전략이 제대로 작동하려면 새로운 콘텐츠를 꾸준히 만들어야 한다. 특히 글쓰기에 익숙하지 않거나 시간이 부족하다면 벅찰 수 있지만 상관없다. 자신의 한계를 존중하면서도 추진력을 키우는 전략을 세우면 결국 목표에 도달할 수 있다. 노력의 결과가 결실을 맺을수록 창작 활동을 계속하는 동기가 생길 것이다.

지속 가능하지 않다면 게시물이 많다고 해서 좋은 것만은 아니다. 처음 시작할 때는 주당 1~3개의 게시물 작성을 목표로 삼되, 추진력을 유지하려면 최소 주 1회는 게시해야 한다. 영감이 떠오르거나 '하고 싶은 마음이 들 때까지' 기다리지 말라. 아이디어를 브레인스토밍해서 게시물을 작성하고, 게시 일정을 미리 정해둬야 한다.

물론 게시 빈도를 높일 수 있다면 좋다. 게시 빈도가 높고 콘텐츠가 신선할수록 웹 사이트 순위에 긍정적인 영향을 미치는 것은 사실이다. 하지만 항상 자신의 한계를 인정하자. 고객을 확보하고 알고리즘을 만족시키려면 현실적으로 최소 3~6개월은 꾸준히 콘텐츠를 게시해야 한다. 그런 다음 어느 정도 가속도가 붙기 시작하면 그 꾸준함을 유지해야 추진력이 줄지 않는다.

이것이 엄청난 약속처럼 느껴질 수 있지만, 95%의 사람들이 3개월 안에 포기하기 때문에 계속하기만 해도 성공 기회가 크게 높아진다고 장담할 수 있다. 이 수치는 상당히 충격적이다. 예를 들어 팟캐스트 채널의 90%는 에피소드가 3개 미만이며, 20개 이상을 제작하는 경우는 전체 중 1% 미만이라고 한다. 꾸준히 노력하고 경쟁자 풀을 좁히는 것만으로도 엄청난 경쟁 우위를 확보할 수 있다.

당장 시작하고 계속 실험하라

훌륭한 콘텐츠를 만드는 가장 좋은 방법은 많이 만드는 것이다. 많이 만들수록 실력이 향상되기 때문이다. 더 빨리 시작할수록 더 빨리 좋아질 수 있다. 자신의 분야에서 가장 가치 있는 게시물이나 영상을 만들되, 완벽해질 때까지 기다려서는 안 된다. 계속 노력하면 실력은 반드시 향상된다.

내가 밀레니얼머니에 글을 쓰기 시작했을 때, 내 실력은 그저 그랬지만 독자들은 크게 개의치 않았다. 오히려 내가 저지른 실수와 나만의 글쓰기 방식 덕분에 독자들은 나를 더 인간적으로 느꼈고, 내 말에 공감했다. 셰익스피어처럼 글을 잘 쓰지 못해도 괜찮았다. 내가 공유한 정보와 전문 지식이 충분히 탄탄했고, 그것이 독자들에게 큰 가치를 제공했기 때문이다.

콘텐츠를 처음 시작할 때는 검색하는 사람이 당신의 제품이나 서비스에 대해 던질 수 있는 가장 기본적인 질문에 답할 수 있어야 한다. 예를 들어 새로운 유형의 캠핑 스토브를 판매한다면 제작해야 할 콘텐츠의 예는 다음과 같다. '캠핑 스토브란 무엇인가?', '최고의 캠핑 스토브 다섯 가지', '배낭여행 짐 꾸리는 방법', '프로판 스토브는 안전한가?'

타깃 고객층 전체에 어필하는 주제(다섯 명의 페르소나 모두가 배우고 싶어 할 만한 것)를 선택하자. '캠핑족을 위한 최고의 음식 준비 팁'처럼 시대를 타지 않는 콘텐츠와 '올해 최고의 캠핑 장소' 같은 시의적절한 콘텐츠를 조합하면 효과적이다. 이런 주제는 키워드 조사를 통해 찾을 수 있다. 또한 당신의 전문성을 보여주고 목표 고객층에 어필할 수 있는 주제에 대해 글을 써야 한다.

플랫폼을 소유하라

2010년, 내가 돈에 관한 여정을 시작했을 때만 해도 아무도 인터넷에 콘텐츠를 올려 돈을 버는 사람들을 '인플루언서'라고 부르지 않았다. 당시 유튜브는 생긴 지 5년밖에 되지 않았고 인스타그램은 막 시작하던 참이었으며, 틱톡은 8년 뒤에야 전 세계적으로 출시될 예정이었다. 오늘날 인플루언서는 지구상에서 가장 인기 있는 직업 중 하나다. 인플루언서 경제의 가치는 약 1,040억 달러에 달하며, 약 8,500만 명(미국 인구의 약 4분의 1)이 온라인에 창의적인 콘텐츠를 게시하고 있다.[5]

대부분의 온라인 크리에이터가 생계는커녕 재정적 독립을 이루기에 충분한 수입조차 올리지 못한다는 문제점[6] 외에도 인플루언서를 직업 경로로 삼을 때 간과하기 쉬운 또 다른 문제가 있다. 대부분의 인플루언서는 유튜브, 틱톡, 인스타그램 같은 기존의 제3자 플랫폼을 통해 돈을 벌고 있다. 그러나 이들이 공통적으로 지적하는 것은, 플랫폼이 알고리즘을 바꾸면 콘텐츠 노출에 큰 영향을 미친다는 점이다. 청중이나 고객에게 직접 접근할 방법이 없으면 수익을 낼 수 없다. 물론 이는 다른 비즈니스에도 해당되지만, 특히 소셜 미디어에서는 수많은 콘텐츠 제작자가 팬을 얻기 위해 경쟁하면서도 결국 대기업 플랫폼에 자신의 성공을 의존할 수밖에 없는 구조다.

결국 기업가로서 성공하려면 타인의 플랫폼에만 의존하지 않고 자신의 플랫폼을 소유해야 한다. 예를 들어 이메일 수신자 목록, 웹사이트, 문자 메시지 수신자 목록, 책, 팟캐스트 및 자체 호스팅 비디오 등이 그 예다.

물론 소셜 미디어는 홍보, 브랜드 인지도 및 팬과의 소통을 위한 훌륭한 도구가 될 수 있다. 또한 사업 아이디어를 시험하고 자체 플랫폼 구축에 시간과 에너지를 투자하기 전에 청중을 확보하는, 초기 단계의 콘텐츠 제작 플랫폼으로도 활용할 수 있다. 그러나 규모가 커질수록 계정이 차단되거나 알고리즘이 사용자 피드에서 콘텐츠를 숨기기 시작하면, 모든 수입이 끊길까 봐 불안에 시달리게 될 수도 있다.

당신만의 플랫폼, 특히 웹 사이트와 이메일 뉴스레터를 소유하면 당신에게 더 큰 통제권이 주어지고, 고객이 언제든 당신을 찾을 수 있도록 보장된다. 이런 도구들을 활용하면 고객의 습관을 더 잘 파악하고, 그들의 요구를 충족하기 위한 데이터를 수집하기에도 용이하다.

　인플루언서들이 소셜 미디어 플랫폼에서 활발하게 활동하며 팬과 소통하는 시대에, 제대로 된 웹 사이트를 만들고 이메일 뉴스레터 구독자 목록을 구축하는 일은 시대에 뒤떨어진 방식으로 보일 수 있다. 그러나 이런 방식이야말로 고객 기반을 구축하고 확장하는 가장 효과적인 방법이 될 수 있다. 이는 오프라인이든 온라인이든, 제품이든 서비스든 모든 종류의 사업에 적용된다. 웹 사이트와 뉴스레터를 구축해 신선한 콘텐츠로 꾸준히 업데이트하고 SEO를 최적화하는 데 더 많은 노력을 기울일수록, 그것들은 더욱 효율적으로 성장할 것이다.

소셜 미디어 활용 실험 방법

당신의 브랜드를 마케팅하고 판매하기 위해 소셜 미디어에만 전적으로 의존하는 것은 장기적으로 위험할 수 있으므로 좋은 아이디어가 아니다. 하지만 당신이 속한 산업에 따라 소셜 미디어는 잠재 고객을 구축하는 귀중한 도구가 될 수 있다. 소셜 미디어의 가장 큰 문제는 플랫폼이 너무 많아서 여러 개는 고사하고 하나를 제대로 익히는 데만 해도 막대한 노력과 꾸준함이 필요하다는 점이다.

소셜 미디어는 쉽게 시작하고 빠르게 성장할 수 있는 만큼 역으로 경쟁도 극심하다. 이는 당신이 좋은 콘텐츠를 만들면서도 꾸준해야 하며, 최신 기능과 트렌드를 배워야 하고, 약간의 운도 따라야 함을 의미한다.

소셜 미디어 플랫폼은 또한 사람들이 가능한 한 오랫동안 머물도록 설계되어 있어, 프로필이나 영상 아래 링크를 클릭해서 외부 사이트로 이동하는 사용자는 매우 적다. 따라서 수십만 또는 수백만 명의 팔로워가 없다면 소셜 미디어 계정에서 직접 제품이나 서비스를 판매하기는 거의 불가능하다. 결국 브랜드와 협업해 콘텐츠를 제작하고 그

대가로 돈을 받는 브랜드 파트너십 판매에 의존하거나(이는 번거로울 수 있다), 플랫폼 광고 수익의 일부에 의존해야 한다(이는 유튜브, 틱톡, X 같은 여러 플랫폼에서 지난 몇 년 동안 감소했다).

게다가 어떤 플랫폼이든 예고 없이 알고리즘을 바꿀 수 있기 때문에 콘텐츠 성과를 완전히 통제하는 것은 불가능하다. 또 소셜 미디어의 중독적 특성 때문에, 사업 성장에 진짜 도움이 되는 일은 소홀히 한 채 게시물의 좋아요 수나 최신 틱톡 트렌드 따라잡기 같은 잘못된 방향에 집중하기 쉽다.

실험적 기업가로서 내가 생각하는, 소셜 미디어를 활용하는 최고의 방법은 다음과 같다.

1. 한두 개의 플랫폼만 선택하고 나머지는 무시하라

잠재 고객과 시장이 어디에 있는지 그리고 당신이 가장 즐겁게 작업할 수 있는 플랫폼을 기준으로 신중히 선택하라. 예를 들어 중소기업 인수 전문 변호사라면 인스타그램이나 틱톡보다는 X와 링크드인에 집중하는 것이 좋다. 반대로 그래픽 디자이너라면 작업물과 과정을 보여주기 위해 인스타그램, 틱톡, 유튜브 또는 핀터레스트 같은 시각적 플랫폼에 집중해야 한다.

2. 소통 채널을 구축하고 메시지 자동화를 활용하라

팔로워가 당신에게 연락하고 당신이 고객, 경쟁업체, 협력하고 싶은 브랜드와 쉽게 연결될 수 있도록 DM을 활성화해야 한다. 시장에 많이 출시된, 매니챗ManyChat 같은 기술을 활용하면 메시지 응답을 자동화해 리드를 생성하고 판매로 전환할 수 있다.

3. 경쟁사를 팔로우하라

특정 플랫폼에 직접 콘텐츠를 게시하지 않더라도, 주요 플랫폼에서 경쟁사를 팔로우하면 그들의 활동을 파악하는 효율적인 방법이 될 수 있다. 몇 주에 한 번씩 20~30분을 할애해 그들의 최신 게시물을 확인하라.

4. 투입 시간 대비 가치를 생각하라

유튜브 채널 〈매직 오브 파이낸스Magic of Finance〉를 운영하는 안드레이 지크Andrei Jikh는 10분짜리 영상 하나를 만드는 데 12~15시간을 쓴다. 구상부터 스크립트 작성, 촬영, 편집, 섬네일 제작, 제목 및 설명 최적화까지 영상 제작에 많은 시간이 소요되는 것이다. 내가 이야기해본 틱톡 크리에이터들에 따르면 60초짜리 영상을 만드는 데 4~5시간이 걸린다고 한다. 결과에 비해 엄청난 시간을 투자해야 하는 것이다. 하지만 이런 유형의 콘텐츠 제작을 즐기고 플랫폼을 연구하며 작동 방식을 배우려는 노력을 기꺼이 한다면 그리고 당신의 목표 고객이 그 플랫폼을 사용한다면, 잠재 고객을 성장시킬 수 있는 실질적인 기회가 분명히 존재한다.

5. 한계를 설정하라

어떤 플랫폼을 사용하든, 그 플랫폼에서 얼마나 성공적이든, 거기에 쏟는 시간을 스스로 제한하는 것이 절대적으로 중요하다. 알다시피 소셜 미디어에는 당신을 가능한 한 오래 참여시키려는 알고리즘이 작동한다. 여러 연구에 따르면 소셜 미디어에 시간을 많이 쓸수록 정신적·육체적 건강에 더 큰 부정적인 영향을 미친다.

내가 아는, 소셜 미디어 중심 전략을 쓰는 크리에이터들조차 그것이 그들에게 미치는 영향에 대해 불평하곤 한다. 소셜 미디어를 사용하기로 결정했다면, 매주 얼마나 많은 시간을 할애할지 파악하고 그 한도 안에서 유지해야 한다. 실험을 하며 무엇이 효과적인지뿐 아니라 자신의 기분도 주의 깊게 살펴보라. 만약 무언가 불만족스럽다고 느끼거나 중독됐다는 생각이 들기 시작한다면, 그것은 발을 빼고 물러서서 전략을 재고할 때라는 신호다.

유료 마케팅 VS 오가닉 마케팅

잠재 고객을 구축할 때 크게 두 가지 전략을 사용할 수 있다. 바로 유료 마케팅과 오가닉 마케팅Organic Marketing이다.

유료 마케팅은 광고, 제휴 링크 또는 스폰서십을 통해 목표 잠재 고객에게 더 효과적으로 접근하기 위해 비용을 지불하는 방식이다.

이는 사업을 최대 잠재력까지 성장시키는 데 도움이 될 수 있지만, 이름 그대로 결과를 보기 위해서는 일반적으로 상당한 현금 투자가 필요하다. 또한 경쟁이 매우 치열하고 광고 플랫폼이 자주 변경되기 때문에 이를 따라잡는 데 많은 시간이 걸릴 수도 있다.

한편 아직 실험 단계라면 가능한 한 비용을 최소화하고 싶을 것이다. 이런 이유로 나는 오가닉 마케팅을 더 선호한다. 오가닉 마케팅은 돈을 들이지 않고 고객 기반을 구축하는 전략이다. 여기에는 SEO 블로그 운영, 이메일 마케팅, 입소문 및 소셜 미디어가 포함된다. 이 방식은 자신의 이야기에 집중할 때 가장 효과적이다. 최고의 오가닉 마케팅은 시간이 지날수록 복리처럼 효과가 커진다. 사람들이 공감할 만한 것을 세상에 내놓으면, 그들이 그것을 공유하며 더욱 널리 퍼진다. 사람들은 재미있거나 유용한 것을 공유하는데, 좋은 이야기는 그 두 가지를 모두 갖춘다.

랜딩 페이지와 웹 사이트 활용

아이디어가 실행 가능한지 아직 테스트 중이라면, 전체 웹 사이트를 구축할 필요는 없다. 기술적으로는 몇 시간 안에 비교적 적은 비용으로 웹 사이트를 설정할 수 있지만, 빼어난 웹 사이트를 만드는 데는 어느 정도 노력이 필요하다. 대신 이메일 주소를 수집하고 빠르게 판매를 창출할 수 있는 기본 랜딩 페이지를 설정하라. 클릭퍼널스ClickFunnels나 컨버트키트ConvertKit 같은 도구를 써도 되지만,

이제 대부분의 이메일 관리 플랫폼에는 20분 안에 랜딩 페이지를 만들 수 있는 기능이 있다.

　판매가 발생하기 시작하고 플랫폼을 구축해 확장할 준비가 되면, 전체 웹 사이트를 구축해야 한다.

　당신의 웹 사이트는 온라인 비즈니스의 핵심적인 기반이자, 특히 유기적 전략을 성공적으로 실행하기 위한 가장 중요한 토대다. 여기서 웹 사이트 제작의 모든 기본 과정을 다루지는 않겠다. 이미 당신을 도와줄 다양한 온라인 도구와 영상 자료가 나와 있기 때문이다. 나 역시 유튜브 영상을 보고 몇 주 동안 직접 실험하며 배웠다. 그 경험이 오늘날 수백만 달러의 수익을 창출하는 웹 사이트로 성장하는 토대가 됐다. 이제는 훨씬 더 쉬워졌다. 고대디GoDaddy, 블루호스트Bluehost 등에서 웹 사이트 빌더를 사용하면 한 시간 이내에 견고한 시작 웹 사이트를 만들 수 있다.

　여기서는 새로운 사업주들이 웹 사이트를 시작할 때 자주 간과하거나 제대로 다루지 못하는 몇 가지를 공유하겠다. 웹 사이트 관리의 기본에 대해 더 알고 싶다면 다음 링크를 통해 내 무료 이메일 강좌를 확인해보라.

＊링크: https://grantsabatier.com/website

검색 엔진 최적화

　검색 엔진 최적화는 당신의 웹 사이트, 영상, 제품, 소셜 미디어 프로필 또는 아마존 페이지를 사용자와 검색 엔진 모두에게 중요하게 인식시키는 과정이다. 과거에는 세계 최대 검색 엔진인 구글에만 초점을 맞췄지만, 이제는 사용자가 검색하는 모든 플랫폼을 최적화할 수 있다.

최근 조사에 따르면 구글은 가장 인기 있는 검색 엔진이며, 유튜브가 그 뒤를 잇고 있다. 하지만 구글의 데이터에 따르면 Z세대의 약 40%가 구글 대신 틱톡과 인스타그램을 검색에 사용하고 있다.[7]

SEO를 배우면 제품을 정확히 원하는 타깃에 노출시켜 사업을 변화시킬 수 있다. 온라인에서 인기 있는 아기 피부 관리 브랜드든, 지역의 전문 냉난방 공조 회사든 구글 검색 결과 상위 5개 안에 노출되면 더 많은 판매를 창출하고 더 많은 돈을 벌 수 있다. 일부 산업에서는 상위 순위에 오른 웹 사이트와 기업이 검색 트래픽만으로 매달 수백만 달러의 수익을 올리기도 한다.

물론 사업을 상위 결과에 노출시키기 위해 비용을 지불할 수도 있지만, 웹 사이트를 최적화해 무료로 순위를 올리는 편이 훨씬 더 가치 있다. 그러면 구글이나 소셜 미디어의 무료 트래픽을 판매로 전환할 수 있기 때문이다.

SEO에 최적화된 웹 사이트는 온라인 검색에서 더 높은 순위를 차지하고 더 많은 방문자를 유치한다. SEO는 뚜렷한 의도가 있는 방문객을 유치한다. 즉 당신의 웹 사이트를 찾는 사람들은 제품, 서비스, 콘텐츠 또는 정보를 적극적으로 찾고 있다는 뜻이다. 누군가가 태양광 패널 가격을 검색하고 당신의 웹 사이트에 있는 관련 게시물 링크를 클릭한다면, 그는 적어도 태양광 패널 구매에 어느 정도 관심이 있다고 추론할 수 있다.

예를 들어 당신이 '지하실에서 하수구 냄새가 나는 다섯 가지 주요 원인'에 관한 기사를 자신의 웹 사이트에 올린 배관공이라고 하자. 당신 동네의 누군가가 '우리 집 지하실에서 하수구 냄새가 나는 이유'라고 구글에 검색하면, 구글은 그 사람의 검색 결과에 당신을 상위로 올릴 것이다. 당신을 지역 '전문가'로 인식하기 때문이다. 검색자는 당신의 기사 링크를 클릭하고 페이지 상단에 있는 행동 촉구 call to action(웹 사이트 방문자에게 특정 행동을 유도하기 위해 사용하는 문구, 버튼, 이미지 등-옮긴이)를 발견한다. "도움이 필요하신가요? 우리는 24시간 안에 당신의 지하실에서 나는 냄새의 원인을 파악하고 문제를 해결할 수 있습니다. 전화 주세요." 내가 최근 우리 집을 고쳐줄 배관공을 찾은 방법이 바로 이것이다.

SEO는 또한 시간이 갈수록 복리처럼 효과가 커진다. 웹 사이트를 더 많이 최적화할수록 찾기가 쉬워지고 방문자가 늘어난다. SEO에 더 빨리 관심을 가질수록 그 효과는 더 커질 것이다.

검색 엔진마다 웹 사이트 순위를 매기는 방식은 다르지만, 현재 전 세계 검색 시장을 지배하는 것은 구글이다. 구글은 매년 수조 건의 검색을 처리하는데, 흥미롭게도 그중 15%는 과거에 한 번도 입력된 적 없는 새로운 검색어다. 즉 매일 약 12억 7,500백만 건의 검색이 당일 처음 시도된다는 뜻이다. 구글은 이런 새로운 검색어에도 관련성 높은 결과를 보여주려 하므로 당신의 웹 사이트가 순위에 오르고 고객의 방문을 얻을 새로운 기회는 항상 존재한다.

구글은 검색 결과 순위를 매기는 독점 알고리즘을 공개하지 않지만, 우리는 그것이 어떻게 작동하는지에 관해 많은 것을 알고 있다. 구글은 사용자의 검색 의도에 가장 잘 부합하는 결과를 보여주기 위해 어떤 웹 사이트가 더 신뢰할 만하고 관련성이 높으며, 평판이 좋은지를 판단하는 특정 기준을 가지고 있다. 사용자가 특정 용어나 구문을 검색하면 구글은 인터넷 전체를 크롤링해 어떤 웹 사이트가 이 기준을 가장 잘 충족하는지를 평가하고, 사용자가 찾고 있는 것에 기반해 결과를 제시한다.

웹 사이트를 평가할 때 구글이 살펴보는 요소는 콘텐츠의 품질이 최우선이고, 그 다음은 브랜드 및 작성자의 경험experience, 전문성expertise, 권위성authoritativeness 및 신뢰성trustworthiness 등이다. 이는 각 요소의 머리글자만 따서 E-E-A-T라고도 한다. 또한 다른 웹 사이트의 링크 여부 및 평가, 방문자 수 그리고 보안 문제 발생 여부도 중요한 요소다. 구글은 또한 방문자가 웹 사이트에 머무는 시간, 로딩 속도 및 사용자 탐색에 대한 응답 속도, 팝업 및 링크 수 그리고 수백, 아니 수천 가지 요소를 분석한다.

이 모든 요소를 고려하면 SEO에는 예술적 감각과 과학적 분석이 절반씩 필요하다. 사용자를 위해 웹 사이트를 개선하는 데 기본적으로 할 수 있는 일들이 있지만, 특히 콘텐츠 제작과 링크 구축 같은 것들에는 많은 창의성이 필요하다. 처음에는 어렵게 느껴지더라도 SEO를 오래 할수록 더 많이 배우고 더 직관적으로 이해할 수 있으며, 수익성도 높아진다. 나 역시 내 웹 사이트의 무료 구글 트래픽을 활용해 수백만 달러의 수익을 창출했다. 그 과정에서 명심해야 할 몇 가지 주요 사항은 다음과 같다.

키워드 조사와 검색 사용자 타깃팅

구글은 검색 사용자의 질문에 얼마나 도움이 되는지를 기준으로 웹 사이트 순위를 매기며, 특정 주제에 대한 경험과 전문성을 가진 사람이 만든 콘텐츠를 우선시하는 경향이 있다. 나의 경우 돈에 관한 글을 써온 경험이 있기 때문에 밀레니얼머니는 '부수입을 얻는 방법' 같은 검색어에서는 높은 순위를 차지하지만, '정통 프랑스 요리법'이나 '카펫 청소' 같은 검색에서는 그렇지 않다.

특정 제품, 서비스, 산업에 대한 검색 결과 상단에 오르려면 먼저 타깃 고객이 무엇을 검색하는지 알아야 하며, 당신의 콘텐츠가 그 질문에 대한 답을 담고 있어야 한다. 바로 이것이 키워드 분석 및 최적화가 필요한 이유다.

키워드는 사람들이 검색 엔진에 입력하는 단어나 구문을 말한다. '재테크 요령'처럼 짧고 광범위한 것부터 '올해 401(k) 불입 한도는 얼마일까?'처럼 길고 구체적인 것까지 다양하다. 당신의 웹 사이트가 이런 질문에 더 잘 답할수록 검색 순위는 높아진다.

당신의 비즈니스와 가장 관련성 높은 키워드를 정하는 제일 좋은 방법은 경쟁사를 분석하는 것이다. 당신의 시장에서 상위 순위에 있는 기업들은 어떤 키워드 검색에서 높은 순위를 차지하고 있는가? 경쟁사 웹 사이트의 어떤 콘텐츠가 그 검색 결과에 나타나는가? 이런 질문들에 대한 답은 당신이 어떤 주제의 콘텐츠를 다뤄야 할지 그리고 당장 메울 수 있는 격차가 있는지를 파악하는 데 도움이 된다.

키워드 조사를 하면서 다뤄야 할 관련 주제와 그 주제에서 쓰이는 키워드를 체계적으로 기록하고 관리해야 한다. 나는 스프레드시트를 활용해 이 모든 정보를 쉽게 업데이트할 수 있도록 한곳에 모아 둔다. 경쟁사가 높은 순위를 차지하는 키워드로 주제 목록을 만들어 보라. 경쟁사가 특정 주제에 관한 콘텐츠를 만들고 있다면, 그보다 독자에게 더 도움이 되고 더 큰 가치를 제공할 수 있는 방식으로 해당 주제에 대한 글을 써야 한다. 그렇게 하는 것이 경쟁사보다 높은 순위를 차지하고, 구매 의도가 높은 검색자를 당신의 웹 사이트로 유도하는 방법이다.

목표 주제 목록은 포괄적이어야 하며, 시간이 지나면서 계속 추가하고 개선할 수 있어야 한다. 콘텐츠를 게시할 때는 해당 콘텐츠가 있는 페이지의 URL을 주제 목록의 타깃 키워드 옆에 기록하라. 명확성을 높이기 위해 모든 타깃 키워드를 관련 카테고리, 즉 '사일로silo'별로 정리하라. 예를 들어 밀레니얼머니에는 '돈 벌기, 투자하기, 절약하기, 돈 빌리기'라는 네 가지 주요 사일로가 있다.

이런 사일로는 구글과 사용자에게 당신의 웹 사이트가 어떤 분야에 특화되어 있고 어떤 종류의 정보를 제공하는지를 명확하게 알려주는 역할을 한다. 이는 웹 사이트의 주제와 관련이 있어야 하며, 특히 초기에는 다섯 개 미만이어야 한다. 경험이 부족한 기업가들은 종종 카테고리를 너무 많이 만들고 너무 많은 주제의 콘텐츠를 작성하는 실수를 한다. 그렇게 되면 사용자와 구글은 웹 사이트가 무엇을 다루고, 당신이 어떤 분야에 전문성이 있는지 파악하기 어렵다.

타깃 고객이 검색하는 가장 관련성 높은 주제에 집중하고, 그와 연관된 다양한 주제로 콘텐츠 영역을 점차 넓혀가야 한다. 당신이 더 집중할수록 그리고 콘텐츠가 더 도움이 될수록 사용자와 구글이 웹 사이트의 주제를 이해하고 콘텐츠의 품질을 평가하기가 더 쉬워진다. 짧은 구문보다 세 단어 이상으로 이루어진 긴 구문이 검색 결과 상위에 오르기가 더 쉽다. 하지만 많은 웹 사이트가 너무 짧고 경쟁이 치열하며 일반적인 키워드를 선택하는 경향이 있다.

월간 검색량이 500~3,000회 사이인 키워드는 검색 결과에서 상위를 점유하기 쉽다. 시간이 지나 웹 사이트가 인기를 얻으면 더 짧고 경쟁이 치열한 키워드에서도 상위 순위를 차지할 가능성이 커진다. 다만 한 가지 주의할 점은 지리적 위치다. 경쟁이 덜한 지역 시장에서는 키워드 구문에 위치 수정자(예를 들어 '앨라배마 걸프 쇼어 지역 최고의 배관공')를 추가하면 검색량이 더 많은 키워드에서도 상위에 오를 수 있다.

시중에는 키워드 조사를 할 때 사용할 수 있는 세 가지 유형의 도구가 있다.

- **구글(무료)**: 타깃 고객이 검색할 만한 문구를 직접 구글에서 검색해보라. 그

러면 검색 결과 상단에 어떤 웹 사이트가 노출되는지 확인할 수 있다. 그것들을 클릭해 해당 검색어를 충족하는 콘텐츠 유형을 살펴보라.

- **구글 키워드 플래너(무료)**: 더 세분화된 검색량 데이터를 얻으려면 구글 애드의 키워드 플래너 도구를 활용할 수 있다. 구글 애드 계정이 아직 없다면 무료로 만들 수 있다. 이를 통해 모든 구글 검색어의 검색량을 분석할 수 있지만, 얻을 수 있는 데이터 양에는 제한이 있다.
- **유료 키워드 도구**: 구글의 무료 도구보다 더 강력하고 유용한 유료 SEO 도구가 많다. SEO를 진지하게 하고 싶다면 적어도 한 가지에는 투자하기를 적극 권장한다. 다양한 기능 중에서도 특히 모든 웹 사이트의 키워드 순위를 확인하고 어떤 웹 사이트가 링크하는지 확인하며, 작성할 주제 아이디어를 찾는 기능이 요긴하다. 이런 도구를 활용하면 구글 검색에서 경쟁사의 순위를 식별할 수도 있다. 셈러시, 아레프스 및 서퍼 SEO가 인기 있는 유료 도구지만, 새로운 도구도 계속 출시되고 있다.

기본적인 키워드 조사를 마쳤다면 웹 사이트 구축을 시작할 수 있지만, SEO는 지속적으로 이어가야 한다. 비즈니스의 어느 단계에 있든 웹 사이트를 꾸준히 유지 및 관리하고 업데이트해야 한다. 다행히 시간이 지나면 이 모든 것이 점점 쉬워지고, 결국 어느 시점에는 웹 사이트 관리의 대부분을 다른 사람에게 아웃소싱하게 될 것이다. 최종적인 목표는 제대로 작동하며 타깃 고객에게 서비스를 제공할 수 있는 웹 사이트를 구축하는 것이다. 완벽하지 않더라도 혹은 모든 것이 벅차게 느껴지더라도 걱정할 필요는 없다. 한 번에 한 단계씩, 하루에 하나씩 처리해 나가면 된다. 이 단계에서 쏟는 모든 노력은 몇 배의 결과로 돌아올 것이다.

이 과정을 시작하는 데 필요한 몇 가지 필수 단계는 다음과 같다.

좋은 도메인과 브랜드 이름

도메인 이름은 곧 당신의 브랜드이므로 명확하고 기억하기 쉬워야 한다. 짧을수록 좋다. 한 단어가 가장 이상적이고, 두 단어도 좋고, 세 단어까지는 괜찮지만 그보다 길면 사람들이 기억하기 어려울 수 있다.

또한 당신이 하는 일과 관련 있고 브랜드 이름과 일치하는 도메인을 선택해야 한다. 예를 들어 다소 전문적인 느낌의 '머니머신Money Machine'이라는 블로그의 도메인이 개인적이고 비공식적인 느낌의 'coolmoneyguy.com'이라면, 어딘가 어울리지 않는 느낌이 들 수 있다. 아이디어가 필요하면 이 책에 소개된 밀레니얼머니, 스튜던트론플래너, 라이드셰어가이 같은 브랜드를 참고하라. 짧고 간결하며 기억하기 쉽고, 제공하는 서비스가 무엇인지 명확하게 보여주는 도메인의 예다.

고대디나 블루호스트처럼 평판 좋은 판매자를 통해 사용 가능한 도메인을 검색해보라. 대부분의 도메인은 12달러부터 시작하지만, 도메인 플리핑domain flipping(가치 있는 도메인 이름을 저렴하게 구입해 개발 없이 더 높은 가격에 되팔아 수익을 얻는 투자 방식-옮긴이)이 인기 있는 투자 전략이 되면서 인기 키워드가 풍부한 도메인은 수백 달러에서 심지어 수천 달러의 비용이 들 수도 있다. 가치 있는 도메인에 투자할 여력이 있다면 그렇게 해도 좋다. 장기적으로 비즈니스가 성공하면 그만한 가치가 있을 것이고, 설령 성공하지 못하더라도 나중에 도메인을 판매할 수 있다.

우선 확장자가 '닷컴(.com)'으로 끝나는 도메인을 구입하라. 이미 누군가 선점했다면 다른 도메인 이름을 새로 생각하는 것이 좋다. 닷컴으로 끝나는 도메인은 구글 검색에서 더 높은 순위를 차지하며, 많은 검색자가 기본적으로 사용하는 설정이다.

도메인을 구매하기 전에 다른 브랜드가 그 이름에 대해 상표권을 가지고 있지 않은지도 반드시 확인하라. 이미 다른 사람 명의로 상표등록이 되어 있다면, 회사가 크게 성공했을 때 법적 문제에 휘말려 결국 이름을 바꿔야 할 수도 있다. 이는 엄청난 골칫거리가 될 뿐 아니라 고객이 회사를 찾는 방식에 심각한 혼란을 초래할 수도 있다. 미국 정부의 무료 상표 검색 도구를 활용해 도메인 이름이 안전한지 확인하라.

사업 초기에 자금 여력이 있고 브랜드 이름이 독창적이며 장기적인 성장을 목표로 한다면, 미리 상표등록을 해두는 것이 좋다. 물론 매출이 1만 달러를 넘거나 다른 성공의 증거가 나타나는 시점에 브랜드 이름을 상표등록하겠다는 목표를 설정할 수도 있다. 회사 이름이 나이키나 코닥처럼 고유명사가 아니라 '가장 맛있는 빵'처럼 설명적인 경우에는 기본등록부primary registry(미국 특허 상표청의 핵심적인 상표등록 시스템-옮긴이)에 등록하기 어려울 수도 있다. 하지만 등록할 수만 있다면 가장 강력한 보호막이 되어줄 것이다.

나는 밀레니얼머니에 대한 상표권을 가지고 있지만, 서술적인 이름이어서 2차 등록부에 등록되어 있다. 그래서 강력한 법적 보호를 제공받지 못했고, 결과적으로 다른 브랜드에서 콘텐츠와 시리즈에 동일한 이름을 사용했다. 수년간 간헐적으로 협력해온 CNBC도 동명의 비디오 시리즈를 방영하기도 했다. 그런데 내가 구글에서 '밀레니얼 머니' 키워드로 1위를 차지하고 있었기 때문에 사람들이 CNBC 시리즈를 찾을 때마다 항상 내 웹 사이트가 가장 위에 노출되어 결국 내게 유리하게 작용했다.

이름을 상표등록하더라도 상표권을 행사할 책임은 여전히 당신에게 있다는 점을 잊지 말라. 상표권을 침해하는 이들에게 중지 명령서를 보내는 데는 비용이 들고, 과정 자체도 골치 아플 수 있다. 그렇긴 하지만 제한적인 보호라도 없는 것보다는 낫고, 비즈니스 단계에서 앞으로 몇 년간 그 이름을 사용할 것이라 확신하거나 언젠가 판매하고 싶다면 상표등록을 해두는 편이 좋다.

웹 사이트 구성

웹 사이트 운영을 위한 기본적인 기술 설정을 마쳤다면, 이제 목표 고객이 보게 될 공개 페이지를 구축하기 시작할 수 있다. 다만 아직 실험 단계라는 점을 잊지 말자. 웹 사이트가 처음부터 효과적으로 완벽하게 작동할 필요는 없다. 당신은 가장 정확하고 관련성 높은 정보를 보여주기 위해 웹 사이트를 자주 개선하고 업데이트할 수 있으며, 또 그렇게 해야 한다.

당신이 만들어야 할 콘텐츠에는 세 가지 유형이 있다.

1. **에버그린 페이지**: 브랜드에 대한 핵심 정보를 제공하며, 자주 바뀌지 않는 콘텐츠다. 여기에는 홈페이지, 소개 페이지, 연락처 페이지가 포함된다.
2. **콘텐츠 마케팅 페이지**: 전문성을 드러내고 방문자가 찾는 정보를 제공하는 페이지다. 이 유형의 콘텐츠는 자주 업데이트되고 추가 정보가 입력되며, 목표 고객의 검색 결과에 가장 자주 나타날 것이다.
3. **전환 페이지**: 방문자들이 고객 또는 팔로워로 전환되는 행동을 할 수 있는 페이지다.

이 모든 페이지는 함께 작동해 SEO를 향상시킨다. 각 유형에 대한 설명은 다음과 같다.

에버그린 페이지

홈페이지

좋은 홈페이지의 기본 요소는 단순하지만, 브랜드를 고객에게 효과적으로 보여주기 위해 매우 중요하다. 방문자들이 항상 당신을 평가하고 있다는 사실을 잊지 말라. 누구나 어떤 것에 흥미를 느꼈다

가도 회사의 웹 사이트를 보고 실망한 경험이 있기 마련이다. 반대로 웹 사이트에서 영감을 얻고 매료된 경험도 있을 것이다.

홈페이지를 최대한 활용하려면 명확한 브랜딩과 탐색 기능을 갖춰야 한다. 로고가 있다면 보여주고, 매력적인 헤드라인과 제공 상품을 간략하게 설명하는 소개 문구를 넣자. 브랜드와 메시지에 어울리면서 시선을 사로잡는 관련 이미지나 그래픽을 사용하라. 또한 모든 이미지의 파일 크기를 최적화해 페이지 로딩 속도를 높이고, 시각장애인의 접근성 및 SEO를 위해 각 이미지를 설명하는 대체 텍스트alternative tag(웹 사이트의 이미지를 이해할 수 있도록 제공하는 설명글-옮긴이)를 포함하라.

또한 방문자가 웹 사이트를 쉽게 탐색할 수 있도록 잘 구성된 탐색 메뉴를 제공해야 한다. 탐색 메뉴에는 웹 사이트의 주요 초점을 보여주는 약 5~8개의 항목이 들어가야 한다. 탐색 메뉴에는 소개 및 연락처 페이지와 주요 사업 분야나 제공 서비스를 나타내는 핵심 키워드를 포함한 3~6개의 추가 항목을 넣어라. 예를 들어 스튜던트론플래너의 탐색 메뉴에는 '대출 갈아타기', '도움받기', '계산기' 등이 포함되어 있고 밀레니얼머니에는 '돈 벌기', '투자하기', '저축하기', '돈 빌리기', '당신이 사랑하는 삶' 등이 있었다.

홈페이지는 시각적으로 흥미를 이끄는 방식으로 가장 중요하거나 인기 있는 콘텐츠, 제품, 서비스를 고객에게 보여줘야 한다. 이를 위해 이미지, 간략한 설명 및 관련 페이지로 연결되는 링크를 활용하라. 또 이메일로 정보를 받아 보거나, 제품을 탐색하거나, 무료 체험을 시작하는 등 사용자가 특정 행동을 하도록 유도하고 싶다면, 방문자가 쉽게 행동할 수 있도록 눈에 띄는 곳에 행동 촉구 버튼을 배치하라.

만약 고객 추천사, 제품 리뷰, 수상 경력이나 사회적으로 인정받을 만한 증거가 있다면 웹 사이트에 포함하라. 예를 들어 내 웹 사이트에는 《뉴욕 타임스》, CNBC, NPR에 소개됐다는 문구를 적어 넣었다. 블로그, 뉴스 또는 이벤트 섹션이 있다면 '주요 블로그 게시물', '인기 블로그 게시물', '최신 뉴스' 또는 '예정 이벤트' 링크를 포함하라. 또한 주요 제품이나 고객에게 가장 인기 있는 서비스를 보여줘야 한다.

마지막으로 방문자가 쉽게 연락할 수 있도록 주요 연락 방식에 따라 연락처, 이메일 및 전화번호를 포함해야 한다.

소개 페이지

소개 페이지는 웹 사이트에서 가장 중요한 페이지다. 방문자가 브랜드와 연결되고, 당신의 이야기를 이해하며, 경험을 가늠하고, 신뢰를 쌓도록 하기 때문이다.

이 페이지를 최대한 활용하려면 자신을 소개하고 왜 사업을 시작했는지 설명하라. 이곳이야말로 당신의 이야기를 들려줄 가장 확실한 공간이다. 개인적인 목소리를 담고, 브랜드를 가능한 한 인간적으로 보이도록 노력하라.

또한 나 자신과 내 이야기에 감정적인 무게를 더하거나 뒷받침해줄 이미지를 함께 공유하라. 예를 들어 새로운 초경량 캠핑 텐트를 판매한다면, 아름다운 자연 속에서 그것을 사용하는 당신의 모습을 보여주자. 아버지 덕분에 캠핑에 눈떴는가? 그렇다면 어린 시절 아버지와 함께 자연을 즐기던 사진을 보여주자.

또한 사명 선언문과 브랜드 가치 발표문이 있다면 함께 넣어라. 소개 페이지를 사용해 브랜드의 전문성과 신뢰성을 확립해야 한다. 당신 또는 당신의 사업과 관련된 언론 보도 링크, 비즈니스 프로필 링크, 소속 협회 링크 그리고 위키피디아 페이지가 있다면 그 링크를 삽입하라. 업계와 관련된 인증, 라이선스 또는 수상 경력이 있다면 그 역시 웹 페이지에 명시하라.

새로운 팀원을 영입했다면 소개 페이지에 직원 약력을 추가하라. 만약 팀 규모가 커져서 5~10명 이상이 된다면 별도의 팀 페이지를 만드는 것도 고려해야 한다.

연락처 페이지

잘 만들어진, 찾기 쉬운 연락처 페이지는 사용자에게 당신의 사업이 실제 사람이 운영하는 합법적인 사업임을 나타내며, 필요할 때 쉽게 연락할 방법을 제공한다. 구글은 이를 쉽게 만드는 웹 사이트에 보상을 제공한다. 최소한 자주 확인하는 이메일 주소나 연락처를 게시해 고객과 잠재 고객이 언제든 편리하게 연락할 수 있도록 하라.

구글은 당신의 사업이 실제로 운영되고 있는 위치 정보를 확인하고 싶어 하므로, 지역 우체국의 사서함 주소라도 상관없으니 우편

주소를 공개하라. 전화번호까지 공개하면 더욱 좋다. 나의 경우 무료 구글 보이스 번호를 사용해 개인 전화번호가 온라인에 공개되지 않도록 한다. 상점이나 공공 사무실처럼 사업을 위한 물리적 주소가 있다면 연락처 페이지에 구글 지도를 삽입하라. 이는 지역 검색 순위를 높이는 데 도움이 된다.

콘텐츠 마케팅 페이지

앞에서 말했듯 일관되고 관련성 높으며 매력적인 콘텐츠 마케팅 전략은 목표 고객 사이에서 신뢰와 인지도 및 신뢰성을 구축하는 데 도움이 된다. 블로그나 유튜브 채널처럼 콘텐츠 중심의 사업이 아니더라도 특히 검색 엔진에 최적화한다면 온라인에서 양질의 콘텐츠를 제작하고 공유함으로써 큰 이점을 얻을 수 있다.

콘텐츠 마케팅 페이지를 위해 내가 활용하는 최고의 SEO 실무 지침은 다음과 같다.

키워드가 풍부한 제목과 URL을 선택하라

콘텐츠 제목을 작성할 때는 목표 독자가 어떤 단어를 사용해 검색할지, 어떤 정보에 관심을 가질지를 고려해야 검색 결과에서 더 많은 클릭을 얻을 수 있다. 이는 클릭률CTR, Click-Through Rate을 높이고, 결과적으로 구글에서의 평판을 높여준다.

당신의 키워드를 사용해 목표 고객의 주의를 끄는 제목을 만들라.

게시물 제목은 30~65자 이내로 하고, 타깃 키워드나 구문을 포함해야 한다. 워드프레스WordPress 같은 웹 사이트 제작 도구를 사용하면 보통 게시물 제목과 동일한 URL을 기본으로 설정한다. 당신이 짧고 키워드가 풍부한 제목을 선택했다면 괜찮지만, URL이 지나치게 길어지는 경우도 종종 있다. 구글은 URL에 최대 3~5개의 단어를 사용하고, 전체 글자 수를 30~50자 이내로 유지할 것을 권한다.

디자인 및 시각적 요소도 중요하다

구글은 이미지를 크롤링crawling(마치 거미가 기어 다니듯이 웹 페이지를 자동으로 돌아다니며 정보를 수집 및 저장하는 행위-옮긴이)할 수 없지만, 시각적 요소가 포함된 게시물은 식별할 수 있으며 이미지가 없는 게시물보다 더 높게 평가한다. 따라서 게시물 길이에 따라 최소 1~3개의 관련 이미지를 포함하도록 하라. 직접 만든 이미지나 찍은 사진은 스톡 이미지stock image(특정 목적이나 프로젝트를 위해 촬영된 것이 아니라, 다양한 용도로 판매되거나 라이선스가 부여될 수 있도록 미리 제작 및 저장된 사진, 일러스트, 그래픽 등의 시각 자료-옮긴이)보다 방문자에게 항상 더 매력적으로 다가갈 것이다.

하지만 픽사베이Pixabay나 펙셀Pexels 같은 무료 이미지 제공 사이트나 캔바 같은 디자인 도구를 활용하면 로열티 없는 고품질 스톡 이미지를 얻을 수 있다. 밀레니얼머니를 시작하고 처음 2년 동안은 직접 찍은 사진만 사용했지만, 웹 사이트가 커지면서 점점 감당하기 힘들어졌다. 특히 큰 이미지는 페이지 로딩 속도를 늦춰 SEO에 부정적인 영향을 미치는 경향이 있으므로, 원활한 사용자 경험을 위해 파일 크기를 1.5MB 미만으로 조정하라. 또한 검색 가능성을 높이려면 콘텐츠 관리 시스템CMS, Content Management System 플랫폼을 통해 이미지에 대체 텍스트와 설명을 포함할 수도 있다.

구글은 동영상이 포함된 게시물에도 높은 순위로 보상을 제공한다. 이 단계에서 직접 동영상을 제작하고 있지 않더라도, 유튜브에서 관련 영상을 찾아 게시물에 넣으면 사이트를 더 유용하게 만들 수 있다. 다만 아무 영상이나 넣지 말고, 정말 뛰어나다고 생각하고 고객에게 가장 도움이 될 만한 영상을 선별해야 한다. 또한 경쟁사의 동영상을 웹 사이트에 추가하지 말고, 대신 다른 전문가의 소개 영상을 삽입하라.

행동 촉구 버튼을 제공하라

비록 콘텐츠를 무료로 제공하더라도 제품이나 서비스를 판매해 수익을 창출할 계획이라면, 일정 비율의 방문자가 그것을 구매하도록 해야 한다. 게시물의 주된 목적은 독자의 참여를 유도하고 정보를 제공하는 것이지만, 동시에 각 게시물은 제품을 마케팅할 수 있는 기회이기도 하다.

전환 페이지로 연결해 고객이 쉽게 구매할 수 있도록 하라. 이를 위해 게시물에 링크를 걸거나 "이 방법에 대한 더 많은 정보를 얻으려면 6주 온라인 강좌에 등록하세요"와 같은 직접적인 행동 촉구를 통해 구매를 이끌어낼 수 있다.

수익의 핵심, 전환 페이지

웹 사이트의 궁극적인 목표는 방문자를 고객으로 전환하는 것이다. 이를 달성할 가능성을 높이는 방법은 두 가지다. 첫째, 사람들이 제품에 매력을 느끼고 쉽게 이해할 수 있도록 완성도 높은 제품 페이지를 구축하는 것이다. 둘째, 수신 동의 페이지opt-in page를 통해 방문자가 이메일 레터를 쉽게 구독하도록 하는 것이다. 수신 동의 페이지는 이 장의 뒷부분에서 더 자세히 다루므로, 여기서는 제품 페이지에 집중하겠다. 제품 페이지는 제품 설명 페이지와 판매 페이지 두 가지 유형으로 나뉜다.

제품 설명 페이지

제품 설명 페이지는 제품에 대한 명확한 정보를 제공해 독자가 쉽게 구매할 수 있도록 한다. 짧고 간결하며, 이미지와 동영상을 활용해 시각적으로 풍부하다. 훌륭한 제품 설명 페이지는 당신이 무엇을 판매하는지, 그 제품이 누구를 위한 것인지, 제품의 고유한 장점은 무엇이며 그것이 어떤 문제를 해결하는지를 방문자가 쉽게 이해할 수 있도록 명확하고 흥미로운 설명을 제공한다. 또한 구매 욕구를 자극하는 고품질 제품 이미지와 실생활에 적용한 모습을 담은 이미지를 포함한다. 일부 초보 사업가는 이미지 품질을 소홀히 하기도 하는데, 이는 피해야 할 행동이다.

고급 차를 판매하는가? 추운 날 소파에 기대어 앉아 차를 마시는 사람의 이미지를 보여주자. 방문자를 제품을 사용할 현장으로 데려가거나, 그것을 사용할 때의 기분을 느끼게 하라. 사람들은 좋은 이미지에 공감한다. 성공적인 제품 설명 페이지는 고객이 가격 정보를 명확히 확인하고, 편리하게 구매하며, 자주 묻는 질문FAQ 목록과 다른 구매자들의 실제 후기를 쉽게 참고할 수 있도록 다양한 기능과 정보를 제공한다.

간단하면서도 전환율이 높은 제품 설명 페이지 디자인을 보려면 아마존닷컴의 어떤 제품이든 클릭해 상세 페이지를 확인해보라. 쇼피파이(판매자가 독립적인 온라인 쇼핑몰을 구축 및 운영할 수 있도록 플랫폼과 도구를 제공하는 서비스-옮긴이) 스토어나 장바구니와 연동되는 대부분의 제품 페이지 템플릿은 이미 훌륭한 기본 틀을 갖추고 있어서, 필요에 맞게 페이지를 쉽게 수정하고 꾸밀 수 있다.

판매 페이지

판매 페이지는 일반적으로 제품 설명 페이지보다 길고, 제품과 구매해야 하는 이유에 대해 더 자세한 설명을 제공한다. 판매 페이지는 방문자와 더 긴밀한 관계를 맺도록 설계되며, 뛰어난 작성자는 기본적인 심리학 원리를 활용해 방문자가 제품을 사지 않고는 견딜 수 없게 만든다. 판매 문구는 강력하고 수익성이 커서, 최고의 카피라이터는 전환율이 높아 수백만 달러를 창출하는 판매 페이지 한 장을 작성하는 대가로 최대 10만 달러를 요구하기도 한다.

그만큼 하나의 웹 사이트 페이지가 강력할 수 있다는 뜻이다. 그렇다고 훌륭한 카피라이터가 되기 위해 돈을 쓸 필요는 없다. 약간의 학습과 연습만으로도 충분하다. 여기서 자세히 다루지는 않겠지만, 전환율이 높은 대부분의 성공적인 판매 페이지는 이해하기 쉽고 따르기 쉬운 간단한 구조를 지닌다. 좋은 판매 페이지의 예시는 다음의 링크를 통해 내 커뮤니티 페이지에서 확인할 수 있다.

*링크: https://grantsabatier.com/community

전환율을 높이기 위한 판매 페이지 구성 방법

1. 고충 사항 파악: 제품 또는 서비스에 대한 사람들의 관심을 유도하려면, 그들이 겪는 문제나 어려움에 대해 이야기해야 한다. 이를 '고충 사항 pain point'이라고 한다. 예를 들어 부부를 위한 재테크 강좌를 판매한다면, 많은 사람이 돈 문제로 어려움을 겪고 있으며 이것이 이혼이나 결혼 생활 스트레스의 주요 원인이라고 언급할 수 있다. 그러면 독자들은 문제에 공감하고 당신이 제시하는 해결책에 더 열린 마음을 갖는다.

2. 약속하기: 문제를 강조했다면 이제 해결책, 즉 약속을 제시할 차례다. 제품이나 서비스가 고충 사항을 극복하는 데 어떻게 도움이 되는지 방문자에게 설명하라. 앞의 예시에 적용하면, 재테크 프로그램이 돈에 대한 부부의 스트레스를 줄여주고 결혼 생활을 더 단단하게 구축하는 데 도움이 될 것이라고 약속할 수 있다. 또한 그들이 함께 원하는 삶을 건설하는 데 기여할 것이라고 약속할 수도 있다.

3. 제품 또는 서비스 소개: 제품 또는 서비스의 특징과 장점을 비롯해 구체적인 세부 정보를 제공하라. 제품의 특징이란 재테크 프로그램 패키지에 포함된 사항(예를 들어 25개 이상의 영상, 심층 대화 가이드, 다른 커플과의 커뮤니티, 개인 코치 등)이다. 제품의 장점은 부부가 책임감을 가지고 각종 지원을 받아 원하는 결과를 얻을 수 있다는 점 등이다. 이 모든 것이 어떻게 작동하는지 그리고 그것이 문제를 해결하는 최선의 해결책인 이유를 설명하라.

4. 추천사 제공: 성공 사례, 추천사 및 사례 연구를 공유해 당신의 솔루션이 효과적임을 보여주자. 사람들은 자신과 같은 상황에 놓인 다른 이들이 어떻게 문제를 해결했고 그들의 삶이 어떻게 개선됐는지를 알고 싶어 한다. 고객의 이메일이나 영상 추천사를 공유하라. 또한 추천사를 꾸준히 모아두고, 고객이 훌륭한 경험을 남길 때마다 새로 확보하라. 그리고 그중 최고의 것들을 판매 페이지에 추가하라. 아마존 리뷰, 소셜 미디어 언급 및 기타 리뷰의 스크린샷을 판매 페이지에 삽입해도 좋다.

5. 사회적 증거 social proof(다른 사람들의 긍정적인 경험이나 평가가 잠재적 구매자에게 영향을 미쳐 신뢰를 주고 구매를 유도하는 경향 - 옮긴이) **제시:** 사람들은 다른 이들이 좋은 경험을 했다는 사실을 알 때 더 편안하게 구매 결정을 한다. 만족한 고객의 리뷰, 평가 또는 추천을 공유하라. 고객이 제품에 대해 남긴 소셜 미디어 댓글, 이메일 및 메시지의 스크린샷을 찍어 판매 페이지에 삽입하라. 이런 사회적 증거는 신뢰와 신뢰성을 쌓는다.

6. 공통적인 질문에 대한 답변: 잠재 고객은 제품에 다양한 의심과 질문을 갖기 마련이다. 랜딩 페이지의 FAQ 섹션에서 가장 일반적인 질문과 문제 제기에 직접 답변하라. 명확하고 정직한 답변을 제공해 의문을 해소하라. 잠재 고객이 할 수 있는 공통적인 질문을 FAQ에서 미리 짚어줌으로써 방문자의 신뢰를 쌓고, 구매에 대한 의구심을 없앨 수 있다.

7. 사은품 제공: 누구나 자신이 지불하는 돈보다 더 큰 가치를 얻는다고 느낄 때 구매한다. 따라서 사은품 같은 추가 혜택을 제공해 거래를 더욱 매력적으로 만들면 판매가 성사될 가능성이 높다. 판매 페이지에 넣을 전자책, 기념품 또는 무료 사은품 같은 작은 보너스를 준비하라. 이미 가지고 있는 자원을 활용하거나 소소한 보너스를 제공해 고객의 구매 만족도를 높일 수 있다. 이런 보너스는 간략히 설명하고 그 가격을 구체적으로 표시해, 고객이 제품을 구입하는 것이 유리하다고 느끼도록 하라.

8. 행동 촉구 추가: 방문자에게 다음으로 무엇을 해야 하는지 알려주고, 쉽게 실행할 수 있도록 하라. '지금 구매' 버튼을 클릭하거나 뉴스레터에 가입하는 등의 행동을 취하도록 유도하라. 이런 행동 촉구 버튼은 눈에 잘 띄는 위치에 멋지게 배치하라. 방문자가 최대한 쉽게 구매할 수 있도록 만드는 것이 핵심이다.

9. 업셀 추가: 업셀 upsell은 잠재 고객이 페이지에 소개된 주요 제품 또는 서비스에 관심을 보이거나 구매를 결정한 뒤, 더 높은 가격대나 더 많은 기능을 가진 제품 또는 서비스를 추가로 제안하는 판매 전략이다. 업셀의 목표는 고객의 관심사와 요구에 맞는 제품 또는 서비스를 제공하면서 평균 거래 금액을 높이고 수익을 증대하는 데 있다. 예를 들어 고급 차를 판매한다면 차 거름망, 찻주전자, 원하는 차와 비슷한 다른 종류의 차를 업셀로 제안할 수 있다. 판매 페이지에 추가 제안을 넣으려면 먼저 판매 제품을 보완하는 제품 또는 서비스부터 찾아라. 그리고 할인이나 특별 패키지를 제공해 가성비 있는 거래처럼 보이게 하라. 이런 제안은 고객이 주요 제품을 구매하기로 결정하고 최종적으로 구매를 완료하기 전 눈에 잘 띄는 위치에 배치해야 한다. '장바구니에 추가' 또는 '아니요. 괜찮습니다' 같은 명확한 선택 버튼도 제공하라.

10. 긴급성 조성: 제품에 대한 사람들의 관심을 높이는 효과적인 방법 중 하나는 판매에 희소성을 부여해 긴급성을 조성하는 것이다. 이는 방문자에게 특별 제안이나 접근 권한을 얻으려면 신속히 행동해야 한다는 점을 알리는 것이다. 예를 들어 특별 제안이 단 두 시간 동안만 유효하다고 알리고, 페이지에 카운트다운 타이머를 추가할 수 있다. 그러면 기회를 놓칠지도 모른다고 생각하는 사람들은 곧바로 행동에 나설 가능성이 크다. 나의 경우 FI프루너 FIpreneur 커뮤니티 가입 기회를 연 2~3회로 제한해 회원들이 특별한 경험을 누리도록 한다. 따라서 가입을 원하는 사람들은 신입 회원에게 커뮤니티를 공개하는 시기에 신속히 행동해야 한다. 랜딩 페이지에 카운트다운 타이머를 넣어 기회가 사라지기까지 남은 시간을 방문자가 확인할 수 있게 하라. 새로운 회원을 받지 않을 때는 잠재적인 미래 회원이 대기자 명단에 등록할 수 있는 양식 링크를 제공하자.

11. 환불 보장: FAQ 및 장바구니 페이지에 투명한 환불 보장 정책이 있어야 한다. 나는 고객에게 가능한 최상의 경험을 보장하기 위해 '30일 무조건 환불 보장' 정책을 선호한다. 이 보장은 구매자가 환불받을 수 있다는 것을 알기 때문에, 만족하지 못하거나 손해를 보는 등 그들이 감수해야 할 모든 위험을 제거해준다. 반대로 모든 강좌와 숙제를 완료해야만 환불이 가능하다는 식으로 환불 조건을 까다롭게 만들거나 절차를 번거롭게 할 수도 있지만, 나는 이것이 결코 옳다고 생각하지 않는다. 판매자가 약속을 이행하지 않았다고 구매자가 판단하면 고객은 환불을 받아야 한다. 궁극적으로 이는 고객의 행복으로 이어지고, 더 강력한 브랜드를 만든다.

> 전환율이 높은 효과적인 판매 페이지를 작성하는 방법을 배우는 데는 시간이 걸리지만, 충분히 가치 있는 시간이다. 온라인으로 돈을 벌고 싶다면 최소한 기본 사항은 반드시 알아둬야 한다. 전문 카피라이터를 고용한다 해도 훌륭한 카피라이터는 결코 저렴하지 않다. 따라서 판매 페이지 작성 방법을 배우는 데 시간을 투자하면 많은 비용을 절약할 수 있고, 훨씬 더 뛰어난 만능 마케터로 성장하는 기회가 될 수 있다.

진행 상황 모니터링

웹 사이트를 설정하는 동시에 웹 사이트 트래픽, 참여도 및 판매량을 모니터링할 수 있는 도구도 함께 마련해야 한다. 웹 사이트에서 제품을 판매한다면 온라인 쇼핑 카트와 결제 처리 시스템도 구축해야 한다. 최근 가장 잇기 있는 온라인 제품 판매 플랫폼은 쇼피파이이며, 결제 처리 시스템으로는 스트라이프Stripe가 가장 널리 쓰인다.

여러 종류의 유·무료 분석 도구가 있지만, 가장 인기 있는 것은 무료로 설정할 수 있는 구글 애널리틱스Google Analytics다. 구글 애널리틱스에서는 판매 데이터를 웹 사이트 데이터와 쉽게 통합할 수 있다. 이를 통해 어떤 웹 사이트 페이지에서 판매가 발생했는지, 또 판매를 이끈 웹 사이트 트래픽이 어디에서 유입됐는지를 확인할 수 있기 때문에 이는 매우 중요하다. 그 밖에도 구글의 루커스튜디오Looker Studio를 설정하면 다양한 도구와 플랫폼 전반에서 훨씬 더 세밀하게 맞춤 설정을 할 수 있다.

이 단계에서 주목해야 할 몇 가지 핵심 지표는 다음과 같다. 웹 사이트 순 방문자 수, 트래픽 소스별 방문자 수, 페이지 참여도, 이탈률(웹 사이트에서 한 페이지만 보고 떠나는 사용자 비율), 웹 사이트 체류 시간 그리고 방문자가 실제로 구매하거나 이메일을 등록한 수 등이다. 또한 웹 사이트 방문자당 수익을 분석하고, 시간이 지남에 따라 이를 늘리기 위해 노력해야 한다. 제휴 마케팅 업계에서는 웹 사이트의 클릭당 수익EPC, Earnings per Click을 극대화하고 포트폴리오 전반에서 이를 면밀히 추적하기 때문이다.

설득력 있는 이메일

잠재 고객을 웹 사이트로 유치했다면 이제 그들을 당신의 브랜드에 계속 참여시켜야 한다. 어떤 유형의 비즈니스를 운영하든 이메일을 통해 잠재 고객에게 도달하고 육성하며, 수익을 창출할 수 있다. 이메일은 현재와 미래의 고객과 관계를 구축하고 유지하는 데 있어 매우 중요한 직접 소통 채널이다. 이메일을 활용하면 당신이 판매하는 것에 관심과 흥미를 가진 사람들에게 특정 콘텐츠와 제안을 직접 타깃팅할 수 있다.

이때 반드시 방대한 고객 이메일 리스트가 있어야만 수익을 낼 수 있는 것은 아니다. 충성도 높은 구독자 1,000명만 확보해도 이메일 마케팅만으로 꾸준한 수익을 창출할 수 있다.

이메일 판촉은 이메일을 받아보는 사람들에게 당신의 브랜드를 가장 먼저 떠올리게끔 하는 것이다. 또한 구독자와 관심사를 공유하는 또 다른 사람들에게 당신의 콘텐츠를 전달하도록 만든다. 직접 이메일 리스트를 소유하고 운영할 수 있기 때문에 메시지 내용과 전달 방식을 온전히 제어할 수 있다. 수집된 데이터를 사용해 어떤 메시지가 가장 많은 참여와 판매를 유도하는지도 쉽게 측정할 수 있다.

이메일은 순금처럼 가치 있지만, 그 효과를 극대화하려면 구독자에게 잘 전달되고 체계적으로 관리되어야 한다. 이 모든 것은 이메일 문구에서 시작된다. 구독자의 참여를 끌어내고 정보를 제공하며, 행동하도록 동기를 주는 콘텐츠를 담아야 한다. 이메일 카피라이팅은 하나의 예술이지만, 이메일 마케팅을 통해 큰 가치를 얻기 위해 반드시 뛰어난 카피라이터가 될 필요는 없다. 다만 잠재 고객이 무엇에 관심을 두는지 알아야 한다. 그들은 바로 당신의 사람들이다! 구독자는 이메일을 받기 위해 의도적으로 가입했거나, 구매 과정에서 이메일 주소를 제출한 이들이다. 그들은 이미 당신이 판매하는 것에 관심을 가지고 있다. 자신을 있는 그대로 보여주면 되므로 지나치게 스트레스를 받을 필요는 없다. 중요한 건 시작하는 것이다.

최근 이메일 전달률은 다소 떨어지고 있다. 이는 구글이 운영하는 인기 이메일 서비스인 지메일Gmail에 광고 메일이 늘어나면서, 분류 알고리즘 때문에 이메일이 프로모션 폴더가 아닌 '받은편지함'에 도착하기가 더 어려워졌기 때문이다. 안타깝게도 이처럼 당신이 보내는 이메일 마케팅 콘텐츠의 전달률은 구독자의 받은편지함을 관리하는 회사가 여전히 좌우하고 있다. 하지만 뉴스레터 구독자에게 제공하는 콘텐츠가 관련성이 높고 매력적일수록 열람률은 높아지고,

이메일이 구독자의 받은편지함에 도착할 가능성도 커진다. 이메일 마케팅의 효과를 높이는 또 다른 방법은 다음과 같다.

1단계: 좋은 이메일 서비스 선택

이메일 관리 플랫폼은 비용이 많이 들고, 한 번 웹 사이트 전체에 설정하면 다른 플랫폼으로 전환하기 어렵다. 따라서 시간이 걸리더라도 사용 가능한 모든 플랫폼을 조사하는 것이 중요하다. 또한 이메일 구독자가 늘어날수록 비용도 함께 증가하므로, 고객이 손쉽게 구독 취소를 할 수 있어야 한다. 동시에 고품질 자동화 기능을 제공하는 서비스에 투자하는 것도 좋다. 특정한 시점이나 구독자가 특정 작업을 수행할 때 자동으로 발송되는 이메일 시퀀스를 설정하면 모든 과정을 직접 모니터링할 필요가 없다. 믿을 만한 이메일 제공 업체 추천은 다음 링크를 통해 나의 포스팅을 참조하기 바란다.

*링크: grantsabatier.com/tools

2단계: 웹 사이트 및 소셜 프로필에 가입 메커니즘 설정

웹 사이트 방문자나 소셜 미디어 팔로워를 효과적으로 이메일 마케팅 대상자로 전환하려면, 쉽고 편리한 가입 환경을 제공하거나 가치 있는 제안으로 구독을 유도해야 한다. 모든 소셜 프로필과 웹 사이트 하단에 뉴스레터 가입 안내 문구를 삽입하라.

1. **사이드 바**: 모든 페이지 측면에 사람들이 가입할 수 있는 박스를 넣어라. 타깃 고객과 관련 있고 발송하려는 이메일 유형을 보완하며, 일회성 제안(자세한 내용은 아래 참조)을 포함한 클릭 유도 문구를 넣어라. 이 책에 소개된 일부 기업은 다음과 같은 문구를 사용했다. 물론 경쟁업체의 웹 사이트에서 영감을 얻을 수도 있다.

    "그랜트의 최고의 팁, 독점 영상, 팟캐스트, 강좌 등을 무료로 받아보세요."(밀레니얼머니)

    "최고의 학자금 대출 계산기를 이용해보세요."(스튜던트론플래너)

    "엣시에서 출판용 파일 판매 사업을 시작하는 방법을 배우세요."(골드시티벤처스)

2. **모든 블로그 게시물 하단**: 첫 방문자의 상당수는 구글 검색을 통해 들어올 가능성이 높으므로, 모든 게시물 마지막에 가입 양식을 배치하라.

3. **데스크톱 사이트 팝업**: 팝업은 성가시게 느껴질 수 있지만 효과적인 장치이며, 예를 들어 '가입 즉시 할인 제공'처럼 방문자에게 가치 있는 혜택을 팝업을 통해 명확하게 보여줄 수 있다. 다만 모바일 사이트 팝업은 사용자 경험을 저해하고 SEO에도 부정적인 영향을 미칠 수 있으므로, 팝업 양식은 데스크톱 사이트에만 사용하라.

4. **잠긴 콘텐츠**: 사용자가 이메일 주소를 제공해야만 볼 수 있는 콘텐츠다. 대개 미리보기로 수백 단어를 보여주고, 나머지를 읽으려면 이메일 주소를 입력하도록 요구하는 방식이다.

웹 사이트를 구축하는 즉시 이런 장치들을 배치해야 한다. 그렇지 않으면 특히 성장 초기의 엄청난 고객 확보 기회를 놓칠 수 있다.

3단계: 인센티브 제공

방문자가 이메일 주소를 제공하면 그 보상으로 무언가를 제공하라. 구독자를 확보하는 가장 효과적인 방법 중 하나는, '나에게 맞는 패션 스타일은 무엇일까?' 같은 질문처럼 개인화된 결과를 받기 위해 방문자가 이메일 주소를 제공해야 하는 퀴즈를 활용하는 것이다. 사람들이 이런 퀴즈를 좋아하는 이유는, 자신의 답변에 따라 맞춤형 정보를 제공받을 수 있기 때문이다. 그러나 이것만이 유일한 선택지는 아니며, 당신의 비즈니스에는 적합하지 않을 수도 있다. 대신 할인 코드, 무료 다운로드, 프리미엄 콘텐츠 또는 평가판 서비스 등을 제시할 수 있다. 더 많은 가치를 제공할수록 그리고 그 가치가 더 독창적일수록 더 많은 구독자를 확보할 수 있다.

4단계: 자동 이메일 발송

드립 캠페인 drip campaign(미리 설정된 일정이나 사용자의 행동에 따라 자동으로 메시지를 보내는 마케팅 전략-옮긴이)은 구독자가 특정 작업을 수행할 때 자동으로 정해진 순서대로 이메일이 발송되도록 설정한 일련의 이메일 마케팅 방법을 말한다. 이메일 서비스를 활용해 누군가 처음 이메일 주소를 등록할 때마다 드립 캠페인을 설정하라. 또한 웹 사이트에서 리소스를 구매하거나 다운로드하는 등 특정 작업을 수행할 때도 캠페인을 설정해야 한다.

우선 신규 구독자가 4일 동안 받아볼 환영 시퀀스에 다음 네 가지 이메일을 설정하는 데 집중하자.

1. **환영 이메일**: 이 이메일의 목적은 구독자가 당신의 수신자 목록에 등록됐음을 확인하고, 앞으로 어떤 내용을 기대할 수 있는지 공유하며, 등록 양식에서 약속한 인센티브(예를 들어 쿠폰 코드 또는 다운로드 링크 등)와 웹 사이트 링크를 제공하는 것이다. 또한 이메일 뉴스레터를 통해 무엇을 제공할 계획인지 알려주자. 예를 들어 "우리의 정기 주간 뉴스레터에서는 '[당신의 제품 서비스]와 관련된 귀중한 콘텐츠', '업계 전문가의 통찰력과 팁', '독점적인 제안 및 프로모션'을 기대하실 수 있습니다"와 같은 형식이다.

2. **브랜드와 자기소개**: 이 이메일은 당신을 소개하고, 당신의 이야기를 통해 구독자와 감정적인 연결을 형성하기 시작한다. 회사 홈페이지와 소개 페이지를 모델로 해 이메일을 작성하면 된다.

3. **가장 인기 있는 콘텐츠**: 이 이메일은 구독자를 가장 인기 있는 콘텐츠로 안내해 실질적인 도움과 정보를 제공한다. 수년 동안 밀레니얼머니 시리즈에는 내가 작성한 최고의 게시물 10개 목록이 포함되어 있었고, 돈에 대한 폭넓은 관점을 제시했다. 구독자가 이 게시물들을 모두 읽으면 나와 브랜드 그리고 나의 철학 등에 대해 많은 것을 알게 된다. 이를 통해 독자와의 신뢰와 관계를 더욱 공고히 확립할 수 있다.

4. **즐겨 찾는 자료 및 특별 제안**: 이 이메일은 당신이 추천하는 다른 자료를

소개하고, 제품 또는 서비스에 관한 특별한 혜택을 제안한다. 밀레니얼머니 시리즈의 이 단계에서는 재테크 목표 달성을 추적할 때 내가 가장 즐겨 쓰는 도구를 포함했고, 구독자가 그 도구에 가입하면 나는 제휴 수수료를 받았다. 이후 내가 강좌를 만든 뒤에는 해당 강좌에 대한 특별 혜택도 함께 제공했다. "새로운 구독자께 특별한 감사를 드리며, 이 특별 혜택을 알려드립니다"라고 제안하고, 제품 또는 서비스에 대한 할인을 제공했다. 앞선 이메일에서 구독자들에게 신뢰를 줬기 때문에 이 단계에서는 판매가 일어날 가능성이 높다.

5단계: 이메일 발송 빈도 설정

구독자에게 얼마나 자주 이메일을 보내야 할까? 답은 당신이 얼마나 많은 정보를 처리할 수 있는지, 언제 가치를 더할 수 있는지 그리고 구독자가 무엇을 원하는지에 달려 있다.

예를 들어 부동산 중개인의 경우, 구독자는 새로운 매물, 관심 지역의 추세, 시장에 대한 중개인의 생각에 관심 있을 것이다. 나 역시 25년 이상의 경험을 바탕으로 지역 부동산 시세 및 매물을 분석하는 지역 부동산 중개인의 이메일 뉴스레터를 구독하고 있다. 그는 한 달에 한 번 시장에 대한 자신의 생각을 구독자들에게 전한다. 이는 이 지역 부동산 시장을 업데이트하기에 적절한 빈도이며, 지나치게 많은 시간을 필요로 하지도 않는다. 나는 그와 직접 연락해본 적은 한 번도 없지만, 그의 이메일을 읽을 때마다 그와 관계를 맺고 있다고 느낀다. 만약 콜럼버스에서 투자용 부동산을 구입하거나 집을 팔고 싶다면, 내가 누구에게 가장 먼저 전화하겠는가?

사람들은 이미 너무 많은 이메일을 받고 있으므로 가능한 한 과도하게 이메일을 보내지 않는 것이 좋다. 웨스트엘름West Elm, 크레이트앤배럴Crate & Barrel, 엘엘빈L. L. Bean 같은 소매업체들이 왜 그렇게 잦은 빈도로 이메일을 보내는지 나는 이해할 수 없다. 이들은 적어도 하루에 한 번, 때로는 그보다 더 자주 이메일을 보낸다. 물론 이 업체들은 그런 접근 방식이 효과적이라는 데이터를 갖고 있을 것이며, 실행할 예산도 충분할 것이다. 모든 마케팅 전략과 마찬가지로 이메일 발송 빈도 또한 비즈니스 목표에 맞춰야 한다.

그렇다면 개인 생활과 비즈니스 영역에서 시간과 에너지를 낭비하지 않으며 청중에게 가치를 더하려면 어느 정도 빈도로 이메일을 보내야 할까? 매일 또는 매주 이메일을 보내는 일은 내게 스트레스를 주고, 콘텐츠의 질도 떨어뜨릴 것이다. 그래서 나는 사려 깊고 자극적인 이메일을 격주로 꾸준히 보내는 데 집중한다. 그러기 위해서는 꾸준함을 유지할 수 있는 형식과 빈도를 지켜야 한다.

6단계: 지속적인 가치 제공

정기적인 뉴스레터의 형태는 다양할 수 있지만, 구독자에게 최대한 많은 가치를 제공하는 것을 목표로 해야 한다. 업계의 특별한 소식과 제품을 강조하고, 전문가 인터뷰를 소개하며, 웹 사이트에 새로 게시된 최고의 콘텐츠로 연결되는 링크를 제공하라. 청중이 좋아할 만한 팟캐스트 및 영상 링크를 포함하고, 제품 또는 서비스와 관련한 팁과 요령을 공유하며, 다른 출처에서 나온 뛰어난 콘텐츠를 선별해 소개하라. 이미 당신은 훌륭한 콘텐츠를 만들고 있으니, 뉴스레터에서 그것을 재활용하면 된다.

어떤 형식을 선택하든 일단 정했다면 끝까지 유지해야 한다. 구독자들은 그 형식에 익숙해지면 특정 요소를 기대하므로, 당신은 그것을 확실히 제공해야 한다. 현재 내가 발행하는 뉴스레터 버전에서는 그 주에 내가 떠올린 주제에 대해 1,500~2,000단어 분량의 글을 공유한다. 이 글은 구독자 전용이다. 또한 내가 최근 즐겨 본 미디어 작품 목록과 각 작품에 대한 요약 및 링크를 담은 '내가 읽고, 보고, 듣는 것' 섹션도 포함한다. 이를 공유하는 이유는 내 청중이 돈, 기업가 정신, 삶에 관한 내 생각에 관심을 갖기 때문이다. 특별한 제안은 다른 모든 콘텐츠와 함께 이메일에 포함하지만, 이런 제안은 멤버십 커뮤니티에 새로운 회원을 모집하는 기간에만 공개한다.

제품을 직접 판매하는 회사가 아니라면 판매를 지나치게 시도하지 않는 것이 중요하다. 그렇다고 해도 '가치 있는 콘텐츠 90%, 판매 유도 콘텐츠 10%'라는 기본 원칙은 지켜야 한다. 또한 구독자들과의 관계는 시간을 두고 점진적으로 형성해야 한다. 그래야 당신이 무언가를 판매하려 할 때, 그들이 기꺼이 구매할 의향을 갖게 된다.

효과적인 이메일 마케팅 채널 구축, 이메일 카피라이팅 및 차세대 마케팅 전략에 대해 자세히 알고 싶다면 엘다 샤퍼Eldar Shafir와 센

딜 멀레이너선Sendhil Mullainathan의 『결핍은 우리를 어떻게 변화시키는가』, 제프 워커Jeff Walker의 『스타트업 설계자』, 댄 케네디Dan Kennedy의 『세일즈 레터 & 카피라이팅』을 참고하라. 이 책들은 더 나은 마케터가 되기를 바라는 기업가에게 풍부한 자료를 제공한다.

6장

기초 재무 관리

> 정리에 1분을 투자하면
> 한 시간을 벌 수 있다.
>
> ― 벤저민 프랭클린Benjamin Franklin, 정치사상가

"젠장, 내 돈이 다 어디 갔지?"

나는 식은땀이 나기 시작했다. 시카고 부동산 중개업체의 웹 사이트 제작을 도와주던 개발자 멜리사가 내게 벌써 세 번째 독촉 이메일을 보냈다.

나는 그녀에게 작업 대가로 7,500달러를 지급해야 했지만, 내 고객들은 이미 두 달 전에 발송한 3만 달러짜리 웹 사이트 제작 청구서에 대한 대금을 아직도 지불하지 않고 있었다. 세 명의 고객에게서 아직 받지 못한 미수금이 8만 달러가 넘었고, 내 법인카드는 한도 초과 상태였으며, 법인 계좌 잔고는 마이너스가 되어 은행에서는 계좌를 폐쇄하겠다고 협박하던 상황이었다.

개인 계좌에도 돈이 없어서 주식 인덱스 펀드에서 돈을 빼 공백을 메워야 했고, 중도 인출에 따른 세금까지 내야 했다. 이 일은 사업 운영 첫해에 벌어진 일이었고, 앞으로 다시는 이런 상황이 발생하지 않도록 최악의 경우를 대비한 계획을 세워야겠다고 절실히 깨달았다. 나는 더 튼튼한 사업 기반이 필요했다.

사업 운영은 성장 단계와 상관없이 당신의 삶을 더 복잡하게 만들 것이다. 사업을 지속 가능하게 유지하는 핵심은 복잡성을 관리하고 더 중요한 일에 집중할 수 있도록 초기 단계부터 시스템을 구축하는 것이다. 사업이 성장할수록 시스템은 더 발전하고 풍부해질 것이다. 하지만 언제나 그것들을 쉽게 관리할 수 있도록 유지하는 데 최선을 다해야 한다.

실험적 기업가로서 당신은 사업에 재투자할 수 있는 최대한의 현금을 확보하기 위해 수익과 비용을 최적화하려 할 것이다. 이전 장들과 달리, 이 장에서는 이야기의 힘보다 정확한 회계 관리의 중요성에 대해 더 기술적이고 실용적인 내용을 다룬다.

사업의 현금 흐름, 세금 및 저축률을 최적화하는 방법, 대차대조표를 개선하는 방법 등을 이해하는 데 시간을 투자하면, 현재와 미래의 사업이 더 튼튼해질 것이다. 또한 당신이 더 나은 결정을 내릴 수 있게 하고, 사업 규모와 상관없이 최대의 수익성을 확보할 수 있도록 도와줄 것이다.

유한책임 회사

사업에서 꾸준한 수익이 나기 시작하거나 사업을 성장시킬 계획이라면, 즉시 별도의 사업체로 등록해야 한다. 개인 명의로 사업을 운영할 수도 있지만, 그렇게 하면 사업 운영으로 받을 수 있는 세금 혜택이 제한된다. 또한 사업용 은행 계좌와 사업용 신용카드를 개설하려면 법적으로 정식 등록된 사업체가 필요하며, 이를 통해 회사 자산과 개인 자산을 분리하고, 사업 성장에 사용할 자본도 더 쉽게 조달할 수 있다.

사업체를 분류하는 방법은 다양하지만, 이 단계에서는 유한책임 회사LLC, Limited Liability Company로 등록하는 것이 가장 좋다. LLC로 등록하면 여러 이점이 있는데, 채권자나 사업 관련 소송으로부터 집과 자동차 같은 개인 자산을 보호할 수 있다. 또한 사업자 명의의 은행 계좌와 신용카드가 있다면, 개인 소송으로부터 당신의 사업 자산을 보호할 수도 있다. 더불어 LLC 구조를 택하면 개인 자산과는 별개의 주체로서 대출을 받고 자산을 소유할 수도 있다. 이를 통해 개인 자산을 담보로 제공하지 않고도 사업 자금을 더 쉽게 조달할 수 있다.

LLC는 여러 가지 세금 혜택도 제공한다. LLC는 회사의 이익에 과세하지 않기 때문에 세금을 절약할 수 있다. 대신 이익은 소유 지분율에 따라 당신과 파트너에게 이전된다. 이는 일반적인 주식회사에서 법인 차원에서 한 번, 주주에게 배당금이나 이익을 분배할 때 또 한 번 과세되는 이중 과세 구조에 비하면 세금 부담이 작다.

LLC는 미국 국세청IRS에 S 법인Subchapter S corporation으로 등록하고, 자신과 사업 파트너 및 직원에게 정기적으로 급여를 지급하면 자영업세self-employment tax를 절약할 수 있다. 이에 대한 자세한 내용은 뒤에서 더 자세히 다루겠지만, 사업 초기 단계에서 LLC와 세금 분류에 대해 미리 고민하고 준비해두면 장기적으로 사업 운영 자금을 더 많이 확보하고 개인의 가처분소득을 늘리는 데도 도움이 된다.

LLC로 등록하는 것은 쉽지만 몇 가지 행정적·법적·절차를 거쳐야 하며, 그에 따른 비용도 고려해야 한다. 먼저 회사 이름을 정해야 한다. 일반적으로 브랜드 이름과 동일하게 짓는 것을 추천한다(예를 들어 '밀레니얼머니 LLC'라는 회사명은 '밀레니얼머니닷컴'에서 유래한다). LLC를 별도의 브랜드로 만들 필요는 없지만, 원한다면 당신이 하는 일을 기억하기 쉽고 설명적인 이름으로 정하는 것이 좋다.

LLC 등록 비용은 주 정부 등록비와 법률 수수료로 500~1,000달러 정도가 든다. 가장 저렴한 방법은 LLC를 등록하려는 주 정부 홈페이지에서 직접 하는 것이다. 한편 리걸줌LegalZoom, 젠비즈니스ZenBusiness 및 로켓로이어Rocket Lawyer 같은 서비스를 이용하면 서류를 준비하는 데 도움을 주고, 선택한 주 정부에 서류를 제출하는 것을 대행해준다. 이들은 각종 허가증의 종류와 취득 절차에 대한 정보를 제공해 전반적인 준비 과정을 지원하기도 한다. 물론 변호사를 선임할 수도 있지만, 변호사의 전문성에 따라 비용이 크게 달라질 수 있다.

특히 단독 사업자의 경우 대부분의 LLC 운영 계약은 간단하고 템플릿화되어 있다. 그러나 여러 명의 사업 파트너가 있거나 사업 구조가 복잡하다면, 각자의 역할과 책임, 이익 배분 방식 등을 운영 계약서에 맞춤형으로 상세히 규정할 수 있다는 점이 LLC의 큰 이점 중 하나다.

운영 계약서에는 파트너 간 이익 공유 방식과 회사 운영 방안이 구체적으로 명시된다. 사업 파트너와 동업한다면 반드시 운영 계약을 체결해야 한다. 좋은 운영 계약서에는 각 멤버의 역할과 책임이 명확히 기술되어 있으며, 나중에 누군가 회사를 떠나거나 소유 지분을 매각하려 할 때 어떻게 해야 하는지에 대한 설명도 포함된다.

설립 비용 외에도 LLC를 등록한 주에는 연간 사업자 등록비 같은 반복 비용을 납부해야 한다. 마지막으로, 사업을 설립한 주에서 설립 서류를 받으면 국세청에 사업을 등록하고 사업자 등록 번호EIN, Employer Identification Number를 발급받아야 한다. EIN은 사업체의 사회보장 번호와 같은 것으로, 은행 계좌 및 신용카드 개설부터 대금 수령 시 필요한 W-9 양식 작성에 이르기까지 모든 것에 필요하다. 다음의 링크에 접속해 설문에 응답하면 온라인으로 EIN을 신청할 수 있다.

반드시 LLC를 설립해야 사업을 시작할 수 있는 것은 아니다. 나라면 사업 아이디어로 한 달에 최소 1,000달러를 벌기 전까지는 LLC를 만들지 않을 것이다. 하지만 일단 설립하면 충분히 가치 있는 투자가 될 것이다. LLC는 미국에 특화된 사업 구조지만, 다른 나

라에도 책임 범위를 제한하고 법적 보호를 받을 수 있는 비슷한 형태의 사업 구조가 많다.

*링크: https://www.irs.gov

재정 분리

월수입이 100달러든 10만 달러든 개인 재정과 사업 재정을 분리하는 것은 필수적이다. 현재 거래하는 은행이나 다른 은행에 사업자 전용 계좌를 개설하고, 제품 판매로 발생하는 모든 수익을 해당 계좌에 직접 입금하라.

온라인 결제를 받거나 온라인 쇼핑몰을 운영한다면, 결제 처리 업체payment processor를 지정해 사용 가능한 금액을 매일 또는 매주 자동으로 회사 은행 계좌로 이체하도록 설정하라. 스트라이프, 페이팔PayPal, 스퀘어Square 같은 결제 처리 업체에 돈을 그대로 두면 계정이 잠기는 등의 여러 이유로 자금을 인출하지 못할 수도 있다.

사업자 계좌로 이체하면 사업 수익을 정확히 추적하는 데 도움이 되며, 특히 세금 신고 기간에 개인소득과 사업소득을 국세청에 신고할 때 유용하다. 사업에 필요한 모든 지출은 반드시 사업자 계좌에서 이루어져야 한다. 또한 사업 자금을 개인 계좌와 분리해 보관할 수 있도록 별도의 사업자 당좌예금 계좌를 개설할 수도 있다.

사업자용 신용카드도 발급받아야 한다. 일반 신용카드를 사용할 수도 있지만, 사업자용 카드는 보통 특별한 혜택과 보너스를 제공한다. 신용카드 대금 결제일은 수입이 들어오는 날로부터 30일 뒤로 설정해 매달 계좌에 신용카드 잔액을 상환할 자금이 충분히 있도록 하라. 예를 들어 매월 말일 업체에 청구서를 발행한다면, 신용카드 결제일을 다음 달 30일로 설정하는 식이다.

또한 사업 관련 비용은 모두 신용카드로 결제하는 것이 좋다. 용품 구입, 배송, 고객과의 점심 식사, 타지에서 열리는 업계 컨퍼런스 참석, 정기적인 광고비 등 모든 지출을 신용카드로 처리하고 매달 전액을 카드로 결제하라. 이렇게 하면 신용카드 결제일까지 실제 현금을 지불하지 않아도 되므로 공급 업체에 대한 지불을 며칠, 길게는 몇 주까지 늦출 수 있다.

일반적으로 사업 첫해에는 무이자 분할 결제가 적용되는 사업자용 신용카드를 발급받을 수 있다. 이를 통해 이자 발생이나 대출 없이도 사업 초기의 큰 비용을 나누어 지불할 수 있다. 또한 사업자용 신용카드를 사용하면 은행 계좌와 신용카드 명세서를 통해 월별 지출과 수입을 비교하기 쉬워 지출보다 수입이 많은지를 확인할 수 있다.

게다가 신용카드 포인트를 적립하면 여행 상품이나 다른 보상으로 교환할 수 있으므로 전체 간접비를 더욱 줄일 수 있다. 내가 운영하는 MMG미디어그룹의 경우, 사업자 신용카드로 광고비를 지출해 연간 거의 100만 포인트를 적립했고, 이를 컨퍼런스 참석 시 항공권으로 교환했다. 또한 개인 여행에도 포인트를 사용할 수 있다.

신용카드 포인트의 장점은 세금이 부과되지 않는다는 점이다. 여행에 쓰든 현금으로 돌려받든, 사업 관련 모든 지출을 신용카드로 결제하면 상당한 보상을 얻을 수 있다. 사업자용 은행 계좌나 신용카드를 새로 개설하는 경우 현금이나 포인트를 제공하는 보너스를 받을 수도 있는데, 그 금액은 200~1,000달러까지 다양하다. 포인트에 관한 자세한 정보는 내 웹 사이트에서 참고할 수 있다.

장부 정리와 회계 시스템

장부 정리는 사업의 수입, 지출 및 부채를 정확하고 상세하게 기록하는 행위다. 한편 회계는 장부 정리를 통해 수집된 데이터를 활용해 회사의 재정 건전성, 수익성 및 전반적인 성과에 대한 통찰을 제공하는 행위다.

사업을 잘 운영하려면 장부 정리와 회계는 필수적으로 갖춰야 하는 요소이며, 가능한 한 빨리 전문가에게 아웃소싱하는 것을 권한다. 하지만 초기에는 직접 처리해야 할 가능성이 크다. 이는 비용을 절약할 뿐 아니라 사업 운영 방식에 관한 귀중한 통찰을 제공한다. 초기 단계에서 이런 훈련을 해두면 현재는 물론 성장 이후에도 더 나은 결정을 내릴 수 있다.

나는 여러 온라인 회계 플랫폼을 사용해봤는데, 그중 퀵북스가 가장 좋았다. 계정을 설정하고, 은행 계좌를 연결하고, 신용카드와 연동하는 데 10분밖에 걸리지 않는다. 그러면 퀵북스가 거래 내역을 자동으로 불러와서 내가 얼마나 많은 돈을 벌고 있는지, 그 돈이 언제 내 은행 계좌로 들어오는지, 미수금은 얼마나 있으며 지출은 얼마나 되는지 그리고 얼마나 많은 이익을 내고 있는지까지 손쉽게 추적할 수 있다. 또한 거래 내역을 유형별로 분류할 수도 있다(수입 및 지출 여부, 수신인·발신인별, 거래 목적 등). 이 소프트웨어는 매우 직관적이어서 배우기 쉽지만, 그래도 퀵북스 교육을 받은 회계사에게 몇백 달러를 지불하고 초기 설정을 맡기는 것을 권장한다.

현금 흐름 개선 및 비용 절감

현금은 사업의 혈액과 같다. 미래에 얼마나 많은 돈을 벌 것으로 예상하든, 받을 돈이 얼마나 많든, 지금 현재 얼마나 벌고 있든 중요하지 않다. 은행 계좌에 운영비를 충당할 만큼의 돈이 없다면 사업을 유지할 수 없다. 현금 흐름이 플러스(들어오는 현금이 나가는 현금보다 많은 상태)일수록 사업에 재투자하거나 다른 영역에 지출할 기회가 많아진다. 현금 흐름 관리는 타고나는 능력이 아니라, 배우고 훈련해야 하는 기술이다. 하지만 배우기 어렵지는 않다. 다음은 사업을 시작할 때 도움이 되는 몇 가지 간단한 전략이다.

여유 자금 만들기

재테크를 공부해본 사람이라면, 돈을 불리기 위해서는 투자하기 전에 비상 자금을 마련해야 한다는 사실을 잘 알 것이다. 사업도 마찬가지다. 사업은 언제나 불확실하므로 이에 대한 계획을 세우는 것이 필수적이다. 가장 좋은 방법은 현금 흐름이 둔화되거나 다른 요인이 수익을 위협할 경우를 대비해, 비용을 충당할 만큼의 충분한 현금을 항상 은행 계좌에 확보해두는 것이다.

안타깝게도 많은 기업이 보통 가계처럼 월급날에 맞추어 빠듯하게 운영된다. 그러다 문제가 생기면 사업을 유지하기 위해 고금리 대출을 받는다. 더 심각하면 사업 운영을 완전히 중단해야 할 수도 있다.

매일 밤 편안히 잠자리에 들려면 얼마나 많은 돈을 저축해야 할지는 스스로 결정해야 한다. 나의 경우 항상 사업 계좌에 4~6개월 치 비용을 현금으로 보유한다. 이렇게 해놓으면 나와 파트너의 급여는 물론, 사업 운영에 필수적인 비용을 충당할 수 있다.

또한 필수 비용 외에도 사업을 성장시키는 데 도움이 되는 재량적 비용discretionary expenses(마케팅비, 교육 훈련비처럼 필수적인 비용은 아니지만 필요에 따라 선택적으로 지출하는 비용-옮긴이)까지 지출할 수 있을 만큼 현금을 확보하는 것을 선호한다. 사업에 쏟은 시간과 에너지가 예상치 못한 사건으로 너무 쉽게 무너지는 위험은 감수하고 싶지 않기 때문이다. 돌발 상황이 발생하더라도 충분한 시간을 두고 운영 방식을 조정하거나, 완전히 새로운 방향으로 사업을 전환할 수 있는 여유를 확보하고 싶다.

이처럼 많은 금액을 저축하려면 시간이 걸릴 것이다. 특히 안정적인 현금 흐름을 늘리고 유지하려 애쓰는 동안에는 더욱 그렇다. 가장 간단한 방법은 원하는 여유 자금이 마련될 때까지 매달 수익의 일정 비율을 따로 저축하는 것이다. 목표 금액에 빠르게 도달하려면 최소 20~25%를 목표로 삼는 것이 좋다. 사업이 잘 운영되어 현금 흐름이 증가하면 그 기회를 활용해 일시적으로라도 저축률을 높이는 것이 좋다. 목표 금액을 저축한 다음에는 저축 속도를 늦추거나 중단하고 남은 수익을 사업에 재투자할 수 있다. 물론 12개월 이상의 비용을 저축할 수도 있지만, 그 돈을 사업 성장에 투자하는 편이 장기적으로 더 큰 이익을 가져다줄 것이다.

대금 수령 시점과 지급 시점 사이의 여유 시간 만들기

은행 계좌에 돈이 없으면 비용을 지불할 수 없다. 따라서 청구서 마감일 전에 대금이 계좌에 입금되도록 해야 한다. 가장 쉬운 방법은 제품이나 서비스 대금을 선불로 받고, 납품업체나 협력업체에는 기한을 지키되 가능한 한 늦게 지불하는 것이다.

업종에 따라 선불금을 받기 어려울 수 있지만, 이는 점점 더 일반적인 관행으로 받아들여지고 있다. 나중에 전액을 받지 못하더라도, 특히 서비스를 이행하기 전에 자재를 조달하거나 준비하는 데 시간이 걸리는 경우라면 일부 금액을 선불로 요청하라. 집을 개조하기 전에 자재를 구입해야 하는 건설업자나, 시술하기 전에 디자인 스케치를 해야 하는 타투이스트를 떠올리면 이해하기 쉬울 것이다.

안타깝게도 내가 운영하는 제휴 비즈니스에서는 선불을 받는 것이 불가능하다. 웹 사이트 방문자가 제휴사의 제품을 구매하는 등 특정 행동을 한 다음에야 수수료를 받을 수 있기 때문이다. 심지어 구매가 발생한 뒤에도 보통 30~90일을 기다려야 돈을 받을 수 있다. 따라서 돈을 더 일찍 받을 방법이 없다면 현금을 비축해 여유 자금으로 활용해야 한다. 나는 제휴사로부터 돈을 받을 때까지 비용을 충당하기 위해 항상 최소 6개월 치 비용을 현금으로 보유한다.

대금을 빨리 받는 것뿐 아니라 다른 사람에게는 늦게 지급하려는 노력도 필요하다. 앞서 말했듯 그중 한 가지 방법은 신용카드 결제일을 최대한 늦추는 것이다. 또한 납품업체에는 가능한 한 늦게 그리고 모두 같은 날짜에 청구서 발행을 요청해야 한다. 나 역시 우리가 고용한 작가들에게 해당 기간 제공한 모든 서비스에 대해 매달 말에 한 번씩 청구서 발행을 요청한다. 비록 서비스를 제공받은 뒤에 요청하는 것이지만, 일단 청구서를 받으면 보통 1~3 영업일 내에 신속히 대금을 지불한다. 그들의 작업은 우리 사업에 필수적이고, 그들로부터 평판을 잃고 싶지 않기 때문이다.

비용 절감하기

비용을 어떻게 관리하느냐에 따라 사업 성장 속도와 수익성이 결정된다. 회사가 성장하는 과정에서 사업비business expenses(회사가 제품이나 서비스를 만들고 판매하며, 회사를 운영 및 관리하는 데 발생하는 모든 지출-옮긴이)가 늘어나는 것은 불가피하지만, 그렇더라도 낮은 비용을 유지할 수 있는 시스템을 가능한 한 일찍 구축하는 것이 바람직하다. 이렇게 조성된 절감액은 시간이 지남에 따라 복리 효과를 내고, 사업 성장에 도움이 되는 필수 비용과 나중으로 미뤄도 되는 재량적 비용을 더 잘 구분할 수 있게 해준다.

사업이 성장하면 일회성 비용과 반복적인 비용이 합쳐져 점점 불어난다. 이는 사업 실패의 가장 큰 원인 중 하나다. 즉 회사가 창출하는 수익에 비해 비용이 지나치게 높아지는 것이다. 불필요한 비용을 줄이려면 적어도 1년에 한 번은 모든 정기적 비용을 분석하는 것이 좋다. 회사가 성장할수록 불필요한 비용이 발생하는 것은 당연한 일이기 때문이다.

스스로에게 다음과 같은 간단한 질문을 던져보자. '이것은 정말 필요한 비용인가?', '이 지출이 내 사업 성장에 도움이 되는가?', '지난 6~12개월 동안 이 비용의 투자수익률ROI, Return on Investment은 얼마였는가?', '이 지출이 나의 귀중한 시간이나 비용을 절약하는 데 도움이 됐는가?'

또한 비용을 필수 비용과 재량적 비용으로 구분하는 것도 도움이 된다. 필수 비용은 사업 운영에 반드시 필요한 지출이고, 재량적 비용은 유용하긴 하지만 꼭 필요한 지출은 아니다. 필수 비용을 낮게 유지하면 재량적 비용을 조정할 여유가 생기기 때문에, 현금 흐름이 빠듯할 때는 재량적 비용을 줄이고, 현금이 남아 사업에 재투자하고 싶을 경우에는 재량적 비용을 늘릴 수 있다.

다음은 두 비용의 차이점을 보여주기 위해 우리 회사의 필수 비용과 재량적 비용을 구분한 표다. 분기마다 한 번 정도 각 항목별 비용을 분석해보기 바란다.

필수 비용	재량적 비용
웹 사이트 호스팅 비용	외부 작가 블로그 게시 비용
이메일 마케팅 운영 비용	출장 비용
회사 이메일 플랫폼 운영 비용	사내 커뮤니케이션용 슬랙 비용
아사나 프로젝트 관리 소프트웨어 비용	디지털 PR 비용
키워드 조사 도구 비용	임원 비서 고용 비용
일반 사업자 책임 보험료	팟캐스트 편집 비용
사서함 임대 비용	새 컴퓨터 구입 비용
델라웨어 LLC 등록 대리인 수수료	링크 구축 비용

필수 비용은 사업 유형에 따라 다르지만, 일반적으로 안정적인 웹 사이트 운영을 위한 호스팅 비용, 고객 관리를 위한 이메일 관리 플랫폼 비용(초기 구독자 1,000명까지는 저렴하다) 그리고 기타 제품이나 서비스를 판매하는 데 꼭 필요한 비용에는 투자하는 것이 좋다. 특히 자산 경량 비즈니스에는 많은 비용이 필요하지 않다. 또한 적당한 수준의 일반 사업 책임 보험 가입을 권장하지만, 이는 다음 단계에서 준비해도 충분하다.

비용을 절감하는 방법 중 자주 간과되지만 효과적인 것은, 특히 정기적으로 지불하는 반복 비용에 대해 공급업체와 낮은 요율로 협상하는 것이다. 나는 콘텐츠 중심의 웹 사이트를 많이 운영하기 때문에 내 사업의 가장 큰 임의 지출은 작가 고용 비용이다. 우리의 단어당 평균 비용은 0.11달러로, 재테크 전문 작가의 업계 평균보다 약 50~75% 저렴하다. 하지만 매달 최소 2,000달러 상당의 작업을 약속하고, 앞에서 말했듯 매우 신속하게 대금을 지급하기 때문에 이처럼 낮은 단가로 협상할 수 있었다. 그 결과 우리는 상당한 비용을 절감하고 있으며, 작가들 역시 만족하고 있다.

소프트웨어 및 웹 사이트 호스팅 회사와도 협상할 수 있다. 이들은 당신을 완전히 잃는 것보다 낮은 가격으로라도 고객으로 유지하기를 더 원하기 때문이다. 나는 큰돈이 드는 필수 비용의 경우, 처음 가입할 때나 더 비싼 요금제로 업그레이드할 때마다 더 나은 조건으로 거래할 수 있는지 꼭 문의한다. 대부분의 기술 서비스는 이윤율이 매우 높기 때문에 영업 사원이나 계정 관리자와 잘 이야기하면 협상의 여지가 생긴다. 협상 가능성을 물어봐서 당신이 손해볼 것은 아무것도 없다.

간단한 교환만으로도 비용을 절감할 수 있다. 기업가 커뮤니티의 일원이라면 교환이 더 쉽지만, 그렇지 않더라도 가치 있는 기술이 있다면 사업에 필요한 다른 것과 맞바꿀 수 있다. 내가 밀레니얼머니를 시작했을 때, 다른 사람에게 SEO 감사를 제공하고, 그 대신 자바스크립트 작업이나 일부 계산기 구축 같은 서비스를 받기도 했다. 이 계산기는 지금도 내 웹 사이트에 남아 있다. 이렇게 경쟁업체와 네트워킹하고 협력하는 것도 큰 도움이 될 수 있다.

초기 경쟁업체 중 일부는 내 이야기가 어떻게 그렇게 많은 언론의 관심을 받았는지 궁금해했다. 나는 그들에게 방법을 알려주는 대신 콘텐츠 전략을 프로젝트 관리하는 법과 링크 추적 시스템 구축 방법을 배울 수 있었다. 심지어 한 경쟁업체는 제휴사가 가입 건당 얼마를 지불하는지까지 알려줬다. 이 모든 경험은 내가 사업 운영을 익히는 속도를 높이고, 일부 파트너와의 제휴 조건을 개선해 궁극적으로 사업 수익을 증대시키는 긍정적인 결과로 이어졌다.

내 급여를 책정하는 방법

실험적 기업가로서 자신의 급여를 결정하는 것은 쉬운 문제가 아니다. 비즈니스의 재무 상태, 개인의 금전적 필요, 장기적인 성장 목표 등 여러 요인에 따라 좌우된다. 많은 실험적 기업가들은 성급하게 큰돈을 빼내어 사업이 지속 가능하도록 충분히 재투자하지 않거나, 반대로 생활비를 충당할 만큼의 충분한 돈을 빼내지 않아 사업이 불행의 원인이 되기도 한다. 중요한 것은 두 극단 사이에서 균형을 찾아 충분하지만 지나치지는 않은 금액을 자신에게 지급하는 것이다.

내가 실험적 기업가로 활동하던 시절, 부업으로 번 모든 돈은 회사에 유보하거나 주식시장에 투자했다. 재정적 독립을 향한 여정을 가속화하고 돈을 불리는 데 집중했기 때문에 생활비로는 전혀 사용하지 않았다. 당시에는 그것이 나의 유일한 목표였다. 책의 뒷부분에서는 사업이 성장함에 따라 자신에게 얼마를 지급해야 하는지에 대해 더 자세히 다룰 것이다.

다음은 현재와 미래에 스스로에게 얼마를 지급할지 결정하는 간단한 프레임워크다.

1. **금전적 필요 평가**: 월별 지출, 저축 목표, 순자산, 미상환 부채 등 개인의 재무 상황을 먼저 평가하라. 기본적인 생활비와 각종 비용을 충당하는 데 필요한 금액을 파악하라.

2. **사업의 재무 상황 검토**: 현금 흐름, 수익, 수익성을 포함한 회사의 재무 상태를 점검하라. 사업 운영비와 성장을 위한 자금을 충분히 확보하면서도 자신에게 얼마를 지급할 수 있는지 파악하라.

3. **고정비율 설정**: 일부 기업가는 회사 수익의 고정비율을 자신에게 지급한다. 이 방식은 사업이 성장하고 수익성이 높아질수록 소득이 비례해 증가한다.

4. **시장가격 비교**: 해당 산업과 지역에서 유사한 역할의 급여 및 보상 수준을 조사하라. 해당 분야의 다른 사람들이 얼마를 버는지 이해하면 급여 기준을 세울 수 있다.

5. **개인 비상 자금 강화**: 사업에서 예상치 못한 재정 문제가 발생할 경우를 대비해 6개월 치 생활비를 충당할 수 있는 개인 비상 자금을 유지하라. 개인 재정 문제로 사업 운영에 악영향을 미치는 상황을 만들지 않도록 주의해야 한다.

6. **모니터링 및 조정**: 개인의 금전적 필요와 사업의 재무 건전성을 정기적으로 검토하라. 상황 변화에 따라 급여를 유연하게 조정하라. 사업이 안정되고 수익성이 높아지면 그에 맞게 보상을 늘릴 수 있다.

세금 최적화

미국 세법은 중소기업에 유리하지만, 이를 활용하는 방법을 알아야 혜택을 볼 수 있다.

먼저 모든 비용을 회사 계좌로 지불하라. 이렇게 하면 재정을 분리할 수 있고, 세금 신고 시 공제 항목을 쉽게 파악하는 데 도움이 된다. 사업 성장 과정에서 발생하는 대부분의 비용은 공제 가능하므로, 모든 지출을 적절히 추적하기만 하면 사실상 세금 부담 없이 사업을 '성장'시킬 수 있다.

LLC 여부와 관계없이, 연간 수익이 10만 달러 미만인 초기 단계라면 개인사업자 또는 파트너십(사업 파트너가 있는 경우) 형태로 사업에서 발생하는 세금을 개인소득세에 포함해 신고하는 것이 합리적이다. 이 경우 사업 이익에 대해 일반 소득세율이 적용되어 연방정부나 주정부 또는 시정부에 납부하면 된다. 또한 사회보장 및 메디케어Medicare 기여금을 충당하기 위한 15.3%의 자영업세를 납부해야 한다. 자영업세 중 대부분을 차지하는 사회보장세는 처음 16만 200달러의 이익에 대해서만 부과되지만(2023년 기준), 메디케어 납부금은 소득이 증가할수록 더 증가한다는 점에 유의하자.

과세대상소득을 줄이는 가장 좋은 방법 중 하나는 연말 전에 사업 운영과 성장에 필요한 비용을 최대한 많이 지출해 수익을 낮추는 것이다. 또 사업주와 프리랜서를 위해 특별히 설계된 퇴직연금 401(k)나 SEP-IRA(간이 직원 연금 개인퇴직계좌) 같은 비과세, 절세 계좌에 불입할 수도 있다. 이런 상품은 일반 IRA나 401(k)와 마찬가지로 계좌에서 인출할 때까지 세금 납부가 이연된다.

세금을 줄이는 또 다른 방법은 S 법인(소득이전 과세를 적용받는 미국 세법상 특별한 형태의 사업 구조-옮긴이)으로 과세되도록 신고하는 것이다. S 법인으로 신고하면, 자신의 역할과 유사한 직책의 현재 시장 급여를 기준으로 합리적인 급여를 자신에게 지급해야 한다. LLC를 운영하는 사업주라면 S 법인으로 과세 방식을 변경할 때 세금 절감 효과가 얼마나 되는지 온라인 S 법인 계산기를 이용해 확인해보고 회계사와 상담하는 것을 추천한다.

사업소득세 신고를 위해 회계사나 등기 대리인을 고용할 수도 있지만, 적어도 처음 1~2년은 터보택스TurboTax나 H&R블록H&R Block 같은 플랫폼을 활용해 직접 신고해보는 것이 좋다. 그렇게 하면 어떤 비용을 공제할 수 있고, 그것이 과세소득에 어떤 영향을 미치는지 배울 수 있다. 또 회계사나 등기 대리인에게 한두 시간 상담료를 지불해 궁금한 점에 대한 답을 얻거나 세금 혜택을 최대화할 수 있는 사업 설정에 관한 조언을 구할 수도 있다.

나는 회계사를 고용하기 전까지 이런 방식으로 직접 세금 신고를 했다. 수입이 늘어나면서 다양한 절세 전략을 활용할 수 있지만, 세법은 복잡하고 불명확한 부분이 많으므로 조심해야 한다. 잘못하면 문제가 생길 수 있으니, 반드시 신뢰할 수 있는 회계사를 찾아 세금을 간단하고 명확하게 관리하기 바란다.

재무 건전성 평가

모든 실험과 마찬가지로, 사업을 확장하거나 키울 가치가 있는지 판단하려면 진행 상황을 면밀히 주시하는 것이 중요하다. 다음은 당신의 사업이 현재 단계뿐 아니라 앞으로도 얼마나 건전하고 지속 가능한지를 평가하는 방법이다.

손익계산서 (수입명세서)

손익계산서는 일정 기간 동안의 사업 성과를 나타낸다. 얼마나 벌었는지(매출), 얼마나 썼는지(비용) 그리고 얼마나 남겼는지(이익)를 볼 수 있다. 매월, 분기별 그리고 매 연말에 손익계산서를 확인하라. 이는 사업을 평가하고 최적화하는 데 도움이 될 뿐만 아니라, 매각을 결정할 때도 필수적이다. 잠재 구매자들은 인수 제안을 하기 전에 먼저 손익계산서를 확인하려 하기 때문이다.

손익계산서는 순이익(최종 이익 또는 마지막 이익이라고도 한다)을 보여준다. 이는 제품 또는 서비스 판매로 벌어들인 매출에서 비용, 급여, 대출 상환 등 모든 지출을 공제한 금액이다. 다시 말해 순이익은 모든 비용을 지불하고 실제로 남는 돈의 액수다.

손익계산서를 잘 이해할수록 더 많은 정보를 바탕으로 사업 결정을 내릴 수 있다. 어떤 사업 부문 또는 제품이 가장 큰 이익을 창출하고 있으며 집중 투자할 가치가 있을까? 어디에서 손실이 발생하며 이를 어떻게 줄이거나 없앨 수 있을까? 나는 손익계산서를 볼 때마다 항상 새로운 점을 발견하고, 종종 여러 비용 항목들을 비교하며 내가 지출하는 돈이 실제로 그만한 가치를 하는지에 대해 평가한다.

손익계산서는 각 기간 말에 사업의 가치를 보여준다. 이 정보는 미래의 손익 예산 책정, 수익성 향상 목표 설정, 사업 분야에 추가 투자 여부를 결정하는 등의 재무 계획에 도움이 된다.

손익 계산서	2023년 1월	2023년 2월	2023년 3월	2023년 4월	2023년 5월	2023년 6월	2023년 7월	2023년 8월	2023년 9월	합계
수입										
4100 광고 수입	7,923	10,678	4,359	6,170	12,560	11,987	8,641	5,679	9,081	77,078
4500 제휴 수입	2,500		12,988		5,000					20,488
4650 디지털 상품 수입	1,179	385	385		397		280	280		2,907
총수입	11,602	11,063	17,732	6,170	12,957	16,987	8,921	5,959	9,081	100,473
매출원가										
5105 외주 용역비	1,605	1,901	1,250	1,980	1,579	4,204	3,817	1,809	3,703	21,848
5130 제휴 마케팅 수수료					1,320		900			2,220
총 매출 원가	1,605	1,901	1,250	1,980	2,899	4,204	4,717	1,809	3,703	24,068
매출 총이익	9,997	9,162	16,482	4,190	10,058	12,783	4,204	4,150	5,378	76,405
매출 총이익률	86%	83%	93%	68%	78%	75%	47%	70%	59%	76%
판매비 및 관리비										
총 6200 급여비	1,500	1,500	1,500	1,500	1,500	1,500	1,500	1,500	1,500	13,500
총 6300 결제 처리 수수료	125	125	125	125	125	125	125	125	125	1,125
총 6400 사무 및 관리비	200	200	200	200	200	200	200	200	200	1,800
총 판매비와 관리비	1,825	1,825	1,825	1,825	1,825	1,825	1,825	1,825	1,825	16,425
순이익	8,172	7,337	14,657	2,365	8,233	10,958	2,379	2,325	3,553	59,980
순이익률	70%	66%	83%	38%	64%	65%	27%	39%	39%	60%

아래의 예시 표를 통해 손익계산서를 읽는 방법을 살펴보자.

퀵북스에는 국세청과 마찬가지로 자체적으로 제공하는 비용 분류 체계가 있다. 일부 항목이 중복되지만, 나는 세금 신고를 더 쉽게 하기 위해 국세청 분류 체계를 기본으로 사용하고, 퀵북스의 분류 체계를 그에 맞추어 조정한다.

매달 초에는 지난달 손익계산서를 분석하는데, 특히 세 가지를 중점적으로 본다. 벌어들인 돈, 지출한 돈(비용) 그리고 이익이다.

먼저 비용을 자세히 살펴 평소와 다른 사항이 있는지 확인하고 법률, 마케팅, 외주 용역비 같은 주요 항목에 얼마나 지출했는지 점검한다. 사업 초기에는 현금 흐름과 수익이 적기 때문에 모든 비용을 면밀히 주시하는 것이 좋다. 하지만 지출 구조를 잘 파악하고 목표 이익률을 달성하고 있다면, 매달 개략적으로 검토하고 분기마다 심층적으로 분석하는 편이 더 효율적이다.

다음으로 이익을 살펴본다. 우리 사업의 목표 이익률은 70% 이상이므로, 이 목표에 도달했는지 평가한다. 매출이 급증하거나 투자를 늘린 달에는 목표치보다 이익이 높거나 낮을 수 있으므로, 이런 요인을 반영해 이익률을 평가한다. 또한 사업은 여러 요인에 따라 자연스럽게 흥망성쇠를 겪기 때문에 지난 3개월·6개월·12개월 동안의 추세도 함께 살펴본다. 만약 목표 이익률보다 낮은 상태가 여러 달 이어진다면, 예를 들어 새로운 웹 사이트를 인수 및 투자해서 일시적 비용이 늘었다거나, 재테크 분야 특성상 1월부터 5월까지는 방문자가 많고 그 이후에는 뜸해지는 계절적 요인 때문에 수익이 감소했을 가능성이 크다.

만약 어느 한 달의 이익률이 80% 이상이라면, 그 추가 이익을 사업에 재투자해 사업을 성장시킬 수 있는 가장 좋은 방안이 무엇일지 진지하게 고민하라. 예를 들어 새로운 콘텐츠를 제작하거나, 웹 사이트나 서비스의 기능을 개발하거나, 새로운 광고 캠페인 아이디어를 시험하는 등의 방법이 있을 수 있다. 이는 행복한 고민이라 할 수 있다.

대차대조표(사업 순자산)

대차대조표는 특정 시점에서 기업이 보유한 자산과 부채 그리고 투자자의 출자 금액을 보여준다. 손익계산서와 달리 대차대조표는 정기적으로 유입 및 유출되는 돈뿐만 아니라 회사의 모든 자산과 부채를 망라한다.

대차대조표	2023.9.30.
자산	
총 은행 계좌 잔액	41,092
총 기타 유동자산	0
총고정자산	25,000
총 자산	66,092
부채	
총 기타 유동부채	331

총 신용 카드 미납 잔액	7,187
총 장기부채	2,509
총 부채	10,027
총 자본	56,065
총 부채 및 자본	66,092

　대차대조표는 회사의 자금 조달원, 기업 가치, 채무 상환 능력 그리고 수익성을 파악하는 데 도움이 된다. 대차대조표를 읽는 방법을 익히면 사업 운영뿐 아니라 주식 투자에도 유용하다. 상장기업은 대차대조표를 공개해야 하기 때문이다. 또한 다른 회사를 인수하거나 직접 투자할 경우에도, 대차대조표는 관련 위험을 신속하게 평가하는 유용한 자료다.

　대차대조표는 크게 세 부분으로 나뉜다. 자산(소유한 것), 부채(갚아야 할 돈) 그리고 자본(자산과 부채의 차이)이다.

　자산은 회사가 소유한 모든 것으로, 유형자산(현금, 재고, 사업용 장비, 부동산 등)과 무형자산(특허·권리 및 상표)이 있다. 부채는 회사가 갚아야 할 돈으로, 유동부채와 장기부채로 나뉜다. 유동부채는 1년 이내에 만기가 도래하는 부채로, 외상매입금(공급업체에 지불해야 할 돈) 및 단기차입금이 포함된다. 장기부채는 대차대조표 작성일부터 1년 이후에 만기가 도래하는 부채로, 주택담보대출, 리스 및 장기 차입금 등이 해당된다. 자본은 회사의 순자산으로, 자산에서 부채를 차감한 값이다.

현금 흐름표

손익계산서가 사업의 수익성을 보여준다면, 현금 흐름표는 사업 운영의 실질적인 재정 상태를 보여준다. 현금 흐름표는 매출, 투자, 차입금 및 기타 출처로부터 유입되는 현금과 비용 지불, 채무 이행 및 투자로 인해 유출되는 현금을 구분해 보여준다. 나는 현금 흐름표를 매달 확인한다.

현금 흐름표	2023.9.30.
기초 현금 잔액	15,981
영업 활동	
광고 수익	78,109
콘텐츠 작성 비용	8,179
급여	5,500
일반 운영비	1,200
영업 활동으로 인한 순 현금 흐름	63,231
재무 활동	
차입금 상환액	(4,105)
재무 활동으로 인한 순 현금 흐름	(4,105)
현금 순증가	59,126
기말 현금 잔액	49,807

기말 현금 잔액

현금 흐름표를 통해 단기 현금 흐름을 예측하고 급여, 임대료, 공과금 같은 필수 비용을 충당할 현금을 충분히 확보했는지 점검할 수 있다. 또 사업 확장을 위한 현금 보유액이 충분한지, 직원을 더 채용할 수 있는지, 장비를 구입할 수 있는지 또는 마케팅에 투자할 수 있는지 등을 평가하는 데 도움이 된다. 사업의 성장 계획을 수립하는 데도 활용할 수 있는 것이다.

또한 현금 흐름표를 정기적으로 분석하면 회사의 현금 관리에서 나타나는 추세와 패턴을 파악할 수 있다. 현금 흐름이 원활하지 않을 경우 문제를 조기에 발견해 비용 절감이나 추가 자금 확보 같은 조치를 취할 수 있다. 시간이 지나면서 꾸준히 주의를 기울이면 연중 발생하는 계절적 변이나 추세 또는 현금 흐름이 증가하거나 감소하는 시기를 예측해 미리 대비할 수도 있다.

스스로에게 질문하라

인생은 사랑하지 않는 일을 하기에는 너무 짧다. 실험적 기업가가 되는 것은 단순히 사업을 최대한 지속 가능하게 만드는 데서 그치는 것이 아니라, 기업가가 되는 것이 어떤 느낌인지를 실험하는 것이다. 즉 기업가 정신이 당신이 원하는 삶을 살고 되고 싶은 사람이 되는 데 어떻게 도움이 되는지를 시험해보는 것이다. 이 과정을 거치며 스스로에게 묻고 '진실 2', 즉 생각하기 전에 자신의 느낌을 믿으라는 말을 되뇌길 바란다.

하루 종일 자신의 아이디어만 생각할 정도로 신나는가? 식료품점에서 줄 서 있는 동안에도 사업의 다음 단계를 고민하고 있는가? 앉아서 사업을 구축하는 시간이 즐거운가? 아니면 신나지 않고 지쳐 있는가? 단지 해야 한다고 생각하기 때문에 억지로 하고 있는 것은 아닌가? 아이디어나 사업을 찾아내고, 이해하고, 발전시키는 과정에서 호기심을 느끼는가, 아니면 사업과 관련된 일을 하는 것이 두렵기만 한가?

이 책에서 이미 여러 번 언급했듯, 사업을 한다는 것은 결코 쉬운 일이 아니다. 그럼에도 불구하고 당신은 여전히 이 모든 것을 탐구하는 것에 신나야 한다. 그렇지 않다면 자신에게 딱 맞는 아이디어가 아니거나, 주변의 충분한 지원이 없거나, 사업이 제대로 궤도에 오르지 못했기 때문일 수 있다.

자신의 사업에 흥미를 느끼지 못하거나 스스로 동기부여가 되지 않는다면, 어려움에 직면했을 때 추진력을 만들거나 유지할 수 없다. '진실 7', 즉 추진력은 사업에서 가장 강력한 힘이라는 사실을 기억하라.

실험적 기업가가 되는 데 있어 가장 큰 어려움 중 하나는 올바른 아이디어를 찾고, 시험하고 배우며, 사업을 증명할 충분한 시간을 자신에게 허용하지 않는 것이다. 나 역시 첫 번째 수익성 있는 아이디어를 찾기까지 1년 넘게 실험했는데, 기업가가 되는 것이 내게 선사할 수 있다고 믿었던 자유를 갈망했기 때문에 계속할 수 있었다. 현재의 나에 대한 믿음은 부족했지만, 미래에 될 수 있는 나에 대한 믿음은 강했다.

나는 예전부터 다른 사람 밑에서 9시부터 5시까지 일하는 틀에 갇히는 것을 매우 싫어했다. 그래서 그런 생활을 벗어나려 한 점이 내가 사업가로 나서는 데 도움이 됐다. 계속 배우다 보면 언젠가 해낼 수 있으리라는 확신이 있었고, 그 예상은 맞았다. 배우면 배울수록 학습 속도는 빨라지고, 그 효과는 마치 복리 이자처럼 불어난다. 다른 복리 곡선과 마찬가지로 처음에는 느리지만 시간이 지나면 빠르게 성장한다. 초기에 더 많은 시간과 에너지를 투자할수록 복리 효과는 더욱 커지기 마련이다.

너무나 많은 사람이 몇 달 안에 원하는 만큼 돈을 벌지 못하거나 너무 빨리 싫증이 나 포기하고 방향을 바꾼다. 거의 예외 없이 매주 내 커뮤니티에서는 자신의 아이디어나 사업을 그만둘지를 고민하는 기업가가 내게 연락해온다. 이야기는 늘 같다. 사업이 예상보다 더디다거나, 기대만큼 돈을 벌지 못한다거나, 최악의 경우 시간이 없다는 것이다. 아, 그 말은 항상 나를 답답하게 한다. 잠깐만… 자신을 위해 쓸 시간이 없다는 말인가? 자신이 사랑하는 삶을 만들 시간이 없다는 말인가? 아니면 삶에 더 많은 선택지와 자유를 만들 시간이 없다는 말인가?

그들은 시작조차 하기 전에 포기한다.

당신도 그런 삶을 살고 싶다면 상관없다. 하지만 그렇지 않다는 것을 스스로 알고 있다. 아니라면 이 책을 여기까지 읽거나 듣지 않았을 테니 말이다. 물론 사업 아이디어가 충분한 수익을 내지 못하거나 즐겁지 않다면 혹은 둘 다라면 자유롭게 방향을 바꾸거나 포기해도 좋다. 하지만 진정한 기업가가 되고 싶다면, 포기하거나 자신에게 맞지 않다고 단정하기 전에 최소 6개월은 적극적으로 사업에 집중해보라.

이미 사랑하는 아이디어를 찾았고, 어느 정도 돈도 벌고 있고, 신이 나서 추진력을 얻었다면 당신은 이제 다음 단계로 나아갈 준비가 된 것이다.

LEVEL 2

1인 기업가
: 무기가 되는 시스템과 수익 구조 만들기

'1인 기업가' 단계는 부업을 넘어 장기적인 성장을 내다보는, 실질적이고 지속 가능한 사업으로 발전하는 시기다. 이 단계의 핵심은 지속 가능성을 구축하는 것이다. 즉 상품을 구매해주는 지속 가능하고 성장하는 커뮤니티, 생활비를 충당하고도 남는 지속 가능한 현금 흐름 그리고 당신의 시간을 확보할 수 있도록 기술과 인력으로 운영되는 지속 가능한 시스템을 갖춰야 한다.

1인 기업가는 기업가로서의 자유를 누릴 수 있지만, 한편으로는 사업과 개인 삶의 경계가 흐려져 어려움을 겪기도 한다. 많은 1인 기업가들이 자신의 삶이 곧 사업이라 여기며 대부분의 시간을 사업에만 몰두하는 실수를 저지른다. 그들은 통제력을 잃고 사업에 너무 깊이 빠져 개인의 삶과 사업을 분리하기 어려워한다. 이런 실수를 피하려면 처음부터 자신의 삶에 대해 의식적이고 의도적인 태도를 갖는 것이 무엇보다 중요하다.

만약 당신이 사업을 운영하다가 막다른 길에 부딪혔다고 느끼더라도, 이 단계에서는 비교적 쉽게 바로잡을 수 있다. 그리고 진정으로 구축하고 싶은 것에 충실할수록, 당신의 삶을 지탱하는 사업을 펼쳐나갈 가능성은 더 커진다.

　이 단계에서는 꾸준한 수입이 생기기 시작하더라도 여전히 당신의 많은 시간을 일에 투자해야 할 가능성이 크다. 하지만 늘어난 현금 흐름을 활용해 간단한 시스템을 구축하고 외주 업자에게 업무를 아웃소싱하면, 내 시간을 어떻게 쓸지 자유롭게 선택할 수 있다. 그렇게 하면 당신은 사업을 성장시키는 데 집중할 수도, 아니면 삶을 즐기는 데 더 많은 시간을 할애할 수도 있다.

　또한 이 단계에서는 사업이 정확히 어떻게 작동하는지, 어떤 노력이 효과적이며 어떤 노력이 효과적이지 않은지 그리고 시간과 에너지를 어디에 투자해야 최대의 효과를 낼 수 있는지 정확히 파악할 수 있을 만큼 충분한 데이터를 수집해야 한다. 자신의 직관과 데이터를 함께 사용하는 방법을 배움으로써 사업을 발전시키고 이익을 늘리며 삶에 활력을 불어넣는 결정을 내리고 있는지 확인하라.

　사업을 하다 보면 실수를 저지르거나 잘못된 선택을 할 수도 있다. 하지만 중요한 것은 멈추지 않고 계속 앞으로 나아가는 것이다. 일단 추진력을 얻어 유지하면 사업은 웬만큼 굴러가기 마련이다. 하지만 인생에서 추진력이나 에너지를 잃으면 사업에도 부정적 영향을 미쳐, 사업이 당신의 삶에 가져다주던 기쁨도 사그라들기 시작한다. 많은 회사들이 사업주가 추진력을 잃으면, 마치 산소 부족으로 헐떡이다가 결국 숨을 멈추듯 사업을 지속할 힘을 잃고 실패한다. 기업가, 특히 1인 기업가에게는 이 에너지를 초기부터 꾸준히 키우고 가꾸는 일이 매우 중요하다.

주변 사람들은 당신에게 긍정적인 에너지를 주기도, 반대로 에너지를 소진시키기도 한다. 그래서 적절한 사람들과 함께 일하는 것이 매우 중요하다. 1인 기업가라고 해서 혼자서만 사업을 한다는 의미는 아니다. 사실 훌륭한 사람들과 함께할수록 사업과 삶은 더 풍요로워진다.

여러 면에서 1인 기업가 단계는 사업의 성패를 가르는 중요한 시기라고 할 수 있다. 자동화, 시스템화, 아웃소싱의 기반을 마련해 시간과 에너지를 효율적으로 사용할 것인가, 아니면 혼자 모든 것을 해내려 애쓰다가 지쳐버릴 것인가? 당신을 고객으로서 기꺼이 지지하고 대신해서 열정적으로 홍보해줄 지속 가능한 커뮤니티를 구축할 것인가, 아니면 누구나 사용하는 단기적인 마케팅 전략을 좇을 것인가? 당신을 살아 있다고 느끼게 하는 사업을 구축할 것인가, 아니면 또 다른 쳇바퀴에 갇힐 것인가?

이 질문들에 대한 당신의 답은 사업의 미래뿐 아니라 당신의 삶 전반의 행복과 만족도까지 좌우할 것이다. 다음 장에서는 내가 사용했던 전략을 바탕으로 설명하고, 그것을 받아들여 당신의 것으로 만들기를 권할 것이다. 이 전략의 핵심은 당신 자신과 당신의 이야기다. 온라인에 넘쳐나는 정보와 점점 짧아지는 우리의 집중 시간에도 불구하고 사람들의 주목을 끄는 것은 바로 당신의 이야기다. 그것은 당신의 사업이므로 당신이 원하는 방식대로 구축해야 한다.

7장

사업의 단단한 뿌리, 커뮤니티와 고객 관리

> 사람들을 이끌려면
> 그들 옆에서 걸어라.
>
> — 노자 老子

멕시코 식당 치폴레 앞에 줄을 서 기다리며 휴대전화로 이메일을 확인했다. 거기에는 이런 내용이 있었다.

"안녕하세요, 사바티어 씨. 감사 인사를 드리고 싶었습니다. 당신 덕분에 우리 부부는 다시 화목해졌어요. 이전에는 돈 이야기를 꺼내는 것조차 어려웠는데, 당신을 알게 된 뒤로는 솔직하게 대화할 수 있게 됐습니다. 언젠가 직접 감사드릴 기회가 있기를 바랍니다. 지금처럼 좋은 일을 계속해주세요."

시간이 멈춘 듯했다. 나는 아무 말도 할 수 없었다. 그날 그릴 위에서 닭고기가 지글지글 익던 소리와 음식을 건네주던 직원의 얼굴이 아직도 생생하다. 평범하게 흘러갈 뻔했던 그날은 독자로부터 처음

받은 감동적인 이메일 덕분에 특별한 날로 기억됐다. 밤을 새워가며 글을 쓴 모든 노력에 대한 보상을 받는 듯했다. 나는 내가 해야 할 일을 정확히 하고 있었던 것이다.

내가 처음 밀레니얼머니를 시작했을 때, 어떤 사람들은 내가 나의 삶과 어려움을 너무 솔직하게 드러내는 것을 보고 미쳤거나 어리석다고 생각했다. 하지만 그런 솔직함을 좋아하는 사람도 많았다. 나를 좋아한 이들은 내 이야기와 캐릭터에 몰입했고, 내가 만들어가는 것에 관심을 갖기 시작했다. 그들은 내 콘텐츠를 온라인과 친구들에게 공유했고, 나는 치폴레에서 본 것과 같은 감동적인 이메일을 더 많이 받기 시작했다.

당신이 청중과 솔직하고 투명하게, 약점까지 드러내며 소통하고 당신의 삶을 공유하며, 청중의 조언을 구하고, 그들에게 당신의 사명에 동참해줄 것을 부탁하면 청중은 당신과 당신의 이야기에 더욱 깊이 몰입할 것이다. 그들이 당신을 더 잘 따라오고, 응원하고, 당신의 커뮤니티에 참여하고, 그러다 보면 제품을 구매할 가능성도 높아진다. 하지만 효과를 내려면 반드시 진정으로 솔직해야 한다. 그것은 꾸며낼 수 없다. 꾸며내려 노력하면 어느 정도 관계는 맺을 수 있겠지만, 당신이나 청중 모두에게 좋은 인상을 남길 수도, 오래 가지도 못할 것이다.

밀레니얼머니 초창기 시절, 나는 구글 애널리틱스로 웹 사이트 방문자 수를 꼼꼼히 추적했다. 방문자가 늘어나기 시작했을 때조차 내가 사람들에게 어떤 영향을 미치고 있는지 제대로 알지 못했다. 독자들이 개인적으로 연락을 해오기 시작하고 나서야 비로소 깨달았다. 그 경험을 통해 나는 내 일이 더욱 인간적으로 느껴졌고, 웹 사이트 방문자 한 명 한 명이 저마다의 이야기와 가족, 희망과 꿈 그리고 돈과 관계를 지닌 실제 사람들이라는 것을 알게 됐다.

실제 나를 만난 독자들은 나를 안아주기도, (내가 팟캐스트에서 한 번 언급했던) 블루베리 파이를 가져오기도 한다. 또 어떤 이들은 온라인에서 읽고 들었던 '나'와 실제의 '나'가 똑같다고 말한다. 때로는 그들이 울고, 때로는 내가 운다. 나는 독자들을 직접 만나는 일을 정말 좋아한다. 처음 일을 시작했을 때는 내 주변의 가까운 사람들에게 도움을 주는 것을 목표로 했지만, 그 일이 예상외로 크게 성장해 지금의 규모에 이르리라고는 전혀 상상조차 하지 못했다.

돈은 감정적인 반응을 불러일으키는 주제다. 2019년 북 투어에서 수많은 독자를 만나고 나서야 나는 깨달았다. 사람들이 공감한 것은 내가 공유했던 돈 관리법이나 투자 전략이 아니었다. 약점을 드러낸 나의 솔직함과 진정성 그리고 진심으로 공감하는 말투였다. 비록 한 번도 만난 적이 없었지만, 나는 그들을 진심으로 걱정했다.

내 이야기는 그들에게 영감을 줬고, 내 콘텐츠 덕분에 그들 역시 나처럼 할 수 있다는 자신감을 얻게 됐다. 나는 그들이 세상을 조금 다른 시각으로 바라보게 하고, 기존의 방식대로 살 필요도, 65세까지 억지로 일할 필요도, 싫어하는 일을 계속하며 고통스러워할 필요도 없다는 사실을 깨닫도록 도와줬을 뿐이다. 또한 나는 단지 말뿐이었던 것이 아니라, 실제로 어떻게 해야 하는지 보여줬다. 그것은 그들의 삶을 바꿨고, 동시에 내 삶도 변화시켰다.

어떤 산업에 종사하든, 어떤 제품을 팔든, 결국 당신은 사람을 상대하는 사업을 하고 있다. 당신이 커뮤니티에 지속적으로 가치를 더하지 못하면, 그들은 금세 흥미를 잃을 것이다. 커뮤니티를 행복하고 만족스럽게 유지해 그들이 다시 돌아오게 만들지 못하면, 당신은 사업을 오래 유지하지 못할 것이다. 많은 사업주, 특히 1인 기업가들은 처음 사업을 시작한 이유를 잊고 고객, 웹 사이트, 판매 데이터에만 집착한다. 그들은 커뮤니티와 긴밀히 소통하기보다 데이터에 의존해 결정을 내린다.

인터넷에 일주일 내내 광고를 띄우고 좋은 혜택을 제공하면 고객이 한 번쯤은 구매할 수 있다. 그러나 재구매로 이어지려면 고객이 당신의 브랜드를 사랑하고 신뢰하며 지지해야 한다. 웬만한 마케터라면 고객을 확보할 수 있지만, 최고의 브랜드는 커뮤니티를 구축한다. 커뮤니티가 있으면 고객들이 계속 찾아와 당신의 성장을 돕고, 다른 사람들을 당신의 사업에 소개해 성장을 더욱 가속화하며 자원도 절약해준다. 처음 방문하는 사람들에게 들이는 만큼의 노력을 그들을 참여시키는 데 쏟을 필요가 없기 때문이다.

커뮤니티를 구축하는 데는 시간이 걸린다. 따라서 나처럼 내성적인 사람에게는 시작 자체가 부담스러울 수 있다. 하지만 괜찮다. 목표를 잊지 않고, 자신의 한계를 인정하며, 가치관을 지킨다면 진솔함과 독창적인 방식이 경쟁 속에서 당신을 돋보이게 할 것이고, 결국 독자는 계속해서 당신을 찾게 될 것이다.

약간의 노력은 필요하지만, 꾸준한 소통, 양보다 질, 솔직한 공유 그리고 두려움 대신 긍정적인 태도에 집중한다면 당신은 쉽게 포기하거나 흔한 콘텐츠만 쏟아내는 경쟁자들보다 훨씬 유리한 위치를 차지할 것이다.

이제 커뮤니티를 육성하고 그것을 지속 가능한 고객 기반으로 전환하는 데 도움이 되는 5단계를 살펴보자.

1단계: 관심사와 목표 공유

빌드인퍼블릭 운동이란 자신의 창의적이고 기업가적인 여정을 다른 사람들과 공유하는 과정을 뜻한다. 이는 보통 소셜 미디어, 블로그 또는 기타 온라인 플랫폼을 통해 이루어진다. 이것은 단순한 구호가 아니라, 진정성 있고 인간적인 방식으로 잠재 고객을 유치하고 그들이 성장하도록 돕는 것이 최선의 방법이라 믿는 사람들이 실제 실천하는 방식이다.

핵심 아이디어는 프로젝트, 사업 또는 개인적 발전을 진행하는 과정에서 경험하는 어려움 및 통찰을 기록하고 공유하는 것이다. 이는 청중을 구축하고, 피드백을 얻고, 신뢰도를 높이는 데 강력한 전략이 될 수 있다.

내 친구 케이틀린 파일Caitlin Pyle은 소매업 직장을 그만두고 꼼꼼함이라는 자신의 강점을 살려 법원 속기록의 오탈자, 문법 오류, 구두점 오류 등을 교정하는 개인 사업을 부업으로 시작했다. 이후 페이스북과 자신의 블로그 '프루프리드 애니웨어Proofread Anywhere'에 사업을 구축해가는 경험을 기록했다. 점차 사람들이 그녀의 이야기에 관심을 갖기 시작했고, 2014년 그녀는 사람들이 스스로 사업을 구축하도록 돕는 속기록 교정 커뮤니티와 강좌를 개설했다. 이 사업 역시 대중에게 공개하며 구축했고, 그것은 더 많은 고객을 끌어들이는 사업 확장의 동력이 됐다. 결국 1만 5,000명이 넘는 학생이 그녀의 강좌를 구매했고, 2022년 그녀는 450만 달러(원화로 약 65억 원)에 사업을 매각했다.

나는 최근 사업주를 위한 재테크 플랫폼 캐리Carry에 투자했다. 공동 창업자인 앙쿠르 나그팔Ankur Nagpal은 매달 회사의 수익, 사용자 수, 주요 프로젝트, 애로 사항 및 다음 달 계획을 누구나 구독할 수 있는 이메일 뉴스레터를 통해 공개적으로 공유한다. 그는 매우 개방적이고 투명하며, 심지어 인간적인 면모까지 편지에 담아낸다. 그는 잘 안 풀린 일이나 효과가 없었던 일도 공유하는 한편, 새로 추가된 기능과 기록 돌파를 구독자들과 함께 축하하기도 한다.

나는 캐리에 투자했기 때문에 회사의 운용 자산AUM, Assets Under Management 목록이 포함된 조금 다른 버전의 이메일을 받지만, 그 외의 내용은 다른 구독자가 받는 것과 동일하다. 그는 '어떻게 도움을 줄 수 있을까요?'라는 제목의 섹션으로 편지를 마무리하며, 독자들이 회사의 목표 달성을 어떻게 지원해줄 수 있는지 설명한다. 그가 구독자에게 요청하는 것은 플랫폼의 새로운 기능을 사용해보고 의견을 보내주거나, 주변에 새로운 기능을 소개하거나, 함께 일할 만한 사람을 추천하는 것처럼 간단하다. 나그팔은 솔직하고 투명하게 정보를 공유함으로써 이미 캐리를 지지하는 팔로워와 투자자들의 적극적인 참여를 이끌어내고, 다양한 자원을 지닌 더 넓은 범위의 사람들에게까지 영향력을 미친다. 구독자들은 그와 회사에 유대감을 느끼고 또 기여하고 싶어 하기 때문에 그의 도움 요청에 빠르게 응답한다.

이와 같은 커뮤니티 우선 접근 방식은 사업 성장을 가속화한다. 빌드인퍼블릭은 처음에는 소프트웨어 개발자 그룹에서 시작됐지만, 이제는 모든 유형의 기업가에게 빠르게 확산됐다. 누구든 자신이 편안하게 느끼는 만큼의 사업 이야기나 삶의 경험을 다른 사람들과 나누는 것부터 시작해볼 수 있다. 물론 모든 것을 공유할 필요는 없다. 하지만 더 개방적이고 투명할수록 더 많은 신뢰를 얻고, 관계를 구축하며, 도움을 받을 수 있다.

또한 판매하려는 제품이나 서비스에 대해 이야기하거나 업계에 대한 의견을 제시하는 것에 그치지 않고, 기업가로서 겪는 현실을 드러내며 직면한 어려움과 결정해야 할 사항을 공개적으로 논의하는 것이다. 내가 밀레니얼머니를 처음 시작했을 때, 나는 완벽한 척도 모든 것을 다 알고 있는 척도 하지 않았다. 대신 인간적인 면을 그대로 드러내며 실시간으로 세상과 공유했다.

빌드인퍼블릭은 사람들이 인간적인 차원에서 당신과 연결되도록 해준다. 그러면 당신은 단순한 브랜드나 제품 그 이상의 존재가 된다. 고객들이 응원하고 기억할 수 있는 사람이 되는 것이다. 또 이를 통해 다른 기업가들과도 연결될 수 있는데, 그들은 당신의 여정에서 동맹이자 지지자가 되기도 한다. 나의 경우 네트워크에 어려움을 겪는 문제에 대한 조언이나 새로운 의견을 구하곤 하는데, 이들은 대부분 내가 팔로우했거나 나를 팔로우한 사람들이다.

아래는 대중에게 공개하며 구축하기를 활용하는 몇 가지 방법이다. 이 가운데 일부는 이 장의 뒷부분에서 더 자세히 다루고 있다.

- **플랫폼 구축**: 사람들이 당신의 여정을 쉽게 따라올 수 있도록 블로그나 소셜 미디어 프로필 같은 중앙 허브를 만들어야 한다. 관련 해시태그를 활용해 같은 주제에 관심 있는 다른 사람들이 당신의 콘텐츠를 더 쉽게 찾을 수 있도록 하라.
- **프로젝트 업데이트**: 프로젝트 진행 상황을 정기적으로 업데이트하라. 여기에는 새로 추가된 기능, 기록 달성 또는 새로 발생한 문제 등이 포함될 수 있다. 사업 여정을 투명하게 공개하면 청중의 신뢰를 얻을 수 있다.
- **애로 사항 및 교훈**: 힘들었던 점과 거기서 배운 점을 기록하라. 내가 한 실수와 그것을 극복한 방법을 공유하면 청중에게 유익한 정보를 제공할 뿐만 아니라 그들과 공감대를 형성할 수 있다.
- **비하인드 스토리 콘텐츠**: 재택근무 환경, 작업 공간 또는 창작 과정 등 일상 업무의 단면을 보여주자. 사람들은 종종 결과물이 만들어지기까지의 과정, 즉 비하인드 스토리에 흥미를 느낀다. 나 역시 첫 책 집필 과정을 공유했고, 이는 사람들의 기대감을 높여 출간 직후 뜨거운 반응을 이끌어냈다.
- **청중과의 소통**: 팔로워의 댓글, 질문 및 피드백에 응답하라. 이런 소통은 공

동체 의식을 형성하고 청중의 충성도를 높일 수 있다.

- **개인적 성장**: 자신의 목표, 진행 상황 그리고 발전을 위해 사용하는 도구나 기술을 공유하라. 이는 비슷한 여정을 걷는 다른 사람들에게 영감을 줄 수 있다.
- **네트워킹**: 공개적으로 활동하면 같은 생각을 가진 사람들과 연결될 수 있다. 공개적으로 활동하는 사람들에게 연락해 가능하다면 협력하라. 온라인 또는 오프라인 관련 행사나 컨퍼런스에 참석하는 것도 좋다.
- **피드백 및 반복**: 진행 중인 프로젝트에 대해 청중의 의견을 구하라. 결정을 내리거나 변경 사항이 있을 때는 설문 조사나 질문을 통해 의견을 물어볼 수 있다.
- **신뢰 구축**: 공개적으로 활동하면 해당 분야에서 권위를 세우는 데 도움이 된다. 오랜 시간 귀중한 통찰을 공유하고 전문성을 보여주면 사람들은 당신의 의견과 조언을 더 신뢰하게 된다.
- **진정성 유지**: 자신을 있는 그대로 보여주고 진솔한 경험을 공유하라. 사람들은 완벽하게 꾸민 모습보다 솔직하고 현실적인 이야기와 사람에게 더 깊이 공감한다.

공개적으로 활동하며 구축하기는 단순한 자기 홍보가 아니다. 자신의 여정을 공유하고 공동체 의식을 느끼며, 함께 성장하는 것을 목표로 해야 한다. 이는 당신과 관심사와 목표를 공유하는 다른 사람들이 끈끈하게 연결되는 효과적인 방법이다.

2단계: 신뢰 구축을 위한 콘텐츠 확장

콘텐츠는 꾸준히 수익을 창출한다. 내가 2018년에 쓴 몇몇 게시물은 지금까지도 매달 500달러 이상의 수익을 낸다. 내 인생을 바꾼 책 『부의 주인은 누구인가』의 저자 비키 로빈은 내가 인터뷰에서 이 책을 추천한 사실을 알고 내게 연락을 해왔다. 내가 2017년에 쓴 블로그 게시물을 읽고 연락해온 사람도 있고, 2019년에 출간된 내 책 『파이낸셜 프리덤』의 영향으로 지금도 거의 매주 독자들로부터 질문을 받고 강연 기회도 얻고 있다. 다른 크리에이터, 투자자, 브랜드 담당자 들은 내가 한 인터뷰를 보고 연락을 해온다. 레이철 레이Rachel Ray는 택시 안에서 내가 CNBC와 인터뷰한 것을 보고는 그녀의 쇼에 나를 초대하기도 했다. 내가 잠든 사이에도 1인 기업가로서 내가 만든 콘텐츠는 계속해서 나의 브랜드와 사업을 키우고 있다.

이 단계에서는 자신이 즐겨 사용하는 플랫폼을 통해 가능한 한 최고 품질의 콘텐츠를 많이 만들어 플랫폼을 확장해야 한다. 특히 자신의 강점과 즐겨 사용하는 플랫폼에 집중해야 한다. 콘텐츠를 게시하면 사람들은 자신이 편한 시간과 방식으로 당신과 소통할 수 있다. 예를 들어 직장에서 컴퓨터로 보거나, 온라인에서 시간을 때울 때나 혹은 잠자리에 들기 전에 휴대전화로 볼 수도 있다.

뛰어난 품질의 콘텐츠는 여러 플랫폼에서 재활용할 수 있고, 오랫동안 그 가치를 유지한다. 이런 콘텐츠 하나가 품질이 떨어지거나, 반짝 세태를 반영하거나, 일시적인 유행을 좇는 수십 개의 콘텐츠보다 훨씬 가치 있다. 1인 기업가라면 기존 경쟁업체처럼 광고에 많은 비용을 쓰지 못하는 것은 물론이고, 하루에 열 번씩 게시해 SEO를 장악할 만한 규모에 도달하지도 못했을 것이다. 하지만 이것이 오히려 가장 큰 장점이다. 단기적인 성장이나 빠른 성공을 위해 양으로 승부할 수도 있지만, 사람들이 좋아하는 것을 만드는 편이 훨씬 보람 있기 때문이다. 또한 양질의 콘텐츠는 자체적인 생명력이 있어 오랫동안 꾸준히 인기를 얻기 때문에 장기적인 성장에도 훨씬 유리하다.

다음은 콘텐츠로 신뢰를 구축하는 데 도움이 될 만한 몇 가지 팁이다.

1. **실용성과 개인적 경험의 조화**: 내가 올린 게시물 중 가장 성공적이었던 것은, 개인적 경험에서 나온 짧은 이야기와 실용적인 전략 및 관점을 내 경험에 결합한 것이었다. 내가 만난 모든 콘텐츠 제작자들도 같은 이야기를 한다. 스토리텔링은 정보를 전달하는 가장 강력한 방식 중 하나다. 사람들은 아이디어보다 이야기에 더 잘 반응하기 때문이다. 좋은 이야기는 당신이 해당 주제에 대해 더 잘 알고 있음을 보여주고, 사람들이 오래 기억할 수 있는 생생하고 구체적인 예시를 제공한다.

2. **양보다 질**: 인공지능을 포함해 콘텐츠를 만드는 데 사용할 새로운 도구가 많아졌고, 사람들의 관심을 끌기 위한 경쟁은 매우 치열하다. 콘텐츠 제작의 일부를 외부에 맡길 수 있을 때까지는 가치 있는 콘텐츠를 만드는 데 쓸 수 있는 시간도 한정적이다. 이것이 바로 항상 내가 양보다 질을 우선시하

는 이유다. 치열한 경쟁 속에서 두각을 나타내려면 충분한 조사를 거쳐 신뢰할 만하고 논리적으로 타당하며, 사람들에게 실질적인 도움을 주는 가치 있는 정보를 제공해야 한다.

목표 고객의 문제를 해결하고, 궁금한 점에 대해 명확히 답하며, 사람들의 요구와 관심사를 충족시키는 콘텐츠를 만드는 데 집중하라. 이야기, 유용한 정보, 제품이나 서비스를 최대한 활용할 수 있도록 돕는 교육적 콘텐츠 등을 다양한 형식의 콘텐츠로 공유하라. 콘텐츠가 사람들에게 더 많은 이익을 주고 참여를 이끌어낼수록 당신에 대한 신뢰도 더 커진다. 정보를 제공하면서도 유익하고 재미있는 콘텐츠 하나는 평범한 콘텐츠 여럿보다 훨씬 효과적으로 신뢰를 높일 것이다.

3. **전문 지식 공유**: 신뢰를 얻으려면 해당 분야의 전문가로 자신을 차별화해야 한다. 금융이든 원예든 어떤 분야든 당신이 그 주제에 대해 잘 알고 있음을 제품 설명, 뉴스레터, 소셜 미디어 게시물 등 제작하는 콘텐츠를 통해 드러내야 한다. 깊이 있는 통찰, 사례 연구 및 실제 예시를 제시하라. 사람들이 당신이 그 주제에 정통하다고 느끼면 당신의 조언을 더 신뢰할 것이다. 잘 아는 주제에 대해 글을 쓰면 쓰는 과정도 편하고, 글쓰기를 꾸준히 지속할 가능성이 높아져 점점 더 속도와 탄력이 붙는다.

4. **두려움이 아닌 희망에 초점 맞추기**: 미디어는 늘 사람들의 두려움과 불안을 이용해 관심을 끌어왔다. 알고리즘 기반 플랫폼의 영향력이 커지면서 이 문제는 더욱 심각해졌다. 많은 마케터들은 사람들의 불안을 파악해 긴급성과 FOMO Fear of Missing Out(남들보다 뒤처지거나 중요한 것을 놓칠까 봐 두려워하는 마음 - 옮긴이)를 조성해 그 불안을 활용하는 방식으로 소통하도

록 권장한다.

하지만 이것이 세상에 어떤 에너지를 퍼트릴까? 자극적인 제목은 잠깐 관심을 끌 수 있지만, 두려움을 자극하는 것보다 희망과 긍정적인 전망을 제시하는 방식으로 소통하면 훨씬 더 많은 고객의 신뢰를 얻는다. 사람들을 조종해야만 물건을 팔 수 있다면, '내가 어떤 가치를 제공하고 있는가?' 자문해봐야 한다. 이야기를 만들거나 마케팅 전략을 세울 때는 부족함을 상기시키는 대신, 고객의 삶을 어떻게 더 긍정적으로 변화시키고 발전시킬 수 있을지를 고민해야 한다.

5. **투명성과 진정성**: 의도, 진행 과정 그리고 잠재적 이해 충돌에 대해 솔직하고 투명하게 밝혀라. 실수를 했다면 인정하고, 어떻게 수정할 계획인지 보여주라. 투명성은 신뢰도를 높인다. 꾸밈없이 본모습을 드러내고, 이야기나 콘텐츠와 관련 있는 경우 개인적 경험도 공유하라. 진정성은 인간적인 차원에서 연결을 만들고 신뢰를 쌓게 한다. 성공적인 경험과 어려움을 겪은 경험 모두를 자유롭게 공유하라.

6. **배려와 약속 이행**: 청중의 우려와 어려움에 대해 공감하고 이해하는 마음을 보여야 한다. 당신이 진심으로 그들을 돕고 싶어 한다는 것을 알려주자. 그들을 깎아내리거나, 수치스럽게 하거나, 기분 나쁘게 만들지 말라. 배려, 사랑, 지지를 담아 콘텐츠를 전달하면 사람들은 그것을 느끼기 마련이다. 또한 콘텐츠에서 약속이나 다짐을 했다면 반드시 지켜라. 마감일을 준수하고 약속한 보증을 제공하는 것도 마찬가지다. 나는 이 두 가지 원칙을 매우 중요하게 여겼고, 그것은 나를 다른 사람들과 차별화하는 데 커다란 도움이 됐다. 하겠다고 약속한 일은 반드시 해내고, 꾸준히 활동하는 모습을 보

여야 한다.

7. **일관된 일정 및 스타일 유지**: 앞에서도 언급했지만 다시 강조할 만큼 중요하다. 콘텐츠 제작과 공유 일정의 일관성을 지키면 사람들의 신뢰를 얻을 수 있고, 사람들로 하여금 당신의 콘텐츠를 기대하고 기다리게 할 수 있다. 매일이든 매주든 어떤 일정이든 반드시 지켜야 한다. 또한 콘텐츠에 동일한 색상, 글꼴 및 이미지를 사용해 일관된 스타일과 분위기를 유지하라. 일관된 브랜딩은 콘텐츠를 더 쉽게 인식하게 하고 신뢰감을 높여준다.

8. **추천사 공유, 출처 명시, 명확한 행동 촉구**: 만족한 고객이나 클라이언트의 추천사 또는 사례 연구 같은 사회적 증거는 당신의 전문 지식과 조언이 다른 사람들에게 가치 있음을 보여준다. 다른 출처의 데이터, 통계 및 정보를 사용할 때는 적절하게 출처를 밝혀라. 콘텐츠에 행동 촉구를 포함한다면 명확히 눈에 잘 띄게 하라. 고객이 콘텐츠에서 가치를 발견하고 다음 단계를 제시받으면, 그 단계를 밟을 가능성이 더 높아진다.

9. **지속적인 정보 습득**: 끊임없이 지식과 전문성을 업데이트하라. 해당 분야의 최신 정보를 꾸준히 파악할수록 사람들의 신뢰를 얻을 수 있다. 하지만 어떤 것이 유행한다고 해서 반드시 관심을 가져야 하는 것은 아니다. 사람들의 관심이 쏠리는 흐름을 따라가고 싶은 유혹이 있겠지만, 모두가 가는 길을 가면 군중 속에서 눈에 띄기 점점 어려워진다. 유행하는 주제에 대해 글을 쓰는 것은 괜찮지만, 압박감을 느낄 필요는 없다. 진정으로 원하고 그 대화에 가치 있는 무언가를 더할 수 있을 때만 그렇게 하라.

10. **재활용**: 기존에 가장 인기 있는 콘텐츠를 다른 플랫폼에 적합한 형식으로 변환해 재활용하라. 예를 들어 팟캐스트를 좋아한다면 그것을 녹화해 유

튜브에 업로드하는 식이다. 인터뷰에서 짧은 부분을 잘라 유튜브 쇼츠, 인스타그램 릴스, 틱톡 영상으로 만들 수도 있다. 페이스북, 링크드인 또는 텔레그램이나 디스코드 커뮤니티에 영상이나 오디오를 게시할 수도 있다. 또한 팟캐스트의 내용을 텍스트로 변환해 유튜브 영상의 자막으로 활용할 수 있고, 텍스트 일부를 블로그 글의 핵심 아이디어로 삼아 직접 새로운 글을 작성하거나 다른 작가에게 원고를 의뢰할 수도 있다. 이렇게 변환한 텍스트 자료는 뉴스레터에도 재활용할 수 있으며, 뉴스레터 안에 관련 블로그 게시물, 유튜브 영상, 오디오 파일 링크를 함께 넣어 제공할 수 있다.

이런 콘텐츠 재활용 방법들은 얼핏 보면 고려해야 할 것이 많아 복잡하게 보일 수 있다. 하지만 이미 다양한 기술과 인력이 무료 또는 저렴한 비용으로 콘텐츠 재활용을 준다. 특히 최신 AI 도구는 더욱 유용하다.

하지만 거듭 강조하건대, 이 단계에서는 모든 것을 다 해내려 하기보다 올바른 몇 가지를 선택해 제대로 실행하는 것이 훨씬 중요하다. 우선 고객이 있는 곳으로 가서 당신이 즐겁게 할 수 있는 일을 우선적으로 하라. 그런 일은 삶에서 에너지를 빼앗기는커녕 오히려 더 큰 에너지를 만들어낸다. 해당 분야에서 확실한 명성을 쌓기까지는 시간이 걸리지만, 가치 있고 신뢰할 수 있는 콘텐츠를 꾸준히 제공하면 충성스럽고 적극적으로 참여하는 청중을 구축하는 데 큰 도움이 될 것이다.

3단계: 고객 참여 유도

고객과 시장에 가까이에 있을수록 더 좋은 제품을 만들고, 시장에 더 적합한 제품을 찾을 수 있다. 또한 고객으로부터 솔직한 피드백을 많이 받을수록 더 나은 서비스를 제공할 수 있다. 행복한 고객은 다시 구매하고, 친구에게 제품을 추천하며, 긍정적인 리뷰를 남긴다. 만족한 고객 없이는 지속 가능하고 성장하는 비즈니스를 구축할 수 없는 법이다.

고객에 대해 배우는 가장 좋은 방법은 그들이 당신과 쉽게 연결될 수 있도록 하고 직접 대화하는 것이다. 그러려면 끊임없이 뛰어난 고객 서비스를 제공해야 한다. 고객의 질문과 우려에 즉시 응답하고 문제를 신속히 해결하며, 그들의 기대를 뛰어넘기 위해 노력해야 한다. 문제가 생겼을 때 곧바로 연락이 가능하고 도움을 줄 수 있다면, 이는 고객의 신뢰를 쌓는 가장 좋은 방법 중 하나다. 고객이 당신의 브랜드와 긍정적인 상호작용을 했다면 다시 돌아올 테고, 다른 사람들에게도 추천할 가능성이 더 커진다.

하지만 양질의 고객 서비스란 문제가 발생했을 때 대응하는 것뿐 아니라, 문제가 발생하기 전에 미리 예측하고 예방하는 적극적인 자세를 뜻한다. 고객으로부터 피드백을 받는 것은 그들이 누구이며 무엇을 필요로 하는지에 대해 당신이 진심으로 관심을 갖고 있음을 보여주는 것이다. 고객이 피드백을 할 준비가 됐을 때 편하게 전할 수 있도록 하되, 피드백 요청은 가끔씩만 해야 한다. 그리고 웹 사이트 방문자가 쉽게 연락할 수 있도록 사이트 하단과 연락처 페이지에 연락처 정보를 명확히 표시하라. 또한 고객 지원팀에 연락할 수 있는 전화번호도 제공하라. 고객이 당신에게 연락하는 절차가 너무 어려워서 그들이 분노하고, 나쁜 리뷰를 남기고, 다시는 구매하지 않는 일이 발생하지 않도록 하라.

그렇다. 고객 서비스는 시간과 비용이 많이 들 수 있다. 그러나 결코 소홀히 해서는 안 된다. 자신이 고객이라면 어떤 대우를 받고 싶은지 생각해보라. 그리고 그 기대를 훨씬 뛰어넘는 수준의 서비스와 경험을 제공하라. 장기적으로 그보다 더 큰 이익을 가져다주는 것은 없을 것이다.

대부분의 회사는 최소한만 하거나 비용을 절감하기 위해 편법을 쓴다. 그리고 고객은 그 모든 것을 다 느낀다. 그저 약속을 지키고, 제품이나 서비스를 제대로 전달하고, 할 수 있을 때마다 기대 이상으로 노력하면 누구나 쉽게 두각을 나타낼 수 있다.

구체적이면서도 자유로운 개방형 피드백을 받을 수 있는 설문 조사를 계획하고, 그 결과를 이메일 구독자, 블로그 독자 및 소셜 미디어에 공유하라. 다만 너무 과도하게 하지는 말라. 비행기 티켓을 예약할 때마다, 고객 서비스팀에 연락할 때마다 만족도 조사 전화 받기를 좋아하는 사람은 아무도 없다.

고객이 제품이나 서비스에 대한 경험을 직접 웹 사이트에 남기도록 장려하고, 부정적인 리뷰라도 그에 대한 답을 다른 방문자들이 볼 수 있도록 공개하라. 정당하게 게시된 부정적인 리뷰를 삭제해서는 안 된다. 블로그 댓글과 질문에는 가능한 한 빠르고 철저하게 답변하라. 규모가 커지면 사업 전반을 관리하기 위해 이 업무를 분담하거나 아웃소싱해야 할 수도 있지만, 이 단계에서는 직접 참여하는 경험을 통해 초기 충성도가 가장 높은 팔로워를 깊이 이해할 수 있을 것이다.

또한 '나쁜' 고객에게서도 배울 수 있다. 여기서 말하는 나쁜 고객은 당신의 서비스와 맞지 않는 고객을 뜻한다. 누군가 이메일을 남기고 뉴스레터를 구독했다거나 제품을 한 번 구매했다고 해서 반드시 좋은 고객인 것은 아니다. 누군가 이메일 뉴스레터 수신을 취소한다면 그 이유를 물어보라. 특정 유입 경로를 통해 방문한 사람들의 구독 취소 비율이 높다면, 다른 곳으로 노력을 전환할 필요가 있다. 이상적으로는 이런 고객이 스스로 구독을 취소해야 이메일 발송 비용을 줄일 수 있고, 이메일 개봉률이나 판매 전환율 같은 지표도 더 나아질 것이다. 또한 나쁜 고객은 부정적인 리뷰를 남길 가능성도 높다.

고객을 열렬한 지지자로 만들기

이 전략은 고객에게 탁월한 경험을 선사해 그들이 자발적으로 당신의 브랜드를 홍보하도록 만드는 것이다. 고객을 열렬한 지지자로 만드는 가장 좋은 방법은 당신의 제품이나 서비스가 약속한 가치를 충실히 제공하도록 하는 것이다. 그렇게 하면 신뢰가 구축되고, 고객들은 더 많이 구매할 뿐 아니라 지인들에게도 당신의 제품을 추천할 것이다. 고객을 열렬한 지지자로 만드는 데 도움이 되는 몇 가지 전략을 소개한다.

- **고객 이야기 들려주기**: 고객들의 성공 사례나 당신의 제품이나 서비스가 그들의 삶에 긍정적인 영향을 준 흥미로운 이야기를 공유하라. 진솔한 이야기는 잠재 고객에게 깊은 울림을 주기 마련이다.
- **제품 개선하기**: 고객 피드백과 새로운 정보를 바탕으로 상품을 꾸준히 개선하라. 고객 만족을 위한 노력을 드러내면 고객을 충성스러운 팬으로 만들 수 있다.
- **놀라움과 기쁨 선사하기**: 때때로 예상치 못한 혜택으로 고객들을 놀라게 또는 기쁘게 하라. 손으로 쓴 감사 편지, 깜짝 할인, 무료 제공 같은 작은 친절이 커뮤니티를 구축하는 데 큰 도움이 될 것이다.
- **커뮤니티 연결하기**: 당신의 브랜드를 중심으로 커뮤니티 포럼을 만들거나 조성하라. 레딧 포럼이나 소셜 미디어 그룹 같은 특정 플랫폼뿐 아니라, 고객들이 서로 소통하고 경험을 나누며 지지할 수 있는 온라인 공간이라면 어떤 플랫폼이라도 가능하다. 커뮤니티를 하나로 모으기 위해 서클Circle, 스쿨Skool, 씽키픽Thinkific 같은 여러 훌륭한 커뮤니티 기술 플랫폼을 활용할 수 있다.
- **로열티 프로그램 구축하기**: 반복 구매 고객에게 보상을 제공하는 프로그램을 운영하라. 고객의 충성도를 제고하기 위해 가격 할인, 특별 참여 기회 또는 기타 다양한 혜택을 제공하는 것이다. 다만 고객이 진정으로 참여하고 싶

을 만큼 실질적 가치가 있는 프로그램으로 설계해야 한다. 20% 할인을 받기 위해 수십 번 구매해야 하는 식의 비현실적인 방식은 피해야 한다. 프로그램의 가치가 높을수록 참여율이 올라갈 것이고, 반복 수익도 더 많이 창출될 것이다.

- **사용자 제작 콘텐츠 요청하기**: 고객이 리뷰, 사용 후기, 사진 및 영상을 웹 사이트와 소셜 미디어에 올리도록 장려하라. 그중 뛰어난 게시물을 편집해 활용 가치를 높이고, 적절한 태그를 사용해 더 많은 사람에게 알리자. 자발적 공유를 유도하려면 콘테스트를 기획하라. 사용자 제작 콘텐츠를 공유하면 신뢰도가 높아지고, 잠재 고객에게 당신의 제품이 실제로 사용되고 있음을 보여줌으로써 사회적 증거도 제공할 수 있다.
- **추천 프로그램 설정하기**: 추천 프로그램은 고객이 친구나 가족을 당신의 사업에 소개하도록 하는 것이다. 추천인과 추천받은 사람 모두에게 할인, 선물 또는 기타 보상을 제공하라.

글로벌 마케팅 조사 기업 닐슨에 따르면, "전 세계 소비자의 92%는 다른 모든 형태의 광고보다 친구와 가족의 입소문이나 추천을 신뢰하며, 친구와 지인을 넘어 70%의 사람들은 개인적인 지인의 추천만큼이나 다른 소비자가 작성한 온라인 리뷰를 신뢰한다"고 한다.[8] 이 순환이 한 번 활성화되면 스스로 작동하고 복리처럼 효과가 커지지만, 당신이 계속해서 이야기를 공유하고 콘텐츠를 만들며 고객과 소통하면 그 효과는 더욱 빠르게 증폭될 수 있다.

4단계: 제품 판매 전략

오랜 시간 사람들의 삶에 가치를 더하고 신뢰를 쌓아왔다면, 당신이 무언가를 판매할 때 커뮤니티는 주목할 것이다. 새로운 강의를 출시하든, 스킨케어 크림을 내놓든, 이미 열정적인 구매자 커뮤니티를 구축했기 때문이다. 대부분의 구성원이 적극적인 반응을 보이지는 않겠지만, 그들 역시 여전히 커뮤니티 안에 있으며, 당신이 제공하는 가치를 얻고 있다는 점은 확신해도 좋다. 설령 극히 일부만이 구매하더라도 웹 사이트 방문자 수와 이메일 열람률 등을 확인하면 누가 참여하고 있는지도 알 수 있다.

'마케팅 7 법칙'은 1930년대 영화 스튜디오에서 처음 나온 개념으로, 소비자가 영화 티켓을 구매하려면 영화 광고를 일곱 번은 봐야 한다는 것이다. 이 개념은 오늘날에도 여전히 유효하다. 대부분의 사람은 당신에게서 무언가를 구매하기 전에 최소 일곱 번 당신의 콘텐츠에 참여한다. 블로그 글을 읽고, 채널을 구독하고, 팟캐스트 몇 편을 듣고, 영상을 시청할 것이다. 그리고 그들이 그 콘텐츠가 흥미롭고, 교육적이고, 영감을 받는 등 어떤 방식으로든 자신과 연결된다고 느끼면 계속 참여할 것이다. 5년 동안 내 블로그를 읽어왔는데 이제야 내 책을 구매했다는 식의 이메일을 볼 때면 나는 놀라지 않을 수 없다. 어쩌면 그들은 내 책을 사기 전에 내 콘텐츠에 수백 번 참여했을지도 모른다.

산업 분야와 이메일 마케팅 구독자의 참여 수준에 따라 다르지만,

브랜드에서 실제로 구매하는 사람의 평균 비율은 전체 구독자의 3~5%에 불과하다. 따라서 구독자가 1,000명이라면 첫 번째 이메일 발송 시 30~50건의 구매를 예상할 수 있지만, 그들이 정말 원하는 것을 제공한다면 판매량은 훨씬 더 높아질 수 있다. 특별히 큰 기대를 모으는 제품을 출시하는 경우, 비교적 적은 구독자 중에서도 30%가 구매하는 경우도 있다.

반드시 해야 할 일 중 하나는, 첫 번째 이메일에서 구매하지 않은 구독자의 참여를 유도하는 것이다. 이메일을 열지 않은 사람들에게 다시 보내고, 모든 구독자에게는 판매 알림을 담은 후속 이메일을 보내라. 일반적으로 첫 이메일에서 바로 판매가 발생하지는 않으므로 3~4일 동안 프로모션을 계속 진행하라. 이상적으로는 마감일을 설정하거나 판매 수량을 제한하는 내용을 포함하는 것이 좋다. 예를 들어 '이번 주 일요일 밤까지 전 품목 30% 할인' 같은 제목은 할인이나 마감일이 없는 제목보다 더 많은 판매를 이끌어낸다.

구매하지 않고 떠난 웹 사이트 방문자, 장바구니에 상품을 담았지만 결제하지 않은 고객 그리고 반복 구매할 가능성이 있는 기존 구매 고객에게도 재참여를 유도해야 한다. 3단계 '성장 기업가' 편에서 유료 마케팅 전략을 더 자세히 다루겠지만, 웹 사이트 방문자나 장바구니 결제를 포기한 사용자, 이전에 구매한 고객에게 특정 제안을 할 수 있다면 약간의 광고비를 쓰는 것도 충분히 가치 있다.

이런 광고는 판매 퍼널 sales funnel(고객이 제품을 인지하고 실제 구매하기까지의 구매 결정 과정을 깔때기 모양으로 표현한 개념-옮긴이)의 가장 아래 단계에 해당하므로, 재참여를 유도하고 최종적으로 판매를 성사시키는 것이 목적이다. 따라서 수익성 있게 관리하면 효과를 볼 수 있을 것이다.

판매를 늘리고 지속 가능하게 만드는 몇 가지 추가적인 팁은 다음과 같다.

- **가격 전략 실험**: 다양한 가격과 가격 모델을 시험해보라. 예를 들어 계층별 가격tiered pricing(제품이나 서비스를 기능이나 혜택 수준으로 나누어 각기 다른 가격을 책정하는 방식 - 옮긴이), 구독 모델subscription model(고객이 일정 주기마다 요금을 지불하고 제품이나 서비스를 이용하는 방식 - 옮긴이), 번들bundles(여러 제품이나 서비스를 묶어 할인된 가격으로 판매하는 방식 - 옮긴이) 등이 있다. 이를 통해 청중에게 가장 수익성 있는 가격 전략을 찾아라.
- **업셀링 및 크로스 셀링**: 업셀링upselling(상위 버전의 제품)을 제안하거나 크로스 셀링cross selling(특정 상품이나 서비스를 구매할 때 그것과 연관되거나 보완적인 다른 상품이나 서비스를 함께 추천해 추가 구매를 유도하는 판매 전략 - 옮긴이)을 제안해 추가 구매를 유도하라. 이 작업으로 평균 거래 금액을 높일 수 있다.
- **제품 또는 서비스 다양화**: 기존 고객층에 어필할 수 있는 보완적인 제품이나 서비스를 추가할 기회를 찾아라.
- **고객 유지율 향상**: 탁월한 수준의 고객 지원과 반복 구매자에 대한 인센티브를 제공해 기존 고객을 유지하는 데 집중하라. 충성도 높은 고객은 지속 가능하고 장기적인 고객이 될 가능성이 더 크다.

지속 가능성을 구축하려면 도달 범위, 플랫폼, 반복 고객 및 이메일 구독자 목록을 꾸준히 늘려 제품을 판매할 준비가 됐을 때 더 큰 커뮤니티에 출시할 수 있도록 하라. 고객이 늘어날수록 더 많은 옹호자를 얻을 수 있고 더 많은 반복 고객을 확보할 수 있으며, 따라서 계속해서 성장할 수 있을 것이다.

5단계: 판매 지표 평가

고객과의 대화 및 설문 조사에서 얻은 정성적 데이터와 웹 사이트 분석, 이메일 관리 플랫폼 및 판매 데이터에서 얻은 정량적 데이터를 모두 활용해 마케팅과 판매 과정을 더 효과적으로 만드는 것이 중요하다. 앞의 1~4단계를 충실히 이행하며 쌓인 많은 데이터를 제대로 살펴보고 분석하면 곧바로 활용할 수 있는 유용한 정보를 얻을 수 있을 것이다.

예를 들어 가장 인기 있는 게시물이나 제품 페이지를 분석하면 고객이 가장 공감하는 콘텐츠와 제품을 알 수 있다. 더 나아가 어떤 게시물이 가장 많은 판매를 유도하는지 확인하고, 그 게시물의 행동 촉구 수단을 어떻게 개선하면 판매가 늘어나는지도 시험할 수 있다. 과거에는 판매를 유도했지만 지금은 성과가 저조한 게시물을 찾아 개선하고, 다양한 행동 촉구 방식을 시험해볼 수도 있다.

처음에는 모니터링할 항목이 많다고 느낄 수 있지만, 올바른 추적 도구를 사용하면 상당 부분을 자동화할 수 있다. 시간이 지날수록 패턴을 파악하고 상황을 이해하는 일이 훨씬 쉬워지면, 개선 사항을 신속히 적용해 방문자를 늘리고 더 많은 수익을 얻을 수 있다. 이 작업은 다른 사람에게 아웃소싱할 수도 있지만, 가능하다면 처음에는 최대한 많은 부분을 직접 배우고 스스로 관리하는 것을 권장한다. 그래야 항상 상황을 정확히 파악할 수 있고, 사업에서 매우 중요한 이 지점을 지속적으로 개선할 방법도 찾아낼 수 있다.

내가 가장 중요하다고 생각하는 정량적 데이터들을 아래에 정리했다. 또한 이 데이터를 어떻게 해석하고, 가시성·참여도·판매라는 세 가지 범주에서 어떻게 활용할 수 있는지도 함께 설명했다.

가시성 Visibility

아래 지표는 얼마나 많은 사람이 당신의 콘텐츠, 웹 사이트, 소셜 프로필 및 브랜드를 보는지를 측정한다. 사업이 성장할수록 가시성을 추적하고 이를 지속적으로 성장시키기 위해 노력해야 한다. 평가 방법은 다음과 같다.

1. **총 웹 사이트 노출 수**(구글 서치 콘솔 Google Search Console에서 확인): 웹 사이트 페이지가 사용자 검색 결과에 표시된 총 횟수를 말한다. 사용자가 웹 페이지를 클릭했는지와 관계없이, 검색 결과에 웹 페이지가 나타나기만 하면 노출 수로 집계된다. 사업이 성장해 더 많은 콘텐츠를 제작하고 구글이 이를 순위에 반영할수록 노출 수는 증가해야 한다. 웹 사이트를 시작한 뒤

3~6개월 동안 성장세가 보이지 않는다면, 콘텐츠 품질이 낮거나 웹 사이트의 기술적 문제가 구글의 크롤링 방식에 영향을 미치고 있을 가능성이 크다. 구글 서치 콘솔의 '페이지 경험page experience' 및 '핵심 웹 지표core web vitals' 탭을 확인해 웹 사이트에 기술적 문제가 있는지 점검하라.

2. **노출 수 및 도달**(소셜 미디어 플랫폼별 확인): 노출 수는 콘텐츠가 사용자 화면에 표시된 총 횟수를 뜻한다. 동일한 사용자가 여러 번 본 경우도 포함되며, 다른 여러 사용자가 각각 한 번씩 본 경우도 모두 합산된다. 도달은 콘텐츠를 본 고유 계정 수를 나타낸다. 소셜 미디어 플랫폼마다 약간의 차이가 있지만, 기본적으로 같은 유형의 지표다. 계정 전체와 개별 게시물별로 시간 경과에 따른 노출 수와 도달을 추적하라. 노출 수와 도달이 가장 높은 콘텐츠 유형에 집중해 계정 가시성을 확장하라.

참여도

아래 지표는 방문자가 어떤 콘텐츠에 참여하는지, 얼마나 많은 방문자가 재방문하는지, 얼마나 많은 방문자가 이메일 뉴스레터에 가입하는지 그리고 구독자의 몇 퍼센트가 이메일을 열고 링크를 클릭하는지를 보여준다.

1. **총 웹 사이트 클릭 수**(구글 서치 콘솔에서 확인): 구글 검색 결과에서 사용자가 웹 사이트 링크를 클릭한 횟수를 뜻한다. 즉 검색 결과 페이지에서 사용자가 당신의 웹 사이트 페이지나 콘텐츠를 얼마나 자주 클릭했는지를 추적

한다. 노출 수와 마찬가지로 시간이 지남에 따라 클릭 수도 증가하는지를 확인해야 한다.

2. **고유 웹 사이트 방문자 수**(구글 애널리틱스에서 확인) : 특정 기간 동안 웹 사이트를 방문한, 중복되지 않은 사용자 수를 나타낸다.

3. **웹 사이트 재방문자 수**(구글 애널리틱스에서 확인) : 웹 사이트를 한 번 방문한 뒤 재방문한 사용자 수를 뜻한다. 이 지표가 중요한 이유는 사람들이 당신의 콘텐츠에서 충분한 가치를 발견해 되돌아왔다는 뜻이기 때문이다. 뉴스레터 구독자를 다시 웹 사이트로 유도하고, 예를 들어 주간 업데이트같이 사용자가 정기적으로 돌아올 이유를 만들며, 유료로 독점 콘텐츠나 특별 제안을 제공하는 프리미엄 경험을 통해 시간이 지남에 따라 이 수치를 늘려가면 더욱 좋다. 또한 웹 사이트에 토론 포럼을 추가하는 것도 재방문자를 늘리는 효과적인 방법이 될 수 있다.

4. **트래픽 소스별 웹 사이트 방문자 수**(구글 애널리틱스에서 확인) : 이 도구는 웹 사이트로 방문자를 유입시키는 채널이나 소스에 대한 정보를 제공한다. 자연 검색, 직접 유입, 다른 웹 사이트로부터의 유입, 소셜 미디어를 통한 유입, 유료 광고를 통한 유입 등이 여기에 해당한다. 이를 통해 방문자가 어느 경로로 유입되는지 파악할 수 있다.

5. **인기 게시물**(구글 애널리틱스에서 확인) : 기사나 블로그 게시물 가운데 많은 관심과 참여 또는 조회 수를 얻은 콘텐츠가 무엇인지 보여준다. 반응이 좋았던 콘텐츠와 유사한 주제, 형식, 스타일의 게시물을 더 많이 만들어 게시하라.

6. **이벤트 - 이메일 가입**(구글 애널리틱스 및 이메일 관리 플랫폼에서 확인) : **구글**

애널리틱스와 이메일 관리 플랫폼에서 추적되는 이벤트는 사용자가 웹 사이트나 이메일에서 취한 행동을 보여준다. '이벤트 - 이메일 가입'은 이메일 수신에 동의한 사용자 수를 뜻한다. 따라서 웹 사이트 방문자에게 반드시 제시해야 할 행동 촉구 중 하나는 이메일 구독을 유도하는 것이다.

7. **이메일 열람률**(이메일 관리 플랫폼에서 확인) : 이메일을 열어본 수신자의 비율을 계산하는 중요한 이메일 마케팅 지표로, 이메일 제목의 효과와 구독자의 전반적인 참여도를 측정한다. 이메일 제목은 열람률에 큰 영향을 미치므로 다양한 제목 형식을 테스트하고, 플랫폼에서 두 개의 제목을 비교하는 A/B 테스트(두 가지 이상의 변형을 무작위로 사용자들에게 보여주고, 어떤 변형이 더 나은 성과를 보이는지 측정하는 실험 방법 - 옮긴이)를 해야 한다. 참고로 거의 모든 플랫폼에 이 기능이 있다.

열람률의 업계 평균은 일반적으로 25~45%다. 열람률을 높이는 한 가지 방법은 지난 6개월 동안 이메일을 열지 않은 구독자를 제거하는 것이다. 콘텐츠에 전혀 참여하지 않는 구독자에 대한 비용을 지불할 필요는 없기 때문이다. 또한 구글 메일의 받은편지함에서 스팸으로 분류되지 않고 구독자에게 도달하는 것이 점점 더 까다로워지고 있으므로, 이메일이 제대로 전달되는지도 반드시 확인하라.

8. **이메일 클릭률**(이메일 관리 플랫폼에서 확인) : 이메일 클릭률 CTR은 이메일 수신자 중 하나 이상의 링크를 클릭한 비율을 측정하는 지표다. 이는 수신자가 이메일 내용에 얼마나 적극적으로 참여하고 관심을 보이는지를 보여준다. 대부분의 산업에서 평균 CTR은 1~3%에 불과하다.

판매

아래 지표들은 사업을 최적화하기 위해 반드시 추적해야 할 핵심 요소다. 판매 플랫폼, 손익계산서, 구글 애널리틱스, 이메일 관리 플랫폼에서 이 지표들을 꼼꼼히 살펴보라.

1. **총 판매액**(판매 플랫폼에서 확인): 특정 기간 동안 제품, 서비스 또는 상품 판매로 발생한 총 매출액이다. 어떤 제품이 가장 많이 팔리고 어떤 채널이 가장 높은 매출을 내는지 파악하기 위해 모든 제품과 판매 경로별로 이 지표를 추적해야 한다.

2. **평균 주문 금액**(판매 플랫폼에서 확인): 평균 주문 금액 AOV, Average Order Value은 고객이 주문 또는 거래당 지출하는 평균 금액으로, 특정 기간의 총 매출을 총 주문 건수로 나누어 산출한다. 사업 규모가 커질수록 AOV를 추적하고 높이는 데 집중해야 하며, 추가 제품 제안, 업셀링 유도, 번들 상품 제공 등의 방법을 활용할 수 있다.

3. **매출 총 이익**(손익계산서에서 확인): 총 매출에서 매출원가를 뺀 뒤 남은 이익이다. 여기에는 마케팅, 임대료, 급여 같은 다른 운영비는 아직 차감되지 않는다.

4. **고객 생애 가치**(판매 플랫폼에서 확인 또는 자체 계산): 고객 생애 가치 CLV, Customer's Lifetime Value란 고객이 기업과 관계를 맺는 동안 기업에 제공하는 총 수익을 뜻한다. 이는 고객을 확보하고 유지하는 것이 얼마나 중요한지를 이해하는 데 도움이 된다. CLV를 계산하고 최적화하는 방법은 9장

에서 자세히 다루고 있다.

5. **이메일 클릭 - 전환율**(자체 계산) : 이 이메일 마케팅 지표는 수신자가 이메일 내 링크를 클릭한 뒤 구매하거나 뉴스레터를 가입하는 등 기업이 원하는 행동, 즉 전환을 완료한 비율을 측정하는 것이다.

이 지표들은 내가 1인 기업가였을 때 가장 주의 깊게 살펴본 것들로, 비즈니스 성과를 분석하고 개선하기 위한 좋은 출발점을 제공한다. 하지만 비즈니스 유형이나 얻고자 하는 통찰에 따라 이 목록을 수정하거나 다른 지표를 추가해야 할 수도 있다. 중요한 것은 비즈니스에 예측 가능성과 지속 가능성을 구축하려면 추적해야 할 핵심 지표를 반드시 선정해야 한다는 점이다. 이를 통해 무엇이 효과적인지, 개선이 필요한 영역은 무엇인지 파악할 수 있다. 사업을 계속할수록 이 과정은 훨씬 더 쉬워질 것이다.

8장

지속 가능한
현금 흐름 확보와
투자 극대화

> 기업가들은 새로운 사업에서 가장 중요한 것이
> 이익이라고 믿는다.
> 하지만 이익은 부차적이다.
> 현금 흐름이 가장 중요하다.
> ― 피터 드러커Peter Drucker, 경영사상가

"안녕하세요, 혹시 이야기 좀 나눌 수 있을까요?"

어느 날 저녁 식사 중 예상치 못한 문자 메시지를 받았다. 루크였다. 1년 넘게 연락이 없었던 그이기에 중요한 일인가 싶어 그날 밤 전화를 걸었다. 그는 학부모회를 통해 학용품을 도매가로 판매하는 회사를 운영하고 있었다. 학부모들이 자녀에게 꼭 필요한 학용품을 상점보다 훨씬 저렴하게 살 수 있도록 돕는 사업이었다. 그 덕분에 학교는 도움이 필요한 학생들에게 무료 학용품을 제공해주는 추가 혜택을 누릴 수 있었다. 꽤 괜찮은 틈새시장이지만, 아쉽게도 이윤 폭은 크지 않았다. 게다가 배송품을 조립하기 위한 학용품 보관 창고가 필요해 자산 의존도가 높은 사업이기도 했다.

"어떻게 해야 할지 모르겠습니다." 루크의 목소리에서 극심한 스트레스가 느껴졌다. "돈이 다 떨어졌어요. 몇 주 안에 해결책을 찾지 못하면 문을 닫아야 할 판입니다. 어떻게 해야 할까요?" 다른 많은 기업가들처럼 루크의 사업도 코로나19 팬데믹으로 큰 타격을 입었다. 아이들이 원격 학습을 하니 학용품이 필요 없어진 것이다. 회사로 들어오는 현금이 부족해 직원들 월급조차 지급할 수 없었다. 나는 그에게 즉시 인원을 줄이고 창고 임대 조건을 재협상해 고정비를 줄이며, 기존 재고 자산을 담보로 대출을 받아보라고 조언했다.

그는 비용을 크게 절감했고, 아이들이 학교로 돌아갈 때까지 2년 정도 버틸 수 있는 대출을 받았다. 더욱 다행스러운 점은 아이들이 학교로 돌아갔을 때 루크의 회사가 팬데믹을 버티고 살아남은 몇 안 되는 업체 중 하나였기에 급증하는 수요를 활용할 수 있었다는 것이다. 급증한 수요에 크게 줄어든 비용이 맞물리면서 2022년에는 현금 흐름과 이익이 크게 늘었고, 2023년 초에는 좋은 조건으로 회사를 매각할 수 있었다.

기업이 실패하는 가장 큰 이유는 현금이 바닥나기 때문이다. 다시 말해 충분한 운영자금을 확보하지 못하기 때문이다. 이런 일은 동네 길가의 바비큐 식당에도 일어날 수 있고, 수십억 달러의 자산을 보유했지만 단 며칠 만에 현금 흐름이 막혀 파산한 실리콘밸리은행Silicon Valley Bank 같은 대형 은행에도 얼마든지 일어난다.

현금 흐름 관리는 특히 대기업에서 안정적으로 월급을 받다가 사업 수익으로 스스로에게 급여를 지급해야 하는 1인 기업가가 겪는 가장 큰 어려움 중 하나다. 이들은 현금 흐름이 극단적으로 오르락내리락하는 경험을 하게 된다. 이는 기업가에게 큰 스트레스를 주고 사업을 망칠 수도 있다. 이를 극복하는 비결은 사업에 예측 가능한 현금 흐름과 그에 따른 계획을 구축하는 것이다.

최고 수준의 운동선수가 되려면 단순히 열심히 훈련하는 것만으로는 정상의 자리를 지킬 수 없다. 신체가 최적의 기능을 발휘하도록 건강과 여러 지표를 꾸준히 관리해야 한다. 심박수, 식단, 혈압, 척추 균형, 근육 건강 등 수많은 요소가 종합적으로 작용해 달리는 속도나 들어 올리는 무게와 마찬가지로 경기력에 큰 영향을 미친다. 발견되지 않은 부상이나 건강 문제는 모르는 사이에 선수의 경력을 무너뜨릴 수도 있다.

사업도 마찬가지다. 물론 모든 이익을 성장에 쏟아부을 수도 있다. 그러나 돈의 흐름과 사업에 미치는 영향을 주의 깊게 살피지 않으면 이유도 모른 채 현금이 바닥나 운영 능력을 잃을 수 있다.

단순히 월별 비용을 충당할 만큼의 현금을 확보하는 것만으로는 부족하다. 현금 흐름을 지속 가능하게 만드는 시스템을 구축하는 것이 필수다. 예측 가능하고 꾸준한 현금 흐름을 확보하면 불확실성을 헤쳐나갈 수 있는 회복력이 생기고, 튼튼한 기반 위에서 미래를 계획할 수 있으며, 새로운 기회가 왔을 때 이를 활용할 민첩성도 갖추게 된다. 가용 현금이 많을수록 당신은 더 자유로워진다.

현금 흐름이 원활해지면 그 이익을 활용해 개인 생활과 사업 모두에서 더 많은 자유를 누릴 수 있다. 1인 기업가 단계에서의 목표는,

지속 가능하고 신뢰할 수 있는 회사를 구축할 수 있도록 최고의 현금 흐름 시스템을 확립해 수익을 늘리는 것이어야 한다.

만약 본업이 따로 있다면, 이 단계에서 당신이 해야 할 일은 그것을 그만두고 파트타임이나 풀타임으로 사업에 집중할 수 있는 기반을 만드는 것이다. 그렇게 하면 가족과 더 많은 시간을 보내거나, 취미를 즐기거나, 삶에 활력을 주는 다른 활동을 하는 데 더 많은 시간을 쓸 수 있다.

지속 가능한 현금 흐름 시스템을 구축한 뒤에는 사업 가치를 높이는 동시에 삶에서 훨씬 더 많은 자유를 누릴 수 있도록 사업 시스템을 확장하는 데 집중할 수 있다.

현금 흐름 측정 및 관리

5장에서 다룬 것처럼 가장 기본적인 수준의 정의를 한다면, 현금 흐름은 청구서를 받고 기한 내 전액을 지불할 수 있는지를 측정하는 것이다. 현금 흐름이 양호하다는 것은 청구서가 만기되기 전에 충분한 돈이 들어온다는 뜻이다. 반대로 불량한 현금 흐름은 대금을 받기까지(또는 충분한 수익을 창출하지 못해) 비용을 갚기 위해 허둥대야 한다는 것을 의미한다. 현금 흐름은 사업의 생명선이라 할 수 있다. 좋은 현금 흐름은 사업을 안정적으로 운영하고 이익을 창출할 수 있도록 하며, 미래 성장을 위한 발판을 마련해주는 사업의 핵심 요소다.

일반적으로 현금 흐름을 최적화하기 위해 세 가지 수단을 이용한다.

- **비용**: 비용을 가능한 한 낮게 유지하고, 감당할 수 있다고 확신할 때 추가로 지출하라. 초보 창업가와 초기 단계 기업가는 너무 많은 돈을 너무 빨리 쓰고, 시간이 지나면서 그 소진 속도를 따라갈 만큼의 충분한 수익을 내는 데 어려움을 겪는다.
- **매출**: 비용을 줄이는 데는 한계가 있다. 사업을 운영하려면 어느 정도의 지출은 불가피하기 때문이다. 그러나 좋은 결정을 내리고 효율적으로 운영한다면 매출을 올리는 데는 제한이 없다. 고객 기반, 가격, 평균 주문 금액, 고객 생애 가치CLV 등 여러 요소를 늘릴 수 있다. 특정 시점을 넘어서면 비용 최소화보다 수익 극대화에 에너지를 집중하는 편이 항상 더 낫다.
- **순이익**: 매출에서 매출원가와 모든 비용을 뺀 뒤 남은 금액이다. 이익을 사업에 재투자하거나, 인출해 다른 자산 클래스에 투자하거나 또는 개인 생활비를 충당하는 데 사용할 수도 있다. 순이익률이 낮을수록 현금 흐름이 빠듯할 가능성이 높고, 사업 규모가 아주 크지 않다면 다른 영역에 투자할 만큼 충분한 돈을 벌기가 더 어려워진다.

처음 사업을 시작하는 사람들은 흔히 이익이 나면 모든 것이 괜찮아질 거라고 생각하지만, 이는 잘못된 믿음이다. 사업은 이익을 내고 있음에도 불구하고 문을 닫을 수 있으며, 돈 관리를 잘하면 이익이 적더라도 성장을 이어갈 수 있다.

내가 온라인으로 디지털 또는 실물 제품을 판매하는 것을 추천하는 이유 중 하나는, 간접비 또는 매출원가가 비교적 낮아 일반적으로 이익 마진이 더 높기 때문이다. 반대로 오프라인 식당과 소매업체는 이익 마진이 낮다. 심지어 가장 성공적인 기업조차 아슬아슬하게 운영되는 경우가 많으며, 그럴 경우 몇 달의 부진이나 서비스 중단만으로도 업계에서 영영 사라질 수 있다. 그렇기 때문에 손익계산서의 최종 손익뿐 아니라 현금 흐름을 모니터링하고 측정해 정확히 얼마나 많은 돈을 보유하고 있으며, 어디에 쓰이는지 파악하는 것이 필수다.

다양한 회계 소프트웨어를 활용해 여러 보고서를 생성하면 현금 흐름을 파악하는 데 도움이 된다. 물론 처음에는 적어도 얼마 동안은 재정과 회계의 기본을 스스로 처리하는 것이 좋다. 나중에 회사가 성장해서 그에 대한 책임을 다른 사람에게 넘기더라도, 재정 상태를 파악할 수 있도록 담당자와 정기적으로 소통해야 한다. 이렇게 하면 사업이 어떻게 작동하는지 더 깊이 이해하고 더 나은 결정을 내릴 수 있다.

현금 흐름 예측표 작성

주간, 월간, 분기별로 예상 수입과 지출을 상세히 보여주는 현금 흐름 예측표를 작성하는 것을 권한다. 이를 통해 가까운 미래에 확보할 현금 규모를 예측할 수 있고, 현금 부족이나 잉여 상황을 미리 대비하는 데 매우 유용하다.

수동으로 시스템을 구축할 수도 있지만, 은행 계좌와 연동해 이 작업을 자동으로 처리하는 소프트웨어를 활용하는 편이 훨씬 간편하고 시간도 절약할 수 있다. 현재 퀵북스에는 현금 흐름 예측 기능이 있으며, 제로Xero, 웨이브Wave, 프레시북스FreshBooks, 퀴큰Quicken 같은 현금 흐름 관리 소프트웨어에도 유사한 기능이 포함되어 있다.

MMG미디어그룹에서 나는 퀵북스의 예측 기능을 사용하는 동시에 회계사와 함께 구글 독스Google Docs로 맞춤형 예측표를 만들어 사용한다. 이는 간단하지만 우리가 받아야 할 돈이 얼마이고, 언제 은행 계좌에 입금될지를 파악하는 데 필수적인 과정이다. 고객이 청구서 발행 후 30~90일 사이에 대금을 지급하기 때문에 우리는 항상 미수금이 많은 상태다.

정확히 현금을 얼마 받아야 하고 언제 받을 수 있는지를 알면 향후 몇 달 동안 사업에 얼마나 투자할지, 예상 지출 규모를 어떻게 설정할지를 결정하는 데 도움이 된다. 상세한 현금 흐름 예측표를 만드는 것도 중요하지만, 사업 상황과 당신이 알고 싶은 내용에 맞추어 자신에게 알맞은 예측표를 만드는 것도 중요하다.

현금 흐름 개선 방법

현금 흐름은 매출 증대, 즉 더 많은 고객 확보, 가격 인상, 평균 주문 금액 증가를 통해 개선할 수 있다. 불필요한 지출, 과도한 간접비, 인건비 절감 등의 비용 절감을 통해서 현금 흐름을 늘릴 수도 있다.

그러나 사업의 현금 흐름을 개선하려면, 고객으로부터 대금을 받는 시점과 공급업체에 대금을 지급하는 시점 사이의 간격을 최대한 늘려야 한다. 이를 위해 외상 매출금, 외상 매입금, 업체별 비용 보고서를 면밀히 추적하고 관리해야 한다. 아래에 구체적인 방법을 제시하니 참고 바란다.

신속한 대금 수취

퀵북스 같은 회계 소프트웨어는 외상 매출금 보고서를 생성해 받아야 할 금액, 채무자, 만기일 등을 보여준다. 이 보고서를 보면 언제 돈을 받을 수 있는지 쉽게 파악할 수 있어 현금 흐름 관리에 매우 유용하다. 미래에 언제 대금을 받을지 알 수 있으므로 예상 현금 흐름에 맞추어 투자 결정을 내리고 청구서를 관리할 수 있다.

또한 만기일이 지난 미수금이 발견되면 채무자에게 연락해 지불을 요청할 수 있다. 나는 이 보고서를 통해 우리가 받아야 할 현금이 얼마인지, 누가 지불을 미루고 있는지 확인한다.

아래는 외상 매출금 보고서에 포함된 데이터와 주목해야 할 수치, 데이터의 유형 그리고 필요에 따라 이 보고서를 맞춤 설정하는 방법에 대한 세부 설명이다.

1. **거래 기록**: 회계 시스템은 모든 고객의 판매 또는 서비스 제공 내역을 기록한다. 각 거래에는 고객의 이름, 청구 금액, 날짜, 결제 조건 등의 세부 정보

가 포함된다. 판매가 발생하면 아직 돈을 받지 못했더라도 손익계산서에 매출로 기록된다. 대금을 받으면 외상 매출금이 줄어 손익계산서의 상태가 좋아진다. 미수금은 부실채권으로 간주되어 비용에 영향을 미칠 수 있다.

2. **연령분석표**: 매출 채권 연령분석표는 어떤 채권이 현재 기한 내인지(보통 30일 이내), 아니면 30일·60일·90일 또는 그 이상 연체됐는지를 보여준다. 이 보고서는 미수금의 시간 경과를 반영해 어떤 청구서가 언제 만기되는지 파악하고, 대금 지급의 신속성을 모니터링하는 데 도움이 된다.

   이를 통해 기업은 현금 유입과 유출을 더 잘 예측할 수 있고, 어떤 청구서가 얼마나 연체됐는지 확인해 신속한 후속 조치 및 회수가 가능하다. 또한 연령분석표를 사용해 고객이 기한 내에 꾸준히 지불하는지, 아니면 자주 연체하는지 분석할 수 있다. 퀵북스 및 대부분의 회계 소프트웨어에서는 연체 고객에게 자동 이메일 알림을 보내도록 설정할 수도 있다.

3. **총 외상 매출금**: 이 보고서는 받아야 할 총 금액을 보여준다. 고객별 또는 청구서별로 세분화할 수 있다.

4. **출처별 분석**: 이 보고서는 누가 아직 대금을 지불하지 않았는지 또는 누가 가장 오래 돈을 갚지 않고 있는지를 보여준다. 지불하지 않은 고객에게 연락해 사유를 확인하고 신속히 지불하도록 요청해야 한다.

외상 매출금은 적어도 주 1회, 대규모 사업체라면 매일 정기적으로 추적해야 한다. 연체된 청구서를 모니터링하고 지불이 늦어진 고객에게 후속 조치를 취하는 것은 기본이다. 연령분석표는 외상 매출금의 건전성을 평가하는 데 특히 중요하다.

효과적인 외상 매출금 관리는 건전한 현금 흐름을 보장하고 부실 채권 위험을 최소화한다. 연령별 미수금이 늘어나거나 연체된 지불이 발견되면 채무자와 즉시 문제를 해결해야 한다.

다음은 외상 매출금을 개선하는 몇 가지 다른 방법들이다.

- 고객이 이해하기 쉽도록 청구서를 작성해 신속히 발행하라. 청구서 번호, 기한, 결제 안내 및 청구 내역 등 필요한 정보를 모두 포함해야 한다.
- 신용카드, 무통장 입금 및 온라인 결제 포털 등 다양한 결제 방법을 고객에게 제공하라.
- 거래를 시작할 때부터 결제 조건을 상대방에게 명확히 전달하고, 계약서 및 청구서에 연체료 규정을 명시하라.
- 청구서 발행 및 회계 소프트웨어를 사용해 청구서 발행 프로세스를 자동화하고 고객에게 결제 알림을 보내라. 자동화는 인적 오류의 가능성을 줄이고 시기적절한 후속 조치를 보장한다.
- 조기 결제 시 할인을 제공해 고객이 더 빨리 결제하도록 유도하라.
- 연체금에 대해 일관적이고 효과적인 수금 프로세스를 마련하라.
- 구독 기반 서비스라면 고객에게 자동 반복 청구를 설정하라.
- 대규모 프로젝트나 거래 규모가 큰 경우 선불금 또는 보증금을 요청하라. 이렇게 받은 현금은 비용을 충당하고 현금 흐름을 개선하는 데 도움이 된다.
- 고객과의 밀접하고 솔직한 커뮤니케이션을 유지하라. 긍정적인 관계를 구축하면 대금 회수가 원활해지고 잠재적 분쟁도 감소된다.

당신에게 유리한 방식으로 지불하라

매입 채무 보고서는 누구에게 얼마를 빚지고 있으며 언제 지불해야 하는지를 보여준다. 여기에는 미지불 상태의 모든 청구서 및 채무를 포함한다. 아직 지불하지 않은 청구서는 회계장부에만 기록되고, 실제로 돈을 지불했을 때 비용으로 인식되어 손익계산서에 반영된다. 일단 지불을 하면 손익계산서에서 비용이 줄어든다. 적절한 매입채무 관리는 비용을 통제하고, 수익성에 큰 영향을 미칠 수 있다.

정기적으로 매입 채무를 추적하면 현금 흐름을 관리하고 향후 비용을 위한 예산을 책정하며, 공급업체와 긴밀한 관계를 유지하는 데 도움이 된다. 미지급 청구서가 계속 늘어나거나 우려되는 추세가 보인다면, 사업 방향을 바꾸거나 추가 운전자본을 투입해야 한다는 신호일 수도 있다.

아래는 매입 채무 보고서가 생성되는 방식, 보고서에 포함되는 데이터 및 주요 수치 그리고 필요에 따라 이 보고서를 맞춤 설정하는 방법에 관한 설명이다.

1. **청구서 기록**: 공급업체 및 벤더로부터 받은 모든 청구서를 회계 또는 재무 관리 소프트웨어에 기록한다. 여기에는 공급업체 또는 벤더의 이름, 청구 금액, 기한 및 기타 관련 세부 정보가 포함된다.
2. **연령분석표**: 매입 채무 연령분석표는 미지불 청구서를 30일·60일·90일 및 90일 초과 연체 등으로 분류한다. 이 보고서는 미지불 청구서의 연체 기

간별 현황을 보여준다.
3. **총 매입 채무**: 이 보고서는 모든 공급업체와 벤더에게 빚진 총액을 보여준다. 또한 각 공급업체별 미지불 금액을 세분화한다. 이는 누구에게 얼마를 빚지고 있는지 파악하기 위해 추적해야 할 필수 자료다.
4. **출처별 분석**: 누구에게 돈을 빚지고 있는지를 보여주는 보고서로, 매입채무를 효율적으로 관리하는 데 도움이 된다.

매출 채권 보고서와 매입 채무 보고서를 함께 분석하면 현금 흐름 관리에 매우 유용하다. 받을 돈과 빚진 돈을 한눈에 비교할 수 있기 때문이다. 총 매출 채권에서 총 매입 채무를 빼면 잉여 현금 흐름free cash flow, 즉 받을 돈을 모두 받고 기한 내에 빚진 돈을 모두 지불한 뒤 남는 금액을 정확히 파악할 수 있다

잉여 현금 흐름은 사업 운영에 필요한 모든 비용을 지불하고 남은 여분의 돈으로, 원하는 대로 사용할 수 있다. 저축을 하거나, 추가 물품을 구매하거나, 급여로 사용할 수도 있다. 잉여 현금 흐름이 있다면 회사는 부채를 상환하고, 새로운 기회에 투자하며, 예상치 못한 비용을 충당하거나, 투자자 또는 소유자에게 이익을 환원할 수 있다.

잠재적 투자자 또는 인수자는 당신이 얼마나 효율적으로 매출을 현금 흐름으로 전환하는지 확인하기 위해 잉여 현금 흐름을 살펴볼 것이다. 잉여 현금 흐름 마진free cash flow margin(회사 매출 중 실제로 자유롭게 사용할 수 있는 현금 흐름이 차지하는 비율을 나타내는 지표-옮긴이)

이 20~25% 이상인 회사는 일반적으로 더 높은 가치를 인정받는다.

매입채무는 정기적으로(보통 매주 또는 격주로) 추적해 자신이 얼마를 빚지고 있는지 계속 파악해야 한다. 연령분석표는 연체료와 공급업체와의 분쟁을 막기 위해 얼마나 적시에 지불하는지를 평가하는 데 중요하다. 한번 정한 공급업체를 교체하려면 많은 비용과 시간이 들기 때문에 그들과 건전한 관계를 유지하는 것이 매우 중요하다. 사업은 본질적으로 관계를 기반으로 하기 때문에 고객, 직원, 벤더 및 공급업체를 만족시키지 못하면 성공적인 사업 운영은 어렵다.

다음은 매입 채무 관리 방식을 개선하는 방법들이다.

- 공급업체와 유리한 지불 조건을 협상하라. 현금 흐름 주기에 맞추어 지불 기간 연장을 요청하라.
- 할인 폭이 크다면 공급업체가 제공하는 조기 지불 할인을 적극 활용하라.
- 벤더 신용 프로그램vendor credit programs을 활용하라. 이는 공급업체가 구매업체의 현금 흐름 관리를 돕기 위해 대출을 제공하거나 거래 기간을 연장해주는 금융 지원 프로그램이다. 단 이용 전 관련 조건 및 이자율을 반드시 검토해야 한다.
- 가장 중요한 공급업체에는 대금을 신속히 지불해 필수 비즈니스 운영이 중단되는 사태를 예방하라.
- 공급업체와 합의한 내용을 지키고 관계를 해치지 않는 선에서 가능한 한 지불 기한을 연장하려고 시도하라.
- 청구서 처리와 지불 승인 절차를 간소화하기 위해 외상 매입 자동화 도구 및

소프트웨어에 투자하라. 자동화는 수동 오류를 줄이고 프로세스 속도를 높이며, 효율성을 향상시킨다.
- 지불 일정을 모니터링하고 관리해 연체료 발생을 예방하라.
- 대금을 지급하기 전 반드시 송장을 검토하고 승인하는 절차를 수립하라. 이는 부정확하거나 위조된 청구서에 대한 지불 위험을 줄여준다.

불필요한 비용 절감

공급업체별 비용 보고서는 특정 기간 동안 벤더에 지불한 금액을 자세히 보여준다. 우리에게 가장 큰 비용은 콘텐츠며, 매달 계약 작가에게 상당한 금액을 지출한다. 나는 이 보고서를 통해 작가들에게 총 얼마를 지출하는지 그리고 각 작가에게 얼마를 지급했는지를 확인한다.

이 정보를 바탕으로 지난 몇 달간 또는 연간 누계 금액을 검토해 지출 규모를 파악한다. 또한 각 작가의 단어당 단가를 알고 있으므로, 보고서를 기반으로 해당 월에 작성된 단어 수를 계산하고, 많은 콘텐츠를 납품하는 작가와는 장기 계약을 협상해 비용을 절감할 방법을 모색한다. 다음은 벤더 비용을 최적화하는 몇 가지 방법이다.

- 불필요하거나 임의적인 벤더 비용을 검토하고 삭감하라.
- 인건비 절감을 위해 아웃소싱이나 자동화를 검토하라.
- 서비스 제공업체 및 벤더와는 더 유리한 조건으로 협상하라.

현금 전환 주기

현금 흐름을 측정하는 가장 좋은 방법 중 하나는, 많은 신규 창업자들이 놓치기 쉬운 지표인 현금 전환 주기CCC, Cash Conversion Cycle를 사용하는 것이다.

CCC는 외상매출이 발생한 날부터 은행 계좌에 입금되기까지 걸리는 일수를 측정하는 것이다. 이 지표가 중요한 이유는 은행에 돈이 빨리 들어올수록 그 돈을 사업을 관리하고 성장시키는 데 더 빨리 사용할 수 있기 때문이다. 고객에게 돈을 미리 받아 그것을 벤더에 지급하면 돈이 부족하거나 빚질 걱정을 할 필요가 없다. 게다가 외상매출금이 약속된 기간 내 회수될 것이라 믿을 수 있다면, 보유 현금을 사업 성장에 투입할 수 있다. 이것이 선주문preorder의 전체 개념이다. 제품이나 서비스를 제공하기 전에 고객으로부터 현금을 미리 받아, 그 돈을 제품 제작 자금으로 사용하는 것이다.

반대로 고객으로부터 대금이 아직 들어오지 않았는데 벤더와 공급업체에 당장 돈을 갚아야 한다면, 소위 말하는 돈을 '띄우는float' 상황이 된다. 이는 대금을 받을 때까지 현재 가진 자금으로 비용을 메워야 한다는 뜻이다. 이 떠 있는 자금 규모가 너무 커지면 심각한 현금 흐름 문제가 생겨 대출을 받아야 하거나(따라서 비용이 더 늘어난다), 심한 경우 사업을 접어야 할 수도 있다. 안타깝지만 훌륭한 제품, 뛰어난 마케팅, 튼튼한 수요 그리고 건전한 손익계산서를 가진 회사조차 대금을 제때 받지 못해 현금 부족으로 문을 닫는 경우가 흔하다.

CCC는 일수로 측정되며, 숫자가 낮을수록 좋다. 일반적으로 낮은 CCC는 기업이 더 효율적으로 현금 흐름을 생성하고 관리한다는 것을 뜻한다. 업종마다 CCC 계산 방식이 상이하므로 이 주제를 더 깊이 연구한 다음 자사의 CCC를 파악하는 것이 바람직하다. CCC는 대개 다음 구성 요소를 사용해 계산된다.

1. **재고 회전일수**DIO, Days Inventory Outstanding: 회사가 재고를 판매하는 데 걸리는 평균 일수로, 계산식은 다음과 같다.

$$DIO = (평균\ 재고\ 금액\ /\ 매출원가) \times 365$$

- 평균 재고 금액은 특정 기간 동안 보유한 재고의 평균 가치. 퀵북스의 재고관리 기능을 사용하면 재고를 추적하고 평균 재고 가치를 계산하도록 설정할 수 있다.
- 매출원가는 같은 기간 동안 판매된 상품을 생산하는 데 든 총비용이다. 퀵북스에서 계산해 손익계산서에 표시할 수 있다.

2. **매출 채권 회전일수**DSO, Days Sales Outstanding: 회사가 고객으로부터 대금을 회수하는 데 걸리는 평균 일수를 뜻하며, 계산식은 다음과 같다.

$$DSO = (매출\ 채권\ /\ 총\ 외상\ 매출) \times 365$$

- 매출 채권은 고객에게 받아야 할 돈의 총금액으로, 퀵북스의 매출 채권 보고서에서 생성할 수 있다.
- 총 외상 매출은 해당 기간 동안 외상으로 판매된 총금액이다.

3. 매입 채무 회전일수DPO, Days Payable Outstanding : DPO는 회사가 공급업체 나 벤더에 대금을 지불하는 데 걸리는 평균 일수로, 계산식은 다음과 같다.

$$DPO = (매입 채무 / 매출원가) \times 365$$

- 매입 채무는 회사가 공급업체에 갚아야 할 금액이다. 퀵북스의 매입 채무 보고서에서 생성할 수 있다.
- 매출원가는 위의 DIO 계산과 동일하며, 퀵북스의 손익계산서에서 가져올 수 있다.

위의 세 가지 요소를 활용하면 CCC를 계산할 수 있다.

$$CCC = DIO + DSO - DPO$$

CCC가 0보다 작다는 것은 벤더에 대금을 지불하기 전에 그만큼의 일수만큼 먼저 현금을 회수한다는 의미다. 예를 들어 CCC가 -8일이라면, 벤더에 대금을 지불해야 하는 날짜보다 평균 8일 먼저 고객이 대금을 지불한다는 뜻이다. 재미있는 사실은 애플의 CCC는 −48일이고, 아마존의 CCC는 −21일이라는 점이다. 아마존이 2000년대 초 닷컴 버블 붕괴에서 살아남을 수 있었던 것도 CCC가 낮은 덕분이었다고 보는 사람이 많다. 반면 월마트의 CCC는 +2일인데, 이는 벤더에 대금을 지불해야 하는 날짜보다 평균 2일 늦게 고객으로부터 현금을 회수한다는 뜻이다. 하지만 월마트는 워낙 거래 규모가 커 벤더와 유리한 조건을 협상하거나 필요 시 현금을 융통할 수 있어 큰 타격을 받지 않는다.

디지털 상품이든 물리적 상품이든 온라인 거래의 수많은 이점 중 하나는 고객이 제품을 받기 전에 대금을 받을 수 있다는 점이다. 이는 서비스를 상품화해 월별·연간 구독 모델을 설정하면 얻을 수 있는 이점이기도 하다(자세한 내용은 아래 참조).

그러나 페인트 회사 같은 서비스업을 운영할 경우, 작업을 수행한 뒤 고객에게 청구서를 보낸 대금을 기다려야 한다. 따라서 작업이 끝난 다음에야 돈을 받게 되며, 일부 고객은 늦게 지불하거나 아예 지불하지 않을 수도 있어 현금 흐름에 부정적인 영향을 미친다. 일반적인 서비스업에서도 전형적인 방식은 아니지만, 서비스 비용의 전부 또는 일부를 미리 지불 요청할 수 있다. 항상 가능한 한 많은 돈을 선결제받고, 지불 마감일을 설정하며, 연체료를 부과해 고객이 신속히 지불하도록 유도하라.

현금 흐름 관리의 5단계

현금 흐름 관리를 파악하는 한 가지 방법은 이를 단계별로 나누어 생각하는 것이다. 각 단계는 당신 자신뿐 아니라 사업 운영에서도 새로운 수준의 자율성과 유연성을 가져다준다. 현재 내가 어떤 단계에 있는지, 앞으로 어떤 단계를 추구하고 싶은지 파악하는 가장 좋은 방법은 스스로에게 '내 사업과 삶을 위해 1달러를 어떻게 사용하는 것이 가장 좋을까?' 자문하는 것이다.

이 질문에 대한 답은 목표가 무엇인지에 따라 달라지겠지만, 이미 얼마나 많은 자유를 가지고 있느냐에 따라 좌우되는 경우가 많다. 사업을 계속 성장시키기 위해 이 1달러를 재투자해야 할까? 아니면 생활비를 충당하기 위해 급여나 소유주 또는 파트너 배당금으로 자신에게 지급해야 할까? 또는 투자를 다각화하기 위해 퇴직연금 계좌나 다른 자산에 투자해야 할까? 나의 경우 현금 흐름 관리를 5단계로 나누어 생각한다. 이는 서로 관련되어 있지만 명확히 구분된다.

1단계: 꾸준한 긍정적 현금 흐름

가장 기본적인 단계로, 매달 모든 비용을 제때 전액 지불할 수 있을 만큼 꾸준히 매출이 발생할 때 가능하다. 이는 손익분기점에 도달한 시점을 말한다.

2단계: 현금 여유 자금 확보

현금 흐름에 차질이 생길 경우를 대비해 상황을 극복할 수 있을 만큼의 충분한 현금을 보유해야 한다. 나는 보수적인 편이라 항상 4~6개월 치 비용을 현금으로 보유하는 것을 선호한다. 이는 고수익 기업 당좌예금 또는 기업 저축 계좌에 보관하기 바란다.

이 책의 앞부분에서 1, 2단계에 해당하는 내용을 이미 다뤘으므로, 이제 3단계를 자세히 살펴보겠다.

3단계: 현금 흐름을 통한 재정적 독립

수익으로 생활하고 최대한의 자유를 누려라.

이 단계에서는 사업이 개인 생활비를 충당할 만큼 충분한 수익을 창출한다. 나는 125만 달러를 저축해 투자 포트폴리오를 구성했고, 그 투자 수익으로 생활하며 재정적 독립을 달성했다. 하지만 재정적 독립에 더 빠르게 도달하는 방법은 사업 수익으로 생활하는 것이다. 임대료 및 주택담보대출 상환금, 자동차 할부금 및 보험료, 식비, 의류비 등 모든 개인 생활비를 꾸준히 충당할 만큼 충분한 수익을 창출하고 있다면, 이는 현금 흐름을 통한 재정적 독립, 즉 현금 흐름 FI Financial Indepencence에 도달한 것이다.

이 단계에 도달하면 그로 인해 얻는 자유를 활용해 남는 시간에 원하는 무엇이든 할 수 있다. 3장에서 언급한 로건 레키는 아마존 판매로 매달 5,000달러의 순이익을 올린다. 생활비를 충당하기에 충분한 금액이기에 그는 급여 없이도 더 의미 있는 다른 벤처venture(모험이 필요한 대신 높은 수익을 올릴 수 있는 투자 대상-옮긴이) 사업에 나머지 시간을 투자할 수 있다. 레키는 아마존에 입점해 판매를 시작한 지 6개월 만에 현금 흐름 FI에 도달했으며, 이제 다른 벤처에 투자할 더 많은 선택지와 시간을 갖게 됐다.

5장에서 제안한 대로 사업 자금과 개인 자금을 이미 분리했다면, 현금 흐름 FI 사업을 관리하는 것은 비교적 쉽다. 매달 생활비와 세금 납부액을 충당하는 데 필요한 금액을 파악하고, 정해진 일정에 따라 사업용 계좌에서 개인 계좌로 자동이체되도록 설정해야 한다. 내가 쓴 책 『파이낸셜 프리덤』의 3, 4장에 생활비 계산 방법이 자세히 담겨 있으니 참고하라.

현금 흐름을 통한 재정적 독립 모델에는 명백히 알려진 두 가지 위험이 있다.

1. 시간이 지나 지출이 늘어나 사업에서 발생하는 현금 흐름이 더 이상 생활비를 충당하지 못할 수 있다.
2. 제품이나 서비스의 경쟁력이 떨어져 현금 흐름이 줄어들 수 있다.

이것이 바로 4단계의 '라이프스타일 비즈니스 현금 흐름 방식'이 사업에 실패하거나 더 이상 사업을 운영하고 싶지 않더라도 개인의 재정적 안정을 유지하도록 도움을 주는 이유다. 현금 흐름 FI에 도달한 뒤 이 단계로 이동하거나 동시에 이를 향해 노력할 수 있다.

4단계: 라이프스타일 비즈니스 현금 흐름 방식

소득 대비 투자율을 높여 경제적 독립을 향한 여정을 가속화하라.

이 단계에서는 사업 수익으로 생활할 수 있을 뿐 아니라, 사업 외 다양한 자산에 투자해 충분한 자산을 축적했으므로 (원하지 않는다면) 일할 필요가 없을 정도의 경제적 독립을 달성할 수 있다.

우리는 이미 삶을 사업에 맞추는 것이 아니라, 삶을 중심에 두고 사업을 구축하는 것의 중요성에 대해 이야기했다. 이 현금 흐름 방식은 현금 흐름 FI 방식과 마찬가지로 사업소득에서 자신에게 급여를 지급하고, 사업 규모를 확장하며, 은퇴 또는 기타소득 창출을 위해 사업 외부의 다양한 자산군(주식, 채권, 부동산 등)에 투자하는 것이 가능하도록 한다.

궁극적인 목표는 사업 안팎에서 경제적 독립을 향한 여정을 가속화하는 것이다. 이를 위한 가장 효율적이고 효과적인 방법은 과세소득을 줄여 투자할 돈을 더 많이 확보하고, 저축률을 높여 투자 금액을 늘리며, 수익을 극대화하고 위험을 최소화하기 위해 투자를 다양화하는 것이다.

저축률과 경제적 독립에 도달하는 데 걸리는 시간은 직접적인 상관관계가 있다. 개인 및 사업소득에서 투자 비율이 높을수록 목표에 더 빨리 도달할 수 있다.

저축률에 따른 현금 흐름 FI 달성 기간

저축률이 높으면 더 빨리 경제적 독립을 달성할 수 있다. 저축률은 당신의 모든 계좌에 저축하고 있는 금액이 당신의 총소득에서 차지하는 비율로서 계산하기 쉽다.

1년의 자유 = 1년 생활비를 감당할 만한 저축액

당신이 얼마나 많은 돈을 벌든 1년 생활비를 저축하는 데 드는 기간은 다음과 같이 계산할 수 있다.

연간 저축액	
은행 계좌	
저축 계좌 1	5,000달러
저축 계좌 2	2,000달러
투자	
세전	
401(k)	18,500달러
개인연금	5,500달러
세후	
주식 계좌	9,000달러
총저축액	40,000달러
소득액	100,000달러
저축률	40%

10% 저축률: 9년을 저축해야 1년 치 생활비를 마련한다 (1 — 0.1) / 0.1
25% 저축률: 3년을 저축해야 1년 치 생활비를 마련한다 (1 — 0.25) / 0.25
50% 저축률: 1년을 저축해야 1년 치 생활비를 마련한다 (1 — 0.5) / 0.5
75% 저축률: 1/2년의 저축으로 1년 치 생활비를 마련할 수 있다 (1 — 0.75) / 0.75

자신의 저축률을 계산하려면, 세전 계좌(예를 들어 401(k), IRA)와 세후 계좌(주식 계좌)에 저축한 모든 금액을 합산하고, 그 총액을 자신의 소득액으로 나누면 된다. 위의 표는 연 소득이 10만 달러이고 저축률이 40%인 경우의 예시다.

자신의 저축률을 쉽게 확인하는 방법은 매달 업데이트하는 스프레드시트를 사용하거나, 내가 만든 저축률 계산기를 이용하는 것이다. 두 가지 모두 다음 링크에서 확인할 수 있다.
* 링크: https://grantsabatier.com/tools.

다음은 앞서 설명한 라이프스타일 비즈니스 현금 흐름 방식을 최적화하는 7단계 스텝에 대한 설명이다. 여기서는 개인 재테크 방법을 조금 더 깊이 다루지만, 이 권장 사항들의 핵심 목표는 결국 사업 소득에서 과세소득을 줄이는 것이다.

STEP 1 : 세금 공제 가능한 사업 비용을 최대한 활용하기

중소기업이 성장해야 일자리가 생기고 경제가 발전하기 때문에, 미국 세법은 소규모 사업주에게 인센티브를 제공하도록 설계되어 있다. 그러나 이 인센티브를 최대한 누리려면 가능한 한 모든 비용을 인정받고 세금 공제를 받아야 한다. 세금 공제 대상 사업 비용은 사업을 운영하는 데 드는 비용으로, 과세 대상이 되는 사업소득을 줄여주는 역할을 한다.

사업을 운영하면서 올해 수익성이 좋을 것으로 예상되면, 내년도 예상 비용을 올해 이익에서 미리 지출해 이익과 그에 따른 세금 부담을 줄일 수 있다. 우리 회사도 11월이 되면 웹 사이트 호스팅 비용, 컨퍼런스 등록비 등 다음 해에 예상되는 비용을 선지불해 해당 연도의 이익을 최대한 줄이려 노력한다.

우리가 선지불하면 공급업체 입장에서는 즉시 현금이 유입되므로 당연히 환영할 것이다. 물론 이는 은행에 충분한 현금이 있고, 이런 방식으로 세금 부담을 줄여도 사업이 위태로워지지 않을 만큼 강력한 현금 흐름이 있을 때만 실행해야 한다.

세금 공제를 받으려면 이런 사업 비용에 대해 상세히 기록하고 영수증을 보관하는 것이 매우 중요하다. 퀵북스 같은 비용 추적 및 회계 소프트웨어를 활용하면 이런 공제를 입증하는 데 도움이 된다. 구체적인 공제 대상 비용은 사업 구조, 업종 및 소재지에 따라 다를 수 있지만 일반적인 세금 공제 대상 사업 비용은 다음과 같다.

- 광고비 및 마케팅비
- 사무실 임대료 또는 리스료
- 공과금
- 전화 및 인터넷 요금
- 사무 용품비
- 사업 보험료
- 급여 및 임금
- 외주 용역비
- 전문 서비스 비용: 변호사, 회계사 및 컨설턴트 같은 전문가에게 사업 관련 서비스에 대해 지불한 수수료
- 이자 비용: 사업 대출에 이자, 사업 관련 비용과 신용카드 이자 및 사업용 부동산담보대출 이자
- 감가상각비: 장비 및 차량과 같은 특정 사업 자산은 사업에 중요한 서비스를 제공하지만, 시간이 지나면 가치가 하락하므로 가치 감소를 고려해 매년 비용의 일부를 사업 비용으로 공제할 수 있다.
- 출장 및 식사비
- 차량 유지비

- 면허증 및 허가증 취득, 유지비
- 재택근무 공제
- 직원 복리 후생비
- 소프트웨어 및 IT 비용
- 직원 교육 및 훈련 비용
- 기부금
- 장비 임대 또는 리스 비용

STEP 2 : 과세소득 줄이기

모든 소득이 동일하게 취급되는 것은 아니다. 효율적인 세금 최적화의 목표 중 하나는 가장 높은 세율로 과세 대상 소득인 'W-2 소득'을 최소화하는 것이다. 일반적으로 W-2 소득에 대한 세금이 가장 큰 지출 항목 중 하나이기 때문에 매년 '실효세율 effective tax rate'을 가능한 한 낮게 유지해야 한다. 실효세율을 계산하려면 최근 종합소득세 신고서를 사용해 다음 방정식에 숫자를 대입하면 된다.

$$실효세율(\%) = (총\ 종합소득세\ 납부액\ /\ 총소득) \times 100$$

세금 공제 대상 사업 비용을 최대한 활용하는 것 외에도, 사업 이익에 대한 세금을 최소화해야 한다. 유한책임회사 LLC 같은 통과과세법인 pass-through entity(기업이 이익에 대한 법인세를 내지 않고 개인에게 넘어가 개인 소득세율에 따라 납부하는 형태의 법인-옮긴이)의 경우 세금 부담이 곧바로 개인 세금으로 넘어가기 때문이다. 과세소득을 줄이는 가장 쉬운 방법 중 하나는 세금 혜택이 있는 퇴직연금 계좌를 활용해 세금 납부를 최대한 미래로 이연하는 것이다. 이렇게 하면 투자 수익에 대한 세금 납부를 해당 자산을 매도해 현금화할 때까지 미룰 수 있으며, 그 시점에 납부하는 양도소득세capital gain tax는 일반 소득세율보다 훨씬 낮다.

STEP 3 : 퇴직연금을 최대한 불입해 과세소득 줄이기

이 단계에서 가장 중요한 일 중 하나는 퇴직연금 계좌에 가입하는 것이다. 고용주가 지원하는 401(k)와 개인퇴직계좌IRA 같은 세금 혜택이 있는 투자 계좌는 세금 부담을 줄이면서 자산을 늘리는 가장 효율적인 방법 중 하나이며, 가입하기도 쉽다.

기업가라면 간이 직원 연금 개인퇴직계좌SEP-IRA나 개인형 401(k) 플랜을 마련할 수 있다.

1. SEP-IRA

SEP-IRA는 이 두 계좌 유형 중 더 단순하며, 뱅가드Vanguard, 피델리티Fidelity 또는 찰스스왑Charles Schwab 같은 증권사를 통해 몇 분 안에 개설할 수 있다. SEP-IRA의 최대 불입액은 총이익이 아니라 순이익의 비율을 기준으로 한다.

또한 SEP-IRA는 일반적으로 근로자가 아니라 고용주(자영업자인 경우 자신)가 불입하며, 세금 공제 대상 사업 비용이라는 점에 유의

해야 한다. 특정 규칙 및 한도는 변경될 수 있으므로, 해당 연도의 불입 한도 및 규정을 반드시 확인해야 한다.

2. 개인형 401(k)

개인형 401(k)는 일부 서류를 제출하거나 국세청에 보고하는 등의 유지 관리가 필요하지만, 근로자이자 고용주로서 모두 불입할 수 있다. 이는 특히 순이익이 적을 때 SEP-IRA보다 더 많은 금액을 저축할 수 있음을 뜻한다. 정규직으로 직장에서 401(k)에 가입했더라도 부업을 위한 개인형 401(k)에 추가 가입할 수 있다. 다만 모든 계좌를 합산해 정부가 설정한 불입 한도 금액을 초과하지 않도록 해야 한다.

예를 들어 2024년에는 최대 2만 3,000달러까지 그리고 50세 이상인 경우 3만 달러까지 불입할 수 있었다. 고용주는 자영업 순이익의 최대 25% 또는 개인사업자나 단일 구성원 LLC라면 순 조정 사업 이익의 최대 20%까지 불입할 수 있다. 불입금에는 미국 국세청의 특정 한도가 적용되며, 2024년 총 불입 한도는 근로자 불입금 및 고용주 기여금을 합해 6만 8,000달러였고, 50세 이상은 7만 5,500달러였다. 이 한도는 몇 년마다 바뀌는 경향이 있으므로 매년 확인하여 불입할 금액이 한도 내에 있는지 점검하는 것이 좋다.

개인형 401(k)에 가입하고 불입하려면 자영업 소득이 있으면서도 직원이 없어야 한다. 다양한 금융기관을 통해 가입할 수 있으며, 내가 투자 중인 캐리 같은 투자회사를 통해서도 가능하다. 개인형

401(k)에 가입하면 불입금을 납입하고 주식, 채권, 뮤추얼 펀드, 부동산 등 다양한 금융 상품에 투자할 수 있다.

STEP 4 : 건강저축계좌에 최대한도로 납입하기

개인형 401(k) 및 SEP-IRA 외에도 건강저축계좌HSA, Health Savings Account 개설을 고려해야 한다. HSA를 이용하면 미래에 의료비가 발생할 경우를 대비해 세전 소득으로 계좌에 불입할 수 있다. HSA는 독특한 삼중 세금 혜택을 제공하는데, 불입금은 과세소득에서 제외되고, 투자 수익에 대해서도 비과세며, 적격 의료비qualified medical expense(미용, 건강 증진 등의 목적이 아니라 순수 진단, 치료 목적의 의료비-옮긴이)를 인출할 때도 세금이 면제된다. HSA에 넣어둔 돈에서 발생하는 이자나 투자 수익에는 세금이 부과되지 않는다. HSA에 불입한 금액은 자본이득세 또는 소득세 없이 시간이 지남에 따라 점점 불어날 수 있다. 이런 세금 혜택 조합은 다른 유형의 계좌에서는 찾아볼 수 없는 것이다.

매년 투자한 돈을 모두 써야 하는 유연지출계좌FSA, Flexible Savings Account와 달리, HSA 불입금과 투자 수익은 계속 증가해 매년 다음 해로 이월할 수 있다. 이를 통해 HSA를 추가 퇴직연금 계좌로 활용할 수도 있다. SEP-IRA 및 개인형 401(k)와 마찬가지로 HSA 역시 이전 가능하므로, 직장이나 건강보험 플랜을 변경하더라도 계좌를 유지할 수 있다. 또한 HSA는 고용주에 종속되지 않는다.

2024년 기준으로 독신자는 최대 4,150달러, 가족이 있는 경우

8,300달러까지 세전 소득을 투자할 수 있으며, 55세 이상은 1,000달러를 추가 불입할 수 있다.

HSA는 또한 자기 부담률이 높은 건강보험 플랜에 가입한 개인 및 가족만 이용할 수 있다. 이는 낮은 자기 부담률 플랜보다 비용이 더 들 수 있지만, 시간이 지남에 따라 HSA의 전반적인 세금 혜택이 비용 증가를 상쇄하므로 실제 혜택을 계산해보면 그만한 가치가 있다.

HSA를 최적화할 때 흔히 하는 조언은 의료비를 먼저 자비로 지불하고 영수증을 보관하라는 것이다. 그런 다음 불입금과 투자 수익으로 HSA 잔액이 늘어난 뒤 언제든지 그 영수증을 제출하면 환급받을 수 있다. 이런 놀라운 세금 혜택을 고려하면 HSA는 의료비 관리, 퇴직연금 및 전반적인 세금 감면에 효과적인 도구이다.

STEP 5 : IRA 계좌 최대한 활용하기

아직 IRA를 개설하지 않았다면 앞에서 설명한 절세 계좌에 모두 가입한 다음 IRA 계좌를 개설해 최대한 활용해야 한다. 전통적인 IRA와 로스 IRA Roth IRA(미국 상원의원 러셀 로스의 이름을 딴 절세형 퇴직연금 계좌-옮긴이) 모두 사업과 직접적인 관련이 없는 개인 투자 계좌다.

두 계좌의 가장 큰 차이점은 과세 방식이다. 로스 IRA에 대한 불입금은 세후 소득으로 납부한다. 즉 소득세를 이미 낸 돈으로 불입한다는 뜻이다. 이것의 장점은 '최소 5년 이상 계좌 유지', '59세 6개월 이상' 등 특정 인출 요건을 충족하면 납입금과 수익을 포함한 적격 인출액에 대해 과세하지 않는다는 점이다. 반면 전통 IRA에 대한 불입금은 세금 공제가 가능해 납입한 연도의 과세소득을 줄일 수 있다. 그러나 나중에 은퇴 후 돈을 꺼내 쓸 때는 인출액에 대한 소득세를 내야 한다.

로스 IRA의 중요한 특징 중 하나는 어떤 이유든 언제든 납입 원금에 한해 수수료나 세금 없이 인출할 수 있다는 점이다. 따라서 필요하다면 사실상 비상 자금으로 활용할 수 있다. 그러나 일반 비상 자금을 모두 소진한 비상 상황이 아니라면 인출하는 것을 권장하지는 않는다.

로스 IRA의 납입 한도는 소득에 따라 달라진다. 소득이 일정 한도(개인의 경우 16만 1,000달러, 부부가 공동으로 신고하는 경우 24만 달러)를 초과하는 경우 로스 IRA에 직접 불입하는 것이 제한되거나 불가능하다. 반면 전통 IRA는 소득 제한 없이 불입할 수 있다. 그러나 전통 IRA에 불입한다고 해서 항상 세금 공제를 받을 수 있는 것은 아니며, 소득 수준과 이미 다른 퇴직 플랜에 가입되어 있는지 여부에 따라 공제 가능 여부가 달라질 수 있다.

로스 IRA와 전통 IRA 중 무엇을 선택할지는 현재의 재정 상황, 예상하는 미래의 세금 상황 및 은퇴 목표에 따라 달라진다. 세금 전략을 다각화하기 위해 두 유형의 IRA를 결합하는 사람도 많다. 하지만 로스 IRA 가입 자격이 있다면 세금 없이 투자 수익을 증가시킬 수 있으므로 대부분의 사람에게 이것이 대개 더 나은 선택이다.

로스 IRA에 불입할 수 있는 소득 한도를 초과한다면 전통 IRA에 먼저 불입한 다음 그 금액을 로스 IRA로 전환하는 방안을 고민해보기 바란다. 물론 전환 시 세금을 내야한다. 이런 재테크 운용 전략의 자세한 설명은 이 책의 범위를 벗어나므로 필자의 저서 『파이낸셜 프리덤』을 참고하기 바란다.

STEP 6 : 증권 계좌를 개설하고 계속 투자하기

401(k), SEP-IRA, HSA, IRA의 불입 한도를 모두 채웠다면 그다음으로 개설해야 할 계좌는 증권 계좌다. 증권 계좌는 선납 세금 혜택은 없고 세금을 납부한 뒤에만 투자할 수 있지만, 투자 대상에 대한 무제한적인 유연성을 제공하며, 언제든지 자금을 인출할 수 있다는 장점이 있다.

한 가지 알아둘 점은 증권 계좌에서 주식에 투자한 뒤 최소 1년 이상 보유하면, 주식을 매도해 이익을 실현할 때에만 양도소득세를 낸다는 것이다. 그러나 증권 계좌에 보유한 주식에 대한 배당금에는 일반 소득세를 납부해야 한다. 내가 재정적 독립을 추구할 당시에는 매년 세금 혜택 계좌에 최대한 불입한 뒤 남은 돈을 증권 계좌에 투자했으며, 지금도 정기적으로 불입하고 있다. 시간이 지남에 따라 세금 혜택을 극대화하기 위해 퇴직연금 계좌는 계속 성장하도록 두었고, 큰 금액의 구매를 하거나 현금 여유 자금을 보충할 때는 증권 계좌에서 자금을 인출해 활용하고 있다.

STEP 7 : 부동산에 투자하기

　미국 세법은 사업주에게 혜택을 주는 것뿐 아니라 부동산 투자자들에게도 혜택을 제공한다. 부동산 투자는 투자를 다각화하고, 세금을 절감하며, 사업소득에 대한 의존도를 줄이는 좋은 방법이다. 부동산에 투자해 포트폴리오를 다각화하면 주식이나 채권 같은 전통적인 투자의 변동성에 대비할 수 있기 때문이다. 또한 부동산을 임대하면 정기적인 임대 소득을 창출해 비용을 충당하거나, 대출을 상환하거나, 사업에 재투자하는 데 사용할 수 있는 꾸준한 현금 흐름을 확보할 수 있다. 부동산은 시간이 지나며 가치가 상승해 임대 소득뿐 아니라 개인 순자산을 늘리는 잠재력도 가지고 있다.

　부동산은 개인 자격 또는 사업체를 통해 모두 구매할 수 있다. 어떤 방식이든 유지 보수, 수리, 보험, 자산 관리 같은 부동산 관련 비용을 공제받을 수 있다. 또한 부동산은 담보대출 이자, 재산세, 감가상각비 공제 같은 다양한 세금 혜택을 제공한다. 사업용 건물이나 부동산을 구매하면 감가상각을 비용으로 처리해 과세소득을 줄이고, 그만큼 납부해야 할 사업 세금도 줄일 수 있다.

　부동산 투자의 장점이 많은 것은 사실이지만, 다른 투자와 마찬가지로 관리가 만만치 않고 시장 변동성에 따른 위험이 있다는 점을 유념해야 한다. 무작정 투자에 뛰어들기보다 시간을 내어 부동산을 배우고 자신만의 투자 기준을 세우자. 참고할 만한 좋은 책으로는 조슈아 도킨Joshua Dorkin과 브랜든 터너Brandon Turner의 『부동산 투자법How to Invest in Real Estate』, 게리 켈러Gary Keller, 데이브 젱크스Dave Jenks, 제이 파파산Jay Papasan의 『억만장자 부동산 투자법The Millionaire Real Estate Investor』, 크레이그 큐어롭Craig Curelop의 『하우스 해킹 전략The House Hacking Strategy』, 차드 칼슨Chad Carson의 『부동산 소액 투자법The Small and Mighty Real Estate Investor』이 있다.

사업 외에도 투자를 다각화할 수 있는 다른 방법이 많지만, 그중에서도 주식과 부동산 투자는 역사적으로 가장 신뢰할 만한 실적을 보여왔다. 내가 추천하는 투자 전략을 더 자세히 알고 싶다면 『파이낸셜 프리덤』의 10장 '신속한 7단계 투자 전략'을 참고하기 바란다.

5단계: 성장 극대화 현금 흐름 방법

자기 자신과 사업에 투자해 가능한 한 빨리 재정적 독립을 달성하라.

이 단계에서는 사업 가치를 극대화하고, 가능한 한 많은 이익을 사업에 재투자해 과세소득을 최소화하는 데 힘써야 한다. 이는 생활비를 충당하기 위해 사업에서 소득을 인출할 필요가 없는 사람들에게 적합한 방법이다. 나 역시 몇 년 전 이미 재정적 독립을 달성했기 때문에 사업에서 인출할 수 있는 어떤 소득도 내 삶을 크게 개선하지 못하며(어쩌면 전혀 개선하지 못할 수도 있다), 오히려 추가 개인소득으로 잡혀 세금 부담만 늘어날 뿐이다.

나는 내 사업을 하나의 투자 대상으로 본다. 주식시장 같은 다른 자산시장보다 더 큰 통제권을 가질 수 있기 때문에 나는 사업 수익을 사업에 재투자하고 싶다. 시간이 지남에 따라 다른 자산에 투자하는 것보다 사업에 투자하는 것이 더 높은 수익을 낼 수 있다고 믿기 때문이다. 이것이 내 투자 다각화 전략의 핵심이다.

여기서 핵심은 투자를 비용으로 처리해 사업을 성장시키는 데 활용하고, 이익을 즉시 인출하지 않고 연기해 세금 납부를 미루는 것이다. 그러면 미래에 사업을 매각할 때 차익에 대해 소득세보다 훨씬 낮은 양도소득세를 내게 된다. 이 방법은 수익성이 매우 클 수 있지만, 사업이 망하면 그동안 재투자한 돈과 그로 인해 창출된 가치까지 잃을 수 있으므로 극도로 위험하기도 하다.

그렇기 때문에 적어도 매출이 줄거나 비용 증가 시 사업을 보호할 현금 여유액을 마련하기 전까지는 이 전략을 보류할 것을 권한다. 재정적 독립을 달성한 뒤 이런 재투자 전략을 구사하면 어떤 어려움이 닥쳐도 개인 자산에는 영향을 주지 않으므로 위험을 더 줄일 수 있다. 다음 장과 LEVEL 3 '성장 사업가' 편에서 사업에 재투자하는 가장 좋은 방법을 자세히 설명하고 있으니 참고하기 바란다.

현금 흐름 관리는 사업의 연륜이 쌓일수록 더 쉬워진다. 충분한 현금 여유분을 유지하고, 들어오고 나가는 현금을 모니터링하며, 현금 흐름 예측으로 계획을 세우면 사업의 위험을 크게 줄일 수 있다.

9장

알아서 굴러가는 시스템을 구축하라

> 모든 시스템은
> 현재 나타나는 결과를 얻도록
> 완벽하게 설계되어 있다.
>
> — W. 에드워즈 데밍 W. Edwards Deming, 통계학자 겸 경영사상가

이 글을 쓰고 있는 지금, 일곱 번째 사업을 시작한 지 3년이 지났다. 오늘 오전에만 약 5,000달러의 수익을 올렸고, 아직 오후 1시가 채 되지 않았다. 나는 아직 이메일에 로그인을 하지도, 회의에 참석하거나 전화를 받지도 않고 이 글을 쓰고 있다. 방금 수익 추적 시트, 최신 손익계산서, 구글 애널리틱스 그리고 링크 추적 성과 보고서를 확인했다. 나는 10분 이내에 사업 성과를 자세히 파악하여 잘 작동하는 부분과 개선이 필요한 부분을 식별할 수 있다. 덕분에 빠르게 움직여야 하는 산업에서 신속하고 효율적인 결정을 내릴 수 있다.

1인 기업가가 되면 많은 이점을 누릴 수 있지만, 그중 가장 큰 장점은 혼자 일하면서 얻는 자유와 유연성이다. 반면 어려운 점이 한

가지 있다면, 사업과 삶이 지나치게 얽혀 둘을 분리하기 어렵다는 점이다. 1인 기업가는 사업을 성장시키고 성공시키기 위해 많은 시간과 노력을 쏟지만, 동시에 개인의 삶과 목표를 우선시하며 그 틀 안에서 사업을 영위해야 한다는 사실을 기억해야 한다.

경고 신호는 쉽게 보고 느낄 수 있다. 생활비를 감당해야 하는 스트레스 때문에 밤잠을 설친다거나, 가장 큰 고객을 잃을까 봐 늘 걱정하거나, 다른 사람을 위해 일할 때보다 더 불행하다고 느끼거나, 사업 생각에 사로잡혀 삶의 다른 영역에 집중하지 못하는 경우 등이다. 이런 일이 발생하지 않도록 사업 초기에 좋은 습관과 시스템을 마련해야 한다. 그렇지 않으면 사업이 성장하고 일이 많아진 뒤에는 방향을 수정하기 어려워질 수 있다.

어떤 사람들은 다른 사람들보다 경계를 설정하는 데 본래 더 뛰어나며, 그런 경우 의도적으로 노력할수록 경계 설정은 더 쉬워진다. 결국 이 모든 것은 자신의 한계를 시험하고 강점을 정확히 인식하는 문제로 귀결된다.

또한 시간을 투자해서 돈을 버는 방식에서 벗어나 시스템을 구축하면 더 쉽게 수익을 창출할 수 있고 수익성도 높아진다. 사람과 시스템을 어떻게 활용하느냐에 따라 삶의 질이 달라질 수 있다.

성장하려면 장기 계획 및 전략에 집중하고, 가장 좋아하는 활동에 에너지를 쏟을 수 있도록 가능한 한 많은 업무를 자동화하며 아웃소싱해야 한다. 시장에는 이미 사업 운영에 필요한 대부분의 일을 처리해줄 시스템, 기술 또는 사람이 이미 존재할 가능성이 크다. 더 성장하고 더 많은 돈을 벌수록 자유 시간도 늘어나겠지만, 그러려면 당신 없이도 혹은 최소한 당신의 개입 없이도 사업이 운영될 수 있는 시스템이 필요하다. 당신의 시간은 본질적으로 유한하다. 시스템은 내가 더 많은 일을 하더라도 그에 비례해 많은 시간을 쏟을 필요가 없도록 해준다.

1인 기업가 단계에서는 여러 명의 직원을 고용하거나 고급 자동화 시스템을 도입할 만큼 충분한 수익을 창출하기는 어려울 것이다. 하지만 일단 작더라도 전략적인 시스템을 구축하기 시작하면, 사업이 성장함에 따라 이를 확장할 수 있다. 이 장에서는 이 단계에서 반드시 갖춰야 할 핵심 시스템에 대해 다루고 있다.

성과 데이터 모니터링

온라인 사업의 수많은 장점 중 하나는 적은 노력으로 최신 데이터를 손쉽게 얻을 수 있다는 점이다. 몇 번의 클릭만으로 웹 사이트 방문자 수, 링크 클릭 수, 제휴 전환율, 강의 판매량, 클릭당 수익, 핵심 제휴사 그리고 현재 매출액이나 특정 기간의 매출액 등을 확인할 수 있다.

가장 최근에 벌인 사업에서 나는 모든 데이터를 한곳에 통합하기 위해 루커스튜디오나 태블로Tableau 같은 경영 성과 분석 도구를 사용했다. 덕분에 일주일에 몇 번만 확인하는 하나의 성과현황판에서 모든 성과 데이터를 한눈에 볼 수 있다. 대부분의 경영 성과 분석 플랫폼은 구글 애널리틱스, 쇼피파이, 스트라이프, 퀵북스, 은행 계좌, 이메일 관리 플랫폼 등에서 나오는 데이터를 연결해준다. 그다음 성과현황판에 가져올 핵심 데이터를 선별하고, 원하는 방식으로 정리하면 된다.

일부 플랫폼은 성과현황판에서 주요 지표를 확인한 뒤, 더 궁금한 부분이 있으면 해당 지표와 연결된 상세 보고서로 바로 넘어가 심층 분석을 할 수 있는 기능도 제공한다. 또한 날짜나 범위를 지정해 데이터를 정렬하는 것도 가능하다. 결국 모든 것을 사용자의 필요에 따라 유연하게 조정할 수 있다는 뜻이다.

루커스튜디오, 도모Domo, 태블로 또는 이와 유사한 소프트웨어를 사용해 간단하게라도 성과현황판을 구축하기를 권한다. 성과현황판을 만들지 않더라도 최소한 구글 시트 같은 곳에 핵심 성과 지표를 모아둔 성과 보고서라도 반드시 갖추고 있어야 한다. 대부분의 시스템에서 데이터를 간단한 구글 시트나 루커스튜디오로 가져올 수 있어 큰 비용을 들이지 않아도 된다. 구글 크롬 확장 프로그램인 코이피션트Coefficient를 활용해보라. 코딩 없이도 거의 모든 데이터 소스를 구글 시트와 연결할 수 있다.

이런 성과현황판이나 보고서는 사업을 효과적으로 관리하는 데 필요한 정보를 정확히 보여주도록 맞춤 설정되어야 한다. 또한 꼭 사용할 데이터만 보여주도록 최대한 간결하게 유지해야 한다. 이런 도구들은 데이터 소스를 일일이 검토하는 시간을 절약하게 할 뿐 아니라, 사업 성과를 얼마나 잘 내고 있는지, 더 깊이 파고들 부분이 무엇인지 쉽게 파악할 수 있게 해준다. 또한 사업 파트너 및 팀원과도 더 효과적으로 소통할 수 있다. 모두가 동일한 데이터를 보고, 그것에 대해 함께 책임지기 때문이다.

프로세스 표준화

사업을 모니터링하는 데 도움이 되는 여러 보고서 외에도, 우리 회사는 사업 관리를 도와주는 의도적으로 설계된 시스템을 갖추고 있다. 점점 더 발전하는 기술과 소프트웨어 역량을 활용하고, 원격 근무와 계약직의 효율성을 높여 회사의 시스템을 정교하게 최적화했다. 그 결과 우리는 단 9명으로 구성된 소규모 팀으로도 투입 시간 대비 최고의 성과와 생산성을 낼 수 있게 됐다.

우리 회사의 시스템은 매달 수백만 명의 웹 사이트 순 방문자, 400개 이상의 제휴사, 매달 100~200개의 새로운 블로그 게시물을 만들어내는 콘텐츠 제작 전략 그리고 광고 파트너들의 끊임없는 요청을 관리하는 데 도움을 준다. 인공지능이 발전하고 그것을 더 쉽게 활용할 수 있게 되면서, 이 기술은 더욱 강력해져 사업가들이 자신의 시간을 활용할 수 있는 더 많은 기회를 제공하고 있다.

다음은 우리가 사업 관리를 위해 개발한 시스템 중 일부다.

- 새 블로그 게시물 생성 시스템
- 광고 파트너 관리 시스템

- 수익 최적화 시스템
- 직원 및 납품업체 관리 시스템
- 재무관리 시스템

만들어야 하는 시스템은 운영하는 사업의 유형에 따라 달라질 수 있다. 예를 들어 업종에 따라 고객 서비스 시스템 또는 재고관리 시스템이 필요할 수 있다. 그러나 어떤 업종이든 상관없이 필요한 시스템을 빨리 파악하고 개발할수록 더욱 효율적으로 사업을 운영할 수 있고, 더 쉽게 사업을 성장시킬 수 있다.

시스템을 구축하기 위한 구체적인 방법을 더 자세히 살펴보겠다.

1단계: 사업의 핵심 프로세스 파악하기

노션Notion, 구글 스프레드시트, 엑셀 또는 종이에 6열 테이블을 만들어보자. 앞의 두 열은 각각 '프로세스'와 '업무'로 이름을 지정하고, 나머지 네 열은 '좋아함/사랑함/싫어함', '기술/사람', '표준 운영 절차SOP', '다음 단계'로 명명하자. 그런 다음 첫 번째 열인 프로세스 아래에는 사업 운영에 필요한 모든 필수 기능을 나열하라. 이 기능들은 범위를 광범위하게 잡되 서로 겹치지 않아야 한다. 예를 들어 회계·세무, 고객 서비스, 제휴·파트너 관계, 재고관리, 블로그 게시물 생성 등으로 나눌 수 있다. 다음은 해당 표의 예시다.

프로세스	업무	좋아함 / 사랑함 / 싫어함	기술 / 사람	SOP	다음 단계

현재 하고 있는 업무뿐 아니라, 앞으로 사업에 추가하고 싶은 업무도 스프레드시트에 포함해 전략 문서로 활용할 수 있다. 예를 들어 디지털 광고, 홍보·미디어 전략, 영상 제작 등 궁극적으로 사업에 추가하고 싶은 업무를 적어둘 수 있다. 이는 살아 움직이며 계속 변화하는 문서이므로, 포괄적이어야 하되 완벽할 필요는 없다.

2단계 : 각 프로세스를 단계별 업무로 세분화하기

'업무' 열 아래에는 해당 프로세스를 수행하는 데 필요한 세부 단계를 나열한다. 예를 들어 콘텐츠 기반 제휴 마케팅 사업에서 새로운 콘텐츠를 만들 때는 다음과 같이 정리할 수 있다.

프로세스	업무
새로운 콘텐츠 작성	키워드 추적 시트에서 키워드 선택
	아사나에서 작가들을 위한 콘텐츠 브리프content brief(콘텐츠 제작자가 글을 쓰기 전에 필요한 모든 정보를 담은 상세한 지침 문서 - 옮긴이)를 작성하되, 대상 키워드, 개요, 해당 키워드로 상위에 노출된 경쟁사, FAQ 등 포함
	작가에게 콘텐츠 할당
	작가가 구글 독스에서 작성 완료 후 아사나 업무에 구글 독스 링크 추가

3단계 : 좋아하고, 사랑하고, 싫어하는 업무 파악하기

세 번째 열에는 각 업무나 프로세스를 좋아하는지, 사랑하는지, 싫어하는지를 표시한다. 싫어하는 업무보다 좋아하는 업무에 더 집중할수록 사업에 대한 에너지와 흥미가 커지고, 자연스럽게 더 큰 추진력을 얻을 수 있다. 여기서는 자신에게 솔직해져야 한다. 예를 들어 나는 블로그 게시물을 작성하고 사업의 기본적인 회계 기능을 처리하는 일은 좋아하지만, 소셜 미디어 게시물을 관리하는 일은 싫어한다.

싫어하는 업무가 시간을 많이 차지하지 않더라도, 그것을 해야 한다는 생각에 따르는 스트레스나 미루는 습관이 추진력을 약화시키기도 하고, 사업의 다른 부분에도 악영향을 미칠 수 있다. 싫어하는 모든 일을 외주화하거나 자동화할 수는 없겠지만, 지금 당장 모든 것을 해결할 수 없다는 한계를 인정하는 것은 훗날 그것을 당신의 업무 목록에서 제외할 전략을 세우는 데 도움이 된다.

4단계 : 업무 자동화 및 외주화를 위한 기술과 인력 파악

'기술/사람' 열 아래에는 각 업무를 자동화하거나 외주화하기 위해 어떤 기술이나 전문가를 활용할 수 있는지(또는 현재 활용하고 있는지) 기록해보자. 예를 들어 회계장부를 추적 및 관리하기 위해 퀵북스 같은 회계 소프트웨어를 사용할 수 있고, 이 과정을 감독할 전문 경리 담당자를 고용하면 직접 처리할 필요가 없어진다.

아래는 작성 예시다.

프로세스	업무	기술/사람
새로운 콘텐츠 작성	키워드 추적 시트에서 키워드 선택	
	아사나에서 작가들을 위한 콘텐츠 브리프 작성 — 대상 키워드, 개요, 해당 키워드로 순위가 높은 경쟁사, FAQ 등 포함	프로젝트 관리 소프트웨어(아사나)
	작가에게 콘텐츠 할당	아사나
	작가가 구글 독스에서 작성 완료 후 아사나 업무에 구글 독스 링크 추가	프리랜서 작가 / 구글 독스 / 아사나

이외에도 우리 회사는 이메일 시스템을 자동화하고 효율적으로 관리하기 위해 이메일 마케팅 플랫폼을 사용하고, 직원 관련 필요 사항, 법규 준수, 보험 관리 등을 위해 급여 및 인사 복리 후생 기술을 활용한다. 제휴사와의 파트너십을 관리 및 최적화하기 위해 링크 관리 시스템을 사용하기도 한다.

또한 모든 웹 사이트를 구동하고, 여러 사이트 간 데이터를 주고받고, 다양한 기능을 구현하기 위해 여러 백엔드 시스템backend system(웹 사이트나 앱에서 사용자 눈에 보이지 않는 모든 처리 기능을 담당하는 부분-옮긴이)과 맞춤형 데이터베이스를 구축했다. 우리 웹 사이트들은 공통된 테마를 기반으로 구축되어 있어 전체 포트폴리오를 더욱 효율적으로 관리할 수 있다. 이는 시스템을 통해 모든 웹 사이트에 새로운 업데이트를 동시에 배포할 수 있어 가능한 일이다.

대부분의 기술은 처음에는 무료이거나 비교적 저렴한, 입문 단계의 요금제를 적용한다. 수많은 소프트웨어에 압도되어 무엇을 선택해야 할지 모를 수 있지만 걱정할 필요는 없다. 가장 인기 있는 도구들을 조사하고 테스트해보라. 인기가 있는 데는 이유가 있으니 그것으로 시작하면 무난할 것이다.

기술에 과도하게 투자하면 불필요한 비용을 지출하기 쉽다. 따라서 장기 구독을 하기 전에 한두 번 기술을 시험해보는 것이 항상 효과적이다. 자신이 싫어하거나 다른 사람이 더 효율적으로 할 수 있는 업무부터 외주를 주거나 자동화하라. 이렇게 '낮은 곳에 매달린 열매'를 먼저 따면 즉시 시간을 확보할 수 있고, '더 높이 매달린 열매'는 필요한 자원을 충분히 마련한 다음 수확하면 된다.

5단계: SOP 만들기

SOP는 특정 비즈니스 업무를 완수하기 위해 정확히 무엇을 해야 하는지, 어떤 도구를 사용해야 하는지 그리고 관련 문서가 무엇인지까지 담은 상세한 단계별 지침서다. 고용한 직원에게 그가 해야 할 일을 명확하게 알려주기 위해 SOP를 제공한다. 이는 마치 정확한 지침이 담긴 요리 레시피와 같다. 또한 SOP는 회사를 매각하려 할 때 잠재적 구매자에게 회사를 더 매력적으로 보이게 하는 역할을 한다. 당신의 회사와 시스템을 자신들의 것에 더 쉽게 통합할 수 있도록 해주기 때문이다.

내가 밀레니얼머니를 매각했을 때, 새 블로그 게시물 제작, SEO, 기타 모든 업무의 프로세스에 대한 SOP를 합치니 총 40페이지가 넘었다. 이는 당신의 사업에 적용하기 힘든 규모일 수도 있지만, SOP를 만들 때는 최대한 철저하게 더 많은 세부 사항을 담고, 그것을 이해하기 쉬울수록 좋다.

또한 SOP는 사업주에게도 가치가 있다. 작성 과정에서 사업의 세부 사항을 깊이 파고들도록 만들기 때문에 그만큼 더 나은 결정을 내릴 수 있고, 회사의 비효율적인 부분을 발견하는 데도 도움이 된다.

SOP는 텍스트 문서로 작성할 수도, '무엇을, 어떻게' 하는지를 단계별로 보여주는 짧은 영상으로 제작할 수도 있다. 이때 룸Loom 같은 화면 녹화 비디오 서비스를 활용할 수 있다. 혹은 텍스트 문서 안에 영상 링크를 삽입하는 하이브리드 방식을 사용할 수도 있는데, 나는 이 방식을 선호한다. 프로세스를 수정할 때 긴 영상을 다시 촬영하는 것보다 구글 문서를 수정하거나 짧은 영상을 다시 녹화하는 편이 훨씬 쉽기 때문이다. 특정 업무에 관한 SOP를 만들었다면, 그 문서 링크를 스프레드시트의 SOP 열에 추가하라. 이렇게 하면 사업의 모든 업무와 SOP를 담은 마스터 문서가 완성된다.

SOP를 상세히 작성할수록 사업을 더 많이 외주화하거나 자동화할 수 있다. 이는 일회성이 아니라 지속적인 과정이다. 하나의 업무를 성공적으로 외주화했다면 곧바로 SOP 목록으로 돌아가 다음으로 어떤 업무를 표준화하고 외주화할 수 있을지 살펴봐야 한다. 아직 실행하지 못하더라도 마지막 열인 '다음 단계'에 이 업무에 대한 계획을 적어두자. 이런 과정을 거듭할수록 당신은 점점 더 많은 시간을 확보하게 되고, 궁극적으로 사업에서 가장 큰 가치를 창출하는 핵심 부분에만 온전히 집중할 수 있을 것이다.

팔리는 서비스를 만드는 법

당신이 제품이나 서비스를 직접 제공하거나, 광고주와 제휴사를 유치할 콘텐츠를 만드는 데 책임이 있는 유일한 사람이라면, 당신이 제공할 수 있는 가치는 결국 당신이 가진 시간에 따라 제한된다. 제품 중심 비즈니스라면 이런 상황이 크게 문제되지 않는다. 초기 시간과 비용, 에너지를 투자해 제품을 만들어두면 이후에는 계속 판매할 수 있기 때문이다. 특히 재고관리나 배송이 필요 없는 디지털 제품을 판매하는 경우에는 더욱 그렇다.

하지만 서비스 및 제휴 비즈니스라면 상황은 복잡해진다. 서비스 비즈니스는 본질적으로 당신의 시간에 전적으로 의존할 수밖에 없다. 제휴 비즈니스는 파트너와 광고주가 당신의 회사에 관심을 갖도록 청중을 계속 끌어들여야 하고, 그러려면 지속적으로 콘텐츠를 생산해야 한다. 이를 위해 꾸준히 시간을 투자해야 하며, 구독자가 많아질수록 그들의 관심을 붙잡아두기 위해 더 다양한 콘텐츠를 만들어야 한다.

당신의 서비스가 비교적 단순해 그 과정을 SOP로 명확히 정리할 수 있다면, 계약직 직원을 고용해 그 일을 대신 처리하게 할 수 있을 것이다. 나의 책『파이낸셜 프리덤』에는 부업으로 강아지 산책 사업을 시작한 매트의 이야기가 나온다.

그는 하루에 산책시킬 수 있는 강아지 수가 제한되어 있어 받을 수 있는 고객 수도 제한적이었다. 그러나 강아지를 산책시키는 과정은 특별한 기술을 요구하지 않으므로 다른 사람을 고용해 훈련시키기가 매우 쉬웠다. 따라서 매트는 고객에게 받은 수수료의 일부를 계약직 직원에게 지급함으로써 사업을 쉽게 확장할 수 있었다. 그는 더 이상 자신의 시간을 돈과 맞바꿀 필요가 없었으며, 매출을 계속 늘리기를 원하고 서비스에 대한 수요만 충분하다면 강아지 산책 도우미를 추가로 고용해 서비스를 제공할 수 있었다.

업무가 전문적이거나, 장기간의 숙련이 필요하거나, 독창적일수록 확장성은 더 복잡해진다. 특히 전문성이나 창의성에 의존하는 경우 더욱 그렇다. 예를 들어 그래픽 디자이너를 고용한다면 그들의 스타일과 기술이 당신의 취향에 맞는지를 기준으로 뽑을 것이다. 그런데 만약 그 디자이너가 당신이 준 프로젝트를 또 다른 사람에게 하청을 준다면, 과연 동일한 수준의 디자인 품질을 얻으리라 확신할 수 있을까?

예를 들어 블로그를 운영하는데 개인적으로 처리할 수 있는 것보다 더 많은 콘텐츠를 생산해야 하는 상황이라고 해보자. 이때 당신의 목소리와 권위를 유지하면서 글쓰기 일부를 외주화할 수 있을까? 이것이 바로 내가 밀레니얼머니를 확장하려 할 때 직면했던 문제이고, 콘텐츠나 맞춤형 서비스를 중심으로 하는 많은 기업가들이 마주하는 문제와 유사하다. 만약 이 비즈니스 경로를 선택해 사업을 확장하고 싶다거나 시간을 돈과 맞바꾸는 것을 멈추고 싶다면, 먼저 핵심 서비스에 대한 SOP를 만드는 방법부터 익혀야 한다. 이 과정을 우리는 서비스를 '제품화'한다고 말한다.

제품화는 숙련되거나 창의적인 작업을 표준화된 그리고 복제 가능한 서비스로 바꾸는 행위로, 누가 수행하든 일관된 품질을 보장한다. 가장 성공적으로 제품화된 비즈니스는 경쟁업체와 구별되는 독특함과 차별성이 있다는 점이 특징적이다.

예를 들어 매트의 강아지 산책 사업은 처음에는 인근 다른 경쟁업체와 비슷한 서비스와 가격을 제공했다. 그러나 그의 회사는 강아지를 위한 특별한 레크리에이션 활동을 제공하거나 대중 앞에 나가는 것을 싫어하는 겁 많은 강아지들을 대상으로 맞춤 산책 서비스를 제공해 차별화를 꾀했다. 매트는 이 서비스를 SOP에 포함시켜 계약직 강아지 산책 도우미들이 서비스 제공 방식을 알도록 했고, 이를 고객에게 경쟁 우위로 마케팅할 수 있었다.

1인 기업가가 흔히 빠지는 함정은 서비스를 파는 대신 자신을 파는 데 집중한다는 것이다. 가장 인기 있는 디자이너, 사진작가, 변호사, 댄스 강사, 마케팅 자문가 등은 '최고'라는 명성을 쌓은 전문가들이라서 사람들은 오직 그들하고만 일하고 싶어 한다. 그러나 이미 사업이 당신을 중심으로 돌아가거나, 특정 업무를 직접 해야만 고객에게 가장 높은 가격을 받을 수 있는 상황이라면, 당신이 자리를 비울 경우 어떻게 될까? 휴가를 가거나, 개인적인 일을 처리하거나, 지금 하는 일 말고 새로운 일을 하고 싶다면 어떻게 될까? 답은 간단하다. 사업은 매우 어려워진다.

대신 당신이 제공하는 것 자체를 판매하는 데 집중하면, 당신이 있든 없든 다른 사람을 고용하고 훈련시켜 그 서비스를 제공하게 할 수 있다. 또한 잠재 고객에게도 누가 서비스를 제공하든 동일한 품질을 보장받을 수 있음을 분명히 알릴 수 있다.

이것이 바로 트래비스 혼스비가 스튜던트론플래너를 운영하며 펼친 전략이다. 그가 처음 사업을 시작했을 때는 모든 상담을 직접 했다. 모든 조사를 직접 했기 때문에 고객에게 맞춤형 조언을 줄 수 있었던 것이다. 그러나 회사 규모를 확장해야 할 시점이 오자, 그는 자신의 서비스를 복제 가능한 제품으로 만들어 다른 사람들이 동일한 서비스를 제공할 방법을 고안했다.

당신이 사업을 얼마나 확장할 계획이든 서비스를 제품화하는 방법을 고안하는 일은 가치 있다. 사업을 언제든 확장하거나 매각할 수 있기 때문이다. 다음은 그 방법을 찾는 데 도움이 되는 지침이다.

1. **서비스를 파악하라**: 제공하는 서비스의 핵심 기능, 장점 및 고유한 판매 소구점을 명확히 이해하고 정의하라. 서비스 자체와 그 혜택 받는 사람들을 포괄적으로 이해하는 것이 중요하다.
2. **경쟁사를 제대로 파악하라**: 경쟁사, 그들의 가격 모델 및 다양한 제품 유형을 분석해 기회와 잠재적 과제를 파악하라.
3. **시제품을 제작하라**: 제품화된 서비스의 주요 기능과 이점을 보여주기 위

한 시제품 또는 최소 기능 제품 MVP, Minimum Viable Product을 개발하라. 이 시제품은 제품화된 서비스가 무엇을 제공하는지 시각적으로 보여주기 위한 것이다.

4. **프로세스를 표준화하라**: 명확한 업무 플로우와 절차를 확립하고, SOP를 통해 일관성과 효율성을 확보하라. 프로세스 표준화는 확장성과 높은 품질 및 재현성을 유지하는 데 중요하다.

5. **자동화하라**: 효율성과 확장성을 높이기 위해 프로세스에 자동화를 도입하라. 자동화는 수동 작업을 줄이고 오류를 최소화하며, 업무 플로우를 원활하게 한다.

6. **가격 전략을 수립하라**: 제품화된 서비스의 가치에 부합하는 가격 모델을 설정하라. 시장가격, 고객의 지불 의사 및 운영 비용을 고려해 공정하고 경쟁력 있는 가격 전략을 마련해야 한다.

7. **마케팅 자료를 제작하라**: 웹 사이트에 제품 라인을 추가하는 것을 포함해 마케팅 자료를 제작하라. 그 메시지는 잠재 고객에게 제품화된 서비스의 이점과 기능을 효과적으로 전달해야 한다.

8. **고객 지원 프로세스를 수립하라**: 고객의 문의, 불만, 피드백 및 환불을 처리하기 위한 효과적인 고객 지원 프로세스를 수립하라. 탁월한 고객 지원 서비스는 고객의 신뢰를 구축하고 만족을 보장하며, 재구매 고객을 늘리고 추천 및 사용 후기를 얻는 데 매우 중요하다.

9. **전략적으로 출시하라**: 이메일 마케팅 대상자뿐 아니라 더 광범위한 잠재 고객층을 겨냥해, 치밀한 준비를 통한 전략적 출시를 계획하라. 광범위한 대상을 상대로 서비스를 출시하기 전, 일부 고객을 대상으로 소프트 런칭

을 진행해 초기 피드백을 받고 필요한 조정을 하라.

10. **피드백을 수집하라**: 초기 사용자 및 고객으로부터 피드백을 받아라. 이 정보를 토대로 한 실제 사용자 경험에 기반해 제품을 개선하고 더 정교하게 다듬어라.

11. **반복하고 개선하라**: 고객 피드백 및 시장 동향을 기반으로 제품을 꾸준히 개선하라. 민첩하게 움직이고, 제품화된 서비스의 가치를 향상시키기 위해 필요하다면 과감하게 조정하라.

12. **확장하라**: 수요가 증가함에 따라 비즈니스 운영을 그에 맞추어 확장하라. 여기에는 팀 확대, 인프라 개선 및 새로운 시장 개척 등이 포함된다.

서비스를 상품화하는 방법에 대한 자세한 내용은 존 워릴로우John Warrilow의 『팔리도록 만들어라Built to Sell』와 마이클 E. 거버Michael E. Gerber의 『사업의 철학The E-Myth Revisited』을 참조하라. 두 책 모두 기업가가 자신을 중심에 두고 비즈니스를 만들 때 빠지기 쉬운 함정을 다루며, 당신이 없어도 비즈니스가 운영될 수 있도록 사업을 재설계하는 구체적인 전략을 제시한다.

최고의 계약직 고용 및 관리 방법

비즈니스에 지속 가능성을 구축하는 다음 단계는 주어진 역할을 수행하는 데 적합한 인재를 고용하는 것이다. 처음에는 계약직으로 시작하고, 그 직원이 회사에 큰 가치를 가져오며 급여를 감당할 수 있다면 정규직으로 전환하는 것이 바람직하다. 오늘날 비즈니스를 구축하기가 예전보다 쉬운 이유 중 하나는 어디에서든 인재를 찾을 수 있기 때문이다. 인터넷 덕분에 구직자를 쉽게 찾고 채용할 수 있으며, 원격으로 수행 가능한 일자리가 늘어나면서 채용 범위도 넓어졌다. 또한 구인 전문 온라인 플랫폼을 활용하면 전 세계 어디에서든 필요한 전문 인력을 더 쉽게, 더 폭넓은 선택지에서, 더 적은 비용으로 찾을 수 있다.

계약직을 찾는 가장 좋은 방법은 개인적 연고나 사회생활에서 얻은 네트워크를 활용하는 것이다. 내가 함께 일했던 최고의 계약직 직원들은 모두 지인의 추천으로 만났고, 이는 1인 기업가에게도 마찬가지일 것이다. 당신이 할 일은 그저 주변에 사람을 구하고 있다고 알리는 것뿐이다.

우선 역할, 책임, 근무시간, 원하는 이력 그리고 정규직·파트타임·프리랜서 여부를 명시한 간단한 직무 기술서를 작성하라. 어떤 사람은 프리랜서로만 일하기를 원하는 반면, 한 고용주 밑에서만 일하기를 원하는 사람도 있으므로 이 마지막 항목은 반드시 명확히 하는 것이 좋다. 이는 자격 미달인 이력서를 걸러내는 손쉬운 방법이기도 하다. 그런 다음 작성한 직무 기술서를 링크드인이나 사용 중인 소셜 미디어 플랫폼, 이메일, 웹 사이트에 게시하고, 적합한 사람을 알고 있을 만한 친구나 동료와 공유하라.

또한 적합하다고 생각하거나 어떤 식으로든 함께 일하고 싶은 사람이 있다면 사업주가 직접 접근할 수도 있다. 나 역시 가끔 이 방법을 쓰는데, 특히 경쟁사에서 최근 해고된 사람들에게 자주 시도한다. 만약 그들이 우리와 함께 일하는 데 관심이 없다고 하면, 대신 컨설팅 프로젝트에 참여할 의향이 있는지 묻는다. 나는 경쟁사에서 퇴사한 직원들에게 소정의 비용을 지급하고 컨설팅을 받거나, 그들의 관점을 청취함으로써 경쟁사에 대해 매우 많은 것을 배울 수 있었다. 또 링크드인에 올라오는 해고 소식이나 논의에 주의를 기울여 경험이 풍부하고 능력이 뛰어난 계약직 몇 명을 찾기도 했다.

인맥으로 사람을 찾을 능력은 없지만 채용 비용을 감당할 수 있다면, 다양한 채용 웹 사이트에 구인 목록을 게시하거나 링크드인에 유료 채용 광고를 게재할 수 있다. 링크드인은 지원하기 매우 쉽기 때문에 항상 엄청난 수의 지원자가 몰리는 만큼, 그들을 분류해 적합한 인재를 찾는 데는 엄청난 시간이 걸린다(심지어 내 비서를 뽑을 때도 마찬가지였다).

물론 아직 성장 초기 단계라면 많은 계약직을 감당하기 어려울 수 있으므로, 가장 적은 비용으로 가장 효율적인 성장을 가능하게 할 인력을 우선 고용해야 한다. 다음은 1인 기업가가 우선 고용해야 할 인력에 대한 나의 추천 리스트다.

1. 비서

비서는 가장 먼저 그리고 가능한 한 빨리 고용해야 하는 핵심 인재다. 흔히 비서라고 하면 전화 응대, 일정 관리, 커피 심부름을 떠올릴지도 모른다. 하지만 내가 규정하는 바는 다르다. 당신은 비서를 최대한 당신의 책임을 덜어줄 수 있는 존재로 훈련시킬 수 있고, 또 그렇게 해야 한다. 처음에는 교육하는 데 시간이 걸리겠지만, 당신이 만든 SOP 덕분에 빠르게 업무에 적응시킬 수 있으며, 그 결과 당신은 비즈니스 관리에 집중할 수 있다.

내 전담 비서 에밀리는 내가 사용하는 네 개의 이메일 계정에서 모인 모든 이메일을 통합 관리한다. 그녀의 업무는 내가 직접 답장할 필요가 없도록 가능한 한 많은 사람에게 대신 답장하고, 외부 요청 메일을 담당자에게 전달하고, 내가 꼭 봐야 하거나 답장해야 할 메일만 '그랜트' 폴더에 넣는 것이다. 그랜트 폴더는 내가 확인하는 유일한 폴더이며, 그곳에 없으면 중요하지 않은 메일이다.

나는 비서의 도움과 50개 이상의 이메일 필터를 활용하는 시스템 덕분에 매일 500개 이상의 이메일을 효율적으로 걸러낸다. 그중 직접적인 주의나 응답이 필요한 이메일은 보통 20개 미만이다. 에밀리는 이메일 관리 외에도 수많은 나의 업무를 관리해 내가 핵심 업무에 집중할 수 있도록 귀중한 시간을 대폭 확보해준다. 새로운 프로젝트가 생기면 나는 새로운 SOP를 만들어 그녀에게 이메일로 보내며, 대부분의 질문은 이메일로 답한다.

초기에는 이메일 선별 작업을 함께해서 내가 중요하게 여기는 이메일이 무엇인지 명확히 알려줬고, 그녀가 내 업무 처리 규칙에 대해 물으면 답하는 과정을 거쳤다. 요즘은 한 달에 한 번 이상 대화하는 경우도 거의 없다. 에밀리 덕분에 나는 시간을 절약할 수 있을 뿐 아니라 내가 출장 중이거나, 다른 중요한 일로 바쁘거나, 어떤 이유로든 일을 할 수 없을 때에도 내 비즈니스가 계속 운영되리라는 마음의 평화를 얻을 수 있다. 그녀는 이 모든 일을 처리하지만 주당 약 10시간만 일하는 파트타임 계약직이라고 말했던가? 미국에 거주하며 과거 마케팅 분야에서 경력을 쌓은 그녀는 현재 반퇴 상태다.

나는 파트타임 계약직의 도움을 받아 수백만 달러 규모의 비즈니스를 운영하며, 이들은 내 거의 모든 핵심 일상 업무를 관리한다. 하지만 특정 업무를 대신할 사람을 고용하기 위해 반드시 더 많은 돈을 벌 필요는 없다. 비용이 저렴한 국가에 거주하는 원격 비서를 고용하는 사람이 많지만, 나는 항상 경험이 풍부하고 미국에 거주하는 비서를 고용한다. 덕분에 더 많은 업무를 신속히 넘기고, 더 복잡하거나 민감한 업무도 맡길 수 있다.

물론 인재 채용 전략은 필요와 예산 수준에 따라 달라질 것이다. 하지만 비서가 관리하는 모든 업무에 대한 상세한 SOP가 있고, 시스템 변화나 더 많은 책임을 맡게 될 때 그에 맞추어 업데이트할 수 있다면, 나중에 새로운 비서를 고용하더라도 업무 인수인계가 훨씬 수월해져 인력 교체에 따른 부담을 크게 줄일 수 있다.

2. 부기 담당자

정확한 수치를 파악하지 못하거나 숫자를 이해하지 못하면 사업을 관리하거나 성장시킬 수 없다. 다행히 부기 담당자는 비교적 저렴하게 고용할 수 있다. 현재 부기 담당자의 시장 가격은 사업의 복잡성에 따라 다르지만 월 200~1,500달러 수준이다. 몇 가지 서비스나 제품만 판매하는 사업 규모라면 월 500달러 미만으로도 훌륭한 부기 기장 서비스를 받을 수 있다.

만일 수익이 충분해 부기 담당자를 고용할 능력이 있다면 그것은 그럴 만한 가치가 충분한 일이다. 해당 업계의 전문성을 갖추고 최소 5~10년의 경력이 있는 부기 담당자를 고용하라. 일반적으로 경력이 많을수록 비용은 더 높다.

능력 있는 부기 담당자를 찾는 가장 좋은 방법은 업계 커뮤니티나 모임을 활용하는 것이다. 예를 들어 업계 소상공인을 위한 페이스북 커뮤니티에 가입해 퀵북스 공인 부기 담당자를 추천받을 수 있다. 또 다른 방법은 퀵북스의 '회계사 찾기' 페이지를 방문해 퀵북스 공인 전문가 QuickBooks Certified ProAdvisors 데이터베이스를 검색하는 방법이다. 여기에서는 소재지, 사업 유형 및 산업별로 전문가를 필터링할 수 있다.

나는 보통 새로운 사업을 시작할 때마다 항상 부기 담당자를 고용하지만, 최근 설립한 회사에서는 부기 업무를 회계 법인에 맡겼다. 비용은 더 들지만 회계와 부기를 한곳에서 처리하기 때문에 장기적으로는 오히려 비용을 절약할 수 있다. 이런 전문가는 장부와 세금 기록에 완전한 접근 권한이 없는 계약직보다 절세 및 세금 최적화 전략을 더 빠르게 찾아낼 수 있다.

3. 회계사

나는 세금을 직접 처리하는 것을 좋아하지만, 여전히 회계사와 협력해 사업 세금을 관리하고 연중 세금 부담을 최소화할 수 있는 결정을 내리는 데 도움을 받는다. 모든 사업주가 자체적으로 세금을 최적화하는 방법을 배우는 게 유익하다고 생각하지만, 현실은 매년 15만 단어 이상이 세법에 추가되고 있으며, 이는 세법의 변화 속도가 매우 빠르다는 것을 의미한다.

특히 해당 업계에 특화된 회계사와 협력하는 것은 매우 유익하다. 업계별로 절세 방법이 다르기 때문이다. 우리가 고용한 회계사는 주로 온라인 사업을 다루며, 우리에게 돈을 절약할 수 있는 아이디어를 적극적으로 제공해준다. 우리는 회계사에게 월별 약정 수수료를 지불하지만, 시간당 비용을 지불하는 실력 있는 회계사도 쉽게 찾을 수 있다.

4. 변호사

해당 업계를 전문적으로 다루고, 그 분야의 특정한 위험 요소를 잘 이해하는 변호사를 찾아야 한다. 우리는 온라인에서 활동하는 상법 및 인수합병 전문 변호사와 함께 일한다. 그의 전문 지식은 우리가 수백만 달러의 추가 수익을 창출하는 데 기여했다. 그에게 지급한 비용의 40~50배에 해당하는 수익을 돌려받은 셈이다. 그는 업계 경험을 바탕으로 우리의 경영 자문 역할도 맡고 있다. 새로운 웹 사이트 인수를 고려할 때마다 나는 항상 가장 먼저 그에게 전화를 건다. 시장과 우리 직원들 그리고 회사를 잘 알고 있는 그와 함께 기회를 논의하면 내 의사 결정에 도움이 되기 때문이다.

좋은 변호사는 그만큼 가치 있는 일을 하지만, 업무 범위와 예산을 명확히 하지 않고 청구 방식에 세심한 주의를 기울이지 않으면 순식간에 큰 비용이 들 수 있다. 대부분의 변호사는 시간당 비용을 청구하는데, 짧은 시간 블록도 모이면 어느새 큰 금액이 된다. 유감스럽지만 변호사들은 실제 일한 시간보다 더 많이 청구하는 경우가 일반적이다. 다행히 우리와 일하는 변호사는 10분 단위로 비용을 청구하며, 한 번도 과도하게 청구한 적이 없다.

사업이 성장하면 단독 변호사 대신 법률 회사, 즉 로펌과 협력하는 것도 고려해보기 바란다. 우리는 주된 연락 창구 역할을 하는 한 명의 변호사를 두고 있지만, 그는 더 큰 로펌에 소속되어 있어 필요할 때 특정 문제에 대해 더 전문성 있는 동료 변호사들과 상의할 수 있다. 실제로 그의 세금 및 상표 전문 동료 변호사들이 여러 차례 우리를 도와주기도 했다.

사업을 하다 보면 글쓰기, 디자인, 편집, 소셜 미디어 관리 같은 특정 업무를 위해 다양한 외부 계약자를 고용하고 싶을 때가 많다. 하지만 수수료를 감당할 수 있을 만큼 충분한 수익이 생기기 전까지는 비용을 낮게 유지하는 것이 무엇보다 중요하다. 이는 아무리 강조해도 지나치지 않다. 일부 기업가들은 성급히 외부 지원에 과도하게 투자해 오히려 사업에 해를 끼치는 경우도 많다.

나 역시 기업가 여정의 시작부터 심지어 오늘날에도, 가능하면 사람보다는 기술에 의존하려고 노력해왔다. 이는 비용을 절약해주고, 더 많은 사람을 관리해야 하는 번거로움도 줄여준다. 우리는 기술을 이용해 급여, 건강보험, 401(k), 인사 지원, 팟캐스트 편집, 이메일 마케팅 등을 관리한다. AI의 발전 덕분에 기술 활용이 훨씬 더 쉬워지고 비용도 저렴해지고 있다. 최근에는 새롭고 유망한 부기 및 회계 AI 도구 몇 가지가 시장에 출시되기도 했다.

1·2·4개월 단위 계획

성공적인 기업가와 그렇지 못한 기업가의 중요한 차이점은, 성공적인 기업가는 전략적으로 계획을 세우고 비즈니스를 개선하기 위해 끊임없이 노력한다는 점이다. 사실 그렇게 하는 데는 많은 시간이 필요하지도 않고, 효과를 내기 위해 완벽할 필요도 없다. 핵심은 자신에게 적합하면서도 사업에서 즉각적인 진전을 이루는 데 도움이 되는 일관된 리듬을 찾는 것이다. 사업이 그렇듯 이 또한 시간이 지날수록 더 쉬워지기 마련이다.

행동경제학, 심리학 그리고 의사 결정 연구에 따르면, 인간은 가까운 미래보다 더 멀리 있는 장기적 사건을 예측하는 능력이 떨어진다. 이를 보통 예측의 역설prediction paradox 또는 예측의 오류forecasting fallacy라고 한다. 우리는 즉각적인 결과에 더 큰 가치를 두며, 미래의 먼 사건을 예측할 때는 정확도가 떨어진다.

나는 여러분이 몇 년 앞을 계획하기보다 1개월·2개월·4개월 단위로 비즈니스를 관리하기를 권한다. 다가올 한 해를 계획하는 것도 가치 있지만, 더 짧은 기간과 단기 목표에 집중하는 편이 훨씬 더 효과적이다. 목표는 매일 최소 두세 가지 사업에 좋은 결정을 내리는 것이다. 일주일에 5일 동안 꾸준히 실천한다면 한 달에 40~60가지, 두 달에 80~120가지, 넉 달이면 160~240가지 결정을 내릴 수 있다. 특히 시간이 제한적일 때 많은 것을 빠르게 성취할 수 있다.

아래에 단기 전략 계획을 위한 몇 가지 지침을 제시하지만, 자신에게 맞게 조정하는 것이 필수다. 나는 간단한 구글 시트에 계획을 기록하고 매 30일마다 검토하지만, 아사나 같은 프로젝트 관리 플랫폼을 사용해 기록할 수도 있다. 목표는 앞으로 1개월·2개월·4개월 동안 달성하려는 목표를 꾸준히 점검하고, 매달 계획을 검토해 노력이 어떤 결실을 맺었는지 확인하는 것이다.

1개월 계획

1. **검토 및 분석**: 지난달 실적을 검토하라. 주요 판매 지표 및 참여도 지표, 재무제표, 고객 피드백을 분석한다. 전월 손익계산서, 대차대조표, 현금 흐름표 및 현금 흐름 예측을 검토한다.
2. **단기 목표**: 향후 30일 동안 달성할 구체적이고 실현 가능한 목표를 세워라.

콘텐츠를 몇 개 제작할 것인가? 어떤 새로운 프로모션을 진행하고, 판매 목표는 몇 건인가? 이런 목표는 전반적인 비즈니스 전략과 일치해야 하며, 현재 직면한 과제를 해결하는 데 초점을 맞춰야 한다.

3. **작업 우선순위 지정**: 단기간에 처리해야 할 중요한 작업과 프로젝트를 찾아 긴급성과 목표에 미치는 영향을 기준으로 우선순위를 정한다. 큰 프로젝트라면 가능한 한 작은 단기 목표로 세분화한다.
4. **일상 업무 개선**: 프로세스 또는 SOP를 개선하고, 효율성을 높이며, 업무 플로우를 조정하고, 즉각적인 문제를 해결하는 일 등이 해당된다. 목표는 비즈니스를 더 효율적이고 지속 가능하게 만드는 것이다.
5. **팀원과 목표 소통**: 파트너, 비서, 계약자 및 기타 팀 구성원에게 단기 목표를 전달해, 다음 30일 동안의 우선순위에 대해 모두가 같은 방향으로 움직이게 하라. 이때 목표를 간략히 설명하는 짧은 이메일이면 충분하다.
6. **공개적 구축**: 매달 업데이트 현황을 커뮤니티에 알리고 그들이 어떻게 도움을 줄 수 있는지 알려주며, 당신이 어떤 도움을 줄 수 있는지도 물어라.

2개월 계획

1. **30일 목표 평가**: 지난달에 설정한 목표의 성공 여부를 평가한다. 잘된 점과 개선이 필요한 점을 파악한다.
2. **중기 목표 설정**: 다음 30~60일 안에 달성할 새로운 목표를 설정하라. 지난달의 성과를 바탕으로 매출 증대, 고객 서비스 개선, 웹 사이트 개선 등 중간 난이도의 중요한 과제를 포함해야 한다.

3. **커뮤니티 활성화**: 커뮤니티에 긍정적인 경험을 제공해 참여도를 높인다. 예를 들어 경품 증정 행사나 라이브 Q&A를 진행할 수도 있고, 오프라인 모임을 조직하거나 다른 브랜드와 협력하고, 영감을 주는 콘텐츠를 공유하는 활동 등이 있다. 이 활동의 핵심은 당신이 지속적으로 커뮤니티에 유익하고 의미 있는 것을 제공하고 있음을 보여주는 것이다.

4. **고객 참여**: 피드백을 수집하고 불만 사항을 해결하며, 고객 의견을 바탕으로 제품을 개선하라.

5. **전략적인 사업 확장**: 업계 내 5~10명의 잠재적인 새로운 파트너, 광고주 또는 기타 관계자를 찾아 그들에게 연락하라. 이는 네트워크를 확장하고 예상치 못한 기회를 열어줄 수 있다.

6. **재무 상태 검토**: 현금 흐름, 이익, 전반적인 재정 건전성 검토를 포함해 철저히 재무를 분석하고, 미래의 현금 흐름 예측을 정확하게 업데이트하라.

4개월 계획

1. **분기별 검토**: 매달 말 지난 90일, 즉 한 분기의 실적을 종합적으로 검토하라. 성과, 문제점 및 전반적 진행 상황을 평가한다.

2. **다음 분기 목표 설정**: 다음 분기를 위한 장기 목표를 세운다. 이는 연간 사업 계획과 일치하면서 회사의 전반적인 성공에 기여하는 것이어야 한다.

3. **전략적인 기획**: 시장 동향, 경쟁 구도, 산업구조 변화를 관찰하고, 이에 따라 사업 전략을 조정하라.

4. **시스템 및 기술 평가**: 분기마다 우리 시스템이 얼마나 잘 작동하는지 면밀

히 살피고 개선 방안을 찾는다. 또한 반복적으로 하는 업무를 면밀히 살펴 새로운 방식을 적용해 이점을 얻을 수 있는지 파악한다.

5. **마케팅 및 영업 전략 브레인스토밍**: 매출을 빠르게 늘리기 위해 어떤 마케팅과 영업 활동을 할 수 있는지 검토하라. 프로모션, 할인 판매 또는 타깃 캠페인 등을 실시할 수 있다. 다만 매달 진행하면 고객 피로도를 높일 수 있어 주의해야 한다.

6. **시장 확장 기회 모색**: 수익을 늘리고 다변화하기 위해 새로운 제품, 서비스 또는 목표 시장을 검토하라.

7. **전략적 파트너십 모색**: 장기적으로 사업 성장과 지속 가능성에 기여할 협력 대상을 찾아 접촉하라.

8. **위험 관리 전략 개발**: 다음 분기에 발생할 수 있는 문제를 파악하고, 비상 계획을 수립하라.

9. **재무 예측**: 손익계산서, 대차대조표, 현금 흐름표를 검토하고 다음 분기 현금 흐름 예상표를 작성하라.

나는 젊었을 때 수차례 번아웃을 겪었지만, 지금은 아니다. 믿을 수 있는 시스템을 갖추고 훌륭한 사람들과 함께 일하기 때문이다. 또한 사업 수입에 의존하지 않아도 될 만큼 충분히 저축하고 투자했기 때문이기도 하다.

이제는 사업에서 어떤 압력이나 스트레스도 느끼지 않는다. 물론 사업이 계속 성공하고 수익성이 높으며 회사가 성장하고 파트너들이 행복하길 바라지만, 그것 때문에 밤잠을 설치지는 않는다. 큰 문제에 직면해도 일상에 영향을 받지 않고 문제를 잊을 수도 있다. 나는 문제를 해결하거나 답을 찾는 데 있어 나 자신과 직관을 신뢰한다. 또한 중요한 결정을 내릴 때도 너무 오래 고민하거나 주저하지 않고, 데이터와 직관을 활용해 신속히 결정한다. 그런 다음 곧바로 계획하고 실행해 추진력을 유지한다.

사업을 운영하는 것은 끊임없이 개선하고 적응하는 과정이다. 계속 전진하고 진화해야 한다. 그리고 어떤 모습으로 성장하고 싶은지 스스로 결정하라. 이 주제는 다음 기회에 더 자세히 다룰 예정이다.

사람과 시스템을
어떻게 활용하느냐에 따라
삶의 질이 달라질 수 있다.

LEVEL 3

성장 기업가
: 사람과 전략으로 비즈니스를 가속화하는 법

사업 수명 주기의 어느 시점이 되면 성장이 필연적인 요소가 된다. 당신이 가치를 창출하는 무언가를 만들었다면 사람들은 그것에 대해 이야기할 것이고, 효율적인 시스템을 구축했다면 적극적인 홍보가 없어도 사람들이 당신을 알아보기 마련이다. 만약 사업 규모를 의도적으로 작게 유지하고 싶다면, 이런 자연스러운 성장 압력에 맞서 싸워야 한다. 고객을 거절하거나 새로운 기회를 포기해야 하므로, 에너지와 시간을 어디에 집중할지 결정하는 데 도움이 되는 추가적인 시스템과 프레임워크를 마련해야 할 것이다.

　성장을 제한하면 위험도 커진다. 오늘의 기회는 미래에 필연적으로 사라지기 때문이다. 언젠가 사업을 유지하기 위해서라도 성장이 필요할 수 있지만, 막상 그 시점에는 이미 그 기회가 사라졌을 수도 있다. 또 시간이 흐르면서 급여 기대치도 높아지므로, 성장하지 않는다면 직원들이 원하는 임금을 맞추지 못할 수도 있다. 그래서 대부분의 사업은 생존을 위해서라도 성장해야 한다.

　성장은 위험을 최소화한다. 수입원이 다양하면 고객을 잃거나 특정 제품에 대한 시장 환경이 더 이상 유리하지 않게 변해도 더 쉽게 회복할 수 있다. 또한 더 많은 자원(시간, 돈, 인력)을 확보하게 되므로, 기회를 포착하고 시장 동향을 파악하거나 잠재적 장애물을 발견하는 데 더 유리해진다. 이는 특히 나이가 들수록 새로운 기술에 적응하고 시장에 대한 관련성을 유지하기 어려워지기 때문에 더욱 필요한 일이다.

어느 시점에는 선택이든 강요에 의해서든 회사를 떠나야 한다. 이때 회사를 폐업할 수도 있지만, 그렇게 하면 당신이 창출한 모든 가치를 잃고 고객들도 의존해온 제품이나 서비스를 잃게 된다. 이런 상황에서는 자신의 조건과 일정에 맞추어 회사를 매각하는 편이 훨씬 좋지만, 그러려면 어느 정도의 사전 준비가 필요하다.

회사를 작게 유지하면 유리한 조건으로 매각하기는 더 어려워진다. 잠재적 구매자들은 구매하려는 자산의 가치가 시간이 지나며 상승할 것이라는 증거를 원한다. 그러나 성장 전략과 이를 관리하는 메커니즘이 없다면, 지금은 성장 전략 없이 잘 운영된다 하더라도 결국은 매력이 떨어질 수밖에 없다. 또한 사업이 위험에 노출되어 있다는 점 역시 잠재적 구매자들이 사업 가치를 평가하는 방식에 영향을 미친다.

기업을 작게 유지하면 서비스할 수 있는 고객과 구축할 수 있는 커뮤니티, 누릴 수 있는 기회와 경험, 함께 일할 수 있는 사람의 수가 제한된다. 또한 고용, 제휴 또는 합작 투자를 통해 당신이 재정적으로 도울 수 있는 사람 역시 한정된다. 만일 사명 지향적인 사업을 운영한다면, 당신이 발휘할 영향력과 그 도달 범위 또한 제한된다.

아니타 로딕Anita Roddick의 사례를 생각해보자. 그녀는 윤리적 소비, 사회적 영향, 인권, 환경 지속 가능성을 촉진하는 뷰티 브랜드를 만들겠다는 사명으로 더바디샵the Body Shop을 설립했다. 억만장자가 되거나 세계적인 브랜드를 만들려고 시작한 것이 아니었다. 그러나 회사가 성장하면서, 그녀는 성장을 선택함으로써 자신이 발휘할 수 있는 영향력을 깨닫기 시작했다. 만약 그녀가 사업 규모를 작게 유지했다면 고품질의 윤리적 제품이 시장에 충분히 공급되지 못했을 것이고, 소비자들은 덜 윤리적이거나 품질이 낮은 제품을 계속 구매할 수밖에 없었을 것이다.

성장 기업가의 길을 선택한다고 해서 성장의 구체적인 방법이나 계획을 미리 완벽히 알아야 하는 것은 아니다. 이 단계에서 필요한 것은 성장을 가속화할 엔진을 만들고, 그 에너지를 가장 효과적으로 활용할 수 있는 방향을 찾기 위해 정보를 수집하는 것이다. 이 단계로 넘어가는 것은 사다리를 오르는 것과 같아서 더 높이 올라갈수록 더 멀리 볼 수 있다. 나 역시 이 단계에 이르러서야 사업을 시작할 때 내 생각이 너무 작았음을 깨달았다. 성장할수록 더 많이 배울 수 있었고 또 더 많은 기회가 열렸다. 오늘날 나는 그때 상상했던 것보다 세상에 훨씬 더 큰 영향력을 행사하고 있다.

나는 성장의 긍정적인 측면을 매우 중요하게 생각하지만, 그렇다고 무분별한 성장을 옹호하지는 않는다. 대부분의 사람은 사업을 성장시키는 데 도움이 되는 일이라면 무엇이든 시도하거나 투자할 가치가 있다고 믿는다. 성장은 자연스러운 일이지만, 그렇다고 반드시 좋은 것만은 아니다. 어떤 전략은 원하는 삶을 구축하는 방향으로 당신을 이끌지만, 어떤 전략은 오히려 진정으로 원하는 삶과 거리가 멀어지게 할 수도 있다.

통제되지 않은 무절제한 성장은 역사상 최악의 경제 및 사회적 혼란으로 이어졌다. 엔론 사태, 닷컴 버블 붕괴, 2008년 주택 시장 붕괴 및 경기 침체 등이 그 예다. 책임 있고 지속 가능한 성장을 하려면 분명한 기준을 설정하고 지켜야 한다. 다음 장들에서는 그 기준을 테스트하고 설정하는 방법을 살펴보겠다.

10장

성장을 가속화하는 전략에 집중하라

> 성장을 향해 전진하지 않으면
> 자기도 모르는 사이에
> 안전함 속으로 후퇴하게 된다.
>
> ― 에이브러햄 매슬로Abraham Maslow, 심리학자

나는 15년 넘게 마케팅 분야에서 일하며 수억 달러 규모의 마케팅 비용을 관리해왔다. 시중의 온갖 종류의 그로스 해킹을 시도해봤지만, 대부분 비즈니스에 지속 가능성을 구축하지 못하기 때문에 선호하지 않는다. 나 역시 가능한 한 빠르게 성장하는 것을 전적으로 지지한다. 하지만 대부분의 그로스 해킹은 단기적인 속임수에 불과해 매출이나 이메일 구독자를 일시적으로 빠르게 늘릴 수는 있어도 장기적 효과는 거의 없으며, 오히려 전략적 계획 수립을 방해하기도 한다.

짐 콜린스Jim Collins는 그의 저서 『좋은 기업을 넘어 위대한 기업으로』에서 '플라이휠 효과flywheel effect'라는 아이디어를 대중화했다. 그가 최초로 만든 개념은 아니지만, 이를 통해 그는 일관되고 잘 정렬된 행동을 반복하면 상당한 성장과 성공으로 이어질 수 있음을 밝혀냈다. 일단 플라이휠이 돌아가기 시작하면, 계속 움직이게 하기 위해 꾸준히 노력을 기울여야 한다. 그리고 시간이 지남에 따라 이런 일관된 노력의 누적 효과가 복합적으로 작용하기 시작한다.

플라이휠은 계속 돌아가면서 추진력을 얻어 점점 더 효율적으로 변하고, 어느 시점에 이르면 스스로 움직이며 자체적인 추진력을 만들어낸다. 그 결과 적은 노력으로도 초기 추진 때와 같은 성장률을 유지할 수 있다. 플라이휠이 점점 더 빠르게 회전할수록 비즈니스는 더 빠른 성장과 성공을 달성할 수 있다. 초기 노력에서 발생한 에너지가 강력한 추진력이 되는 것이다.

성장에는 많은 비용이 들기 때문에, 돈과 시간 대비 가장 큰 효과와 최고의 투자수익률ROI을 얻으려면 플라이휠 효과가 작동해야 한다. 그렇게 되면 사업에 투자하는 모든 돈이 매출을 증가시키고, 이는 반복 구매 고객을 늘리며, 다시 그들이 다른 사람에게 추천하고, 그 결과 웹 사이트로의 링크가 늘고, 유기적 검색 트래픽 및 뉴스레터 구독자 증가로 이어진다. 이렇게 플라이휠은 계속해서 비즈니스를 성장시킨다. 전체는 부분의 합보다 클 수 있다. 예를 들어 한 번의 긍정적인 고객 경험이 충성도를 높이고 더 많은 추천으로 이어진다.

플라이휠은 다음의 네 가지 성장 레버를 꾸준히 개선함으로써 가속화된다.

레버 1. 획득 Acquisition

고객이 당신을 발견하고 당신과 소통하는 방식을 개선하는 방법에는 유기적 콘텐츠와 유료 광고를 확장하거나 설득력 있는 행동 촉구로 당신이 누구인지 설명하는 간단한 고객 유입 퍼널 acquisition funnel(잠재 고객이 제품이나 서비스를 인지하고 관심을 가지다가 결국 고객으로 전환되는 과정을 단계적으로 나타내는 구조-옮긴이)을 구축하는 것, 잘 디자인된 웹 사이트와 브랜드를 보유하는 것 등이 있다. 솔직하게 행동하며, 진정성을 가지고 투명하게 자신을 드러내라. 당신의 이야기뿐 아니라 커뮤니티에 있는 다른 사람들의 이야기도 중요하게 내세워라.

레버 2. 경험 Experience

고객이 브랜드와 접촉하는 모든 접점은, 예를 들어 웹 사이트 구독 후 받는 환영 이메일부터 주문 문제 발생 시 받는 고객 서비스에 이르기까지, 모두 일관되고 즐거워야 한다. 신뢰를 쌓기는 어렵지만 잃기는 매우 쉽다. 특히 온라인 비즈니스에서는 직접 보거나 통제할 수 없는 수많은 접점이 존재한다. 고객의 경험을 개선하려면 개개인에 대한 맞춤형 접근, 고객 서비스 개선 그리고 궁극적으로 고객의 만족과 편의를 최우선으로 생각하는 진정성 있는 태도가 필요하다.

레버 3. 유지 Retention

당신의 제품과 공유하는 콘텐츠를 좋아한다면, 만족한 고객은 계속 머무를 것이다. 고객과 정기적으로 소통하되 강요하지는 말고 인간적으로 다가가라. 훌륭한 이야기와 콘텐츠, 독점적인 제안 그리고 고객이 좋아할 만한 제품을 공유하면 이 레버를 개선할 수 있다. 멋지다고 생각하는 새로운 콘텐츠에 투자하라. 고객의 삶에 가치를 더해준다면 그들은 당신과 함께 머물며 친구들에게도 이야기를 전할 것이다.

레버 4. 추천 Referrals

얼마나 많은 고객이 당신을 친구, 가족, 동료 그리고 더 넓은 세상에 추천하는가? 제품을 쉽게 추천할 수 있도록 만들고, 추천 시 보상을 주는 인센티브를 제공하면 이 레버를 개선할 수 있다. 강요하지 않고도 충분히 해낼 수 있다. 추천이 얼마나 도움이 되는지 솔직하게 이야기하고, 다시 당신의 이야기를 통해 그 중요성을 강조하라. 고객들은 당신의 제품을 다른 사람들과 공유하고 싶어 하지만, 그렇게 하는 것이 좋다는 사실을 모를 수도 있다.

또한 제휴 프로그램을 만들어 파트너십을 구축할 수도 있다. 이 경우 추천을 통해 발생한 모든 판매에 대해 고정 수수료나 커미션을 지급한다. 제휴 프로그램은 당신과 제휴 파트너 모두에게 윈윈 구조이므로 매우 강력한 성장 동력이 될 수 있다. 당신은 새로운 고객을 얻고, 파트너는 고객을 당신에게 보내줌으로써 수익을 얻는다.

당신은 가능한 한 정확한 방식으로 수익을 늘리고 싶을 것이다.

하지만 효과가 없는 것에 자원을 낭비할 위험도 크다. 이 단계에서는 꾸준한 현금 흐름이 있을 것이므로, 그 추가 수익의 일부를 활용해 성장을 가속화하라. 예를 들어 작가를 고용해 유기적 콘텐츠를 더 많이 만들고, 전략적 제휴를 모색하며, 제품 또는 서비스 제공을 확장하는 데 투자할 수 있다.

또한 디지털 광고 캠페인을 운영해 유료 마케팅을 개시할 수도 있지만, 광고에만 의존해서는 절대 안 된다. 많은 기업가가 단기 판매를 위해 유료 채널에만 집중하다가 광고 비용이 상승하고(이는 늘 상승한다) 고객 선호도가 변화하면(이 역시 늘 변화한다) 결국 사업을 잃게 된다.

이것이 바로 플라이휠 효과를 내기 위해 여러 채널에 투자해야 하는 이유다. 쉬운 일은 아니지만, 숫자에 주의를 기울이고 꾸준히 테스트하며 돈을 낭비하지 않는다면 충분히 해낼 수 있다.

디지털 광고의 장단점

인터넷이 등장하기 이전의 마케팅은 대부분 인지도 마케팅이었다. 즉 회사, 브랜드, 제품 또는 서비스를 알리는 데 돈을 쓰는 방식이었다. 고속도로의 빌보드, TV 광고, 웹 사이트 배너 광고, 행사나 프로젝트의 브랜드 후원 등이 모두 인지도, 즉 '브랜드' 마케팅의 예다. 인지도 마케팅의 ROI는 일반적으로 추적하기 어렵다. 특정 광고나 브랜드 노출이 어떻게 고객의 구매로 이어졌는지를 정확히 파악하기 어렵기 때문이다.

다행히 이제는 타깃 마케팅(직접 마케팅)을 통해 훨씬 더 효율적으로 돈을 쓸 수 있다. 이런 유형의 마케팅은 고객이 특정 행동을 하도록 유도하는 분명한 목적을 갖는다. 예를 들어 이메일 마케팅 가입이나 특정 제품 구매를 유도하는 것이다. 타깃 마케팅을 활용하면 어떤 마케팅 캠페인이 판매를 창출했는지 추적할 수 있으며, 경우에 따라 고객이 구글에서 검색한 정확한 키워드, 클릭한 광고, 구매로 이어진 광고 헤드라인까지 추적할 수 있다. 또한 사용하는 마케팅 플랫폼에 따라 지리, 연령, 관심사, 특정 제품의 구매 주기 단계 등 다양한 요인을 기준으로 고객을 타깃팅할 수도 있다. 예를 들어 페이스북과 구글에서는 최근 검색 기록과 플랫폼 활동을 기반으로 특정 제품의 구매 의사를 보인 사람들에게 타깃 광고를 할 수 있다.

물론 특정 고객층을 더 정확히 겨냥할수록 광고 비용은 더 비싸지는 경향이 있다. 구글, 페이스북, 아마존, 틱톡, 핀터레스트, X, 인스타그램 등 주요 디지털 플랫폼의 광고 경쟁이 심해지면서 유료 마케팅 비용은 급격히 상승했다. 광고는 이 회사들의 주요 수입원이며, 광고비를 크게 늘리는 동시에 타깃팅 옵션targeting options(광고를 노출할 특정 대상을 선택하고 분류할 수 있는 기준-옮긴이)을 줄였다. 이는 개인정보 보호 규제의 영향이기도 하지만, 광고 공간에 대한 경쟁이 심화된 것 역시 이들 기업이 더 많은 수익을 올리게 만든 요인이다.

광고 회사들이 타깃팅 옵션을 점점 더 불투명하게 만들수록 광고주는 광고의 세부 설정을 제어하기 어려워지고, 그 결과 광고 비용은 더 비싸진다. 페이스북 광고가 처음 등장했을 때, 10센트의 저렴한 비용으로 고도로 타깃팅된 고객에게 광고할 수 있었다. 하지만 모든 마케팅 플랫폼의 추세는 항상 동일하다. 시간이 지남에 따라 경쟁이 치열해지고, 비용이 상승해 개별 브랜드가 광고 투자 대비 이익을 내기가 점점 더 어려워진다. 또한 유료 디지털 광고에서 꾸준히 좋은 효과를 얻으려면 엄청난 노력과 끊임없는 실험이 필요하다.

이 모든 것을 고려하면 유료 디지털 광고 캠페인을 운영하는 것은 결국 시간과 돈 낭비라고 생각할 수 있다. 내가 이 정보를 공유하는 이유는 유료 광고를 시작하기 전에 겪을 수 있는 어려움을 미리 알려주기 위해서다. 예산이 있는데도 유료 광고를 단념할 필요는 없다. 잘만 운영하면 유료 광고는 충분히 수익을 내고 사업 성장을 가속화하는 데 큰 도움이 되기 때문이다.

여전히 이메일 마케팅 대상자 목록을 구축하기 위해 페이스북 광고를 운영하고, 이후 강의를 판매하거나 제품을 추천해 수익을 창출하는 온라인 콘텐츠 제작자가 많다. 디지털 마케팅은 빠르게 진화하고 있으므로, 당신이 이 글을 읽는 시점에는 어떤 새로운 가능성이나 기술이 등장해 있을지 예측하기 어렵다.

디지털 광고 시작하는 법

디지털 광고를 처음 시작할 때는 원하는 모든 플랫폼에 예산을 투입하기 어려울 수 있다. 하지만 괜찮다. 적은 예산으로 시작해 무엇이 효과적이고 무엇이 효과가 없는지 배우는 것이 중요하기 때문이다. 그래야 큰 효과도 못 보고 돈만 낭비하기 전에 예방할 수 있다.

한 가지 추천 사항이 있다. 첫 광고 캠페인은 반드시 직접 기획 및 실시하고 테스트해보라는 것이다. 기본적인 디지털 광고 캠페인을 운영하는 방법은 어렵지 않게 배울 수 있다. 비용을 받고 광고 캠페인 운영을 도와주는 업체나 대행사도 많지만, 나는 그들이 진정 비용만큼의 가치를 제공하는지에 대해 매우 회의적이다. 나 역시 한때 많은 기업을 위해 디지털 광고 캠페인을 운영하는 대행사를 소유했었다. 우리는 정말 잘했지만, 내가 만난 대부분의 다른 대행사들은 형편없었고 받은 돈만큼의 가치를 하지 못했다. 결국 당신만큼 당신의 사업에 신경 쓰는 사람은 없다. 따라서 다른 사람에게 광고 운영을 맡기는 것은 자칫 큰 돈을 낭비하기 쉬운 방법이 될 수 있다.

먼저 한 번에 하나의 플랫폼으로 시작해 최소 1~2주 동안 첫 캠페인을 테스트해보고, 계속할 가치가 있는지 또 어떻게 개선해야 할지 판단할 충분한 데이터를 얻기를 권한다. 정기적인 모니터링과 개선 작업은 캠페인 성공에 필수적이다. 디지털 광고는 계속해서 빠르게 변하기 때문에 상황에 따라 언제든 전략을 바꿀 준비가 되어 있어야 한다. 경험이 쌓이면 접근 방식을 더욱 세밀하게 조정해 더 나은 결과를 얻을 수 있을 것이다.

디지털 광고 캠페인을 시작하는 방법은 다양하지만, 그중에서도 실용적이고 포괄적인 시스템을 다음과 같이 정리했다. 이는 최적의 접근 방식을 파악하고 초기 캠페인을 설정하는 데 도움이 될 것이다.

1. **목표 설정하기**: 캠페인은 목표를 명확히 설정하는 것부터 시작하라. 대부분의 경우 제품 판매를 늘리기 위한 목적으로 진행하는 것이 가장 효과적이다. 이메일 구독자 한 명이 당신에게 얼마나 가치 있는지, 즉 구독자 한 명당 평균적으로 얼마의 수익을 창출하는지를 알게 되면 이메일 구독자를 늘리는 캠페인도 테스트해볼 수 있다. 내 경험상 브랜드 인지도 캠페인이나 광고로 웹 사이트 트래픽이나 소셜 미디어 팔로워를 늘리는 일에 투자할 만한 가치가 있다고 생각한 적은 한 번도 없었다.

2. **플랫폼 선택하기**: 가장 적합한 광고 플랫폼을 선택할 때는 주요 고객이 어디에 있는지, 클릭당 광고 비용이 얼마인지를 기준으로 선택하라. 대표적으로 고려할 플랫폼은 구글, 아마존 그리고 다양한 소셜 미디어다. 나는 항상 구글 애드부터 시작하는데, 방문객의 구매 의도가 매우 높고 광고를 클릭할 때만 비용을 지불하기 때문이다. 하지만 대부분의 고객이 다른 플랫폼을 통해 당신을 찾는다면, 그곳에 광고를 하는 편이 더 나을 수 있다. 가장 성공한 경쟁자들이 어디에서 광고를 운영하는지도 참고하라. 그들에게 효과가 있다면 당신에게도 효과가 있을 수 있다.

3. **예산 결정하기**: 처음 광고 캠페인을 시작할 때는 최소 750~1,500달러(원화 약 100~200만 원) 정도의 예산을 1~2주 동안 투입해 캠페인의 기술적 설정이 완벽한지, 매출 또는 원하는 목표 추적이 정확하게 이루어지는지 충분히 검토하는 것이 좋다. 경험이 쌓이고 지출 금액을 늘릴 가치가 있음을

확신할 만큼 충분한 성과 데이터가 확보될 때까지는 관리 가능한 수준의 예산으로 운영하라.

4. **타깃 고객 조사하기**: 당신의 고객, 커뮤니티 그리고 기존 고객들로부터 수집한 데이터를 기반으로 우리가 5장에서 디자인한 페르소나에 인구 통계 정보, 관심사, 행동 패턴 등을 추가로 업데이트하라. 이 데이터는 모든 플랫폼에서 광고를 더 효과적으로 타깃팅하는 데 도움이 된다.

5. **캠페인 구조화하기**: 새 광고 캠페인을 시작할 때는 동일한 잠재 고객을 대상으로 여러 캠페인을 동시에 진행하되, 캠페인 간 불필요한 변수를 최소화하라. 그래야 어떤 변수가 실제 성과에 가장 큰 영향을 미치는지 파악할 수 있다.

6. **광고 문구 및 디자인 작성하기**: 당신의 타깃 고객에 맞게 간결하고 관련성 높으며, 궁극적으로 그들을 설득할 수 있는 광고 문구를 만들어라. 직접 작성해도 되고, AI 글쓰기 도구를 활용해도 좋다. 설득력 있는 광고 문구 작성은 AI가 특히 잘하는 분야다. 브랜드 정체성과 광고 메시지에 부합하면서 시각적으로 매력적인 광고 이미지나 영상을 만들어라. 필요하면 각 플랫폼의 광고 가이드라인을 참고하라.

7. **A/B 테스트**: 각 캠페인마다 5~7개의 다양한 광고 버전을 만들어 헤드라인, 카피, 이미지, 행동 촉구 문구를 테스트하라. A/B 테스트는 당신의 잠재 고객에게 어떤 요소가 가장 잘 통하고 가장 많은 전환으로 이어지는지를 파악하는 데 도움이 된다. 대부분의 플랫폼은 다양한 헤드라인 및 카피 옵션을 추가하고 여러 이미지를 추가로 업로드할 수 있도록 지원한다. 여러 버전을 실행한 뒤, 광고 플랫폼은 어떤 조합이 가장 좋은 성과를 냈는지

파악하고 이후에는 그 조합을 기본값으로 삼아 광고를 노출하게 된다.

8. **모니터링 및 최적화**: 캠페인을 1~2주 실행하면서 다음과 같은 핵심 성과 지표를 중심으로 결과를 평가하라.

    - 노출 수impressions: 광고가 표시된 횟수.
    - 클릭률CTR: 광고를 본 사용자 중 클릭한 비율.
    - 전환율conversion rate: 광고 클릭이 구매, 가입, 다운로드 등 원하는 행동으로 이어진 비율.
    - 클릭당 비용CPC, Cost per Click: 광고 클릭당 지불하는 평균 비용.
    - 광고 비용 대비 수익ROAS, Return on Ad Spend: 광고 캠페인을 통해 얻은 수익을 광고 운영에 지출한 비용과 비교한 값. ROAS가 100%를 넘으면 수익이 발생하고 있다는 의미지만, 최소 130~140%를 목표로 삼아야 한다. 이는 광고에 100달러를 지출할 때 130~140달러의 매출을 올린다는 뜻이다. ROAS가 200% 이상이면 매우 훌륭하지만, 그보다 훨씬 높은 수익을 창출하는 것도 아주 어렵지는 않다.

9. **조정**: 데이터 분석을 기반으로 실적이 저조한 요소들을 조정하라. 예를 들어 광고를 일시 중지하거나 수정하고, 타깃팅 옵션을 변경하거나, 예산을 조정하는 것 같은 조치들이다. 일부 플랫폼은 광고 성과를 개선하기 위한 권장 사항을 제공하기도 한다. 이는 매우 유용할 수도 있지만, 일부는 단순히 더 많은 지출을 유도하기 위해 설계된 것일 수 있음을 명심하자.

10. **확장 및 확대**: 현재 광고 캠페인으로 목표 ROAS와 수익을 달성하고 있다면, 예산을 늘려 광고를 확대하는 것을 검토하라. 얼마를 지출할지는 본인에게 달려 있지만, 목표 ROAS와 수익을 달성하는 캠페인에는 가능한 한

많은 예산을 투입하는 것이 논리적으로 타당하다. 더 많이 투자할수록 더 많은 수익을 얻을 수 있기 때문이다.

그렇지만 캠페인 수익은 빠르게 변할 수 있으므로 광고비 지출을 항상 면밀히 주시해야 한다. 일단 수익성 있는 플랫폼을 찾아 수익성 있는 캠페인을 만들었다면, 수익성이 유지되는 한 감당 가능한 최고 예산 수준으로 광고 캠페인을 계속 운영하라. 그리고 이미 수익을 내고 있는 기존 캠페인은 유지하면서, 동시에 같은 광고 플랫폼 안에서 아직 공략하지 않은 다른 고객층을 대상으로 새 광고 캠페인을 시작하라. 이렇게 하면 이미 검증된 플랫폼의 잠재력을 최대한 활용해 전체 광고 규모와 수익을 더 크게 확장할 수 있다.

11. **지속적인 학습 및 테스트**: 디지털 광고는 빠르게 변화하므로 따라잡기 쉽지 않다. 하지만 업계 동향, 모범 사례 및 플랫폼 업데이트에 관한 정보를 끊임없이 수집해야 한다. 멈추지 않고 계속 새로운 것을 배우고, 그것을 바탕으로 마케팅 전략을 지속적으로 개선해야 한다. 광고 캠페인을 직접 확장하다 어느 단계에 이르면 비서를 교육하거나 경험 있는 외부 전문가를 고용해 업무를 위임할 수도 있다.

마케팅 지출 최적화

ROAS는 특정 캠페인의 수익성을 보여주지만, 한 번에 하나의 플랫폼 성과밖에 분석하지 못한다. 가능한 한 많은 수익을 창출하려면 유·무료 마케팅 활동 전반에서 고객 획득 비용 CAC, Customer Acquisition Cost과 고객 생애 가치CLV를 주의 깊게 살펴 마케팅 전략에 대한 더 넓고 깊은 시야를 확보할 필요가 있다.

CLV는 고객이 한 기업과 관계를 맺는 동안 회사에 벌어다줄 것으로 예상되는 총수익을 말한다. 고객 한 명에게서 장기간 수익을 올릴수록, 그 고객을 획득하는 데 더 많은 비용을 지출할 수 있다.

CAC는 해당 고객을 획득하는 데 드는 비용을 측정한다. 고객의 장기적인 수익성을 판단하려면 CLV와 CAC를 비교하면 된다. CLV가 CAC보다 현저히 높으면 이익이 되는 고객이라는 뜻이다. CAC를 최소화하고 CLV를 극대화하는 것이 더 많은 수익을 얻는 방법이다.

CLV-CAC = 고객으로부터 얻는 장기 수익

고객 획득 비용

마케팅 지출이 늘어나기 시작하면, 광고비는 곧 사업에서 가장 큰 지출 항목 중 하나가 될 것이다. CAC는 마케팅 활동에 대한 투자 수익을 계산할 때 중요한 구성 요소다.

CAC를 이해하는 것이 중요한 이유는 고객 획득 노력이 재정적으로 지속 가능한지 여부를 판단하는 데 도움이 되기 때문이다. CAC가 지나치게 높으면 수익성에 부정적인 영향을 미칠 수 있다. CAC를 활용하면 다양한 마케팅 채널, 캠페인 및 전략의 효율성을 평가할 수 있고, 어떤 채널이 최고의 투자 수익을 내는지도 파악할 수 있다. 이를 통해 마케팅 및 영업 활동에 얼마의 예산을 배분할지 결정할 수 있다.

CAC는 쉽게 계산할 수 있다.

마케팅 비용 / 고객 수 = CAC

물론 유·무료 채널 전반의 총 마케팅 비용에 대한 CAC를 계산할 수도 있지만, 각 마케팅 채널별로 비용을 세분화해 계산하면 훨씬 더 유용하다. 이렇게 하면 어떤 채널이나 캠페인이 새로운 고객을 획득하는 데 가장 효과적인지 정확히 파악할 수 있기 때문이다.

예를 들어 인스타그램 광고에 5,000달러를 지출해 그 결과 100명의 신규 고객을 확보했다고 가정해보자. 동시에 구글 광고에 같은 금액을 지출한 결과 150명의 고객을 확보했다면, 각 채널의 CAC는 다음과 같다.

인스타그램 : 5,000달러 / 100 = CAC 50달러
구글 : 5,000달러 / 150 = CAC 33.33달러

적어도 이 상황에서는 구글이 더 효과적인 플랫폼이다. 다른 모든 조건이 동일하다면(예를 들어 각 플랫폼에서 동일하거나 유사한 광고를 운영하고, 고객이 평균적으로 동일한 금액을 지출한다면) 구글에 더 많은 돈을 투자하고 인스타그램에는 광고를 줄이는 것이 합리적인 결정

이다. 하지만 인스타그램 광고로 여전히 5,000달러 이상의 수익을 내고 있다면 광고를 유지하기로 결정할 수 있다. 이는 전적으로 목표와 예산에 달려 있다.

마케팅 투자수익률ROMI, Return on Markeing Investment을 평가하려면 해당 캠페인에서 발생한 수익을 그 캠페인과 관련된 총 CAC와 비교하면 된다. ROMI는 마케팅 캠페인의 효율성과 수익성을 측정하는 지표로, 다음과 같이 계산한다.

(마케팅 캠페인으로부터 발생한 매출 − 총 CAC) / 총 CAC = ROMI

예를 들어 제품 하나당 200달러의 매출을 올리고 인스타그램에서 100개, 구글에서 150개를 판매해 총 5만 달러의 매출을 창출했다고 가정해보자. 인스타그램 광고 지출은 5,000달러, 구글 광고 지출 역시 5,000달러였으므로 광고비는 총 1만 달러다. 이 모든 비용을 신규 고객을 확보하는 데 사용했으므로 이것이 총 마케팅 지출이다. 위의 공식을 적용하면 ROMI를 계산할 수 있다.

(5만 달러 − 1만 달러) / 1만 달러 = 4 ROMI

광고에 1만 달러를 지출해 5만 달러의 매출을 창출했으므로 마케팅 투자액 대비 4배의 매출을 올린 셈이다. 이 공식을 사용하면 특정 마케팅 캠페인이 고객을 획득하는 데 든 총비용과 비교해 어느 정도 매출을 발생시켰는지 측정할 수 있다. 결괏값이 1보다 크면 마케팅 캠페인이 고객을 데려오는 데 쓴 돈보다 더 많은 매출을 벌어들였다는 뜻으로, 이는 투자가 성공적으로 이익을 창출했다는 긍정적인 신호다. 반대로 1보다 작으면 투자 비용보다 매출이 적어 손실을 보고 있다는 의미다.

유료 마케팅을 처음 시작하는 기업은 보통 마케팅 비용을 지나치게 많이 쓰거나 너무 적게 쓰는 경향이 있다. 나 역시 마케팅 대행사를 통해 광고를 시작했을 때, 어떤 광고가 효과적인지 파악할 체계적인 방법이 없었기 때문에 광고 지출에 매우 소극적이었다.

하지만 데이터를 확보해 총 CAC, 채널별 CAC 그리고 ROMI를 이해하게 되면, 당신이 어렵게 번 돈을 어디에 얼마나 쓰는 것이 가치 있는지 정확히 알 수 있다. 그러다 보면 곧 마케팅을 단순한 비용이 아닌, 비즈니스를 성장시키고 장기적으로 강화하기 위한 지능적 투자로 여기게 될 것이다.

다음은 CAC 데이터를 사용해 의사 결정을 내리는 방법이다.

1. **채널별 분석**: CAC 데이터를 유·무료 검색 광고, 소셜 미디어, 이메일 마케팅 등 마케팅 채널 유형별로 세분화하라. 이를 통해 각 채널의 성과를 개별적으로 평가할 수 있다.

2. **무료 채널과 유료 채널 비교**: 유·무료 마케팅 채널 전반의 CAC를 측정하려면 채널 유형별로 CAC를 따로 계산하는 것이 좋다. 무료 채널의 경우 콘텐츠 제작, SEO, 소셜 미디어 관리 비용도 고려해야 한다. 유료 채널의 경

우 광고비가 핵심 비용이다.

3. **캠페인 최적화**: CAC 데이터를 바탕으로 마케팅 캠페인 비용과 전략을 최적화하라. 특히 새로운 방식을 도입할 때는 더욱 그렇게 해야 한다. 상황에 따라 마케팅 전략을 유연하게 바꿔나갈 준비가 되어 있어야 한다. 효율을 높이기 위해 다양한 광고 문구, 고객 타깃팅, 메시지 등을 실험해보라.
4. **과거 추세 분석**: 과거 CAC 데이터를 살펴보고 추세를 파악하라. CAC가 시간이 지나면서 증가했는가, 아니면 감소했는가? 계절적 변동이나 특정 이벤트가 CAC에 영향을 미쳤는가?
5. **CAC 기준점 설정**: 비즈니스 목표 및 산업 표준에 부합하는 CAC 기준점을 설정하라. 이는 실제 지출하고 있는 CAC의 적절성을 판단하는 중요한 비교 대상이 된다. CAC 기준점은 산업 및 비즈니스 유형에 따라 크게 다를 수 있다. 이 장 뒷부분에 그에 대한 대략적인 지침을 제시했다.

고객 생애 가치

많은 기업가들이 단순히 또 다른 고객을 유치하는 데만 집중한다. 하지만 경험 많은 기업가들은 한 번 확보한 고객을 가능한 한 오래 유지하며, 그 고객으로부터 얻는 총매출을 극대화하는 것이 진정한 수익 창출의 핵심이라는 사실을 알고 있다. 즉 고객을 유지하고 CLV를 높이는 것이 전체 수익성을 개선하는 데 도움이 된다는 의미다. 고객이 제품이나 서비스에 만족하면 계속 구독하거나 재구매할 가능성이 훨씬 높기 때문이다.

기존 고객을 유지하는 비용은 새로운 고객을 확보하는 비용보다 최소 5~25배까지 훨씬 저렴하다.[9] 또한 고객 유지율customer retention rate을 단 5%만 높여도 수익이 25~95%까지 늘어날 수 있다. 시간이 지남에 따라 한 고객으로부터 더 많은 수익을 올릴수록 그 고객을 확보하기 위해 마케팅에 더 많은 돈을 쓸 수 있으며, 이는 점점 더 경쟁이 치열해지는 디지털 마케팅 채널에서 규모를 확장하고 수익을 극대화하는 데 큰 도움이 된다.

CLV는 고객으로 있는 전체 기간 동안 한 고객으로부터 평균적으로 얼마의 매출 또는 이익을 얻는지를 측정하는 값이다. CLV는 매출 기반 또는 이익 기반으로 계산할 수 있다. 이익 기반 CLV는 제품 또는 서비스 생산에 따른 매출원가와 CAC 및 기타 비용을 제외하고 계산한다.

매출 기반 CLV를 계산하는 방법은 여러 가지가 있지만, 일반적으로 사용하는 공식 중 하나는 다음과 같다.

CLV = 평균 구매 가치 × 평균 구매 빈도 × 평균 고객 수명

여기서 각 구성 요소는 다음과 같은 의미다.

- **평균 구매 가치** APV, Average Purchase Value : 고객이 거래할 때마다 지출하는 평균 금액이다.
- **평균 구매 빈도** APF, Average Purchase Frequency : 고객이 특정 기간(예를 들

어 연간)에 거래하는 평균 횟수를 나타낸다.
- **평균 고객 수명**ACL, Average Customer Lifespan : 고객이 당신의 회사와 거래 관계를 유지하는 평균 기간, 즉 첫 구매와 가장 최근 구매 사이의 기간이다.

이해를 돕기 위해 이커머스 비즈니스를 운영한다고 가정해보자. 평균적으로 고객은 한 번 구매할 때 50달러를 지출하고, 연간 4회 구매하며, 5년간 회사와 관계를 유지한다. 다음은 이 공식을 사용해 CLV를 계산한 예다.

CLV = 50달러 (APV) × 4 (APF) × 5 (ACL) = 1,000달러

이 예시에서 추정 CLV는 1,000달러다. 즉 평균적으로 각 고객은 회사와 관계를 맺는 기간 동안 약 1,000달러의 매출을 창출할 것으로 예상된다는 의미다.

이는 매우 단순화된 예시라는 점에 유의하라. 고객 이탈률customer churn rate(특정 기간 동안 서비스나 제품 사용을 중단하는 고객의 비율-옮긴이)이나 할인율discount rate(미래의 수익이나 현금 흐름의 현재 가치를 계산할 때 적용하는 이자율-옮긴이) 같은 요소를 고려하면 CLV 계산은 더 복잡해질 수 있다. 그렇다고 해도 이 기본 공식은 고객 관계의 가치를 이해하는 데 좋은 출발점이 된다. 물론 비즈니스 모델 및 데이터에 따라 CLV 계산은 더 세분화될 수 있다.

채널별 CAC와 이익 기반 CLV를 확보하면, CAC를 CLV와 비교

해 각 마케팅 캠페인 및 플랫폼에 대한 ROI를 평가할 수 있다. CAC가 CLV보다 현저히 낮다면 수익성이 매우 좋다는 뜻이다.

정기적 매출 비즈니스 키우기

정기적 매출이나 구독 기반 비즈니스를 운영한다면 사용자당 평균 매출, 이탈률, 순수익 유지율NDR을 주시해야 한다.

사용자당 평균 매출

사용자당 평균 매출ARPU, Average Revenue per User은 특정 기간(보통 한 달 또는 1년) 동안 각 사용자 또는 고객이 창출한 평균 매출액을 의미한다. 총매출을 총 고객 수로 나누면 주어진 기간 내 고객 1인당 평균 매출을 산출할 수 있다. 구독 기반 비즈니스에서의 ARPU와 전자 상거래 같은 거래 기반 비즈니스에서의 APV는 본질적으로 같은 개념이다. ARPU의 공식은 간단하다.

총매출 / 총 사용자 (또는 고객 수) = ARPU

이탈률

이탈률churn rate은 특정 기간 동안 고객이 서비스를 취소하거나 재구매하지 않는 비율을 뜻한다. 주 또는 월 단위로 이탈률을 확인할 수도 있지만, 12개월처럼 더 긴 기간으로 확인하는 것이 유용하다. 이탈률은 다음과 같이 계산한다.

기간 초 고객 수 - 기간 말 고객 수 / 기간 초 고객 수 = 이탈률

예를 들어 12개월 전에 고객이 100명이었고 현재 50명이라면, 이탈률은 다음과 같다.

(100 – 50) / 100 = 0.5 = 50%

기업은 보통 고객을 얼마나 잘 유지하고 있는지 파악하기 위해 전년 대비 혹은 직전 12개월과 그 이전 12개월을 비교해 이탈률을 분석한다. 이탈률이 높을수록 고객 관리에 문제가 있음을, 낮을수록 고객을 잘 관리하고 있음을 의미한다. 마이너스 이탈률은 해당 기간 동안 고객이 증가했음을 의미한다.

물론 이는 반복 구매자가 있는 비즈니스에만 해당된다. 15년에 한 번 구매하는 제품(예를 들어 야외용 파라솔 등)이나 평생 한 번만 이용하는 서비스(예를 들어 현관문 수리 등)를 제공하는 비즈니스에서는 이탈률과 고객 유지가 중요하지 않다. 하지만 반복 고객이 없는 비즈니스라도 지속 가능성을 위해 신규 고객이 꾸준하게 증가하는 것이 필요하다.

이탈률이 높거나 CLV가 낮다면 제품 자체가 시장에 맞지 않거나, 서비스 제공 방식이 미흡하거나, 고객 지원이 제대로 되지 않는 등의 근본적인 약점이 있다는 경고 신호다. 데이터는 단지 출발점일 뿐이며, 고객이 왜 이탈하는지를 잘 모르겠다면 비즈니스를 더 깊이 들여다봐야 한다.

이를 위한 간단한 방법은 출구 설문 조사나 전화 통화로 고객에게 직접 취소 이유를 묻는 것이다. 또는 과거 구매 고객에게 연락해 아마존 기프트 카드 같은 인센티브를 제공하고 제품 또는 서비스에 대한 피드백을 받을 수도 있다.

어떤 방법을 쓰더라도 고객이 구독이나 서비스를 취소하기 어렵게 만드는 회사가 되어서는 안 된다. 몇 년 전 내가 플래닛피트니스Planet Fitness 멤버십을 취소하려 했을 때, 본사에서 안내하기를 처음 가입한 지점으로 등기우편을 보내야 한다고 했다. 하지만 그 지점은 이미 폐업했고, 다시 본사에 전화해도 아무도 방법을 알지 못했다. 결국 변호사를 통해 내가 가입했던 지점과 가장 가까운 지점과 본사에 우편을 보내 겨우 취소할 수 있었다. 단지 월 19.99달러짜리 멤버십을 취소하는 데 무려 4개월이나 걸렸다.

플래닛피트니스는 취소를 어렵게 만들어 추가 수익을 얻어왔을지 모르지만, 그 사건 후 나는 그 브랜드를 매우 안 좋게 보게 됐다. 돈을 벌고 성공적인 비즈니스를 운영하기 위해 이런 방식을 택할 필요는 없다. 요즘은 어디에 전화해도 도움받기 어렵고, 서비스 취소 절차를 너무 어렵게 만드는 브랜드가 많다. 이런 상황에서 당신의 회사는 뛰어난 고객 서비스를 제공하고, 심지어 취소 과정조차 브랜드와 소통하는 모든 사람에게 긍정적인 경험이 되도록 하면 특별히 돋보일 수 있다.

순수익 유지율

순수익 유지율NDR, Net Dollar Retention은 달러 기반 순 유지율dollar-based net retention 또는 순 확장율net expansion rate이라고도 하며, 구독 비즈니스의 건전성을 측정하는 지표다. NDR은 확충expansions, 축소contractions, 이탈churn을 모두 고려해 특정 기간 동안 기존 고객으로부터의 매출 성장을 평가한다. 즉 기존 고객으로부터 유지되는 구독 매출의 비율을 뜻한다.

여기에는 신규 고객이 전혀 유입되지 않더라도 업셀링이나 가격 인상으로 발생하는 매출이 포함된다. 따라서 신규 고객을 유치할 필요 없이 기존 고객에 대한 가격 인상만으로 NDR을 높일 수 있다. 간단한 공식은 다음과 같다.

$$NDR = (현재\ 기간\ 연간\ 반복\ 매출) / (이전\ 기간\ 반복\ 매출)$$

현재 기간이란 과거 12개월부터 지금까지이며, 이전 기간은 그보다 앞선 12개월을 말한다.

NDR이 100%라면 기존 고객의 이탈로 손실된 매출액과 기존 고객이 추가로 지불한 매출액이 상쇄되어, 전체적으로 기존 고객으로부터 발생하는 총매출액이 변함없음을 뜻한다. 만일 NDR이 100% 미만이라면 고객과 매출을 잃는 속도가 새로운 고객을 확보하고 매출을 늘리는 속도보다 빠르다는 뜻이다.

100% 미만이면 비즈니스가 위험에 처해 있다는 경고이고, 100%를 초과하면 손실보다 더 많은 순수익을 얻고 있음을 의미한다. 이 비율이 높을수록 구독 비즈니스의 경쟁력이 크다는 뜻이다. 가장 수익성이 높은 모델 중 하나는 디지털 소프트웨어인 서비스형 소프트웨어 SaaS 비즈니스다. 예를 들어 프로젝트 관리 소프트웨어인 슬랙은 2019년 상장 당시 NDR이 143%였고, 프로젝트 관리 도구 아사나는 2020년 상장 당시 120%였다. 상장된 SaaS 회사의 평균 NDR은 약 115%다.

구독 제품의 NDR을 높이려면 기존 고객을 붙잡고 그들의 지출을 늘리며, 이탈을 줄이는 데 초점을 맞춘 전략을 사용해야 한다. 이를 위한 몇 가지 방법은 다음과 같다.

1. **고객 성공 및 지원**: 최고 수준의 고객 지원과 고객 성공 프로그램에 투자해 고객이 만족하고 당신의 구독 서비스로부터 가치를 얻고 있다고 느끼게 하라. 선제적인 관리를 통해 고객 이탈을 방지하고 업셀링을 촉진할 수 있다.
2. **커뮤니케이션 및 교육**: 구독 제품의 가치 제안 value proposition(특정 제품이나 서비스가 고객의 어떤 문제를 해결하고 어떤 이점과 가치를 제공하는지를 명확하고 설득력 있게 설명하는 문장이나 진술 - 옮긴이)을 지속적으로 전달하라. 또

추가 기능을 보여주는 교육 콘텐츠, 튜토리얼 및 자료를 제공해 사용량을 늘리고 고객 만족도를 높여라.

3. **개인화**: 고객 데이터를 분석해 고객들을 세분화하고, 각 그룹의 행동, 선호도 및 사용 패턴에 맞추어 개인화된 방식으로 소통하라. 특정 세그먼트에 맞춤형 제안과 메시지를 제공해 고유한 요구 사항을 충족시키고 업셀링을 장려하라.

4. **계층별 가격 책정 및 상향 판매**: 고객의 요구 사항이 증가함에 따라 제품 및 서비스의 업그레이드를 장려할 수 있도록 계층별 가격 플랜을 제공하라. 또한 기존 고객에게 더 높은 등급의 기능이나 추가 서비스를 소개하는 업셀링 전략을 실시하라.

5. **갱신 인센티브 및 할인**: 장기 약정 고객에게 충성 고객 할인, 무료 체험 기간 연장 또는 장기 약정 보너스 같은 인센티브를 제공하라.

6. **참여 및 유지 캠페인**: 타깃 고객을 대상으로 이메일 캠페인, 인앱 메시지 또는 기타 유지 관리 중심 마케팅 캠페인을 진행하라. 여기에는 개인화된 제안, 서비스 사용 팁 및 중요 알림 등을 포함할 수 있다.

7. **고객 피드백 및 반복 개선**: 이탈 고객과 유지 고객 모두로부터 피드백을 수집하라. 이 데이터를 사용해 제품을 반복적으로 개선하고 문제점을 해결하며, 고객 요구 사항에 맞추어 기능을 향상시켜라. 고객 피드백 및 시장 동향을 기반으로 제품을 정기적으로 업데이트하고 개선하라.

8. **순 추천 고객 지수**NPS, Net Promoter Score: 여러 회사에서 고객 만족도와 충성도를 확인하는 데 사용하는 지표로, 고객이 회사를 친구에게 권할 의향이 있는지 파악하는 데 도움이 된다. 이 점수를 얻기 위해 고객에게 '0부

터 10까지의 척도에서 친구에게 우리 제품을 추천할 가능성이 얼마나 되는가?' 같은 간단한 질문을 한다. NPS가 높다는 것은 고객이 회사를 진심으로 좋아하고 친구에게도 추천할 수 있다는 것을 의미하지만, NPS가 낮은 것은 고객 만족도에 문제가 있음을 의미하므로 개선이 필요하다.

9. **재활성화 캠페인**: 비활성 고객 또는 구독을 취소한 고객을 대상으로 재활성화 캠페인reactivation campaign을 실시하라. 인센티브를 제공하거나 새로운 기능을 선보여 그들의 재방문을 유도하라.

10. **커뮤니티 구축**: 구독자 간 공동체 의식을 육성하라. 고객이 제품 사용 경험을 담은 콘텐츠나 후기를 직접 만들고, 만족한 고객이 다른 사람들에게 서비스를 추천하도록 적극적으로 유도하라. 충성도 높은 고객은 브랜드의 옹호자가 되어 고객 유지 및 신규 확보에 큰 도움이 된다.

11. **데이터 및 지표**: 월간 반복 매출MRR, 이탈률, NDR, ARPU 같은 주요 지표를 지속적으로 모니터링해 추세 및 개선이 필요한 영역을 파악하라. 이 밖에도 관심을 기울여야 할 중요한 지표 두 가지는 확장률expansion rate(기존 고객에게 추가 제품 또는 서비스를 업셀링하거나 교차 판매해 발생하는 추가 매출) 및 NPS다.

마케팅 예산 책정

성장을 위한 마케팅 투자는 중요하지만, 이익의 100%를 마케팅에 할당하는 것은 현명하지 않다. 지속 가능한 현금 흐름을 유지하고 운영상의 다른 필요를 위한 자금을 확보해야 하기 때문이다. 그러나 매출 목표 또는 참여 목표engagement target(마케팅 캠페인이나 콘텐츠가 사용자와 얼마나 상호작용하는지를 측정할 때 수립하는 목표-옮긴이)를 달성하고 있다면 가능한 한 많이 지출하기를 권한다. 스타트업이나 초기 단계의 회사들은 마케팅에 예산을 많이 할당하는 경향이 있는데, 지출을 통제하고 관리하지 않으면 매출과 이익 극대화라는 목적 아래 많은 돈을 낭비하기 쉽다.

예전에는 회사 매출의 10~15% 정도를 마케팅 활동에 배정하는 것이 일반적이었고, 지금도 많은 회사들이 여전히 이런 방식으로 마케팅 예산을 책정한다. 하지만 나는 이런 방식의 예산 책정을 선호하지 않는다. 오늘날에는 첨단 도구들 덕분에 무엇이 실제로 매출을 올리는지 정확히 측정할 수 있기 때문에, 고객 획득 데이터, 실제 판매 데이터 그리고 고객 관련 데이터를 바탕으로 마케팅 결정을 내린다. 마케팅 예산은 CAC 대 CLV 비율이 가장 높은 채널과 전략에 할당하라.

CAC 대 CLV 비율은 일반적으로 1:3 또는 그 이상일 때 건전하다고 간주된다. 이는 CLV가 CAC보다 훨씬 크다는 뜻으로, 고객 획득 방식이 수익성 있음을 의미한다. 비율이 높을수록 고객을 획득하고 유지하는 데 자원을 더 효율적으로 사용하고 있음을 나타낸다.

다만 이 비율은 산업마다 크게 달라질 수 있다. 고객 유지 기간이 길고 평균 구매 가치가 높은 일부 산업은 CAC가 다소 높아도 큰 문제가 되지 않는다. 반면 구독 기반 서비스 같은 산업은 반복 매출이 발생하므로 훨씬 더 높은 CAC 대 CLV 비율을 목표로 할 수 있다.

나는 ROI가 양호하고 수익성이 보장된다면 기꺼이 돈을 쓸 것이다. 여러분도 그래야 한다. 만약 마케팅 지출을 매출의 일정 비율로만 책정한다면 성장이 제한될 것이다.

다양한 마케팅 전략을 활용해 더 많은 잠재 고객에게 다가가야 한다. 디지털 마케팅, 콘텐츠 마케팅, 소셜 미디어, 유료 광고 및 기타 광고 전술을 혼합해 사용하는 것이 중요하다. 여러 채널을 실험해 당신의 비즈니스에 가장 적합한 방식이 무엇인지 파악하라. 새로운 채널을 지속적으로 실험해 수익성 있는 채널을 발견하면 그곳에 역량을 집중하는 것이 당신의 목표가 되어야 한다. 앞서 말했듯 수익성 있는 캠페인을 찾으면 수익성 목표를 더 이상 충족하지 않을 때까지 가능한 한 많은 예산을 투입해야 한다. 모든 채널에서 이 원칙을 적용하라.

이것이 바로 현금 흐름 관리가 매우 중요한 또 다른 이유다. 오늘 마케팅에 지출해 매출이 발생하더라도, 고객에게서 대금을 받은 뒤 30일 동안은 그 마케팅 비용을 지불하지 않아도 되도록 지불 조건을 설정할 수 있다. 즉 고객이 이미 결제를 한 뒤에 마케팅 비용을 지불할 수 있어 즉시 더 많은 현금을 확보해 마케팅에 재투자하거나 비즈니스의 다른 영역에 할당할 수 있다. 다만 우선 마케팅 캠페인이 올바르게 추적되고 실제로 수익성이 있는지부터 확인해야 한다.

유료 마케팅의 활용

유료 트래픽paid traffic(광고주가 다양한 온라인 플랫폼에 비용을 지불해 웹 사이트로 방문자를 유도하는 모든 활동-옮긴이)을 활용해 오가닉 트래픽organic traffic(광고 비용 없이 자연스럽게 웹 사이트로 유입되는 방문 활동-옮긴이)을 성장시키는 방법은 다양하며, 이를 통해 광고 지출의 효과를 더욱 높일 수 있다. 예를 들어 구글 애즈에 광고를 집행하면 '검색어 보고서search terms report'에 접근할 수 있는데, 이를 통해 사용자가 광고를 클릭하기 전에 입력한 키워드와 제품 구매 전에 검색한 키워드를 정확히 알 수 있다.

검색자가 무엇을 찾다가 구매까지 이어졌는지를 정확히 알 수 있기 때문에, 이 보고서는 새로운 콘텐츠 아이디어를 얻는 데 매우 유용하다. 특히 이를 이용해 당신의 제품과 직접적으로 관련 있지만 아직 다루지 않은 콘텐츠 주제를 찾아보라. 또한 다양한 광고 헤드라인의 클릭률에 주의를 기울여 어떤 문구가 가장 높은 참여를 유도하는지 파악하라. 이 정보를 활용해 웹 사이트의 페이지 제목과 문구를 업데이트하면 유기적 클릭률을 높일 수 있다.

구글과 소셜 미디어 플랫폼 모두에서 유료 캠페인을 실행해 다양한 마케팅 캠페인 메시지를 테스트하는 것도 가치 있는 일이다. 예산이 한정되어 있으므로 여러 아이디어를 시험해보고, 어떤 아이디어가 가장 많은 참여와 판매를 이끄는지 확인하라. 그런 다음 가장 성공적인 아이디어를 웹 사이트 콘텐츠, 이메일 마케팅 그리고 다른 마케팅 채널에도 일관되게 적용할 수 있다.

우리 MMG미디어그룹은 최근 유료 마케팅을 활용해 2022년에 인수한 의료인 대상 금융 교육 및 정보 웹 사이트 파이낸셜레지던시 Financial Residency의 유기적 도달 범위organic reach(광고비 없이 검색 엔진이나 소셜 미디어에서 자연스럽게 사용자들에게 노출되고 발견되는 정도-옮긴이)를 성장시켰다. 인수 당시 이 브랜드는 이미 오랫동안 일관성 있고 유용한 콘텐츠를 제공하며 견고한 명성을 쌓아왔지만, 유료 마케팅 및 유기적 마케팅을 조합해 단 3개월 만에 월 매출을 2,000달러에서 5만 달러 이상으로 끌어올릴 수 있었다.

먼저 이 브랜드가 검색에서 어떻게 나타나는지 살펴본 결과, 주요 서비스 중 하나인 '의료인 대상 주택담보대출' 관련 검색에서 웹 사이트가 단 7%의 검색 결과에만 노출되고 있었다. 이 수치를 개선하면 검색자에게 브랜드 가시성을 높이고 전환율과 매출을 증가시킬 수 있다고 판단했다.

우리는 오가닉 마케팅부터 시작해 작가들을 고용해 기존 콘텐츠의 SEO를 개선하고, 사용자에게 유용한 새로운 콘텐츠를 만들었다. 이런 활동이 도움이 되기는 했지만, 목표로 삼았던 구글 주택담보대출 검색의 90%에 노출되려면 유기적 방식만으로는 오랜 시간이 걸리리라는 것을 알고 있었다. 그래서 구글 애즈 캠페인을 운영하기로 했지만, 유료 광고에서의 전환율에 대한 데이터가 없었던 상황이었기 때문에 우선 소규모로 시작해 테스트하기로 했다.

몇 주 만에 파이낸셜레지던시는 광고 지출 대비 30%의 수익률을 올렸다. 지출이 늘자 광고의 가시성이 높아졌고, 이는 더 많은 검색어 데이터로 이어져 기존 콘텐츠를 추가로 편집하고 새로운 콘텐츠를 만드는 데 사용할 수 있었다. 또한 광고 수익으로 더 많은 작가들에게 비용을 지불할 수 있게 되어 훨씬 더 빠른 확장이 가능해졌다.

제휴 프로그램 구축

이제 마케팅 지표를 충분히 파악했으니, 다음 단계는 제휴 파트너십을 통해 마케팅 활동을 확장하는 것이다. 이는 내가 가장 선호하는 마케팅 전략 중 하나로, 원하는 결과에 대해서만 비용을 지불하기 때문이다. 앞에서 설명했듯 제휴 마케팅은 제휴사가 트래픽 또는 판매를 유도했을 때만 보상하는 성과 기반 전략이다. 제휴 마케팅은 수수료 기반으로 운영되며, 제휴사는 비즈니스에 기여한 판매에 대해 고정 수수료를 받거나 매출의 일정 비율을 수수료로 받는다.

제휴 마케팅의 가장 큰 장점은 실제 결과에 대해서만 제휴사에 비용을 지불하므로 비용 효율적인 마케팅 전략이라는 점이다. 사업의 수익성을 해치지 않는 범위에서 제휴사에 최대한 매력적인 보상을 제공해 그들이 더 적극적으로 판매 활동을 하도록 유도하라. 목표 CAC를 설정하고, 제휴사가 판매를 성사시켰을 때만 그 비용을 지불하면 된다.

제휴사를 통해 발생한 판매는 맞춤 제작된 링크로 추적되기 때문에, 제휴사가 특정 판매를 유도했는지 여부를 쉽게 파악할 수 있다.

현재는 여러 온라인 판매 플랫폼이 제휴 프로그램 링크 기능을 갖추고 있어 판매 플랫폼을 통해 파트너 프로그램을 손쉽게 설정하고 운영할 수 있다. 무엇보다 좋은 점은 제휴 링크가 이미 사용 중인 판매 플랫폼 및 결제 시스템과 연결되어 있어, 기술적인 설치나 설정에 큰 노력이 들지 않는다는 것이다.

그러므로 제휴 프로그램 시작을 진지하게 고려해야 하며, 제품에 관심을 보일 만한 잠재 고객을 보유한 플랫폼 운영자들과 관계를 구축해야 한다. 제휴사들은 대개 자신들만의 확고한 고객층이나 특정 틈새시장을 보유하고 있다. 그들과 협력하면 다른 방법으로는 도달할 수 없는 시장에 접근할 수 있다.

제휴 마케팅을 효과적으로 사용하려면 명확한 조건을 설정하고, 제휴사에 필요한 홍보 자료를 제공하며, 성과를 정확히 추적하고, 제휴사와 좋은 관계를 유지해야 한다. 또한 제휴 마케팅 전략의 이점을 극대화하려면, 브랜드 및 목표 고객과 잘 맞는 적절한 제휴사를 찾아야 한다.

다른 사람의 제휴 프로그램에 참여해 추천으로 돈 벌기

자신만의 제휴 프로그램을 설정하는 것뿐 아니라, 웹 사이트와 잘 맞는 제품과 서비스를 찾아보라. 이미 커뮤니티를 구축했다면, 당신이 직접 사용하거나 좋아하는 제품 및 서비스 중에도 잠재 고객에게 가치 있을 만한 것들이 분명 있을 것이다. 이 방식을 활용하면 상당한 수익을 올릴 수 있다.

내가 사용했던 개인 자산 관리 앱 퍼스널캐피탈Personal Capital은 시장에서 인기가 높아 잠재 고객에게 추천하기 쉬웠다. 누군가 내 링크를 통해 가입하고 10만 달러 이상의 자산을 앱에 등록하면 나는 200달러를 받았다. 또 내가 퀵북스 사용자였기 때문에 그 소프트웨어를 추천했는데, 내 링크를 통해 가입한 신규 사용자 한 명당 75달러를 받았다. 내가 사용했던 웹 사이트 호스팅 회사는 내가 보내준 신규 고객 한 명당 225달러를 지급했다. 2020년 10월 밀레니얼머니를 매각할 당시, 이처럼 제휴를 맺은 회사는 200곳이 넘었다.

레거시 미디어 활용법

신문, 뉴스 웹 사이트, TV 같은 전통 미디어의 시청률은 감소하고 있지만, 여기에 노출되면 제품이나 플랫폼을 더 넓은 잠재 고객에게 알리는 데 도움이 된다는 사실은 변함없다. 문제는 이런 매체들은 타깃 고객에게 직접적으로 맞춰져 있지 않은 경우가 많아, 사업에 실제 변화를 일으키기 위해서는 상당한 수준의 노출이 필요하다는 점이다. 그럼에도 전통 미디어에 소개되면 SEO에 여러 이점이 따른다. 특히 해당 매체가 당신의 사이트를 소셜 미디어나 웹 페이지에 링크해준다면 효과는 더욱 크다. 전통 미디어는 아주 많은 새로운 사람들에게 도달하는 데 도움이 되므로, 특히 이메일 리스트를 구축할 때 유용할 수 있다.

전통 미디어에 언급될 수 있는 가장 좋은 방법은 사람들이 공유할 만한 가치가 있는 이야기나 제품을 보유하는 것이다. 한편 언론인들이 당신을 더 쉽게 찾을 수 있도록, 유용하고 흥미로운 이야기와 제품을 적극적으로 제안하는 방법도 있다. 작가들은 항상 좋은 이야기 소재를 찾고 있지만, 쏟아지는 시시한 제안에 파묻혀 있다 보면 좋은 아이디어에 주의를 기울이기 어려울 수 있다. 이럴 때 관계 구축이 큰 도움이 된다. 먼저 다가가서 그저 요구만 하지 말고, 그들에게 도움이 될 만한 것을 앞서 제공하라. 만약 어떤 언론인이 당신의 제품과 유사한 제품을 리뷰한다면, 그에게 당신의 제품을 무료로 보내라. 그런 다음 회사 내에서 퍼포먼스 마케팅을 담당하는 사람과 연결해줄 수 있는지 물어보라.

이렇게 관계를 쌓다 보면 누군가 당신에 대해 글을 쓰거나, 당신의 이야기를 다른 사람에게 전해 당신에 대한 글을 쓰도록 할 가능성이 높아진다. 일단 전통 미디어에 언급되거나 포함되기 시작하면, 그것이 계기가 되어 다른 미디어에도 계속해서 노출될 수 있다. 미디어에 한 번 뜨기 시작하면 계속 등장하는 법이다. 나는 한 뉴스 매체나 플랫폼이 당신에 대해 글을 쓰면 다른 누군가 역시 글을 쓸 가능성이 훨씬 더 높아진다는 것을 발견했다. 이야기는 빠르게 퍼져나가 결국 그 이야기를 기사로 쓸 사람들에게까지 도달할 것이다.

TV는 더 많은 잠재 고객에게 도달할 수 있는 또 다른 종류의 매체이지만, 기대보다 효과가 낮은 경우도 있다. 내가 〈레이철 레이〉 쇼에 출연함으로써, 방송 당일과 며칠간은 책이 많이 팔렸지만, 시간이 지나면서 책 판매나 브랜드 구축에 결정적인 역할을 했다고는 생각하지 않는다(다만 다른 곳에 홍보할 만한 영상은 확보했다). 어떤 분야에 있든 미디어와 관계를 구축하려는 시도는 가치 있지만, 미디어는 주력이 아닌 보조적인 전략으로만 사용해야 한다.

마케팅 다각화와 신제품 출시

사업이 아무리 탄탄히 성장하고 많은 수익을 내더라도 영원히 지속될 수는 없는 법이다. 따라서 어느 시점이 되면 수확 체감의 법칙이 작용하기 마련이다. 아무리 최고의 마케팅 전략이라도 예외는 없다. 틱톡 광고가 언제까지나 판매를 창출하지는 않을 것이고, 유기적 트래픽은 언젠가 정체될 것이며 혹은 구글 알고리즘 업데이트의 영향으로 타격을 받을 수도 있다. 인스타그램 광고비가 너무 비싸져서 수익을 내지 못하게 될 수도 있다. 그러면 CAC가 증가하기 시작하고, ROAS와 이윤이 줄어든다는 사실을 깨닫게 될 것이다.

물론 CAC 상승을 상쇄하기 위해 가격을 인상하거나, 고객을 재구매자로 육성하기 위해 노력할 수 있다. 하지만 그 모든 노력에도 불구하고 결국 이윤은 감소하기 시작할 것이다. 이것은 '일어날지 안 일어날지'의 문제가 아니라, '언제 일어날지'의 문제다.

이에 대비하는 유일한 방법은 '진실 5', 즉 하나를 숙달한 다음 회복력을 높이기 위해 다각화하라는 조언을 실천하는 것이다. 다양한 유형의 오가닉 마케팅 플랫폼과 유료 마케팅 채널을 실험해 마케팅을 다각화해야 한다. 또한 잠재 고객이 관심을 가질 만한 새로운 제품을 출시하는 것도 고려하라. 어떤 제품이든 시장에는 항상 자연적인 성장의 한계가 존재한다. 일단 그 한계에 도달하면 새로운 고객을 유치하고 기존 고객을 유지하기 위해 제품 또는 서비스 라인을 확장해 새로운 것을 제공해야 한다.

물론 기존 마케팅의 효과가 완전히 사라질 때까지 기다렸다가 새로운 제품을 출시할 필요는 없다. 아이디어와 충분한 자원만 있다면 언제든지 새롭게 시작할 수 있다. 이미 만들고 싶은 신제품이나 서비스에 대한 아이디어가 있을 수도 있지만, 혹시라도 아이디어나 영감을 더 쉽게 얻고자 한다면, 아래 몇 가지 방법을 통해 새로운 제품 아이디어를 찾는 동시에 목표 시장을 파악할 수 있다.

경쟁사 및 시장 분석

경쟁사의 제품 중 여러분이 제공하지 않는 제품 유형은 무엇인가? 평균 주문 금액을 높이기 위해 업셀링으로 쉽게 묶어 팔 수 있는 제품이 있는가? 많은 경쟁사가 여러분과 유사한 제품을 판매하고 있다면, 그들은 시장에서 그 제품으로 돈을 벌고 있을 가능성이 크다. 그들의 가장 인기 있는 제품과 사람들이 온라인에서 이야기하는 제품을 살펴보라. 만약 이커머스 제품을 판매한다면, 아마존 판매량과 특정 제품의 수익을 분석하기 위해 헬리움10 같은 스파이 도구나 플러그인plug-in(기존 소프트웨어나 플랫폼에 추가 기능을 제공하는 소프트웨어 구성 요소-옮긴이)을 사용할 것을 강력히 추천한다.

여러분 업계의 최전선에서는 어떤 일이 일어나고 있는가? 선도 브랜드들은 무엇을 만들며, 인플루언서들은 무엇을 이야기하고 있는가? 항상 시장에 세심한 주의를 기울여야 한다. 업계에서 이름난 뉴스레터를 모두 구독하고, 구글 알리미를 설정하며, 주요 인플루언서와 크리에이터를 팔로우하고, 포럼에 참여하라. 레딧 포럼이나 페이스북 그룹에 가입하고 틱톡, 인스타그램, X에서 태그를 검색해 사람들이 무엇에 대해 논의하는지도 살펴보라. 모두가 열광하는 새로운 제품이 있는가? 단순히 주의를 기울이는 것만으로도 새로운 제품 아이디어를 발견하는 데 도움이 될 수 있다.

또한 목록을 계속 작성하라. 무엇이 기존 고객층에 가장 큰 공감을 얻을지 고민하고, 그들에게 직접 물어보라.

핵심 그룹

새로운 제품 아이디어가 있다면, 커뮤니티에 그것에 대해 어떻게 생각하는지 물어보라. 무언가를 만들거나 제작하려 한다는 점을 솔직하게 알리고 피드백을 요청하라. 이때 구글 폼Google Form이나 타입폼Typeform을 이용한 설문 조사가 유용하다. 피드백을 요청하는 것뿐 아니라 최근에 여러분의 제품과 관련해 어떤 다른 제품을 구매했는지도 물어보라. 예를 들어 아기 젖병을 판매한다면 커뮤니티에 '최근 아기를 위해 구매한 멋진 제품은 무엇인가요?' 같은 식으로 물어보라. 그들이 추천하는 제품을 살펴보고, 여러분이 그와 유사한 제품을 판매할 수 있을지도 검토해보라.

만약 커뮤니티의 규모가 크다면 그들 중 '신제품 그룹new product group' 또는 '핵심 그룹inner circle'에 참여하고 싶은 사람이 있는지 물어볼 수 있다. 이 그룹에서는 새로운 제품 아이디어를 공유하고 더 긴밀한 대화를 나눈다. 나 역시 커뮤니티 안에 핵심 그룹이라는 소규모 그룹을 운영하고 있는데, 그들은 새로운 책에 관한 아이디어부터 책 편집, 새로운 디지털 제품 아이디어에 이르기까지 다양한 주제에 대한 피드백을 내게 준다. 그들은 내 작업을 좋아하며, 나와 통화할 수 있는 기회를 얻는 대신 기꺼이 솔직한 피드백을 나눠준다.

일단 아이디어를 얻었다면 잠재 고객을 활용해 제품을 테스트하고, 제품 제작에 필요한 자금을 미리 조달할 수도 있다. 만들려는 제품의 세부 정보를 담아 설문 조사를 보내거나, 블로그 또는 소셜 미디어 게시물을 공유하라. 그리고 더 많은 피드백을 요청하라. 사람들은 어떤 기능이나 특성을 원하는가? 그리고 그 제품에 얼마를 지불할 의향이 있는가?

만약 제품이 아닌 서비스를 제공한다면, 이 피드백을 활용해 빠르게 서비스를 출시하고, 고객이 무엇을 필요로 하는지에 대해 계속 배워가며 수정하라. 제품을 제공한다면 선주문 페이지를 만들어 한정 수량 제품 같은 인센티브를 제공해 제품 생산 전에 구매가 발생하도록 유도할 수 있다.

그런 다음 이 돈으로 제품의 첫 번째 버전 생산 자금을 조달할 수 있다. 이후 첫 번째 제품의 수익을 사용해 개선된 대량 생산 버전의 두 번째 제품 생산 자금을 조달할 수 있다. 이렇게 하면 초기 현금 지출 없이도 완전히 새로운 제품을 만들거나 마케팅할 수 있다.

11장

인재 영입과 인센티브

> 열정과 강렬함을 보고 고용하라.
> 다른 모든 것은 훈련으로 가능하다.
>
> — 놀런 부슈넬Nolan Bushnell, 아타리와 척 E. 치즈의 공동 창업자

지난 15년간 기업가로 활동하며 내가 만들었던 회사와 팀 들은 모두 각기 다른 형태였다. 처음에는 1인 기업가로 시작해 오직 계약직 직원들과 일하며 유연성을 확보했다. 내가 좋아하는 핵심 업무에는 직접 참여하고, 나머지 업무는 모두 계약직 직원들에게 아웃소싱할 수 있었다. 하지만 충분한 보수를 지급했음에도 불구하고, 그들은 내 사업 성장을 돕는 데 필요한 충분한 동기를 얻지 못했다. 나와 일하는 것을 즐겼을지는 몰라도 그들은 각자 자신의 사업을 운영해야 했기에 관계를 계속 유지하기가 어려웠다. 결국 모든 사람을 내가 직접 고용하고 관리하는 일은 나를 지치게 만들었다.

처음 디지털 마케팅 에이전시를 세웠을 때 나는 사업 파트너, 정

규직 직원 그리고 전통적인 계층 구조를 갖춘 회사를 운영하는 성장 기업가였다. 나는 사장이자 관리자이면서 사업 파트너였다. 이 역할을 수행하는 데는 많은 시간과 노력이 필요했고, 사업이 성장할수록 정규직 직원들을 관리하는 데 엄청난 시간을 할애해야 했다. 그들은 모두 충분한 보수를 받았고 매우 유능했지만, 사실 일에 대한 열정은 별로 없었다.

그 이유를 돌이켜보니, 정작 나 자신이 그 일에 열정적이지 않았기 때문이었다. 팀의 사기를 북돋우고 활기를 유지하려 노력했지만, 마음속으로는 내가 팔고 있는 것을 진정으로 믿지 못하고 있었다. 직원들도 이를 느꼈는지 그저 자기 할 일만 할 뿐이었다. 아무도 사업 성장에 관심을 두지 않은 것은 당연한 일이었다. 그 일은 그들의 사업이 아니었으니 말이다.

디지털 마케팅 업계에서는 흔한 일이지만, 내 에이전시에서는 특히 20대 직원들의 이직률이 매우 높았다. 이 때문에 나는 인력 충원에 많은 시간을 쏟아야 했다. 6년이 지나자 더 이상 참을 수 없었다. 솔직히 말하면 훨씬 전부터 한계를 느꼈지만, 그래도 좀 더 버텨보자고 생각했었다. 당시 나는 여전히 재정적 독립의 여정 중 가장 힘든 단계에 있었고, 가능한 한 빨리 최대한 많은 돈을 모으는 데 집중하고 있었다. 결국 나는 100명, 500명, 아니 1,000명 이상의 직원을 둔 회사는 절대 만들지 않겠다고 다짐했다. 물론 원한다면 할 수도 있었겠지만, 내 시간을 이런 식으로 쓰는 데는 전혀 관심이 없었다.

모든 기업가는 언제, 몇 명의 사람을 고용할 것인가에 대한 동일한 결정에 직면한다. 성장의 어느 단계에 이르면 더 이상 사업의 모든 핵심 기능을 혼자 관리할 수 없다. 고객이 늘고, 제품 라인이 확장되며, 매일 해야 할 업무가 증가하면 자연스럽게 복잡성이 커진다. 이는 비즈니스와 삶에서 더 중요한 목표로부터 당신의 관심과 에너지를 빼앗기 시작할 것이다. 모든 일을 혼자서 해낼 수는 없으며, 그래서도 안 된다. 사람을 고용해야 한다.

계약직 직원에게 기본적인 업무를 맡길 수는 있지만, 그 업무들을 관리하는 역할은 회사 외부인에게 아웃소싱할 수 없으며, 전략 부문 역시 마찬가지다. 당신의 분신 역할을 할 사람 또는 사람들이 필요하다. 이들은 사업에 대해 모든 것을 알 필요는 없지만, 사업의 목표를 이해하고 모든 부분이 어떻게 맞물려 움직이는지를 파악해야 한다. 또한 당신의 지속적인 성장을 뒷받침하려면 여러 고객을 동시에 상대하며 시간과 노력을 분산하는 사람이 아니라, 당신의 사업에 집중하는 사람이 필요하다. 혼자서 모든 핵심 업무를 효과적으로 관리하기 어려워지거나 더 이상 그렇게 하기를 원치 않을 때가 바로 팀을 확장할 시점이다.

그에 앞서 정확히 어떤 사람을 어떻게 고용할지 신중하게 생각해야 한다. 고용주가 된다는 것은 한 종류의 복잡성을 제거하는 동시에 다른 종류의 복잡성을 추가한다는 의미다. 급여는 대부분의 회사에서 가장 큰 지출이다. 기업가가 가장 스트레스 받는 고민은 이것이다. '이달 급여를 어떻게 지급할까?' 게다가 채용에는 법률적 문제나 세금 관련 문제가 따르므로 이 역시 고려해야 한다(물론 다른 사람에게 비용을 지급하고 맡기는 방법도 있다).

가장 중요한 것은 직원을 관리하는 데 있어 인간적인 요소를 고려해야 한다는 점이다. 성과를 어떻게 평가할 것인가? 어떤 고용 정책을 마련할 것이며, 그것을 모든 직원에게 동일하게 적용할 것인가? 직원들의 동기를 유지하고 성장하게 할 방법을 어떻게 찾을 것인가? 사람을 관리하는 데는 시간과 노력이 필요한데, 어떻게 접근할 것인가?

채용 및 관리 전문가들 대부분은 획일적인 one-size-fits-all 접근 방식을 제시하며, 전통적인 고용 모델을 전제로 한다. 이 모델은 일주일에 일정 시간 동안 특정 업무를 수행하도록 하고, 그 대가로 합의된 급여와 복리 후생 패키지를 제공한다는 전제하에 사람을 고용하는 것을 의미한다. 하지만 앞에서 언급했듯, 나는 더 유연한 모델을 선호한다. 이는 당신의 한계 안에서 개별적인 상황에 따라 누구를 어떻게 고용할지 결정하는 모델이다. 아래에 그 방법을 정리했다.

채용의 필요성 평가

많은 기업가들이 몇 명을 고용해야 할지 결정하는 데 어려움을 겪는다. 이에 대한 마법 같은 공식은 없으며 회사의 성장 목표에 따라 달라지기는 하지만, 쉽사리 과잉 고용이나 과소 고용을 하는 경우가 많다. 내가 아는 거의 모든 기업가는 과잉 고용을 한다. 회사가 성장하기 시작하면 새로운 사람을 빠르게 고용하는 것이 유일한 성장 방법이라고 생각하는 것이다. 물론 훌륭한 인재들을 고용한다는 전제하에 이는 사업을 빠르게 성장시키는 한 가지 방법일 수 있다. 하지만 채용에는 많은 비용이 든다. 자기 자본으로 사업을 운영하며 직원을 고용할 때, 그로 인해 발생할 경제적 파급 효과를 충분히 고려하지 않으면 쉽게 큰돈을 낭비하게 되고, 이로 인해 불필요한 위기가 초래될 수도 있다.

이런 현상은 고성장 기술 기업이 외부 투자를 유치할 때 흔히 나타난다. 빠르게 성장해야 한다는 압박감 때문에, 각 직원이 급여만큼의 가치를 내려면 어떤 역할을 맡아야 할지 충분히 고민하지 않은 채 많은 인력을 성급히 고용하는 실수를 저지르는 것이다. 그러다가 성장 목표를 달성하지 못하거나 외부 자금을 더 이상 조달받지 못하면 곧바로 직원들을 해고해야 한다.

이런 성장 제일주의 접근 대신, 나는 비즈니스 요구 사항을 평가하고 적절한 사람을 적절한 업무에 그리고 적절한 시기에 적절한 비용으로 고용하고 있는지 평가하기 위해 간단한 프레임워크를 사용한다. 나는 스스로에게 다음과 같은 질문들을 던진다.

1. 이 문제는 기술로 해결할 수 있는가, 아니면 사람이 필요한가?

나는 항상 기술을 사용해 문제를 해결할 방법을 찾아보곤 한다. 기술을 사용하는 것은 사람을 고용하는 것보다 훨씬 저렴하고 관리하기도 더 쉽기 때문이다. 하지만 사람은 기술보다 더 창의적이고 직관적이다. 특히 비즈니스 성장에 꼭 필요한 섬세한 개입과 관리가 요구되는 영역들은 사람만이 효과적으로 관리하고 감독할 수 있다. 예를 들어 시중에 출시된 가장 좋은 이메일 관리 플랫폼을 사용할 수는 있지만, 플랫폼 관리를 감독하고 성능을 최적화하려면 사람이 필요하다. 퀵북스는 부기 업무 및 세금 신고를 매우 효율적으로 처리하게끔 해주지만, 불일치를 발견하거나 미래 전략을 세우려면 전문적인 부기 담당자나 회계사가 반드시 필요하다.

2. 이 업무에는 정규직 직원이 필요한가?

정기적으로 수행해야 하는 업무에 정규직이 필요한지 여부를 판단하려면, 먼저 그들이 수행할 업무와 책임 목록을 작성하라. 그런 다음 해당 업무에 드는 대략적인 시간을 기록하고 그것을 기준으로 삼아라. 그런 다음 이 직책이 비즈니스의 특정 영역을 성장시키기 위해 설계된 역할이라면, 현재 당신이 쓰는 시간 외에 그들이 추가적으로 얼마나 더 많은 시간을 투입해야 할지도 추정해보라. 해당 책임을 수행하는 데 주 40시간이 필요한가? 그렇지 않다면 당신이 하던 다른 업무를 그들의 직무 기술서에 추가해 40시간을 채워라. 보통 초기 단계의 직원들에게는 여러 업무를 겸하도록 맡긴다. 주된 역할의 업무량이 늘어나 정규직이 꼭 필요할 때까지 그런 방식으로 운영할 수 있다.

당신이 고용하는 대부분의 정규직 직원은 당연하게도 가능한 한

적게 일하려 할 것이다. 물론 이런 성향이 아닌 사람을 고용하려 노력해야 하지만, 이는 어느 정도 인간의 본성이기에 어쩔 수 없다. 이런 일이 발생하는 것을 최소화하고 정규직 직원에 대한 투자 수익을 극대화하는 한 가지 방법은, 직원이 충분한 업무를 수행하며 최대한 빠르게 비즈니스에 가치를 더해줄 수 있도록 역할을 설계하는 것이다.

당신이 할 수 있는 가장 중요한 일은 앞에서 작성한 책임 목록을 바탕으로 상세한 직무 기술서를 작성하는 것이다. 이는 해당 역할과 책임을 체계적으로 정리하는 데 도움이 되며, 이를 통해 당신이 정확히 무엇을 필요로 하는지도 명확히 알 수 있다. 직무 기술서는 필요 사항을 정확히 파악하는 데 유용한 도구이자, 인재를 채용하고 관리하는 데 필수적인 요소다.

직무 기술서를 작성하는 가장 쉬운 방법은 경쟁사의 직무 기술서를 참고하는 것이다. 나는 정기적으로 경쟁사의 직무 기술서를 모니터링하며 그들이 어떤 역할을 채용하고, 그 역할을 어떻게 구성하는지 확인한다. 경쟁사 직무 기술서를 분석하면서 나는 많은 것을 배웠다. 특히 경쟁사들이 어떤 기술을 사용하는지도 알 수 있었는데, 직무 기술서에 그 기술들이 명시되기 때문이다.

또한 누군가를 고용하면 직무 기술서는 그들의 성과를 측정하는 도구가 된다. 그들이 직무 기술서에 명시된 책무를 다하고 있는가? 기대 이상으로 업무를 잘 하고 있는가?

소규모 회사에서 처음으로 채용되는 직원은 비즈니스에 필요한 다양한 작업을 수행할 수 있을 만큼 유연하고 호기심이 많아야 한다. 모든 역할마다 각각의 인력을 고용할 여유가 없으므로, 여러 역할을 할 수 있는 한 사람을 찾아야 한다. 이후 회사가 커지면 각자의 강점과 관심사를 고려해 역할을 재배치해 특정 분야의 전문가로 성장할 수 있도록 지원하면 된다.

설득력 있는 채용 공고 작성법

설득력 있는 채용 공고를 작성하는 것은 적합한 인재를 유치하는 데 매우 중요하다. 다음은 효과적인 채용 공고를 작성하기 위한 핵심 요소다.

1. 명확한 직함과 직무 소개 작성

명확하고 구체적인 직함을 사용해 해당 역할을 정확히 명시하라. 구직자가 쉽게 검색하고 이해할 수 있도록 업계 표준에 맞는 명확하고 보편적인 용어를 사용해야 한다. 직함 다음에는 주요 업무와 회사 내에서 차지하는 중요성을 설명하는 간단한 직무 소개를 추가한다. 회사의 목표와 스토리를 공유해 채용 공고에 개성을 더하고, 지원자가 검색할 때 사용할 만한 관련 키워드와 문구를 포함시켜라. 그러면 검색 결과에서 상위에 노출될 수 있다.

2. 상세한 책임 명시

직무 소개보다 더 자세하게 지원자에게 기대되는 구체적인 일상 업무와 책임에 대해 설명하라. 이 역할이 무엇을 수반하는지, 회사에 어떤 영향을 미치는지 그리고 이 역할을 맡은 사람에게 기대하는 목표가 무엇인지를 명확히 밝힌다. 애매한 직무 설명은 부적합한 지원자를 끌어들이지만, 구체적인 설명은 당신이 정확히 어떤 인재를 찾고 있는지 전달해 불필요한 시간 낭비를 막는다. 또한 해당 직무에 진정한 열정을 가진 사람만이 지원하도록 유도하는 것도 중요하다. 세부 정보를 많이 제공할수록 더 뛰어난 지원자를 얻을 수 있다.

3. 자격 요건이나 역량 표기

역할에 필요한 자격, 역량 및 경험을 명확히 제시하라. '필수 요건'과 '우대 사항'을 구분해 적합한 지원자를 유치하라. 지원자들에게 요구되는 자격증이나 기술은 명확히 명시하되, 새로운 기술은 끊임없이 등장하기 때문에 최고의 지원자라 해도 아직 모든 첨단 기술에 익숙하지 않을 수 있음을 염두에 두어야 한다. 예를 들어 열 가지 이상의 기술 플랫폼에 대한 경험을 요구하는 채용 공고는 다소 비현실적이라고 느껴질 수 있다.

4. 기업 문화 및 가치 강조

회사가 어떤 곳이며 추구하는 바가 무엇인지 솔직하게 밝혀라. 그리고 회사의 문화와 가치 및 고유한 혜택을 강조하라. 지원자들은 채용 기회를 고려할 때 자신과 회사 문화와의 조화를 중요하게 생각한다. 당신이 사업에 적합한 인재를 찾듯 그들도 자신에게 걸맞은 회사를 찾고 있기 때문이다.

5. 급여 및 복지 혜택 공개

취업 공고에 급여를 포함하면 그 수준에 만족하는 적합한 지원자를 유치할 가능성이 높아진다. 일부 주에서는 모든 채용 공고에 급여를 명시하도록 법적으로 요구하지만, 의무가 아니더라도 이를 명시하면 여러모로 이점이 많으니 공개하는 것이 좋다. 급여 범위를 투명하게 공개하면 회사가 제시하는 급여 수준보다 훨씬 높은 연봉을 기대하는 지원자를 걸러낼 수 있을 뿐 아니라, 회사의 투명성과 개방성을 과시해 지원자들의 신뢰를 얻는 데 도움이 된다.

6. 명확한 행동 촉구 문구 제공

구직자가 공고를 보고 바로 지원할 수 있도록 명확한 지원 수단을 제공하라. 특정 채용 포털을 통해 지원하든, 담당자에게 직접 연락하도록 안내하든 다음 단계로 쉽게 넘어가게 해야 한다. 나는 거의 모든 직책의 지원자들에게 왜 이 역할에 관심이 있는지 그리고 왜 자신이 적합하다고 생각하는지를 설명하는 자기소개서를 요구한다. 요즘은 인터넷으로 지원하는 것이 너무 쉽기 때문에, 이 요구 사항을 추가하면 진정성이 부족한 지원자를 걸러낼 수 있다. 자질 있는 지원자는 단연 눈에 띄기 마련이다.

시선을 사로잡으면서도 긍정적이고 포괄적인 언어를 사용하라. 전문 용어는 피하고, 간단하면서도 구체적인 표현을 사용하라. 또한 역할이나 회사의 요구 사항의 변화에 맞게 채용 공고를 정기적으로 검토하고 업데이트해 시대에 뒤떨어지지 않도록 해야 한다.

3. 이 역할은 비전가, 관리자, 실행가 중 누구를 필요로 하는가?

채용의 핵심 목표는 해당 역할에 적합한 사람을 채용하는 것이다. 만약 맞지 않는 사람을 채용하면 그 직원은 쉽게 좌절할 수 있다. 회사에는 세 가지 유형의 사람들이 있을 수 있다. 특정 역할에 어떤 유형이 필요한지 심사숙고하라. 세 가지 유형은 다음과 같다.

비전가 Visionary

비전가는 아이디어를 떠올리는 사람이다. 항상 새로운 아이디어를 가지고 있지만, 그것을 실제 결과물로 만들어내는 능력은 부족할 수 있다. 대부분의 기업가가 비전가이며, 이는 그들의 가장 큰 장점이자 단점이다. 비전가는 반짝이는 물건 증후군을 겪는 경우가 흔해서, 한 아이디어에서 다른 아이디어로, 한 기회에서 다른 기회로 옮겨가기 때문에 집중력을 유지하기 어렵다. 이것은 나의 가장 큰 약점 중 하나이지만, 나는 그것을 인지하고 있기 때문에 목표에 집중하고 사업을 발전시키기 위해 끊임없이 노력하고 있다.

관리자 Manager

관리자는 시스템을 조직하고 감독하는 사람이다. 프로세스를 만들고 사람들을 관리하는 일을 좋아한다. 그들은 업무를 체계적으로 유지하고 시스템이 잘 작동하도록 한다. 때로는 선제적으로 행동할 수도 있지만, 최고 경영진의 명확한 지시가 필요하다. 물론 이는 선천적으로 관리자가 아닌 비전가들이 받아들이기에는 부담스러울 것이다. 회사를 운영하다 보면 의도치 않게 관리자를 과도하게 고용하기 쉬운데, 회사 전체를 원활하게 운영하기 위해서는 몇 명의 훌륭한 관리자만 있으면 충분하다.

실행가 Doer

실행가는 작업을 실행하고 잘 완수해냈다는 느낌을 좋아하는 사람들이다. 그들은 일을 잘 마치고 나서 느끼는 홀가분함을 사랑한다. 회사 업무의 대부분을 처리하기 때문에 회사의 근간이 된다. 대부분의 계약직 직원들은 실행가일 것이며, 실행가는 아마도 당신이 처음으로 채용하게 될 직원일 가능성이 높다.

그러나 비전가가 실행가를 고용한다면, 실행가가 따를 수 있는 체계적인 SOP가 마련되어 있어야 한다. 또한 관리자가 없을 경우 실행가를 면밀히 모니터링해야 한다. 명확한 지시와 성과를 벤치마킹할 방법이 없으면 그들은 좌절할 수 있다. 또한 실행가에게 비전가나 관리자가 되기를 기대해서는 안 된다.

드물지만 두 가지 또는 심지어 세 가지 유형 모두를 갖춘 사람도 있다. 하지만 대부분 한 분야에 가장 강하기 마련이다. 그런데 이 역시 분야에 따라 다를 수 있다. 예를 들어 어떤 사람은 한 분야에서는 비전가지만 다른 분야에서는 실행가나 관리자일 수 있다. 나는 비전가 성향이 가장 강하지만, 아이디어를 내고 직접 실행할 수 있기에 실행가이기도 하다. 그러나 좋은 관리자는 아니다. 이것이 나의 가장 큰 약점이기 때문에 나는 항상 관리자와 실행가를 우선적으로 채용하는 편이다.

4. 이 사람을 고용하는 데 얼마나 많은 비용이 드는가?

직원을 유지하는 데는 많은 비용이 든다. 특히 복리 후생, 보너스 그리고 기타 보상 등을 수년에 걸쳐 추가하면 비용은 더 늘어난다. 채용하려는 사람의 시장 급여 범위는 어느 정도인가? 이는 온라인에서 다른 직무 기술서를 찾아보거나 업계 헤드헌터와 대화하면 쉽게 알 수 있다. 기본 급여뿐만 아니라 당신이 제공하려 하거나 의무적으로 제공해야 하는 모든 복리 후생 비용(예를 들어 건강보험, 실업보험, 장애보험 등)까지 감안해야 한다.

또한 고용주는 각 직원의 사회보장세 및 메디케어 세금의 절반을 납부할 책임이 있으므로 이 비용도 고려해야 한다. 고용주로서 납부해야 하는 관리 비용도 있다. 예를 들어 직원을 고용하는 각 주에 고용주로 등록해야 하며, 특정 보험에 가입해야 할 수도 있다.

모든 고용 비용을 계산하려면 예상 급여에 30%를 추가해야 한다. 또 일반적인 규칙으로, 한 사람에게 총매출의 5% 이상을 급여로 지출해서는 안 된다. 여기에 더해 급여 및 준법 감시를 관리할 시스템도 필요하다. 다행히 비교적 저렴하면서도 이런 작업을 수행하는 데 도움이 되는 훌륭한 솔루션이 시장에 많이 나와 있다. 이런 도구를 사용하는 비용 또한 전체 고용 비용에 반드시 포함해야 한다. 필요한 예산을 정확히 책정하기 위해 고용 전문 변호사나 공인회계사와 상담하고 도움을 받는 방안도 고려해보라.

5. 이 사람을 고용해 이득을 보려면 그가 회사에 얼마의 수익을 창출해야 하는가?

이상적으로는 직원 한 명이 매년 자신의 연봉의 2~3배에 달하는 매출을 창출하는 것이 가장 좋다. 따라서 한 사람을 고용하는 데 관리 비용을 포함해 연간 10만 달러가 든다면, 그는 최소 30만 달러의 총매출을 벌어들여야 한다. 이를 측정하는 한 가지 방법은 현재 해당 직책이 벌어들이는 매출을 살펴보는 것이다. 예를 들어 디지털 광고 캠페인이 월 1만 5,000달러, 연간 18만 달러의 매출을 낸다면, 이를 관리하기 위해 최소 6만 달러의 비용으로 누군가를 고용할 수 있다는 것이다.

만약 그 고용으로 디지털 광고 수익이 늘어나길 기대한다면, 매출 성장 목표를 설정하고(예를 들어 월 1만 5,000달러에서 2만 달러로), 예산도 비슷한 금액으로 늘리면 된다. 나는 항상 누군가를 고용할 때 그로 인해 얼마의 수익이 추가로 들어올지를 알고 싶지만, 일부 직책은 이를 정확히 정량화하기 어려울 수 있다. 그렇다 하더라도 기업가로서 그 직원의 급여가 어디에서 나오는지를 반드시 알아야 한다.

초기 팀 구성의 기준

1인 기업가로서 당신은 직접 할 수 없거나 하고 싶지 않은 업무를 처리하기 위해 계약직 직원을 고용했을 것이다. 이제 성장 단계의 기업가로서 정규직 고용을 고려한다면, 사업 성장에 기여할 인재들을 고용하고 싶을 것이다. 이를 위해 고용 가능 인원을 A, B, C 플레이어로 구분해 생각하는 것이 유용하다.

비전가, 관리자, 실행가는 역할의 유형에 따른 구분이라면, A, B, C로 나누는 구분 방식은 그들이 얼마나 유능하고 주도적이며 일을 잘하는지를 나타낸다. 사람마다 업무 능력과 회사 적합도가 다른데, A 플레이어는 회사에 에너지를 불어넣지만, C 플레이어는 오히려 에너지를 소모하게 만들고, B 플레이어는 그 중간에 있다.

C 플레이어는 주도적이지 않고 누군가 시키거나 문제가 터져야만 움직인다. 높은 수준의 감독과 관리가 필요하며, 일반적으로 가능한 한 적게 일하려 한다. 그들은 맡은 일을 그럭저럭 해낼 수는 있지만, 사업에 어떤 추가적인 가치도 더하지 못하며, 회사의 에너지와 시간을 소모하는 경향이 있다. 대체로 나이가 어리고 경험이 부족한 경우가 많지만, 나이를 먹고 경험이 쌓여도 여전히 C 플레이어를 벗어나지 못하는 사람도 있다. 사업을 효율적으로 운영하려면 단순 반복 업무를 위해 C 플레이어가 필요할 수도 있다. 하지만 성장 단계에서는 C 플레이어를 정규직으로 채용하는 데 집중해서는 안 된다. 대신 시간을 절약하기 위해 계약직을 고용하고 그들에게 돈을

지불하는 것이 낫다.

내 경험상 대부분의 사람은 B 플레이어다. B 플레이어는 전반적으로 소극적이지만, 열정을 느끼는 분야에서는 주도적으로 변할 수 있다. 그들은 일을 꽤 잘하며 회사에 실질적인 가치를 더한다. 다만 일과가 끝나면 그대로 퇴근하고, 때로는 일이 미완성인 상태에서도 퇴근하는 경향이 있다. 기술력이 뛰어나고 자신이 맡은 일이 전체 비즈니스에서 어떤 역할을 하는지도 잘 알고 있지만, 강력한 인센티브가 없다면 크게 움직이지 않는다. 그들은 관리하는 데 시간이 꽤 들지만, 일반적으로 회사의 시간과 자원을 과도하게 소모하지는 않는다.

A 플레이어는 사업을 다음 단계로 이끌 수 있는 인재다. 그들은 주도적이며 사업을 성공시키기 위해 맡은 바 이상의 일을 책임지고 완수한다. 그들은 자신의 일에 자부심을 느낀다. 대체로 고도로 숙련되고 경험이 많으며, 야심 차고 창의적이다. 하지만 반드시 그래야 하는 것은 아니다. 신입 직원도 끊임없이 사업을 개선하려는 노력을 한다면 A 플레이어가 될 수 있다.

많은 A 플레이어는 오너가 아니어도 주인 의식을 갖는다. 그들은 동기부여가 잘되어 있고, 회사의 사명과 목표에 적극적으로 동참하며, 자신의 일에서 큰 만족을 얻는다. 이들은 보상에 반응하기도 하지만, 그것과는 별개로 그저 맡은 일을 훌륭하게 해내고 싶어서 열심히 일하는 경우도 많다.

당신의 사업에 적합한 A 플레이어를 찾았다면, 그는 직원이라기보다 파트너처럼 행동할 것이다. A 플레이어는 자기 관리와 책임감이 뛰어나서 관리할 필요가 거의 없다. 첫 직원을 고용할 때는 A 플레이어 또는 적어도 A 플레이어로 성장할 잠재력이 있는 B 플레이어를 선발해야 한다. 다만 A 플레이어의 문제는 같이 일하는 동료들이 우수하지 않으면 좌절하고 회사를 그만둘 수 있다는 점이다. A 플레이어는 C 플레이어와 함께 두어서는 안 되며, B 플레이어와 함께 일하는 것조차 때로는 힘들어할 수 있다.

어떤 타입의 A 플레이어를 우선적으로 고용해야 할지 판단하려면 비즈니스의 핵심 기능을 고려해야 한다. 앞에서 작성했던 SOP를 다시 참조하라. 필요하다면 비즈니스의 모든 영역과 작업을 반영하도록 SOP를 업데이트하라. 그다음 이 필수 기능을 수행할 팀을 조직하라. 각 팀이 맡을 업무는 개별적이지만, 전체적으로는 긴밀히 연결된 작업들로 이루어져야 한다. 이런 팀의 규모와 구조는 회사의 성장 단계, 산업, 특정 비즈니스 요구에 따라 크게 달라질 수 있다.

소규모 회사에서는 한 사람이 여러 역할이나 업무를 겸하기도 하지만, 대규모 조직에서는 더 전문화된 팀으로 나눌 수 있다. 비즈니스의 고유한 요구에 맞게 팀을 조정하는 것은 최적의 성과와 성장을 위해 필수적이다.

당신 회사의 팀은 예를 들어 다음과 같이 구성될 수 있다.

- **마케팅**: 잠재 고객 및 기존 고객에게 회사와 제품에 대해 알린다. 또한 회사의 인지도를 높여 고객 확보를 용이하게 한다.

- **영업**: 회사 제품 구매에 관심 있는 잠재 고객 또는 기존 고객에게 연락한다.
- **고객 서비스**: 질문이나 문제가 있는 고객을 지원한다.
- **제품 개발**: 회사가 판매하는 제품을 만들고 개선한다.
- **업무 운영**: 회사의 모든 내부 프로세스가 원활하게 작동하도록 보장한다.
- **재무 및 회계**: 회사의 재무 상태를 감독하며, 매출, 이익, 손실, 부채, 세금 납부 및 회사의 재무 건전성에 영향을 미치는 모든 요소를 관리한다.
- **인사** HR: 직원과의 커뮤니케이션, 복리 후생, 채용 및 고용, 내부에서 발생하는 모든 갈등이나 우려 사항을 처리한다.
- **정보 기술** IT: 회사의 기술 인프라 및 네트워크를 모니터링하고 개선한다.
- **법무 및 준법 감시**: 회사가 합법적으로 운영되는지 확인한다.
- **공급망 및 물류**: 제품 생산에 필요한 모든 자원을 확보하고, 생산된 제품을 소비자에게 전달하는 데 필요한 모든 과정을 관리한다.
- **품질 관리**: 회사 제품에 결함이 없는지 검증한다.
- **데이터 분석 및 비즈니스 인텔리전스** BI: 재무, 산업 동향, 경제 예측 및 기타 데이터를 분석해 회사가 올바른 결정을 내릴 수 있도록 지원한다.
- **전략 기획**: 회사가 미래에 성공하고 지속적으로 생존하기 위해 무엇을 해야 할지에 대한 전략을 수립한다.

나는 항상 회사의 수익 창출에 직접 기여할 수 있는 역할, 예를 들어 마케팅 및 영업 부문부터 먼저 고용한다. 현장과의 거리를 가깝게 유지하고 고객의 질문과 문제 및 경험을 이해하기 위해 가능한 한 오랫동안 고객 서비스는 직접 담당한다. 그러다가 한계에 도달하면 새로운 직원을 채용하기보다 비서에게 이 업무를 넘긴다. 다만 사업이 빠르게 성장한다면 고객 서비스는 큰 비중을 차지하게 되므로, 고객이 더 좋은 경험을 할 수 있도록 전담 인력을 고용해야 한다. 또한 모든 문의를 추적하고 응답할 수 있는 간단한 고객 지원 추적 시스템을 도입해 그 기술을 활용하는 것이 바람직하다.

나는 핵심 업무 이외의 모든 기능은 첨단 기술이나 계약직 인력에 의존해 아웃소싱하는 것을 선호한다. 사업을 작고 효율적으로 유지하고 싶기 때문에, 직접적으로 수익을 내지 않는 회계, 법률, 인사 같은 업무에는 전담 직원을 두지 않고 외부 자원을 활용한다.

팀을 기능별로 구성하는 방법에 대해 더 자세히 알아보려면 지노 위크먼Gino Wickman의 뛰어난 저서 『트랙션』에 나오는 '책임 조직도accountability chart'를 참고하기 바란다. 책임 조직도는 조직 내 역할과 책임을 보여주는 시각적 도구다. 이는 모든 구성원이 자신의 역할과 보고 체계를 명확히 알 수 있게 해 혼란과 업무 중복을 줄여준다. 이 조직도는 저자가 책에서 자세히 설명하는 기업가 운영 시스템EOS, Entrepreneurial Operating System의 일부이며, 팀을 구축할 때 반드시 이 책을 읽기를 권한다.

핵심 인재 발굴과 검증

나는 자신이 하는 일을 사랑하는 열정적인 사람을 고용한다. 또한 내가 같이 일하고 싶고, 협력해서 무언가를 만들어내고 싶은 사람만 채용한다. 사업가의 장점 중 하나는 팀원을 직접 선택할 수 있다는 것이다. 내가 진정으로 함께 일하고 싶은 사람들과 무언가를 만들고 협력하는 것은 특별한 일이다.

여러분이 이루고자 하는 바를 이해하고, 목표 달성을 돕는 데 열정을 가진 신봉자를 고용하라. 제아무리 세계 최고의 디지털 마케팅 전문가를 고용하더라도 회사의 목표나 방향을 이해하지 못하고, 팀의 일원으로 같이 일하는 데 흥미를 느끼지 못한다면 끝까지 함께할 수 없을 것이다. 그런 사람은 더 좋은 기회가 생기는 순간 바로 떠날 것이기 때문이다. 태도와 능력이 완벽히 조화를 이루는 사람을 찾아야 하며, 채용 전에 이런 자질을 분명히 알아볼 수 있다면 가장 좋다. 그래서 아는 사람, 특히 이전에 함께 일한 사람을 고용하는 것이 언제나 가장 안전하다.

MMG미디어그룹에서 나와 함께 일하는 6명은 모두 정규직으로 합류하기 전에 계약직으로 함께 일했던 사람들이다. 그들은 이미 자신의 업무를 통해 가치를 증명했고, 나와의 협업에서도 궁합이 잘 맞았다. 덕분에 새로운 채용의 위험을 수천 분의 일로 줄일 수 있었다. 이 글을 쓰는 현재 우리는 2년 넘게 함께 일하고 있으며, 그 기간 동안 기업 가치는 0달러에서 1,000만 달러 이상으로 성장했다.

명확한 직무 기술서가 있다면, 당신이 이미 알고 있는 사람들을 통해 인재를 찾아보는 것도 좋은 방법이다. 링크드인에 채용 공고를 올리거나, 연락처에 있는 사람들에게 이메일을 보내 알릴 수도 있다. 이전에 알고 있던 사람이거나, 신뢰하는 사람이 추천해서 정보가 많은 사람일수록 직무 적합성을 판단하기가 더 쉬워진다. 또한 경쟁사에서 일했거나 특히 인상적인 경력을 가진 사람이라면 훌륭한 인재가 될 수 있으니, 그런 이들에게 직접 연락해볼 것을 권장한다. 나는 적극적으로 채용하지 않는 시기에도 업계에서 해고된 사람이나 최근 다른 사람들을 해고한 회사에서 일하는 인재들을 링크드인 등에서 꾸준히 주시한다.

네트워크와 직접적인 접촉으로도 좋은 후보자가 나오지 않는다면, 업계 포럼이나 채용 사이트에 공고를 올릴 수 있다. 다만 채용 공고를 널리 알릴수록 자격이 부족한 지원자도 많이 몰려들 것이고, 그러면 일일이 후보자를 걸러내야 하는 수고가 커진다. 이 방법으로도 좋은 후보자를 찾지 못하면 채용 대행사를 이용할 수 있다. 대행사는 일반적으로 채용된 직원 연봉의 10~25%를 수수료로 청구하지만, 그래도 충분히 지불할 만한 가치가 있다.

특정 업계를 전문으로 하는 채용 담당자는 그 업계에 대한 광범위한 네트워크를 가지고 있는 경우가 많다. 특히 채용을 처음 한다면 더욱 그의 네트워크가 유용할 것이다. 나 역시 고위직을 신속히 채용해야 할 때 몇 차례 채용 대행사를 이용한 적이 있다. 만일 사람을 빨리 구해야 하지만 완벽하게 맞는 인재를 찾기 어렵다면, 몇 달간 한정된 기간 또는 계약직으로 고용한 뒤 정규직 전환 여부를 결정하는 것도 좋은 방법이다.

여기서 한 가지 주의 사항이 있다. 가족이나 친구를 고용하는 일에는 신중해야 한다. 나는 함께 일하며 친구가 된 경우는 있었지만, 기존의 친구 관계를 비즈니스 관계로 전환할 수는 없었다. 사업가로서 여러분은 어려운 결정을 내려야 할 때가 많다. 그런데 그 결정이 개인 생활이나 인간관계에까지 영향을 미치면 그 어려움은 훨씬 더 커진다. 그렇지만 친구나 가족이 당신과 동등한 책임감을 가지고 사업에 임한다면 큰 성공을 거둘 수도 있다. 다만 적절한 경계와 한계를 설정해야 하고, 전략과 비전에 대해 같은 생각을 공유하고 있는지 확인해야 한다.

면접 방법

후보자 목록을 좁혔다면, 이제 1차 면접을 진행하라. 영상통화나 대면으로 진행할 수 있고 전화 면접은 반드시 피해야 한다. 전화로 면접을 봤는데 2차 대면 면접에서 전혀 다른 사람이 나타난 경우가 실제로 몇 번 있었다. 1차 면접은 보통 한 시간 정도 진행하며, 각 후보자에게 왜 자신이 이 일에 적합하다고 생각하는지, 왜 이 역할에 관심이 있는지 묻고, 이력서 내용에 대해 구체적으로 질문해 그들의 경험을 더 잘 이해하려고 노력해야 한다.

나는 함께 일하는 것이 즐거운 사람을 찾고 있으므로, 누군가 적합한 사람인지 아닌지는 아주 빨리, 보통 시작하고 15분 이내에 알 수 있다. 잘 맞지 않는다고 판단하면 정중하게 면접을 일찍 끝내고 그 이유를 솔직하게 말한다. 반대로 면접이 잘 진행되면, 항상 마지막 최소 15분은 지원자가 내게 질문할 수 있도록 시간을 비워둔다.

나는 선천적으로 호기심이 많고 이 업무에 관심 있는 사람을 원하므로, 질문이 없는 사람이라면 아마 이 일에는 적합하지 않을 것이라 여긴다.

대화가 잘 진행되면 후보자를 2차 면접에 초대하는데, 이는 반드시 대면으로 진행한다. 2차 면접에서는 더 구체적인 질문을 통해 그 사람의 사고방식과 실제 상황에 대한 대처 능력을 파악한다. 그들이 작업했던 특정 프로젝트, 해결했던 문제 그리고 우리 업계와 지원한 직무에 대한 생각을 설명해줄 것을 요청한다. 또한 직장 생활의 목표, 여가 시간에 하는 일 그리고 가장 열정을 쏟는 것이 무엇인지를 묻는다. 3차 면접은 하지 않으므로 최종 결정을 내리기 위해 이 단계에서 가능한 한 많은 정보를 얻으려 노력한다. 2차 면접 후에도 확신이 서지 않는다면, 나는 그 사람을 고용하지 않는다. 직책에 적합한 사람이라면 분명히 감이 오기 마련이다.

면접을 잘하게 되기까지는 수년이 걸렸지만, 결국 꾸밈없이 자연스럽게 임하고, 솔직하게 속마음을 드러내고, 유익하고 편안한 대화를 나누면 된다고 생각한다. 특히 팀 규모가 비교적 작을 때는 쉽게 어울리고 무난하게 함께 일할 수 있는 사람을 고용하는 것이 좋다.

누군가를 고용하기 전에 나는 다음의 세 가지 사항을 자문한다.

1. 함께 일하고 싶은 사람인가?

나에게는 그 사람의 재능이나 경험보다 내가 그 사람과 함께할 때

즐거울지가 더 중요하다. 고위직을 채용할 때는 서로 생각이 통하고 소통과 협업이 매끄러운지 최대한 확인해야 한다. 그 사람을 신뢰할 수 있는가? 비록 원격으로 일하더라도 그 사람과 많은 시간 대화하고 교류해야 하기 때문이다.

즐겁지 않은 일은 자연스럽게 피하기 마련이며, 이는 사업과 삶의 질에 분명한 영향을 미친다. 누군가의 나쁜 성격을 바꾸기는 불가능한 법이므로 불쾌한 사람을 고용하면 미래에 좋은 인재를 채용하기 어렵거나, 훌륭한 인재들이 회사에 오래 남지 않을 수도 있다. 따라서 조금이라도 이상한 낌새가 보이면 주의해야 한다. 심지어 그냥 '이 사람은 아니다'라는 직감이 들 때도 마찬가지다.

2. 현재 비슷한 직책에서 성공하고 있는 사람인가?

최고의 인재는 다른 회사에서 당신이 찾는 일과 비슷한 역할을 이미 아주 잘 해내고 있는 경우가 많다. 직장에서 잘나가고 있는 사람들은 대체로 급하게 다른 곳으로 옮기려 하지 않는다. 따라서 그런 인재를 데려오려면 당신이 제공할 기회에 대해 먼저 적극적으로 알리고, 그들이 당신에게 기회를 주도록 설득해야 할 것이다.

확률적으로 사람이 필요할 때 내가 가장 고용하고 싶은 사람은 적극적으로 일자리를 찾고 있을 가능성이 낮다. 그렇다고 해서 그들이 적절한 제안에 전혀 관심이 없는 것은 아니다. 그러므로 당신이 원하는 일을 이미 하고 있는 사람들에게 직접 다가가 연락하라.

3. 자신이 하는 일에서 만족감을 느끼는 사람인가?

MMG미디어그룹 웹 사이트의 SEO를 관리하는 직원은 자신의 일에 정말 열정적이며, 그 일을 진정으로 사랑한다. 물론 그 직원은 충분한 보상을 받고 있고, 회사 지분도 보유해(자세한 내용은 아래 참조) 자신의 지분만큼 회사의 성공에 대한 책임과 이익을 공유한다. 그녀는 또한 다양한 검색어를 통해 웹 사이트의 구글 순위를 높이는 일 자체에서 엄청난 자부심과 만족감을 느낀다. 그녀는 워커홀릭이 아니다. 단지 자신의 일을 정말 잘하고 그것을 너무 사랑하기 때문에 항상 최신 정보를 놓치지 않으며, 다른 사람들은 결코 발견할 수 없는 트렌드와 문제점 들을 찾아내곤 한다.

물론 능력도 중요하지만, 열정과 긍정적인 에너지는 작지만 성장하는 회사에 큰 차이를 만들어낸다. 어떤 사람이 자신의 일에 만족감을 느낀다면, 그는 그 일을 할 수 있음에 감사하며 오랜 기간 회사와 함께할 것이다. 회사가 그 사람이 진정으로 좋아하는 일을 할 수 있는 환경을 마련해주고, 그에 합당한 보상까지 제공하기 때문이다.

그들에게 더 열심히 하라고 관리하거나 설득할 필요도 없다. 어차피 그들은 이미 스스로 그렇게 하고 싶어 한다. 그리고 열정은 전염된다. 열정은 회사에 활기차고 에너지 넘치는 문화를 만들고, 모든 사람에게 이곳이 우리의 재능과 강점을 마음껏 발휘할 수 있는 곳이라는 신호를 보낸다.

투명한 조직 운영

고용주들은 사람들을 자기 회사로 끌어들이기 위해 중요한 세부 사항을 숨기거나 제대로 공개하지 않은 채 회사나 일자리를 과장해 홍보하는 경향이 있다. 그러나 그렇게 해서는 안 된다. 사람을 뽑아 놓고 결국 해고하거나, 스스로 그만두어 떠나보내게 되면 비용도 많이 들고 스트레스도 크며, 관련된 모든 사람에게 위험을 초래한다. 물론 뛰어난 인재를 고용하고 싶은 마음에 회사가 실제보다 더 빠르게 성장하고 있다고 하거나, 추구할 의도조차 없는 미래 계획을 제시하며 회사를 과대 포장하고 싶은 유혹이 들 수 있다. 브랜드 인지도가 높지 않은 소규모 회사를 운영한다면 더 그럴 것이다.

또한 직무 범위에 대해 거짓말을 하는 경우도 많다. 실제보다 더 큰 역할이라고 하거나, 비현실적인 성장 기회가 있다고 하거나, 사실은 직무의 핵심 업무인데도 지원자가 그런 일을 하지 않아도 된다고 말하는 식이다. 채용 프로세스를 시작하기 전에, 회사가 이 역할을 맡을 사람에게서 정확히 무엇을 필요로 하는지, 그 대가로 무엇을 기꺼이 제공할 것인지 그리고 제공하지 않는 것은 무엇인지를 분명히 알려야 한다.

예를 들어 내가 MMG미디어그룹의 파트너(급여 외에 회사 지분을 받는 사람)로 입사할 후보자들과 이야기할 때면 나는 그들의 지분에 의결권이 없다는 점을 분명히 밝힌다. 직원들과 이익을 공유하는 것은 기쁘지만, 회사의 성장에 대한 통제권까지 양보할 생각은 없다.

그것은 곧 내 삶에 대한 통제권을 잠재적으로 포기하는 일이 될 수 있기 때문이다. 나는 또한 내 강점과 약점 그리고 좋아하는 일과 싫어하는 일에 대해서도 솔직하게 이야기한다.

나는 특히 관리하는 것을 좋아하지도, 잘하지도 못한다고 솔직히 말한다. 따라서 많은 피드백과 지시를 필요로 하거나 원하는 사람이라면, 나는 그와 함께 일하기 적합한 사람이 아닐 것이다. 대신 그들의 성과를 어떻게 평가할지, 무엇을 달성하기를 기대하는지 명확히 알려주고, 그들은 그 목표가 현실적인지 내게 말해준다. 지금 나와 함께하는 파트너들은 이런 합의에 만족하며, 자율적으로 일을 처리하고 그 노력의 결실에 대한 보상을 받을 때 만족감을 느낀다.

만약 어떤 직책이 정확히 무슨 일을 해야 하는지 잘 모르겠다면, 고용한 사람과 함께 그 역할을 만들어나갈 수 있다. 이 방식은 또한 그 역할에 대한 직무자의 비전을 평가하는 좋은 방법이 될 수 있다. 어쩌면 그는 자신의 특별한 기술을 활용해 회사를 어떻게 성장시킬지에 대해 당신보다 더 잘 알고 있을 수 있기 때문이다. 직무 기술서를 어떻게 작성하든, 성과를 평가할 때 다시 참조할 수 있도록 반드시 서면으로 공식화하라.

효과적인 인센티브 도입

훌륭한 인재는 드물기에, 그런 사람을 찾으면 그들을 붙잡고 만족하게 만들기 위해 할 수 있는 모든 것을 다 해야 한다. 지금 이 순간에도 내 사업 파트너들이 우리 회사를 성장시키기 위해 노력하고 있음을 나는 알고 있다. 나는 그들을 신뢰하므로 굳이 그들의 행동을 감시할 필요가 없다. 오랜 기간 함께 일하며 서로 깊은 신뢰와 존중을 쌓았고, 각자의 강점이 달라 서로를 보완하며 시너지를 낼 수 있으며, 목표와 동기가 같기 때문이다. 내가 회사의 최대 주주이긴 하지만, 우리 모두가 이 사업의 주인이라는 생각으로 함께하고 있다.

물론 직원을 채용하고 유지하며 만족하게 만드는 데 있어 그들이 소속감을 느끼고, 회사 문화에 잘 어울리며, 핵심 사명을 믿는 것은 중요하다. 하지만 그 무엇보다 가장 결정적인 역할을 하는 것은 다름 아닌 '인센티브'다. 인센티브는 사람들이 열심히 일하고 회사에 가치를 더하며, 사업을 성장시키도록 동기를 부여한다. 하지만 인센티브는 사람들에게 실제로 동기를 부여할 수 있어야 한다. 급여, 더 큰 근무 유연성, 배우고 성장할 기회, 경력 성장 경로, 유대감 혹은 이 모든 것을 포함해 당신이 제공하는 것을 직원들이 실질적으로 원해야 한다.

인센티브를 가장 효과적으로 활용하는 방법은 개인별 맞춤형으로 제공하는 것이다. 사람마다 특성이 다르고, 욕구와 필요 그리고 목표도 다르다. 대부분의 사람은 더 많은 돈, 근무 유연성, 뚜렷한 커리어 발전 가능성, 소속감, 인정 등을 원하지만, 그 비율은 직원의 삶의 단계에 따라 달라진다. 책임이 적은 20대 초반의 젊은 직원들은 회사에 더 많은 시간을 투자할 수 있고 희생할 것도 별로 없다. 따라서 이들은 배우자와 세 자녀, 많은 책임을 지닌 40대 직원보다 금전적인 인센티브에 더 크게 동기부여될 가능성이 높다.

내가 성공적인 기업가가 될 수 있었던 비결이 하나 있다면, 그것은 사람들이 무엇을 원하는지 알아내고, 그들이 원하는 것을 제공하기 위해 할 수 있는 모든 노력을 다 하는 점이다. 직원들이 무엇을 원하는지 정확히 파악해서 그에 맞는 보상 체계를 마련하면 무한한 성장 잠재력을 키울 수 있고, 그들을 행복하게 만들 수 있으며, 뛰어난 인재와 오래 함께할 수 있다.

직원 한명을 교체하는 데 드는 비용은 평균적으로 첫해 연봉의 40~60%에 달한다. 이는 단순히 금전적 손실만 따졌을 때의 비용이다. 여기에 직원이 축적한 모든 지식과 경험 그리고 회사에 머물렀을 경우 시간이 지나면서 사업에 기여할 수 있었던 잠재적·복합적 영향은 포함되지 않는다.

전통적인 고용 모델에서는 직원이 자신의 특정 기술과 시간을 제공하는 대가로 기본적인 보상을 받는다. 시간이 경과하면서 또는 커미션이나 보너스 덕분에 보상이 늘어날 수 있지만, 직원은 처음 합의된 만큼만 받으며, 더 많은 보상을 받으려면 고용 계약을 다시 협상해야 한다. 이 모델은 고용주로서는 각 직원에게 드는 비용을 계산할 수 있고, 직원 또한 자신이 얼마를 벌지 예측할 수 있어 나름의 효율성이 있는 방식이다.

그러나 이 모델의 가장 큰 단점은 직원과 고용주를 대립 관계로 만든다는 점이다. 직원은 항상 더 많이 벌고 싶어 하고, 고용주는 더 많은 이익을 남기기 위해 늘 더 적게 지불하려 한다. 직원이 공정한 대우를 받지 못한다고 생각하면 업무나 회사에 헌신하지 않을 것이고, 기회가 생기면 회사를 떠날 것이다. 이런 상황은 결국 고용주에게 손실을 초래한다. 또 다른 단점은 회사가 현금 흐름 문제로 급여를 감당하지 못하면 직원을 해고해야 한다는 점이다.

회사 지분을 다른 사람들과 나누고 싶지 않다면, 적어도 시작 단계에서는 전통적인 정규직 고용 모델이 가장 적합할 수 있다. 이전에 함께 일한 적이 없거나 잘 모르는 사람을 고용할 때도 이 모델이 유리하다. 누군가를 사업 파트너로 만든다는 것은 그 사람과 법적·재정적 관계를 맺는다는 의미다. 따라서 그런 위험을 감수하기 전에 그 사람을 신뢰할 수 있는지 확인해야 한다.

파트너십 모델

현재 나는 MMG미디어그룹의 지분 60%를 소유하고 있으며, 나머지 40%는 다른 네 명의 파트너가 나누어 갖고 있다. 이는 그들이 기본 보상 패키지 외에도 연말에 이익의 40%를 받을 자격이 있다는 뜻이다. 이런 지분 모델은 직원들이 회사에 기여한 가치에 따라 직접 보상받을 수 있고, 잠재적 수입이 사실상 무제한이므로 직원들에게 이득이 된다. 동시에 이 방식은 나에게도 도움이 된다. 파트너들이 주인 의식을 갖고 최선을 다할 동기부여를 받기 때문이다. 게다가 그들의 보상 대부분은 회사가 정말 잘될 때만 지급되기 때문에 재정적 부담도 덜하다.

이 모델은 또한 급여 비용을 줄여준다. 파트너들이 나중에 더 큰 보너스를 받는 대가로 낮은 기본 급여를 받기 때문이다. 또한 간접적으로 다른 비용도 줄여준다. 모두가 이익 극대화를 목표로 똑같이 헌신하기 때문에 단돈 1달러라도 어떻게 써야 할지 신중하게 고민하기 때문이다. 더 낮은 기본 급여를 지급한다는 것은, 시장 가격에 맞추어 더 높은 보장 급여를 지급해야 했다면 고용하지 못했을 인재들을 고용할 수 있었다는 의미이기도 하다.

파트너십 모델을 설계할 때는 각 개인의 필요를 최우선으로 고려해야 하며, 그들이 무엇을 원하는지 직접 듣고 그에 따라 역으로 맞춰가야 한다. 지분에 관해서는 항상 아낌없이 나누려 노력하라. 파트너들이 신나게 일하고 인정받는 느낌을 받기를 원한다면, 그들에게 가급적 적게 주려 한다는 인상을 비쳐서는 안 된다.

지분으로 욕심을 부리지 말라. 사람들은 당신이 인색하다는 것을 금세 알아차리고, 그러면 그들은 결코 기분 좋게, 신나게 일하지 않을 것이다. 대부분의 기업가들은 파트너들에게 최소한의 지분만을 내주려 한다. 그리고 잠재적 파트너들에게 충분히 명확하게 설명해 주지 않으면, 그들이 지분의 미래 가치를 제대로 평가하기 어려울 수 있다.

당신과 파트너 모두를 만족시킬 수 있는 중간 지점을 찾아라. 이를 위한 가장 좋은 방법은 다음과 같은 질문들을 활용해 대화를 이끌어가는 것이다.

1. 이 사업을 통해 무엇을 얻고 싶은가?

그들은 사업이 개인적인 삶과 어떤 식으로 조화를 이루기를 기대하는가? 얼마나 많은 돈을 벌고 싶어 하는가? 어떻게 하면 이 사업을 통해 그들이 계속 도전하고, 참여하고, 성장하도록 만들 수 있을까? 대부분의 사람은 삶에서 발전하고 앞으로 나아가는 느낌을 받을 때 가장 행복해한다.

2. 이 사업에 얼마나 오래 전념할 예정인가?

파트너십에서 가장 큰 걱정 중 하나는 파트너가 사업을 일찍 떠나는 것이다. 삶은 변화하고 사람들은 떠나기 마련이지만, 사업에 필수적인 파트너가 떠나면 큰 어려움이 올 수 있다. 따라서 사업에 얼마나 오래 전념할 것인지 서로 허심탄회하게 털어놔야 한다. 예를 들어 '5년 안에 사업을 매각하고 싶다'는 식으로 시간 기반의 목표를 함께 설정하라.

3. 성공은 당신에게 어떤 의미인가?

사람마다 성공의 의미는 다르다. 그들에게 성공이 무엇인지 경청하고, 이를 계획과 의사소통에 반영할 수 있도록 하라.

4. 무엇을 걱정하고 두려워하는가?

나는 항상 이 질문을 한다. 사람들이 무엇을 걱정하는지 알아야 그 두려움을 줄이려면 어떻게 사업을 구축하고 소통해야 할지 생각할 수 있기 때문이다.

90일 평가 기간

정규직 직원을 고용하든, 더 큰 역할을 맡을 계약직을 고용하든, 나는 항상 그들의 성과와 회사와의 전반적인 적합성을 평가하기 위해 '90일 평가 기간'을 둔다. 나는 타고난 관리자가 아니기 때문에 처음 90일을 활용해 신입 직원을 평가 및 관리하는 것이다. 30일·60일·90일 시점에 대면 또는 영상통화로 성과 평과를 실시하고, 논의한 내용을 기록해 이메일로 직원에게 보낸다. 이 평가를 통해 그들의 직무 내용을 자세히 설명하고, 그들이 맡은 바 책무를 얼마나 잘 수행하는지에 대한 내 생각을 전달한다.

또한 그들에게 자신의 직책과 궁합이 잘 맞는다고 생각하는지 물어보고, 궁금한 점이 있으면 질문하도록 하고 답변한다. 이런 과정을 통해 직원의 직무 적합성, 영향 및 성과를 투명하게 평가한다. 나는 모든 사람이 자신이 회사에서 어떤 위치에 있으며, 무엇을 개선할 수 있는지 정확히 알아야 한다고 생각한다. 90일 정도면 이 사람이 장기적으로 회사와 잘 맞을지를 판단할 수 있다. 때때로 약속을 과대 포장하고는 제대로 이행하지 않는 사람도 있을 수 있고, 팀과 잘 맞지 않는 사람도 있을 것이다.

90일이 지나도 팀에 남아 있다면 첫해에는 6개월 차와 1주년에 성과 평가를 하고, 그 뒤로는 1년에 한 번씩 실시한다.

조직 문화 설계

회사의 CEO로서 나는 일상적인 내부 업무에는 거의 관여하지 않고, 새로운 사업체를 인수할 기회를 모색하고 사업의 전반적인 재무 상태를 관리하는 데 에너지를 집중한다. 모든 구성원이 올바른 우선순위에 집중하고 성취감을 느끼며, 같은 방향으로 나아가도록 큰 틀에서 방향을 제시하고, 때때로 필요하다고 판단하면 특정 전략적 방향으로 나아가도록 권고하기도 한다.

하지만 나는 특정 아이디어가 회사의 생존에 매우 중요하다고 판단하는 경우를 제외하고는 누구에게도 거의 강요하지 않는다. 그런 때에도 내가 생각하는 합리적인 이유를 팀과 공유해 그들의 동의를 얻는다. 그렇지 않으면 팀이 가능한 한 스스로 관리하도록 맡긴다. 이것이 가능한 이유는 우리 회사의 문화는 투명성, 상호 존중 그리고 공통의 목표를 추구하는 것이기 때문이다. 우리는 목표가 일치하므로 동일한 동기로 움직인다. 그것은 수익 증대, 우리가 좋아하는 사람들과의 프로젝트 협업 그리고 방해 요소를 최소화하는 것 등이다.

우리는 일주일에 한 번 전화로 팀 회의를 하고, 그 외에는 필요할 때 슬랙이나 이메일로 소통한다. 웹 사이트, 파트너 및 매출 데이터에 누구나 제한 없이 접근할 수 있어 굳이 다른 사람에게 묻지 않고도 로그인해 데이터를 분석하거나 필요한 정보를 얻을 수 있다. 이런 높은 수준의 투명성 덕에 시간을 절약하고 자연스럽게 책임감을 느낄 수 있다. 또한 우리는 꼭 필요할 때나 모두가 소통이 필요하다고 동의할 때 가끔 통화를 한다. 이렇게 하면 불필요한 방해 없이 각자 원하는 시간에 훨씬 자유롭게 일할 수 있다.

우리에게는 이런 방식이 잘 맞지만, 각자 자신의 사업에 맞는 방식을 찾아야 한다. 당신은 팀 형성에 큰 영향을 미치므로 어떤 팀 문화를 만들고 싶은지 명확하게 정의하고, 그 문화를 조성하기 위해 의식적으로 노력해야 한다. 솔직하게 털어놓고, 투명하게 처리하며, 친절하게 대하고, 존중하고, 공감하라. 그렇게 하면 당신의 사업은 번성할 것이다.

가장 중요한 것은 진정성이다. 성공한 기업가들은 자신이 구축한 문화가 어떻게 성공에 기여했는지 이야기하는 것을 좋아하지만, 그들에게 효과적인 방식이 반드시 당신에게도 효과적인 것은 아니다. 만약 맞지 않는다고 느껴진다면 실제로 안 맞는 것이며, 결국 당신과 팀은 그로 인해 고통받을 것이다.

팀을 구축해야 한다면 페트릭 렌시오니 Patrick Lencioni의 『팀워크의 부활』을 읽어보기 바란다. 이 책에서 저자는 팀이 실패하는 다섯 가지 근본 원인을 설명한다. 이를 주의 깊게 살피면 역기능이 발생할 가능성을 줄이는 문화를 구축함으로써 위험을 피할 수 있다.

1. 신뢰 결여

신뢰는 위에서 아래로 흐르며, 리더인 당신으로부터 시작된다. 신뢰를 얻는 가장 쉬운 방법은 약속한 것을 지키고, 자신의 실수와 결정과 동기에 대해 개방적이고 정직한 태도를 보이는 것이다.

2. 갈등 회피

직원들은 당신이 갈등을 어떻게 처리하는지를 지켜보고, 그것을 기준으로 삼을 것이다. 건설적인 갈등을 장려하는 개방적인 문화를 만들라. 팀원들이 서로 다른 의견을 내고, 다른 사람의 선택에 의문을 제기하거나 비판하는 것을 편안하게 느낄 수 있는 분위기를 조성해야 한다. 그러면 사람들은 편안함을 느끼는 동시에 각 팀원을 최고 수준으로 유지할 수 있고, 그러면 개인 및 회사의 성과가 함께 향상될 것이다.

3. 헌신 부족

만약 누군가 자신의 역할이나 팀에 몰두하지 않는다면 떠나보내라. 이런 유형의 사람들을 변화시키기는 거의 불가능하며, 그들이 급여를 받는 한 회사에 도움이 되기보다 더 큰 해를 끼칠 것이기 때문이다.

4. 책임 회피

당신이 자신의 실수에 책임을 지면 다른 사람들도 따를 것이다. 모든 사람이 회사의 데이터에 접근할 수 있는 투명한 문화를 구축해 모두가 책임감을 갖도록 하라. 이 데이터에는 회사의 재무 성과도 포함된다. 물론 특정 재무 데이터는 기밀로 유지할 수 있지만, 모두가 함께하고 있음을 명확히 하기 위해 문제가 없는 부분은 최대한 공유해야 한다.

5. 결과에 대한 무관심

팀과의 모든 커뮤니케이션에서 결과 보고를 최우선으로 하라. 모든 것은 결과를 중심으로 돌아가므로 모든 사람이 그 결과를 알고, 결과 달성에 책임이 있다는 사실을 분명히 알아야 한다.

직원별 투자수익률 계산

사람을 고용하기 시작하면 하루 24시간을 관리하는 것을 넘어, 직원들이 당신을 위해 일하는 시간 또한 관리하게 된다. 만약 하루에 8시간씩 일하는 직원이 10명 있다면, 그것은 당신이 책임지고 관리해야 할 시간이 80시간 늘었다는 의미다. 이 시간을 얼마나 잘 활용하는가에 따라 사업은 더 효율적으로 운영되고 더 빠르게 성장할 수 있다. 직원 한 명의 시간당 이익이 높을수록 사업의 다른 영역에 투자할 수 있는 자금도 더 많아진다. 반대로 이 시간을 잘 활용하지 못하면 급여를 낭비하는 것이며, 차라리 그 돈을 다른 분야에 투자하는 편이 더 효율적일 것이다.

고객 획득 비용CAC과 순이익률로 지출 대비 수익을 계산하듯, 직원들의 시간 투자에 대한 수익도 계산할 수 있다. 즉 매출, 비용 절감, 생산성 향상 또는 그들의 업무에서 비롯되는 다른 유형의 가시적 결과를 기준으로 계산하는 것이다. 팀별, 프로젝트별, 개인별 그리고 회사 전체 차원에서 시간당 이익을 평가할 수 있다. 이런 데이터를 정기적으로 추적하는 시스템을 구축하면 직원들의 시간 투자에서 최상의 투자수익률ROI을 얻고 있는지 확인할 수 있고, 사업의 이상적인 경제성을 결정하는 데도 도움이 된다.

직원 ROI를 계산하는 특정 공식은 없지만, 몇 가지 다른 경우에 대한 다음과 같은 간단한 방법이 있으니 참조 바란다.

(매출 / 시간) - 직원 또는 팀 요율 = 직원 ROI

- **매출**: 특정 프로젝트, 사업부 또는 회사 전체의 총매출을 가리킨다. 어떤 종류의 매출액이든 관련 직원의 ROI 계산 시 매출로 사용할 수 있다.
- **시간**: 직원들의 근무시간이다. 프로젝트의 총 소요 시간 또는 특정 기간(예를 들어 월별·분기별·연간)의 시간을 사용할 수 있다.
- **직원 요율**: 사업체가 직원 한 명을 한 시간 고용하는 데 드는 비용이다. 이를 계산하려면 우선 해당 직원을 고용하고 유지하는 데 드는 모든 비용을 합산하라. 여기에는 급여, 복리 후생비, 교육비, 세금 및 그 직원을 유지하는 데 소요되는 모든 간접비용이 포함된다. 내 경험상 보통 직원을 1년 고용하는 데에는 개인 급여의 약 35%가 추가로 필요하다. 그다음 이 금액을 직원의 연간 근무시간으로 나누면 된다.

예를 들어 어떤 직원이 연간 15만 달러의 급여를 받는다고 가정해보자. 15만 달러의 35%는 5만 2,500달러이므로, 이 직원을 1년 고용하는 데 드는 총비용은 약 20만 2,500달러(15만 달러+ 5만 2,500달러)다. 이 직원이 주당 평균 40시간씩 연간 50주를 근무한다면, 연간 총 2,000시간을 일하게 된다. 그러면 직원 요율은 다음과 같다.

총 고용 비용 20만 2,500달러 / 2,000시간 = 시간당 101.50 달러

- **혼합 요율**: 팀 전체 또는 회사 전체의 직원당 비용도 계산할 수 있다. 이를 혼합 요율이라고 한다. 전체 팀원의 급여를 합산하고, 간접비를 고려해 그 금액에 35%를 더한 다음, 그 총액을 직원 수로 나누면 된다. 이렇게 나온 금액을 직원의 연평균 근무시간으로 나눈다. 우리 회사는 다음의 공식을 사용해 팀원 1인당 시간당 112.50달러라는 혼합 평균을 산출했다.

총 급여 100만 달러 + 100만 달러의 35%

= 총 연간 고용 비용 135만 달러 / 직원 6명

= 직원 1인당 연간 비용 22만 5,000달러 / 근무시간 2,000시간

= 시간당 112.50 달러

이 정보를 활용해 팀이 100시간 만에 완료한 10만 달러짜리 컨설팅 프로젝트에 대한 ROI를 혼합 요율로 다시 계산해보자.

(매출 / 시간) - 직원 요율 또는 팀 요율 = 시간당 직원 ROI

(10만 달러 / 100시간) = 시간당 1,000달러 - 시간당 112.50달러 (팀 혼합 요율)

= 시간당 887.50달러 (직원 ROI)

이 프로젝트에서 얻은 총이익을 계산하려면, 혼합 시간당 직원 ROI에 총근무시간을 곱하면 된다.

100시간 × 887.50 달러 = 8만 8,750달러 (이익)
8만 8,750달러 / 10만 달러 = 88.75% (이익률)

이 시나리오에서 ROI와 이익률은 모두 88.75%다. 이는 판매로 발생한 총매출 중 88.75%가 판매를 위해 들어간 모든 비용을 제외하고 순이익으로 남았다는 뜻이다. 이 정도면 언제든 환영할 만한 탁월한 이익률이다.

이 지표는 누군가를 고용하기 전에 그 사람이 정말 고용할 만한 가치가 있는지, 회사가 고용할 여력이 있는지 그리고 그 사람의 시간에 대해 얼마를 보상해야 하는지를 계산하는 데도 활용할 수 있다. 물론 특정 인재가 얼마의 매출을 창출할지, 프로젝트를 완료하는 데 몇 시간이 걸릴지 정확히 알 수 없으므로 어느 정도는 추측이 필요하다. 하지만 시간이 지나면서 실제 데이터를 축적하고 분석하는 과정을 통해 점점 더 쉽게 그리고 정확하게 산출할 수 있을 것이다.

사람을 고용하고 관리하는 일은 예술과 과학의 조합이다. 계약직이든 정직원이든 사람들과 함께 일하는 경험이 쌓일수록 회사에 어떤 직책이 필요한지 그리고 어떤 사람이 가장 적합한지 더 잘 평가할 수 있다. 회사의 목표와 자신의 목표가 일치하는 유능한 직원들로 팀을 꾸린다면, 그 팀은 스스로 움직이며 회사를 폭발적으로 성장시키는 강력한 원동력이 될 것이다. 그렇게 되면 당신은 그 팀을 거의 관리하지 않아도 된다. 이것이 바로 지속 가능한 기업, 즉 일상적인 세부 사항을 직접 관리하지 않고도 번창할 수 있는 기업을 만드는 방법이다. 이런 회사야말로 더욱 강력하고, 장기적으로 지속될 가능성이 높으며, 잠재적 구매자에게도 가장 매력적인 기업이다.

12장

언제든 사업을 매각할
준비가 되어 있어야 한다

> 나는 어떤 것의 비용에는
> 전혀 신경 쓰지 않는다.
> 그것의 가치에 신경 쓴다.
>
> ― 아리 에마뉘엘Ari Emanuel, 엔데버Endeavor 그룹 회장

    2020년 10월의 어느 날, 아침 공기가 차가웠지만 나는 너무 흥분한 나머지 모틀리풀Motley Fool 투자사의 재무 관리자로부터 걸려온 전화를 받기 위해 집 밖으로 나갔다. 그는 "30분 전에 송금했으니 몇 시간 안에 계좌에 입금될 겁니다"라고 말했다. 나는 전화를 스피커폰으로 바꾸고 은행 앱을 열었다. 이미 돈이 들어와 있었다. 내 은행 계좌에 수백만 달러가 들어온 것이다. 창업한 지 5년 된 밀레니얼머니를 조금 전에 매각했고, 이로 인해 나는 상상할 수 없을 만큼 큰돈을 벌 수 있었다.

    밀레니얼머니를 처음 시작했을 때, 나는 웹 사이트를 팔 수 있으리라고는 전혀 생각하지 못했다. 구매자들이 무엇을 찾는지, 사업을 매각하기 쉬운 구조로 만들려면 어떤 노력이 필요한지도 몰랐다. 그러다 수백만 달러에 웹 사이트를 매각한 다른 기업가들의 모임에 초대받고 나서야 그 엄청난 잠재력을 비로소 이해하게 됐다.

매각 가능성을 알게 되자마자 나는 곧바로 구매자에게 나의 웹 사이트가 더 매력적으로 보이도록 운영 방식을 바꾸기 시작했다. 매각하고 싶다는 생각도, 매각할 기회가 있을지도 전혀 알 수 없는 상태에서 그렇게 한 것이다. 바로 이것이 핵심이다. 비록 당장 팔 의향이 없더라도 언젠가 팔 수도 있다는 생각으로 사업을 운영해야 한다. 그렇지 않으면 훗날 매각해야 하는 상황이 오거나 기회가 찾아왔을 때 준비가 안 되어 큰 기회를 놓칠 수 있다. 그러면 당신이 만들어낸 모든 가치를 나중에 헐값에 넘길 상황이 닥칠 수도 있다.

사업 매각의 의미와 수익

매각할 수 있는 사업을 구축하는 방법을 자세히 살펴보기 전에, 먼저 과연 매각을 하는 것이 맞는지에 대해 생각해보자. 만일 지난 2년 이상 회사가 잘 운영되고 성장해왔다면, 결국 사업을 유지할지 팔지를 결정해야 할 것이다. 어떤 것이든 올바른 선택이 될 수 있다. 사업을 유지하기로 선택하면 계속 성장시키면서 사업에서 나오는 수익으로 생활하다가 원하는 조건으로 현금화할 수 있다. 매각에 관심이 있고, 누군가 인수하고 싶어 할 만큼 충분한 가치를 창출했다면, 사업을 매각해 그 수익으로 생활하거나 다른 사업에 재투자할 수도 있다. 대부분의 산업에서 대개 가치 있는 사업체를 찾는 구매 희망자가 판매자보다 많으므로, 판매자는 협상에서 강력한 우위를 점하고 자신의 사업에 가장 유리한 조건을 이끌어낼 수 있다.

회사를 매각해서 현금화하면 인생이 달라질 수 있지만, 회사를 너무 사랑하거나 제대로 된 가격 제안을 받지 못해 매각할 준비가 되지 않았다면, 매각이 항상 좋은 선택은 아니다. 사업을 매각하는 과정은 많은 시간이 들고 복잡하기 때문에 반드시 준비가 됐을 때만 추진해야 한다. 매각하는 이유는 다양하지만, 결국 '수익'과 '의미'라는 두 가지 범주로 나뉜다. 수익은 매각으로 얻게 될 금전적 대가이고, 의미는 매각이 당신의 목적, 정체성 그리고 비재정적인 삶의 모든 부분에 미치는 영향이다.

의미

의미에 따른 결정이 수익에 따른 결정보다 더 어려운 경우가 많다. 왜 팔고 싶은지, 매각이 자신에게 어떤 의미인지 그리고 사업을 매각한 뒤 무엇을 할 것인지 깊이 고민해야 하기 때문이다. 사업을 매각하는 이유는 다양하다. 번아웃을 겪었거나, 다른 일을 하고 싶거나, 시장 동향에 따른 완벽한 매각 타이밍을 포착했을 수도 있다.

나의 경우 웹 사이트 가치가 사상 최고로 올라 2020년 7월 최고점에 도달했다고 판단했고, 다시는 그런 기회가 오지 않을 것이라고 생각했다. 나는 매각으로 얻을 수익이 감히 포기할 수 없을 만큼 강력한 안정감을 가져올 것임을 알았고, 그래서 그 제안을 받아들였다.

어떤 사람들은 사업을 매각한 뒤 무엇을 할지 명확한 계획을 세워 둔다. 예를 들어 몇 년간 쉬거나, 다른 사업을 시작하거나, 새 차나 별장 또는 보트를 구입하는 등이다. 나는 당시에 무엇을 하고 싶은지 전혀 알지 못했지만, 매각은 거의 무한한 기회를 열어줬다. 모든 것을 완벽히 파악할 필요는 없지만, 거래를 추진하기 전에 매각이 당신의 궁극적인 삶의 목표와 비전에 부합하는지 되돌아볼 필요가 있다.

내가 매각을 준비할 때, 이미 그 경험을 겪은 다른 기업가들과의 대화가 큰 도움이 됐다. 또한 나는 모든 것을 파악하는 데 시간이 걸릴 것을 알고 스스로에게 여유를 주며 열린 마음으로 접근했다. 매각 후 한동안은 불편함을 느낄 수도 있는데, 그것 역시 과정의 일부임을 스스로에게 상기해야 한다. 나는 삶에 대해 개방적인 태도를 유지하면 결국 기회가 찾아온다는 사실을 깨달았다.

한편 나는 내 삶의 에너지를 쏟아 만든 회사를 가지고 새로운 소유주가 무엇을 할지 걱정스러웠다. 구매자는 직원 대부분을 고용했지만 일부는 해고했고, 남은 직원들이 새로운 역할을 잘 해낼지도 우려됐다. 인수인계를 원활히 진행하고, 어떤 질문에도 답할 수 있도록 매각 후 1년간 컨설턴트로 남아 있었지만, 구매자는 내게 거의 연락하지 않았고 나는 실망할 수밖에 없었다. 매각 후 어떻게 서로 협력할지 그리고 그들이 자원을 사용해 웹 사이트를 성장시키고 영향력을 확대할 수 있을지에 대한 흥미로운 논의가 많았지만, 실제로 일어난 일은 거의 없었다.

인생을 바꾼 돈을 내 수중에 넣었음에도 불구하고, 소유권이 바뀐 뒤 밀레니얼머니 웹 사이트의 트래픽이 줄어드는 모습을 지켜보는 것은 여전히 실망스러웠다. 아무리 조건이 좋아도 사업을 인수해 계속 성장시키는 일은 매우 어려운 것이 현실이다. 이것이 대부분의 인수가 실패하는 이유다. 그 과정을 지켜보는 건 슬픈 일이었다. 결국 사업이 사라진 뒤에는 내 삶의 목적과 정체성에 대한 깊은 혼란을 겪기도 했다.

하지만 다행히 이 경험은 내 삶을 확장하고 다른 방식으로 성장하는 데 도움이 됐다. 매일 사업에 매달릴 필요가 없어지자 운동을 하고, 읽고 싶었던 책을 읽고, 가족과 같이하는 시간도 늘어났다.

또한 이미 알다시피, 나는 2년도 채 되지 않아 밀레니얼머니를 내가 팔았던 가격보다 훨씬 낮은 가격에 다시 인수할 수 있었고, 덕분에 플랫폼을 재정비하고 더 큰 목표를 실현할 수 있었다.

수익

수익성 있는 사업은 다른 자산군이 따라잡기 어렵거나 불가능한 수익을 창출할 수 있다. 예를 들어 매출 100만 달러와 이익률 30%인 사업을 운영한다고 가정해보자. 이는 연간 30만 달러의 이익을 원하는 대로 사용할 수 있다는 의미다. 사업을 매각하고 그 대금을 종합주가지수를 추종하는 인덱스 펀드에 투자하면 연평균 7%의 수익률을 얻을 수 있고, 부동산에 투자하면 평균 5%의 연간 수익률을 기대할 수 있다. 하지만 이 정도 수익률로는 회사를 보유해 얻는 수익을 따라잡기 어렵다. 이제 자세히 계산해보자.

사업을 500만 달러에 매각하고(매각 가격은 보통 현재 매출의 배수로 계산한다), 양도소득세를 납부한 뒤 400만 달러의 현금을 투자할 수 있다고 가정해보자. 연 7%의 수익률을 기대하고 인덱스 펀드에 투자하면 연간 28만 달러의 수입(400만 달러×0.07)을 얻을 수 있다.

반면 부동산에 투자하면 연 5% 수익률로 연간 20만 달러(400만 달러×0.05)의 수입을 기대할 수 있다. 그러나 이 두 가지 모두 사업을 운영해 얻는 연간 30만 달러의 이익에는 미치지 못한다. 게다가 사업은 앞으로도 계속 성장할 잠재력까지 갖추고 있다.

사업을 운영하는 것은 단순히 매각 대금을 주식시장에 넣고 기다리는 것보다 훨씬 더 적극적인 투자다. 물론 회사를 매각하지 않는다면 매출과 이익을 극대화하고 절세 전략을 활용해 수익을 더욱 늘릴 수 있다.

결론적으로 위기에 강하고 꾸준한 수익을 창출하는 견고한 사업을 가지고 있다면, 수백만 달러의 현금을 얻더라도 매각하지 않는 편이 더 합리적이다. 적절한 시스템과 인력이 있다면 사업 운영이나 관리에 많은 시간을 들이지 않을 수 있다. 예를 들어 리아나Rihanna(바베이도스 출신 가수 겸 사업가-옮긴이)는 자신의 뷰티 및 패션 브랜드를 쉽게 팔지 않을 것이다. 브랜드로부터 엄청난 수익을 얻고 있으며, 그마저도 시스템과 인력으로 대신 운영되기 때문이다.

반면 나처럼 웹 사이트 운영으로 생계를 유지하는 사람은 사업이 위험으로 가득하기 때문에 매각에 더 적극적일 수 있다. 구글 업데이트 한 번이면 순식간에 대부분의 트래픽이 사라질 수 있으므로, 나는 사업을 빠르게 성장시켜 매각하는 편을 적극적으로 선호한다. 바로 이것이 나의 회사 MMG미디어그룹이 존재하는 이유다.

밀레니얼머니를 매각하면서 개인 재테크 사이트의 업계 시세보다 더 많은 대금을 받을 수 있었던 것은, 마침 모틀리풀이 핵심 주식 추천 구독 서비스를 젊은 층으로 확대하려는 수요에 내 웹 사이트가 딱 맞아떨어졌기 때문이다. 그들은 제휴 파트너십을 통해 내 웹 사이트가 얼마나 많은 수익을 냈는지에 대해서는 신경 쓰지 않았다. 그들이 원한 것은 트래픽과 잠재 고객에 대한 접근이었다.

계산해보니 그들이 제안한 인수 대금은 웹 사이트를 17년간 운영하며 꾸준히 수익을 낼 때 벌 수 있는 금액과 동일했다. 그렇다면 매각은 당연한 결정이었다. 나는 위험을 감수하면서 웹 사이트를 소유하기보다 현금을 미리 확보해 다른 곳에 투자하는 편이 더 낫다고 생각했다.

매각을 위한 성장 방법

사업이 수익성이 있고 체계가 잘 갖추어져 있으며 업계에서 인정받는다면, 잠재 구매자들이 당신에게 제안을 할 가능성이 높아지고 당신이 원하는 제안을 받을 가능성도 커진다. 구체적으로 다음과 같은 경우에 기업은 구매자에게 더욱 매력적으로 보인다.

1. **견고한 재무 성과**: 꾸준히 성장하는 매출, 건전한 수익 구조, 풍부한 현금 흐름은 구매자에게 기업을 인수하면 재정적 안정성과 잠재적 수익을 얻을 수 있다는 긍정적 신호다. 2년 이상 꾸준한 수익을 창출했다면 매각 성사 가능성은 훨씬 높아진다.

2. **성장 잠재력**: 시장에서 입지가 확고하고, 고객층이 탄탄하며, 해당 산업에서 미래 성장 잠재력이 있는 기업은 매력적인 투자 대상이 될 수 있다. 독특한 시장에 포진해 있다거나, 혁신적인 제품 또는 서비스를 갖추고 있으며, 향후 확장 기회까지 있다면 이 역시 성장 가능성이 있다고 인정받는다. 당신의 회사가 성장하고 있다면 프리미엄을 요구할 수 있지만, 쇠퇴하고 있다면 매각이 어렵거나 제값을 받지 못할 것이다.

3. **경쟁 우위**: 가치가 높은 지식재산권, 특허권, 독점 기술 또는 경쟁 우위가 있는 고유 자산을 가진 회사는 시장에서 선호된다. 회사의 장점이 많을수록 공개시장에서 더 높은 가치를 요구할 수 있다.

4. **다각화된 고객 기반**: 기업을 사려는 사람들은 기업이 다양한 소스에서 안정적이고 지속적인 수익 흐름을 창출하는지에 관심이 있다. 모든 수익이 소수의 고객이나 클라이언트로부터 나온다면 그 사업은 너무 위험하다고 판단될 수 있다. 수익원이 다양할수록 사업의 위험이 낮다고 평가된다.

5. **표준화된 시스템**: 효율적이면서 기업 인수자가 운영하기 쉽게 만드는 표준화된 시스템은 기업의 매력을 높인다. 이런 시스템은 SOP를 통해 철저히 문서화되어야 한다.

6. **운영 효율성 및 시너지 효과**: 인수자는 기존 시스템과의 통합을 통해 비용 절감 및 수익 증대 기회를 모색한다. 효율적인 운영, 비용 효율적인 생산 프

로세스 그리고 인수 기업의 기존 운영과의 잠재적 시너지는 인수 대상 기업의 가치를 높이는 핵심 요소다.

7. **유연성 및 회복력**: 시장이나 소비자 변화에 적응할 수 있는 유연성은 인수 시 매우 가치 있는 요소이며, 외부 충격에도 핵심 사업이 버틸 수 있는 회복 탄력성 역시 마찬가지다. 당신의 사업이 경기 침체에도 강하고, 기후 변화로 인해 발생할 수 있는 다양한 위험에도 탄력적으로 대응할 수 있다면 더욱 좋다. 자산 경량 비즈니스는 낮은 간접비와 유연성 덕분에 매력적이다.

8. **강력한 브랜드**: 시장에서 긍정적인 평판을 지닌 강력한 브랜드는 회사의 가치를 크게 높인다. 신뢰받는 브랜드를 구축하는 일은 쉽지 않지만, 회사의 가치를 높이려면 필수적이다.

9. **막강한 인력**: 구매자는 인수 후 회사를 발전시킬 수 있는 숙련되고 경험이 풍부한 경영진을 중요하게 생각한다. 강력한 리더십, 업계 전문성 그리고 성장에 대한 명확한 비전을 갖추고 있다면 이는 분명 매력적인 특성으로 평가된다.

10. **창업자에게만 의존하지 않는 사업**: 성공을 전적으로 설립자에게 의지하는 기업은 인수 대상으로서의 매력이 떨어진다. 시스템과 자동화 및 권한 위임을 통해 창업자와 독립적인 사업 구조를 구축해야 한다.

물론 구매자들은 성장 가능성이 높고 수익성이 좋은 회사를 원하지만, 동시에 인수하기 쉬운 회사도 선호한다. 그들은 인수합병의 70~90%가 실패한다는 사실을 잘 알고 있다.[10] 만약 회사의 재무 상태가 투명하고 시스템이 체계적으로 문서화되어 있으며, 고객 만족도가 높고, 인수를 통해 얻게 될 가치를 명확히 제시할 수 있다면, 인수 과정의 불확실성과 애로 사항을 크게 줄일 수 있다.

사업을 키우면서 매각을 염두에 두는 기업가는 많지 않다. 누군가 사고 싶어 할 만큼 훌륭한 회사를 만들 자신이 없기 때문이다. 하지만 당신이 만든 회사가 가치와 수익을 창출한다면, 반드시 그 사업을 사고 싶어 하는 사람이 있기 마련이다. 내 말을 믿어라. 이미 수익을 내는 사업을 인수해 성장시키는 것이 밑바닥부터 시작해 키우는 일보다 훨씬 수월하다. 80%의 기업이 창업 후 5년 이내에 실패한다. 만약 생존 가능성이 입증된 회사를 인수한다면 기업 운영에 따르는 위험을 크게 줄이는 셈이다.

구매자들이 인수를 고려할 때 주로 살피는 세 가지는 입증된 수익성, 꾸준한 성장 기록 그리고 미래의 지속적인 성장 잠재력이다. 여기서 중요한 요소가 바로 타이밍이다. 오너가 너무 일찍 팔려고 하면 시장에서 스스로를 증명할 시간이 부족할 것이다. 반대로 너무 오래 기다리면 제품 시장이 이미 정점에 도달했을 수 있다. 소비자 수요가 줄거나 해당 부문이 경쟁사들로 포화되어 사업이 시장 점유율을 잃고 있을 수도 있다. 어떤 경우든 이런 환경에서는 매각이 더욱 어려워진다.

내가 운영해본 온라인 사업의 경우 최적의 매각 시점은 2~5년 사이다. 2~3년간 꾸준한 성장을 보였다면 매각을 고려하고, 적절한 시기를 대비해 서류를 정리하기 시작해야 한다. 구매자와 거래를 최종 확정하는 데는 3~12개월 정도 걸릴 수 있으며, 이 과정이 지연되면 거래가 서서히 무산될 수 있다. 관심 있는 구매자를 찾는 것보다 실제 거래를 성사시키는 일이 훨씬 어렵다. 모멘텀을 잃는 순간 잠재적 구매자들은 다른 곳에 관심을 돌리기 시작할 것이다. 따라서 신속한 매각을 원한다면 가능한 한 미리 준비해야 한다. 속담에서도 말하듯 시간이 오래 걸릴수록 성사 가능성은 낮아진다.

주요 지표 및 프로세스의 문서화

매각 속도를 높이기 위해 가장 먼저 할 일은 재무 및 회계장부와 핵심 경영성과지표를 체계적으로 정리하고 최신 상태로 유지하는 것이다. 구매자가 가격을 제안하려면 당신이 얼마나 많은 돈을 벌고 있는지, 얼마나 빨리 성장하고 있는지, 각종 비용은 얼마인지 그리고 여러 경영 데이터 중에서도 특히 얼마나 많은 부채를 가지고 있는지를 알아야 한다.

또한 구매자들은 사업을 효율적으로 성장시키기를 원하므로, 주요 사업 기능과 프로세스를 문서화하고, 사업이 성장하고 발전함에 따라 이를 업데이트하는 것도 중요하다. 당장 매각할 계획이 없더라도 문서화 작업은 가치 있는 일이다. 이를 통해 회사가 어떻게 수익을 내는지, 무엇이 잘 작동하는지 그리고 개선의 여지가 어디에 있는지를 알 수 있기 때문이다. 이런 모든 작업은 결국 당신의 사업을 더 튼튼하고 회복력 있게 만들 것이다.

장기 손익계산서 분석

잠재적 구매자들이 가장 먼저 요청하는 서류는 손익계산서와 법인세 납부 신고서다. 만약 설립한 지 오래된 회사라면 최근 5년간의 자료를 보고 싶어 할 것이다. 법인세 납부 신고서를 요구하는 이유는 손익계산서에 기록된 내용과 국세청에 신고한 정보 사이에 불일치가 없는지 확인하기 위해서다. 사업 기간이 길지 않다면 운영 기간 전체의 손익계산서를 평가하려 할 것이다. 거의 모든 구매자들은 최소 2년 치 손익계산서를 요구한다. 만약 장부 정리가 잘 되어 있고, 손익계산서를 정기적으로 모니터링하고 있다면 이는 쉽게 처리할 수 있는 일이다.

잠재적 구매자들은 시간 경과에 따른 매출, 비용, 수익성 추세를 분석해 사업 성과를 평가하고 가치를 산출한다. 또한 과거 데이터를 바탕으로 미래의 성과를 추정한다. 그들이 손익계산서에서 주목하는 항목은 다음과 같다.

1. **총매출 또는 총수입**: 총매출은 모든 비용을 공제하기 전의 매출을 뜻한다. 전반적인 수입 규모를 보여주지만, 운영비나 다른 공제액은 알 수 없다. 사업의 규모를 이해하는 데는 유용하지만, 수익성을 정확히 반영하지는 않을 수 있다.
2. **매출 총이익**: 이는 매출에서 매출원가를 뺀 값이다. 운영비, 세금, 이자 등 다른 비용을 공제하기 전 핵심 경영 활동에서 발생한 이익을 나타낸다. 이

는 회사가 제품이나 서비스만으로 소득을 창출하는 능력을 평가하는 데 도움이 된다.

3. **영업비**: 사업을 일상적으로 운영하는 과정에서 발생하는 비용이다. 급여, 임대료, 공과금, 마케팅 비용 등 운영에 필수적인 비용이 포함된다. 영업비를 평가하는 것은 사업 운영의 효율성을 평가하는 데 도움이 된다.

4. **순이익 또는 이익**: 매출에서 모든 비용을 공제한 뒤 남는 금액이다. 순이익은 최종 결과, 즉 사업이 실제로 창출하는 이익을 나타낸다. 잠재적 구매자들은 사업의 수익성과 수익 창출 능력을 평가할 때 이 수치를 매우 중요하게 고려한다.

매년 한 해를 마무리하는 연말이 되면 포괄손익계산서를 작성해 매각 기준에 어느 정도 도달했는지 점검하는 습관을 들이자. 기대할 수 있는 제안 가격은 여러 요인에 따라 달라지지만, 보통 연간 수입(오너가 매년 가져가는 금액) 또는 연간 총매출의 배수(일반적으로 2~7배)로 산정한다. 구매자들은 보통 현재 장부상의 가치보다 더 많은 대금을 지불할 용의가 있다. 그들이 기존에 보유한 사업 모델, 프로세스, 규모를 기반으로 인수 시 비용 절감과 매출 성장을 기대할 수 있기 때문이다.

이 글을 쓰는 현재 나는 몇 년 전 매각했다가 다시 인수한 밀레니얼머니와, 최근 1년 반 사이에 인수한 3개 기업을 포함해 총 4개 회사를 운영하고 있다. 내 목표는 이 자산들을 인수한 지 5년 이내에 내가 지불한 금액의 2~3배로 매각하는 것이다. 만약 어느 정도의 목표 금액을 설정해야 할지 확신이 서지 않는다면, 업계의 인수 사례를 살펴봄으로써 알아낼 수 있다. 당신의 회사와 비슷한 규모의 회사는 시세가 얼마인가? 당신의 회사는 실제로 그 가격에 팔릴 만큼 충분히 준비되어 있는가?

SOP 업데이트

앞에서 다룬 표준 운영 절차SOP를 기억하는가? 당신을 포함한 직원들은 정기적으로 SOP를 검토해 그것이 최신 상태인지, 빠진 부분은 없는지 그리고 이해하기 쉬운지 확인해야 한다. 누구나, 심지어 이전에 사업을 해본 적이 없는 사람조차 이 문서를 읽고 사업을 운영하기 위해 정확히 무슨 일을 해야 하는지 이해할 수 있어야 한다. 회사가 효율적인 시스템을 갖추고 있으면 인수 기업은 더 빨리 적응해 쉽게 수익을 창출할 수 있다.

따라서 이런 프로세스를 문서화해두면 잠재 구매자가 사업을 인수할 때 당신이 만든 사용 설명서를 편안하게 받아들일 수 있다. 또한 구매자가 당신의 사업을 자신들의 사업에 쉽게 통합할 수 있다고 느낄수록 사업의 가치는 더욱 높아질 것이다.

사업에서 핵심적인 수익을 창출하는 시스템과 프로세스 그리고 오직 당신만이 아는 노하우를 문서화하는 것은 매우 중요하다. 이런 프로세스가 바로 당신의 지식재산이다. MMG미디어그룹에서는 콘텐츠 작성 및 SEO 최적화, 웹 사이트 관리 방법, 플러그인 활용법,

그 외 웹 사이트 운영 및 최적화와 관련한 모든 것을 문서화한다. 이 모든 것이 우리의 고유한 지식재산이므로, 우리는 문서화를 통해 새로운 팀원을 교육하고 지속적으로 개선하며, 웹 사이트 매각을 준비한다.

다만 우리는 회계 처리나 급여 관리처럼 대부분의 기업에서 표준화된 업무는 문서화하지 않는다. 인수자는 이미 이런 업무에 대한 자신들의 방식을 가지고 있거나, 다른 곳에서도 쉽게 배울 수 있기 때문이다.

핵심 성과 지표 파악

회사의 각종 수치를 잘 알고 있어서 잠재적 구매자에게 더 많은 정보를 제공할수록 사업 매각을 설득하기가 더 쉬울 것이다. 구매자가 반드시 모든 성과 지표를 검토할 필요는 없지만, 핵심 성장 동력을 더 많이 최적화할수록 회사를 성장시키기 더 쉬워지고, 이는 자연스럽게 구매자에게 더 매력적으로 보이게 될 것이다.

우리는 이미 순이익률, 고객 획득 비용CAC, 고객 생애 가치CLV, 이탈률 같은 핵심 지표를 다뤘다. 이런 지표들을 분기별로 검토하고, 인수 논의가 진행될 경우 잠재적 구매자에게 보여줄 수 있도록 준비해두는 것이 중요하다. 성과 현황판이 있다면 최신 상태로 유지하고, 인수 논의 시 활용할 수 있도록 준비하라.

사업 점검

구매자가 관심을 표명하면 손익계산서와 대차대조표에 나타난 숫자 외에 숨겨진 문제가 없는지 확인하기 위해 몇 주, 아니면 몇 달 동안 실사due diligence를 진행한다. 이는 우리가 집을 구매할 때 점검 단계를 거치는 것과 같다고 생각하면 된다. 겉보기에 집이 훌륭해 보일 수 있다. 크기도 적당하고, 위치도 좋고, 예산에도 맞는다. 하지만 그럼에도 불구하고 이사하기 전에 전문가를 고용해 나중에 수리해야 할 숨겨진 문제가 없는지 확인한다.

자체적으로 실사를 수행하면 숨어 있는 문제를 찾아내 수정함으로써 사업에 손실을 입히거나 거래를 무산시킬 만한 요소를 미리 제거할 수 있다. 이때 고려해야 할 사항은 다음과 같다.

1. 법규 준수

말할 필요도 없이, 법적으로 문제가 있는 회사를 사고 싶어 하는 사람은 아무도 없다. 세금을 제때 납부하고, 신고서와 보험을 최신 상태로 유지하며, 법적 문제는 가능한 한 빠르고 깔끔하게 해결하라. 또한 구매자가 우려할 만한 부분이 있다면 솔직히 밝히는 것이 좋다. 아무것도 숨겨서는 안 된다. 비밀은 결국 드러나기 때문이다.

실사 중에 그런 일이 발생하면 거래가 무산될 수 있고, 인수 후 그런 일이 발생하면 공개하지 않은 부분에 대해 책임을 져야 할 수도 있다. 어떤 사업이든 항상 문제는 있기 마련이다. 구매자에게 매력적으로 보이도록 회사의 좋은 면만 보여주고 싶겠지만, 나중에 문제가 될 만한 법적 또는 규정 준수 문제를 미리 솔직하게 밝히면 신뢰를 얻을 수 있고, 구매자가 인수하려는 기업의 실제 모습을 이해하는 데도 도움이 된다.

2. 평판

아무도 당신과 함께 일하고 싶어 하지 않는다면 성공은 제한적일 수밖에 없다. 결국 다른 누군가가 당신을 대체할 것이고, 당신이 불쾌하게 했던 모든 공급업체, 고객, 직원, 파트너 또는 동료 들은 더 나은 대안을 찾아 떠날 것이기 때문이다. 훌륭한 제품과 서비스를 제공해 고객을 만족시켜라. 공급업체에는 대금을 전액 제때 지불하라. 경쟁사를 깎아내리려 하기보다 협력하라.

무엇보다 직원을 공정하게 대하고 근무하기 좋은 환경을 조성하라. 소문은 빠르게 퍼지는 법이므로 평판이 좋으면 더 많은 구매자를 끌어들일 수 있다. 구매자들은 이미 당신의 회사와 당신이 하는 일에 주목하고 있을 가능성이 높다. 그들은 당신의 팟캐스트 인터뷰를 듣거나 뉴스레터를 읽을 수도 있다. 누가 주목하고 있는지 알 수 없으니, 항상 진실되게 행동하고 다른 사람들에게 친절히 대해야 한다.

3. 독립적인 기업 문화 조성

기업을 합병할 때 가장 큰 과제 중 하나는 서로 다른 문화를 조화시켜 함께 일할 수 있도록 만드는 것이다. 소규모 회사와 스타트업의 가장 큰 문제 중 하나는 창업자의 개성과 변덕에 회사 문화가 너무 많이 좌우된다는 점이다. 이 때문에 창업자 없이도 회사가 잘 돌아갈지 혹은 다른 회사에 인수된 뒤에도 창업자가 회사에 남을 경우 새로운 오너와 어떻게 조화를 이룰지 예측하기 어렵다. 이를 피하는 방법 중 하나는 회사의 업무를 시스템화하고 자동화해 창업자에게 의존하지 않도록 만드는 것이다. 이는 9장에서 이미 다룬 바 있다.

또 다른 방법은 독립적이고 자율적인 문화를 조성해 직원들이 자유롭게 일하고 생각하도록 하며, 경영진은 그들의 효과적인 의사 결정을 방해하지 않는 것이다. 이는 창업자에게는 삶의 여유를 주고, 직원들에게는 주인 의식을 심어준다. 또한 인수 후에도 직원들이 남아 있다면, 구매자에게 그들이 유능하고 책임감 있는 인재라는 신뢰를 줄 수 있는 장점이 있다.

지난 10년간 재능 있는 인재를 유치하기 위해 훌륭하고 독창적인 기업 문화를 만들려는 추세가 있었다. 하지만 이런 매우 특유한 기업 문화는 기업 매각 시 오히려 독이 될 수 있다. 인수 기업의 입장에서 볼 때 자신들의 기존 문화와 통합하기 어렵다고 판단하면 인수에 방해가 되거나 적어도 도움이 되지 않을 것이다.

4. 보편적인 시스템 사용

소프트웨어, 프로그램 또는 기술을 선택할 때는 스타트업에서 출시한 신기술이나 검증되지 않은 프로그램이 아니라, 상당 기간 많은 사람이 사용해 평판이 좋은 제품을 이용해야 한다. 그러면 인수자가 이미 그 도구에 익숙할 가능성이 높아 회사 경영에 더 쉽게 참여할 수 있다. 널리 사용되지 않거나 언제든 단종될 수 있는 새로운 틈새 제품은 피해야 한다.

우리 회사는 아마존 웹 서비스(전 세계에서 가장 널리 쓰이는 클라우드 컴퓨팅 서비스), 웹 사이트 개발을 위한 오픈 소스 코드, 이메일 및 문서 공유를 위한 구글 스위트 그리고 구매자가 자신의 시스템과 쉽게 통합할 수 있는 기타 잘 알려진 도구들을 사용한다. 우리는 언젠가 매각을 염두에 두고 웹 사이트와 비즈니스를 구축하고 있기 때문에, 어느 회사가 운영을 인수하더라도 자신의 시스템과 통합하기 쉽도록 모든 것을 설계해두었다.

잠재적 구매자 찾는 법

당신의 회사에 관심이 있는 대부분의 구매자는 인수 전에 이미 당신과 어떤 관계를 맺고 있을 것이다. 이들은 이미 당신과 거래하고 있거나, 유사한 분야에서 일하며 당신의 브랜드를 잘 알고 있을 것이다. 또는 개인적으로 아는 사람일 수도 있다. 따라서 잠재적 구매자로 고려되는 사람들과 관계를 구축해두는 일이 중요하다.

어떤 사람들이 구매에 관심을 가질지 어느 정도는 예상할 수 있지만, 정말 좋은 제안은 종종 예상치 못한 곳에서 들어오기도 한다. 열린 마음으로 민첩하게 대응하되, 비즈니스를 어떻게 성장시킬지 전략적으로 생각하고 현실적인 한계를 인정하라. 그렇다고 잠재적 구매자에게 잘 보이기 위해 전략을 수정하거나 사업 모델을 바꿔서는 안 된다. 하지만 잠재적 구매자가 누구이며 무엇을 찾고 있는지를 더 깊이 이해할수록, 비즈니스 성장에 도움이 되는 더 많은 정보를 얻을 수 있다.

타사를 인수하는 기업들은 몇 가지 공통점을 지닌다. 보통 수년간 사업을 해온 탄탄한 회사인 경우가 많다. 이미 업계에서 활발하게 인수 활동을 하고 있거나 그 업계로 진출하려 한다. 이들은 사모펀드, 지주회사 또는 경쟁사일 수도 있다. 많은 기업이 매년 벌어들인 수익의 일부를 다른 회사를 인수합병하는 데 사용할 수 있도록 따로 할당한다. 이는 인수 자금이 풍부한 회사가 그만큼 많다는 뜻이므로, 기업의 소유주인 당신에게는 매우 좋은 소식이다.

업계에서 더 눈에 띄게 되면 잠재적 구매자 또는 중개인으로부터 연락을 받을 것이다. 이런 경험은 매우 흥미롭겠지만, 많은 시간을 낭비하게 되거나 오히려 사업에 방해가 될 수도 있다. 특히 주의할 점은 당신이 들뜬 사이 경쟁사가 잠재적 구매자로 위장하거나 중개인을 고용해 잠재적 구매자처럼 행동하며 회사 정보를 빼내려는 경우가 매우 흔하다는 것이다. 이들은 회사에 관심이 있는 것처럼 행동하며, 대화를 통해 당신이 회사를 운영하는 방식을 최대한 파악하려 한다.

심지어 의향서를 체결하고 회사를 매입하려는 듯 행동하다가, 실사를 수행해 전체 사업을 꼼꼼히 검토한 뒤 갑자기 인수 의사를 철회하는 경우도 있다. 그러니 중요한 정보를 섣불리 공개하기 전에 주변에 물어보거나 직접 조사하여 구매자나 중개인의 평판을 검증하라. 구매 희망자와 교류할 때는 항상 조심하고, 지식재산권을 최대한 보호하라. 신뢰할 수 없다면 즉시 철회하라. 비록 기밀 유지 협약NDA, Non-Disclosure Agreement에 서명했더라도, 그들이 당신의 지적재산을 훔쳤다는 사실을 입증하기란 쉽지 않으므로 여전히 매우 신중해야 한다.

양질의 중개인이나 기업을 식별하려면 업계 내에서 최근에 인수한 사례를 살펴보면 된다. 특별히 시간을 내지 않아도 평소에 하던 업계 조사나 시장 분석 업무의 일환으로 포함할 수도 있고, 아니면 분기별 또는 반기별로 날을 정해 작업을 진행해도 된다. 지금 당장 할 필요는 없지만, 사업을 시작한 지 2~3년쯤 되면 매각을 대비한 기초 작업으로 이런 조사 습관을 들이는 것이 좋다. 다양한 산업에 대한 무료 정보는 온라인에 많이 있다.

신뢰할 수 있는 산업 협회, 출판물 혹은 업계에서 인수합병을 전문으로 하는 중개인이 발행하는 보고서를 확인하라. 어디서부터 시작해야 할지 모르겠다면, '[현재 연도] [산업명] 산업 인수 사례' 또는 '올해 [산업명]에서 가장 큰 기업 매각' 또는 '[산업명]의 비즈니스 중개인' 같은 키워드로 간단한 구글 검색을 해보라. 이것만으로도 업계에서 활동하는 중개인 목록을 만드는 데 도움이 될 것이다. 중개인은 회사를 판매하는 사업을 하기 때문에 매우 눈에 띌 수밖에 없다. 링크드인과 X에서 중개인들을 팔로우하고 뉴스레터를 구독하라. 거래가 최종적으로 확정되면 이들이 발표해서 알릴 것이다.

잠재적 구매자를 식별했다면 그들을 팔로우해 다른 인수 활동에도 주목해야 한다. 또 하나의 현명한 전략은 그들이 나타날 만한 컨퍼런스나 모임 또는 산업 행사에 참석하는 것이다. 업계에서 눈에 띄는 것만으로도 큰 도움이 될 수 있다.

업계 보고서를 읽으며 성장 전략과 미래의 매각에 도움이 될 정보를 수집하라. 어떤 유형의 회사가 매각되고 있는가? 그 회사의 경쟁 우위는 무엇인가? 누가 회사를 인수하고 또 누가 인수되고 있는가? 회사들은 얼마에 거래되고 있는가? 구매자는 왜 인수하기로 결정했으며, 향후 인수 활동에 대한 계획은 무엇인가? 거래는 어떻게 구성되는가? 추세가 눈에 보이는가?

회사의 잠재적 가치 평가

숫자는 거짓말을 하지 않지만, 그렇다고 회사의 가치를 전부 말해주지는 않는다. 기업의 진짜 가치는 보는 사람의 관점에 따라 달라질 때가 많다. 어떤 구매자에게 훌륭한 투자처가 다른 구매자에게는 부담이 될 수 있고, 구매자가 특정 회사에 관심을 갖는 이유는 알 수도 없거니와 심지어 비논리적일 수도 있다.

예를 들어 나는 최근 오하이오주 콜럼버스에 클린턴빌북스라는 독립 서점을 열었다. 서점은 수익성이 매우 낮은 사업으로 악명이 높으며, 이 사업 모델은 지금까지 이 책에서 경고했던 모든 요소를 갖추고 있다. 서점은 자산 부담이 크고, 지리적 한계가 있으며, 일반적으로 많은 직원을 필요로 하고, 매출을 발생시키기 위해 직원들이 끊임없이 육체노동을 해야 한다.

또한 해당 주제의 책을 판매하는 것 외에는 재테크나 투자와 전혀 관련이 없는 업종이다. 하지만 나는 열렬한 독서가로서 책으로 둘러싸인 공간을 좋아한다. 고서를 수집하기도 한다. 책이 없었다면 나는 서른 살에 백만장자가 되지 못했을 것이다. 나는 늘 새로운 책을 사고, 친구들에게도 좋아하는 책을 추천한다. 독립 서점은 지역사회에 엄청난 가치를 제공하기도 한다.

이 사업에 관한 아무 배경도 없는 내가 서점을 연 유일한 이유는, 그 지역에서 내가 인수하고 싶었던 서점의 주인이 사업을 팔 의사가 전혀 없었기 때문이다. 하지만 만약 그에게 팔 의향이 있었다면, 내가 서점을 사기 위해 제시했을 인수 가격은 아마 다른 지역 서점 주인이 계산하는 방식과는 크게 달랐을 것이다. 나는 그 서점의 위치와 내가 절약할 수 있었던 시간을 고려해 시장 가격보다 더 높은 금액을 기꺼이 지불했을 것이다.

한 회사가 다른 회사를 인수하려는 데에는 손익계산서에 반영된 숫자 외에 많은 이유가 있을 수 있지만, 대개 인수 이유는 다음과 같이 정리할 수 있다.

- 기존 사업과 관련성 있는 새로운 분야로 확장
- 새로운 지역으로 확장
- 고객 확보 비용 절감

- 생산 또는 아웃소싱 비용 절감
- 새로운 고객층 유치
- 독점 기술 또는 지식재산권 확보
- 경쟁자 제거

나는 과거에 밀레니얼머니에서 제휴 사업을 운영했다. 웹 사이트 방문자가 제휴 링크를 통해 다른 판매자로부터 무언가를 구매할 때마다 수수료를 받는 방식으로 수익을 올렸다. 이 덕분에 사업 규모는 성장했지만, 2020년 모틀리풀이 회사를 인수한 뒤 그들은 사업 모델을 완전히 개편했다. 그들에게는 제휴사로부터 수수료를 버는 것보다 사이트를 활용해 자사 제품을 홍보하는 편이 훨씬 더 수익성이 높았기 때문이다.

그들에게 밀레니얼머니의 가치는 제휴 모델이 아니라 우리가 구축한 웹 사이트 트래픽에 있었다. 그들은 광고를 구매하거나 자체적으로 밀레니얼 세대 중심의 콘텐츠 플랫폼을 구축하는 것보다 우리가 이미 가지고 있던 고객 기반을 활용하는 것이 더 효율적이라고 판단했기 때문에 우리를 인수하는 데 돈을 쓴 것이다. 만약 다른 제휴 기반 미디어 기업이 우리를 인수했다면, 의심할 여지 없이 우리의 모델을 그대로 유지했을 것이다.

소유주로서 회사를 매각할 때 당신의 역할은 각 구매자의 눈에 회사를 잘 포지셔닝하는 것이다. 회사 인수에 관심이 있는 기업들은 여러 회사를 검토하고 그 가치를 비교한다. 이는 당신이 자신의 회사가 왜 최고의 투자처인지에 대한 근거를 제시하는 역할을 해야 한다는 의미다. 그러려면 구매자에게 호소할 이야기를 미리 준비해야 한다. 그들이 무엇을 찾고 있는지, 당신의 가치가 어디에 있는지 더 많이 알수록 매각은 훨씬 쉬워질 것이다. 결국 그들의 필요와 기회를 파악하고, 당신이 그것을 충족시킬 수 있음을 설명해야 한다.

예를 들어 내가 소유한 회사 중 하나인 뱅크보너스닷컴BankBonus.com은 사용자가 자신의 필요에 따라 은행 계좌와 신용카드를 선택하도록 돕는다. 우리의 다른 사업과 마찬가지로 주로 은행을 통한 제휴 수수료로 수익을 얻는 구조다. 이런 웹 사이트의 가장 분명한 잠재 구매자는 체이스Chase 같은 대형 은행이다. 우리는 이미 체이스를 추천하며 이들로부터 제휴 수익을 얻고 있다. 현재 체이스는 우리가 그들의 웹 사이트로 보내는 모든 트래픽에 비용을 지불하고 있으며, 그러면서도 여전히 우리가 협력하는 다른 제휴사들과 경쟁하고 있다.

만약 체이스가 뱅크보너스닷컴을 인수한다면, 다른 제휴 파트너십을 제거하고 모든 트래픽을 자사 금융 상품으로 전환할 수 있을 것이다. 또한 그들은 자신들의 자원을 활용해 이를 확장하고 더 많은 트래픽을 유도할 수 있다. 이렇게 하면 비용을 절감하는 동시에 수익은 늘어난다. 나는 이런 잠재적 이점을 파악함으로써 그들이 내게 인수 제안을 하기 매우 쉽게 만들었다.

또한 잠재 구매자의 필요를 최우선으로 고려해 더 나은 사업 결정을 내릴 수도 있다. 이는 제품 또는 사업 분야를 확장할 때 특히 중요한 지점이다. 구매자가 선택할 수 있는 범위를 좁히는 데 도움이 되기 때문이다. 예를 들어 체이스 같은 잠재적 구매자는 웹 사이트 방문자를 주택담보대출 담당자와 연결해주는 도구에 관심을 가질 것이다. 그런 이유로 나는 그런 도구를 만들기도 했다. 반면 그들은 내가 운영하는 유튜브 채널에서는 별로 얻을 게 없을 것이다. 하지만 나는 이 채널을 이용해 내 타깃 고객에게 많은 가치를 제공하고 있다.

당신의 사업이 아무리 빠르게 성장하더라도 자원은 여전히 한정적이다. 따라서 의사 결정에 도움이 되는 또 다른 기준을 마련하면 더 민첩하고 효율적으로 변화할 수 있다.

최고의 조건으로 거래하는 방법

가장 유리한 조건으로 거래를 성사시키는 제일 좋은 방법은 당신의 사업을 인수하려는 여러 회사를 찾아 경쟁입찰을 붙이는 것이다. 실제로 밀레니얼머니를 인수하고 싶어 한 회사가 세 곳 있었는데, 그중 두 곳이 가장 높은 가격을 제안하며 치열하게 경쟁했다. 그중 모틀리풀이 가장 높은 가격을 제안했고, 나는 그들의 사업 운영 방향이 우리와 유사하고 사업을 성장시킬 자원도 충분하다는 점에서 최고의 인수자가 될 것이라 믿었다.

최고의 거래란 곧 가장 많은 돈을 지불하는 것이라고 생각할 수 있지만, 사실 거래를 구성하는 방식은 매우 다양하다. 단순히 돈만 많이 받으면 된다는 사람도 있지만, 어떤 판매자는 더 적은 금액을 받더라도 자신의 가치나 지향점과 더 부합하는 회사에 매각하기를 원한다. 또 어떤 이는 시간이 지나도 자신들이 일군 사업을 계속 발전시키고 그 유산을 보존해줄 회사에 팔기도 한다.

누군가는 가능한 한 많은 현금을 선불로 받는 데 더 관심이 있을 수도 있다. 또는 즉각적인 세금 부담을 최소화하고, 잠재적 이익을 극대화하기 위해 거액의 선불 현금 대신 인수한 기업의 주식을 받을 수도 있다. 거래는 현금, 주식 그리고 다른 형태의 보상이 조합된 형태로 이루어지기도 한다.

이처럼 다양하고 복잡한 가치 평가 모델이 존재하지만, 결국 실제 거래 가격은 구매자가 그 사업에 대해 주관적으로 느끼는 가치에 따라 결정된다. 회사의 가치 평가 방법은 산업, 회사의 규모, 수익성 및 기타 요인에 따라 달라지지만, 보통 구매자들은 일반적으로 다음의 전통적인 접근 방식들 중 하나를 사용한다.

1. **시장 가치 평가**: 같은 산업 내 유사한 회사가 최근 얼마에 매각됐지를 살펴보는 방법이다. 이 정보는 보도자료나 미국 증권거래위원회 SEC 공시에서 찾을 수 있다. 때로는 중개인이 이 정보를 찾는 데 도움을 주기도 하고, 산업 협회에서 발간한 보고서에서 발견할 수도 있다. 나는 업계 중개인들과 긴밀한 관계를 유지하며, 그들로부터 매각에 대한 정보를 자주 얻는다.

2. **배수 가치 평가**: 유사한 회사의 비율 또는 배수를 사용해 회사의 몸값을 추정하는 방식이다. 예를 들어 매출액 같은 요소를 기준으로 살펴볼 수 있다.

나의 경우 밀레니얼머니를 지난 12개월 총매출의 7.2배를 기준으로 매각했다. 일반적으로 이 업계에서는 매출액의 2~5배 수준에 거래되므로, 나는 업계 평균 이상을 받은 셈이다.

대규모 사업체의 경우 보통 매출액 대신 이자, 세금, 감가상각비, 무형자산 상각 전 이익EBITDA의 배수를 사용한다. EBITDA는 세금이나 대출금 상환 같은 특정 비용을 제외하고, 회사가 핵심 분야에서 얼마나 이익을 내고 있는지를 보여주는 지표. 그러나 EBITDA 기반 가치 평가를 비판하는 사람들은 이 계산 방식이 표준화되어 있지 않아 조작하기 쉬우므로, 잘못된 판단으로 이어질 수 있다고 주장한다.

3. **수익 기반 가치 평가**: 회사가 장차 소유주에게 얼마나 많은 수익이나 현금 흐름을 창출할 수 있는지를 기준으로 가치를 추정하는 방식이다. 주로 예상 미래 수익이나 할인된 현금 흐름 같은 요소를 살펴본다. 일반적인 수익 기반 가치 평가 방식은 다음과 같다.

   - **판매자 재량 소득SDE 또는 소유주 재량 소득ODI**: 구매자가 사업에서 얻을 것으로 예상되는 소득을 평가하는 방식으로, 주로 소규모 사업체, 특히 1인 소유 및 운영 사업체, 가족 소유의 비상장 기업, 연간 매출 100만 달러 미만의 사업체를 평가하는 데 사용된다. 또한 사업체의 재무 기록이 실제 수익 잠재력을 제대로 반영하지 못하거나, 소유주의 개인적 비용이 사업 비용에 섞여 순이익이 왜곡되어 보일 때 사용하는 가치 평가 방법이다. 판매자 입장에서는 SDE, 구매자 입장에서는 ODI라고 부른다.

   - **할인된 현금 흐름DCF, Discounted Cash Flow**: 화폐의 시간 가치를 고려해 사업의 미래 현금 흐름을 현재 가치로 추정하는 방식이다. '화폐의 시

간 가치'란 지금 가진 돈이 벌어들일 수 있는 잠재력 때문에, 오늘 사용할 수 있는 돈이 미래의 동일한 금액보다 더 가치 있다는 개념을 말한다. 이는 지금 돈이 없을 경우 투자를 통해 이자나 다른 수익을 얻을 기회를 놓치게 되는 기회비용을 반영하는 것이다.

예를 들어 레모네이드 가판대를 사려 한다고 가정해보자. 당신은 그것이 앞으로 5년 동안 매년 100달러를 벌어줄 것이라는 사실을 알고 있다. 그러나 현재의 돈은 미래의 돈보다 더 가치 있다. 오늘 가진 돈을 투자하면 이자를 벌 수 있기 때문이다. 이 레모네이드 가판대가 현재 얼마의 가치가 있는지 계산해보자. 이때 화폐의 시간 가치를 설명하기 위해 연간 10%의 할인율을 적용한다. DCF 계산기를 사용하면 미래 수익의 현재 가치가 오늘날 돈으로 약 379달러라는 것을 알 수 있다. 따라서 지금의 레모네이드 가판대에 지불할 수 있는 최대 금액은 379달러다.

- **수익의 자본화**COE, Capitalization of Earnings : 사업의 연간 예상 수익을 자본화율capitalization rate로 나누어 사업의 가치를 산정하는 방식이다. 주식 인덱스 펀드에 투자해 연간 7%의 평균 수익률을 기대할 수 있듯, 자본화율은 사업을 소유함으로써 기대하는 투자수익률ROI을 의미한다. 대부분의 사업 소유주는 사업을 통해 연간 최소 10% 이상의 수익을 얻기 원한다. 수익 자본화 접근 방식을 사용해 사업의 예상 가치를 계산하려면, 사업주는 먼저 예상 연간 수익을 산출해야 한다. 과거 수익을 기반으로 계산하거나 추정하고, 이를 미래의 변화나 추세를 반영해 조정한다. 그다음 투자자가 사업에서 벌어들일 것으로 예상하는 수익률, 즉 자본화율을 결정해야 한다. 이 비율은 보통 백분율로 표현된다. 예를 들

어 투자자가 10%의 수익을 기대한다면 자본화율은 10%다. 마지막으로 사업주는 자본화 공식을 적용해 사업 가치를 계산할 수 있다.

사업 가치 = 예상 연간 수익 / 자본화율

예를 들어 한 사업이 연간 10만 달러를 벌 것으로 예상되고 원하는 자본화율이 10%라면, 사업 가치는 다음과 같이 계산할 수 있다.

사업 가치 = 10만 달러 / 10% = 100만 달러

이 접근 방식을 적용하면 사업주가 연간 10만 달러의 수익을 예상하고 10%의 투자수익률을 원할 때 사업 가치는 100만 달러라는 것을 알 수 있다.

- **자산 기반 가치 평가**ABV, Asset-Based Valuation : 건물이나 장비처럼 사업체가 보유한 자산을 기반으로 사업 가치를 파악하는 방식이다. 제조업, 부동산업, 운송업처럼 자산이 가치의 대부분을 차지하는 산업에서 주로 활용하는 평가 방법이다.

특히 고객 관계가 탄탄하거나 독점적인 지식재산을 가진 기업의 가치를 제대로 평가하려면 수익 기반 평가나 시장 가치 평가 같은 방식이 더 정확할 수 있다. 사업 가치에 대한 평가는 산업마다 다르며, 이를 정확히 산정하려면 회계사, 변호사, 기업 감정인, 재무 상담사, 중개인 등 전문가의 지식이 필요하다. 그러므로 자신이 속한 산

업의 표준적인 평가 방식에 익숙해질 필요가 있다.

회사의 잠재적 가치를 대략적으로 파악했다면, 이제 협상할 수 있는 기준을 갖춘 셈이다. 잠재적 구매자와 거래 조건을 논의할 때 고려하고 협상해야 할 핵심 요소들은 다음과 같다.

총 구매 가격

총 구매 가격은 사업체에 대해 합의된 구매 금액을 의미한다. 이 가격은 일반적으로 이 장에서 다룬 여러 가지 가치 평가 지표 중 하나 또는 복수의 지표를 기반으로 산정된다. 보통 초기 소통 단계에서 합의되며, 이후 의향서LOI, Letter of Intent에 공식적으로 명시된다. LOI에 서명하는 것은 인수 절차를 성공적으로 진행하기 위해 협력하고, 일정 기간(일반적으로 90일) 동안 다른 구매자에게 제안을 받지 않겠다고 약속하는 것이다. 그러나 안타깝게도 구매자가 LOI에 금액을 제시한 뒤 실사 과정에서 발견한 문제를 이유로 금액을 낮추어 더 유리한 조건으로 거래하려는 관행이 흔하다.

판매자는 이런 상황에 대비해 사업체를 매각할 수 있는 최저 가격을 미리 생각해야 한다. 구매자의 제안이 그보다 높을 때 판매를 고려해야 하며, 원하는 수준보다 낮으면 거절해야 한다. 또한 구매자의 제안에 역제안을 할 수 있으며, 그들이 제안을 수용하지 않으면 거래를 철회할 의향이 있음을 분명히 밝혀야 한다. 이것이 바로 실사를 진행할 상대를 신뢰하고 거래를 성사시킬 수 있다는 확신을 가져야 하는 이유다.

다음으로 판매자와 구매자는 총 매각 금액을 언제, 어떻게 지불할지에 대해 합의해야 하며, 다음과 같은 몇 가지 방법이 있다.

선불 현금 Cash Up Front

사업체에 선불로 지불되는 현금을 말한다. 다른 옵션에 비해 판매자에게 위험이 없다. 사업의 미래 성과와 상관없이 보장되는 일시불이기 때문이다. 따라서 가능한 한 많은 현금을 선불로 받는 것을 권한다.

언아웃 Earnout

구매자와 판매자가 사업체의 가치에 합의하지 못할 때 회사를 사고파는 방법이다. 매각 이후 회사가 특정 목표나 목표치를 달성하면 구매자가 앞으로 더 많은 돈을 지불하기로 동의하는 것이다. 이런 목표에는 일정 금액의 수익 달성, 사업 확장 또는 신제품 개발 등이 포함될 수 있다.

언아웃은 대금의 일부를 회사의 미래 성과에 연동해 구매자의 위험을 줄여준다. 그러나 판매자는 설사 매각 이후 회사의 성과에 대한 통제권이 있더라도 이전만큼 갖기는 어렵기 때문에 대부분의 위험을 감수해야 한다. 언아웃은 회사의 성과를 측정하는 방법에 대한 오해가 있거나, 회사의 목표 달성 능력에 영향을 미치는 예기치 못한 일이 발생하면 분쟁으로 이어질 수 있다. 따라서 문제를 예방하려면 조건을 명확하고 구체적으로 설정하는 것이 중요하다.

판매자 금융 지원 Seller Financing

사업체를 판매하는 사람이 구매자에게 돈을 빌려줌으로써 매수 대금을 지불하도록 돕는 방식이다. 이렇게 하면 구매자는 은행이나 자기 자금에만 의존하지 않고 매수 자금을 조달할 수 있다. 구매자와 판매자는 구매자가 지불할 이자율, 상환 주기, 불이행 시 조치 같은 대출 조건을 협상할 수 있다.

이는 은행 대출보다 유연하므로 양측이 서로에게 적합한 합의를 할 수 있다. 판매자 금융 지원은 사업체를 구매할 자금이 충분치 않거나 은행 대출을 받을 수 없는 구매자에게 도움이 된다. 또한 판매자가 금융을 제공한다는 것은 회사가 미래에 성공할 것을 믿는다는 의미이기도 하다. 사업체가 대출금을 상환할 만큼 충분한 수익을 낼 것이라고 생각하기 때문에 돈을 빌려주는 것이기 때문이다. 판매자의 입장에서는 금융 지원을 제공함으로써 사업체를 살 수 없었던 구매자를 유치할 수 있다. 또한 대출 이자를 부과해 더 많은 수익을 창출할 수도 있다.

그러나 판매자 금융 지원에는 위험이 따른다. 사업체가 잘되지 않으면 구매자가 대금을 지불하지 못할 수도 있기 때문이다. 구매자가 채무를 불이행하면 사업체를 되돌려받게 되지만, 판매자는 그것을 원하지 않거나 돈을 받기를 더 선호할 수도 있다. 따라서 구매자와 판매자 모두 계약 내용을 정확히 이해하고, 발생할 수 있는 위험에 대해 충분히 인지한 다음 동의해야 한다.

지분 Equity

사업체 인수에서 구매자는 여러 방식으로 판매자에게 지분을 제공할 수 있다. 그중 한 가지 방식은 구매자의 기존 사업체 지분이나 주식을 판매자에게 제공하는 것이다. 이는 판매자가 구매자 사업체의 부분 소유자가 된다는 의미다. 또 다른 방식은 주식매수선택권(스톡옵션)이나 신주인수권을 통해 판매자에게 정해진 기간 내에 특정 가격으로 구매자 주식을 살 수 있는 권리를 부여하는 것이다.

구매자는 또한 전환사채를 발행할 수도 있다. 이는 판매자가 특정 조건이나 시점에 구매자의 보통주로 전환할 수 있는 권리 증서다. 때로는 지분 거래에 언아웃 계약이 포함될 수 있는데, 이는 매각 후 사업 성과에 따라 판매자가 추가로 구매자 회사의 주식이나 지분을 받는 계약이다. 또 구매자는 매각으로 얻은 현금이나 다른 자산을 활용해, 판매자가 자신의 회사에 직접 주식이나 지분을 매입할 수 있는 기회를 제공하기도 한다.

하지만 모든 지분 보상에는 위험이 따른다. 사업이 잘되지 않을 경우 시간이 지나면서 지분 가치가 하락할 수 있기 때문이다. 이는 결국 가치가 거의 또는 전혀 없는 지분으로 보상받을 수도 있다는 뜻이다. 그러나 반대로 회사가 성장해 가치가 상승하면 어떤 형태의 지분 보상이든 가치가 커질 수 있다.

위에서 나열한 지분 보상 형태들은 본질적으로 유사하지만 세금 부과 방식은 달라질 수 있으므로, 지분이 어떻게 주어지고 시간이 지나면서 세금 의무가 어떻게 달라지는지를 정확히 이해하려면 회계사, 변호사 및 중개인(함께 일하는 경우)과 다양한 선택지를 논의해야 한다. 때로는 지분 부여 직후 세금을 납부해야 하는 경우도 있는데, 이때 매우 많은 세금을 낼 수도 있다. 반대로 상황에 따라 세금 납부를 미래로 연기할 수 있다. 경우의 수가 모두 다르고, 이는 사업 매각 후 최종적으로 받는 금액에 지대한 영향을 미치므로 전문가에게 비용을 지불하고라도 조언을 구하는 것이 바람직하다.

지분 보상의 가치는 회사의 미래 전망을 어떻게 보느냐에 따라 달라진다. 성장하는 산업의 선두 주자인가? 독점적 경쟁 우위를 갖고 있는가? 과거의 주가 흐름은 어땠는가? 만약 이런 기회가 없었더라도 이 사업에 투자했을까? 물론 사업의 미래 잠재력을 믿는다면 판매자 보상의 일부를 지분으로 받는 방법도 나쁘지 않다.

컨설팅, 고용 및 경쟁 금지 협약

사업 매각의 일환으로, 판매자는 인수 후 일정 기간 구매자에게 자문 서비스 또는 조언을 제공하는 컨설팅 계약을 체결할 수 있다.

여기에는 판매자의 전문 지식에 대한 보상, 지식 이전 그리고 성공적인 안착을 위한 과도기적 지원 등이 포함될 수 있다.

판매자가 사업의 핵심 인물인 경우, 구매자는 인수 후에도 판매자의 역량을 활용하기 위해 고용 계약이나 취업 제안을 하기도 한다. 여기에는 판매자가 인수된 회사에서 리더 역할을 계속 수행하거나 전문 지식을 발휘하는 특정 직책을 맡는 것 등이 포함된다.

또한 인수 계약의 일환으로 판매자가 일정 기간 동안 정해진 지역 또는 산업에서 구매자의 사업과 경쟁하지 않기로 동의할 수 있다. 이 계약에는 구매자의 이익을 보호하고, 판매자가 사업을 매각한 직후 유사한 사업을 시작해 경쟁하는 것을 막는 조항이 포함될 수 있다. 이는 일반적인 관행이지만, 판매자가 이미 매각한 사업과 경쟁하지 않는 전혀 다른 사업을 시작하는 것까지 막지는 않는다.

매각 시기

미래를 예측하는 것은 불가능하지만, 추세를 살펴보면 시장이 어디로 향하고 있는지 알 수 있다. 추세를 면밀하게 살피며 그 안에 숨어 있는 다양한 패턴을 찾아내라. 상황에 따라 사고파는 데 더 좋은 시기가 항상 존재한다. 예를 들어 금리가 높아 돈을 빌리는 비용이 커지면 인수 활동이 둔화되는 경우가 많고, 금리가 낮아 돈을 빌리는 비용이 저렴할 때는 인수 활동이 활발해진다.

또한 산업은 빠르게 변화한다. 당신이 속한 시장에 관심이 집중되면 쉽게 매각할 수 있지만, 해당 사업에 대한 수요가 감소하면 파는 것이 거의 불가능해질 수도 있다. 주의를 기울이면 이런 주기를 더 잘 활용할 수 있다. 내 경험과 이 분야의 많은 회사를 지켜본 결과에 따르면, 지나치게 새다가 기회를 놓치는 경우가 많다.

사업을 파는 것은 집을 파는 것과 비슷해서 타이밍이 중요하다. 수요가 높을 때 팔아야 가장 높은 가격에 유리한 조건으로 매각할 수 있다. 아래와 같은 특정한 추세가 보이기 시작하면 판매를 고려해야 한다.

- **해당 산업에서 인수 활동이 활발할 때**: 빠른 인수는 과거 닷컴 버블처럼 시장의 거품을 의미할 수도, 아니면 장기적인 추세의 시작을 나타낼 수도 있다. 어느 쪽이든 시장에서 긍정적인 관심을 보일 때 이를 최대한 활용해 이익을 얻으면 된다.

- **기업 가치가 상승할 때**: 해당 산업에서 기업 매각 가격이 상승하는 추세라면, 이는 해당 부문의 가치가 상승한다는 신호다. 이런 추세의 변화는 점진적으로 나타날 수도 있지만, 미래에 매각 시점이 왔을 때 어느 정도의 가치를 기대할 수 있는지 미리 파악해둬야 한다. 정점을 놓치지 않기 위해 주목하는 것이 매우 중요하다.

- **경제가 호황일 때**: 거시 경제가 호황일 때는 일반적으로 금리가 낮아 투자 자금을 빌리기가 쉽다. 반대로 금리가 오르면 잠재적 구매자들은 더 유리한 환경이 조성될 때까지 활동을 늦춘다. 매각할 준비가 됐는데 경기 침체나 시장 불황에 대한 조짐이 보이면, 너무 늦기 전에 판매를 고려하라.

- **소비자 행동이 변화할 때**: 이 변화는 유행성 다이어트, 패션 트렌드, 음식 유

행처럼 일시적일 수도 있지만, 스트리밍 서비스의 등장으로 가정용 비디오 및 DVD 산업이 몰락한 것처럼 시장의 판도를 뒤흔드는 거대한 것일 수도 있다. 그러므로 사업 운영 방식을 바꿀 수 있는 외부 환경 변화에 항상 주의를 기울여야 한다.

예를 들어 새로운 기술과 위협 요소 그리고 사회·경제·정치적 측면에서의 새로운 우선순위 같은 것들이다. 내가 이 글을 쓰는 시점에서 인공지능은 대부분의 산업을 변화시킬 준비를 마쳤지만, 어디까지 변화를 일으킬지는 예측조차 하기 어렵다. 물정을 아는 기업가들은 시대에 뒤처지지 않기 위해 새로운 추세를 받아들이고 이에 적응하는 방법을 모색하고 있다.

회사를 팔고 싶지 않거나 팔 수 없다면, 원하는 속도와 방식으로 회사를 계속 성장시켜야 한다. 잠재적 구매자에게 더 매력적인 시황이나 더 좋은 타이밍이 올 때까지 기다렸다가 매각할 수도 있다. 회사를 파는 것이 항상 가능한 일은 아니지만, 모든 제안과 기회는 진지하게 받아들이길 권한다. 어떤 회사가 당신의 사업을 인수하는 데 관심을 보이고, 당신 또한 매각 의사가 있다면 신속하게 거래를 성사시켜야 한다. 어떤 거래든 얽히고설킨 복잡한 요소가 많으므로, 일찍 시작할수록 더 유리하다. 대부분의 거래는 3~6개월 이상 걸리므로, 그 사이 상황이 어떻게 바뀔지는 알 수 없기 때문이다.

미래에 회사를 팔 계획이 있다면 회계사와 함께 일할 것을 권한다. 유능한 회계사는 사업 매각으로 발생할 수 있는 복잡한 문제들과 세금 부담을 최소화하기 위해 일찍부터 다양한 준비와 설정을 도와줄 수 있기 때문이다.

세상은 그 어느 때보다 빠르게 움직이고, 기회 역시 빠르게 변화한다. 따라서 사업이 잘되고 운영을 즐기고 있더라도 기회가 올 때마다 판매를 고려하라. 나 역시 그렇게 했고, 지금은 그 결정에 만족한다.

내 친구들과 경쟁자 중 몇몇은 운이 좋지 않아 매우 좋은 조건의 인수 제안을 거절하거나, 빠르게 움직이지 못해 기회를 놓치기도 했다. 그중 한 명은 5,000만 달러의 매각 제안을 받았지만, 이사회가 CEO를 해고하고 몇 달 동안 진행되던 인수 협상을 철회하면서 거래가 무산됐다. 또 다른 한 명은 1,200만 달러의 제안을 거절하고 1,500만 달러를 제안받을 때까지 기다리다가 몇 달 뒤 구글 알고리즘의 변화로 트래픽의 절반 이상을 잃기도 했다. 이런 일은 늘 일어난다.

물론 마크 저커버그Mark Zuckerberg와 같은 사례도 있다. 그는 2006년 페이스북을 10억 달러에 사겠다는 야후의 제안을 거절했지만, 현재는 개인 순자산 1,170억 달러로 세계 10대 부자에 올랐다. 하지만 현실은 대부분의 사업이 실패한다는 것이다. 따라서 누군가 당신의 사업에 큰돈을 제안할 때마다 진지하게 받아들여야 한다. 그리고 당장 매각할 계획이 없더라도 언젠가 거절할 수 없는 제안이 들어온다면 쉽게 팔 수 있도록 사업을 구축해둬야 한다.

LEVEL 4

자신만의 제국을 세우는 기업가
: 새로운 판을 짜는 투자·인수 전략

꿈인지 생시인지 구별할 수 없었다. 나는 팜스프링스에 있는 펜션 수영장에 누워 몇 시간마다 순자산 추적 앱을 새로고침하며 확인했다. 하지만 꿈이 아니었다. 2020년 12월, 나는 서른다섯 번째 생일을 며칠 앞두고 있었다. 두 달 전 밀레니얼머니를 매각하고 인생을 바꿀 만큼의 엄청난 돈을 얻었다. 실제로 겪어보니 기대했던 것보다 훨씬 좋았다. 사업을 매각했지만 그다음 무엇을 할지는 전혀 생각하지 않았다. 그저 일찍 은퇴해서 하고 싶은 것을 하며 수십 년을 보낼까도 생각했다.

매각 후 1년 반 동안은 느긋하게 지냈다. 우리는 처음으로 집을 샀다. 아내와 나를 위한 별도의 사무 공간이 있고 아이들 방도 넉넉했으며, 손님을 위한 공간도 있는 넓은 집이었다. 매주 토요일에는 잔디를 깎았고, 야외용 그릴을 샀으며, 차고에서 낡은 오토바이를 수리하기도 했다. 폭스바겐 캠핑카를 손보고, 일몰을 감상하며, 공원에서 강아지와 산책도 했다. 매일 늦잠을 자며 몇 년 동안 쌓아둔 책들을 읽어나갔다. 많은 날을 그저 누워서 책을 읽으며 보냈다. 그리고 명상 수련을 심화하는 데도 많은 시간을 들였다.

스스로에게 충분한 여유와 시간이 주어졌을 때, 그 안에서 개인이 얼마나 성장할 수 있는지는 정말 경이로울 따름이다.

그런 여유를 즐겼지만, 결국 새로운 것을 만들고 싶다는 욕구가 생기기 시작했다. 나는 무언가를 창조하고 성장할 때 가장 행복하다. 새로운 것을 만들지 못하고, 양질의 지식과 자극을 얻지 못하며, 개인으로서 성장하지 못하면 나는 우울해진다. 1년 반 동안 단순하고 미니멀한 삶을 살았지만, 이제 다시 무언가를 시작할 준비가 된 것이다.

먼저 내가 하고 싶지 않은 일들의 목록을 만들었다. 진정한 자유는 원칙 속에 머물러 있을 때만 존재한다는 것을 알았기에, 앞으로 준수할 원칙 목록을 적기 시작했다. 나는 시간을 돈과 맞바꾸고 싶지 않았고, 사무실을 갖고 싶지 않았으며, 물리적 장소에 얽매이고 싶지 않았다. 직원을 두고 싶지 않았고, 고객을 갖고 싶지 않았으며, 출장을 많이 다니고 싶지 않았다. 외부 투자를 받고 싶지 않았고, 관리해야 할 물리적 자산을 갖고 싶지 않았다. 삶에 불필요한 스트레스를 더하고 싶지 않았으며, 정해진 일정에 맞추어 일하고 싶지도 않았다. 원할 때마다 긴 휴가를 보내고 싶었다. 또한 너무 쉬운 일은 하고 싶지 않았는데, 나는 그런 일에 몰입하지 못할 것임을 알았기 때문이다.

원칙을 정하고 나니 무엇을 하고 싶은지 결정하기가 더 쉬워졌다. 나는 내가 사랑하는 두 가지 일을 하기로 했다. 바로 계속해서 책을 쓰고, 새로운 사업을 구축하는 것이었다.

하지만 이번에는 조금 다르게 하고 싶었다. 책은 쓰고 싶었지만, 첫 번째 책처럼 촉박한 일정에 쫓기고 싶지 않았고, 내 모든 시간을 글쓰기에 바치고 싶지도 않았다. 더 많은 시간을 들여 느긋한 속도로 쓰고 싶었다. 동시에 새로운 사업을 시작하고, 가능하면 아이를 가질 시간도 가지고 싶었기 때문이다.

또한 이전과 같은 유형의 사업을 다시 구축하고 싶지 않았다. 그래서 내가 무엇을 만들든, 어디에 투자하든 제약을 두지 않는 완전히 다른 종류의 회사를 세우기로 결심했고, 그 결과가 지주회사였다. 이것은 기업가 정신의 미래라 할 수 있다. 하나의 회사만 소유해 모든 달걀을 한 바구니에 담는 대신, 여러 회사를 소유하고 다양한 자산에 투자하는 형태의 회사다. 즉 적응력과 회복력을 근간으로 하는 지주회사를 설립하는 것이었다.

지주회사야말로 점점 더 불확실성이 커지는 미래 속에서 재정적 수익과 행복을 극대화할 수 있는 완벽한 구조를 제공한다고 감히 주장하고 싶다. 제이-Z, 아델, 퍼렐 그리고 수많은 현명한 창작자, 투자자 또는 최고위층 기업가들이 지주회사를 통해 투자를 다각화하는 데는 이유가 있다. 이들은 한 사업체에만 머무르지 않고, 여러 회사를 소유하며 다양한 분야에 투자해 제국을 건설한다.

사업을 어느 정도 성장시켰거나 매각을 결정했다면, 그다음 무엇을 할지 명확히 정해야 한다. 이 단계에서는 비록 아직 사업을 매각하지 않았더라도 같은 사업에 계속 재투자하는 것이 항상 현명한 선택이라고 보기 어렵다. 특히 더 이상 효율적이거나 수익성 있는 투자 방법을 찾기 어렵다면 더욱 그렇다. 나는 사업이 더 이상 자금을 필요로 하지 않는데도 계속해서 돈을 쏟아붓거나 혹은 효율성이 떨어지는 전술이나 전략에 재투자해 돈을 낭비하는 기업가들을 너무나 많이 봤다. 만약 당신의 사업이 벌어들이는 돈을 더 이상 내부에서 효율적으로 사용할 수 없다면, 외부의 다른 곳에 투자할 방법을 찾는 것이 현명하다.

이를 효율적으로 운영하기 위해 여러 형태의 법인이나 사업 형태를 이용할 수 있지만, 나는 워런 버핏Warren Buffett과 찰리 멍거Charles Munger의 버크셔 해서웨이Berkshire Hathaway처럼 지주회사 체제 안에서 운영하는 방식을 매우 선호한다. 그렇다고 해서 꼭 이런 구조의 수십억 달러짜리 회사를 만들어야 하는 것은 아니다. 지주회사는 구조적으로 유한책임회사LLC와 유사하며, 사업 목표를 지원하기 위해 필요와 목적에 따라 거의 모든 형태로 유연하게 설계할 수 있다. 또한 당신의 변화에 따라 쉽게 진화하고 성장할 수 있는 장점도 있다.

다음 몇 개의 장에서는 지주회사를 설립하고 구축하는 방법을 다루고 있다. 특히 기존 회사들을 평가하고 인수해 지주회사에 편입하는 과정에 중점을 둘 것이다. 내가 회사를 어떻게 찾고 인수하는지, 그 과정을 정확히 공유하겠다.

비록 당신이 기업가 여정을 이제 막 시작했거나 아직 지주회사를 시작할 준비가 되지 않았더라도, 지주회사가 무엇이며 어떻게 작동하는지를 알아두면 유용할 것이다. 그렇게 되면 더 크게 생각할 수 있고, 앞으로 어떤 가능성이 있는지 미리 가늠할 수 있기 때문이다.

13장

지주회사를 설립해
당신의 제국을 성장시켜라

> 당신이 살아남는 유일한 방법은
> 끊임없이 다른 무언가로 변모하는 것이다.
>
> — 지니 로메티 Ginni Rometty, 前 **IBM CEO**

내가 이 글을 쓰고 있는 시점부터 2030년까지 베이비붐 세대 사업주들의 은퇴로 7조 달러가 넘는 규모의 사업체들이 매각될 예정이다. 평생 한 번 있을까 말까 한 이 인수 기회는, 사업에 관심이 있고 기업가 정신을 활용해 더 많은 자유를 창출하고자 하는 모든 사람에게 열려 있다.

물론 사업을 직접 인수해 운영할 수도 있지만, 기업가 정신의 미래는 경기 침체와 기후 변화에 영향을 받지 않으며 적응력과 회복력을 핵심으로 하는, 다각화된 지주회사를 설립 및 운영하는 것에 있다. 불확실성이 커지는 상황에서 지주회사는 한 자회사가 어려움을 겪더라도 다른 자회사가 그 부족분을 메울 수 있는 구조다. 또한 중

앙 집중식 팀과 규모의 경제를 활용해 비용을 절감하고, 수익을 늘리며, 이익을 증대시킬 수 있다. 과거에는 부자들만이 거대한 기업을 건설하는 데 사용했던 지주회사를 이제는 그 어느 때보다 쉽게 만들 수 있다.

지주회사는 다른 회사와 자산을 관리하고 투자하기 위해 설립한 법인이다. 지주회사를 이용하면 회사를 인수하거나 주식, 부동산, 비영리단체, 특허권 및 기타 거의 모든 자산에 투자할 수 있다. 또한 기존 회사의 사업부를 별도의 법인으로 분리해 각 사업부를 법적·재무적으로 보호할 수도 있다. 지주회사 설립 자체는 매우 간단하지만, 특정 목표에 맞게 구조화하고 이점을 극대화하려면 비용이 들더라도 전문적인 법률·재무 및 세무 자문을 받는 것이 바람직하다.

현재 회사를 소유하고 있다면 별도의 지주회사, 즉 '모회사parent company'를 설립한 다음 기존 회사를 현재 사업 운영, 재정 상태, 세금 문제에 영향을 미치지 않는 방식으로 그 아래에 편입시킬 수 있다. 현재 사업을 소유하고 있지 않거나 처음부터 시작하는 경우라면, 지주회사를 먼저 설립하고 그 아래에 새로운 회사 또는 자산을 구축하거나 인수하면 된다. 지주회사 아래에 있는 회사를 '자회사subsidiary company'라고 하며, 지주회사가 지분을 100% 소유한 회사를 '전액 출자 자회사wholly owned subsidiary'라고 한다.

이런 계층 구조는 각 사업체가 독립된 주체로서 추가적인 재무적·법적·세무적 보호를 받으면서 효율적으로 관리될 수 있도록 한다. 가장 큰 재무적 이점은 하나 또는 여러 회사의 현금 흐름을 이용해 성장에 가장 많은 자금이 필요한 회사에 투자하거나 새로운 회사를 인수할 수 있다는 점이다.

또한 적절한 용도를 찾을 때까지 고수익 저축 계좌, 머니 마켓 계좌 또는 양도성 예금증서 같은 안전한 자산에 현금을 보관할 수도 있다. 내가 이 글을 쓰는 시점에 워런 버핏이 1,300억 달러 이상의 현금을 보유한 데는 다 이유가 있다. 버크셔 해서웨이는 워낙 막대한 현금을 벌어들이기 때문에, 이 모든 돈을 기존에 소유한 사업에 재투자하는 것은 오히려 비효율적이고 무모한 행동이 될 수 있다. 차라리 현금을 보유해 이자나 수익을 얻으면서 가치 있는 투자처를 기다리는 편이 훨씬 현명할 것이다.

현금 흐름 관리 외에도 지주회사의 설정 방식에 따라 다양한 방법으로 막대한 절세 효과를 누릴 수 있다. 지주회사를 운영하면 두 가지 단계의 세금을 내야 한다. 자회사가 창출한 이익에 대해 납부하는 법인세와, 지주회사가 자회사로부터 받는 배당금에 대해 비율대로 납부하는 세금이 그것이다. 진정한 세금 혜택은 지주회사가 자회사 전반에 걸쳐 한 회사의 손실을 다른 회사의 이익에서 공제해 지주회사 차원에서 세금 부담을 최소화할 수 있다는 것이다. 그리고 지주회사의 대주주로서 주식이나 지분을 매각하지 않고 사내에 보유하면, 추가적인 세금 부담이 발생하지 않는다.

지주회사를 설립할 때는 유능한 전문가의 도움을 받는 것이 좋다. 제대로 된 구조를 설계해 확보할 수 있는 절세 효과가 전문가에게 지불하는 비용보다 클 수 있기 때문이다. 세법은 자주 바뀌므로 자산 구성을 지속적으로 최적화하고, 세금 부담을 최소화하기 위해 해당 산업의 전문가인 노련한 회계사를 전임으로 고용하는 것이 좋다.

지주회사의 또 다른 중요한 이점은 강력한 법적 보호를 제공한다는 점이다. 따라서 한 회사가 소송을 당하더라도 지주회사와 다른 자회사의 자산은 보호된다. 또한 채권자로부터 상환을 요구받는 경우에도 마찬가지로 다른 자회사의 자산은 보호된다.

지주회사의 네 가지 유형

설립하려는 지주회사의 유형은 소유할 사업체들의 유사성과 사업 목표에 따라 달라진다. 여기에는 네 가지 유형이 있으며, 그중 어느 것도 상호 배타적이지 않다. 예를 들어 '유형 4'의 지주회사에 '유형 1'의 회사가 편입되는 형태도 흔하다.

유형 1: 롤업 The Roll Up

지주회사가 업무 분야가 중복되거나 유사한 사업체를 소유한 경우를 말한다. 예를 들어 시내의 모든 개 목욕 회사를 인수해 하나로 통합하고, 모든 회사의 고객 서비스, 회계 및 마케팅 팀을 통합하는 경우 이는 롤업 지주회사에 해당한다. 롤업 지주회사 안에는 일반적으로 하나 이상의 회사가 존재한다. 일부는 이미 통합된 사업체일 수도, 다른 일부는 관련은 있지만 여전히 별개의 회사로 남을 수도 있다(예를 들어 개 목욕 사업, 개 산책 사업 및 반려동물 가게 체인 등). 롤업은 확장성이 큰 상품 또는 서비스에 특히 유용한 구조다.

유형 2 : 플랫폼 지주회사 Platform Holding Company

롤업과 마찬가지로 플랫폼 지주회사는 동일한 산업에 속한 여러 회사를 보유하며, 이들 모두에 동일한 운영팀을 활용하는 구조다. 그러나 플랫폼 지주회사는 롤업 지주회사와 달리 소속된 모든 회사를 하나의 법인으로 합치지 않고 각 회사를 개별적으로 취급하며, 이를 '플랫폼 회사'라고 부른다. 현재 MMG미디어그룹이 이런 유형의 지주회사에 해당하며, 곧 '유형 3'으로 진화할 계획이고, 언젠가는 '유형 4'로 발전할 가능성도 있다.

유형 3 : 애그리게이터 Aggregator

지주회사가 여러 산업 분야의 회사를 보유하지만, 동일한 지원팀을 운영해 규모의 경제를 활용하는 경우다. 예를 들어 내가 지역의 나무 가지치기 회사를 인수해 MMG미디어그룹 아래에 두면, 재테크 사이트와 나무 가지치기 회사를 동시에 소유하게 된다. 여기서 규모의 경제는 한 회계사가 두 사업체 모두를 담당하거나, 사업체 전반의 잠재 고객을 관리하기 위해 동일한 기술, 시스템 및 프로세스를 사용하는 수준으로 제한된다.

유형 4 : 홀드코 HoldCo

이 유형은 다양한 사업체를 소유하지만, 중복되는 부분이 거의 없거나 전혀 없어 시너지가 많이 일어나지 않는 전통적인 형태의 지주회사다. 각 사업체가 독립적으로 운영되며, 중복되는 일부 공통 기능을 각 사업체에서 자체적으로 수행해 자체 고객 서비스, 마케팅 및 기타 독립적인 팀을 보유한다. 이런 구조는 확장 잠재력이 무궁무진하다. 좋은 사례가 버크셔 해서웨이다. 이 지주회사가 소유한 아이스크림 및 패스트푸드 체인점인 데어리퀸 Dairy Queen과 보험회사 가이코 Geico는 완전히 다른 업종의 회사로 독립적으로 기능하지만, 각 회사에서 발생한 현금은 지주회사 차원에서 다른 회사를 인수하거나 투자하는 데 사용될 수 있다.

'유형 4'와 버크셔 해서웨이에 대해 더 자세히 살펴보자.

버크셔 해서웨이는 역사상 가장 성공적인 지주회사다. 1965년부터 현재까지 CEO이자 공동 의장인 버핏이 관리하고 있으며, 찰리 멍거가 1978년부터 2023년 사망할 때까지 회사를 공동으로 함께 이끌었다. 현재 버크셔 해서웨이는 100개 이상의 회사를 전부 또는 일부 소유하고 있으며, 38만 명 이상의 직원을 고용하고, 연간 3,000억 달러 이상의 매출을 올리고 있다.

운영 수익의 대부분은 가이코를 포함한 70개 이상의 보험회사 포트폴리오에서 나오지만, 그 외에도 자동차 딜러, 유틸리티, 레스토랑, 소매업, 미디어, 항공 여행 및 제조 등 다양한 분야에 투자한다. 전적으로 소유하거나 의결권 주식을 보유하고 있는 브랜드로는 데어리퀸, 시즈캔디, 팜퍼드셰프, 프루트오브더룸, BNSF, 듀라셀, 애플 등이 있다. 물론 이 정도 규모로 운영하지 않더라도 버크셔해서웨이의 핵심 구조에서 배울 점은 충분히 많다.

버크셔 해서웨이의 전략은 이미 광범위하게 다뤄졌다. 지주회사 설립 또는 투자에 관심이 있다면 버핏의 연례 주주 서신을 읽어볼 것을 강력히 추천한다. 온라인에서 쉽게 찾아볼 수 있는 그 서신에는 지혜가 가득하며, 버핏은 자신의 지주회사를 어떻게 운영하는지 투명하게 공개하고 있다. 거장에게 배우는 것이 가장 효과적인 법이다. 그 외 읽어볼 만한 책으로는 로저 로웬스타인Roger Lowenstein의 『워런 버핏, 위대한 자본가의 탄생』과 찰리 멍거의 『가난한 찰리의 연감』을 권한다.

다음은 버핏과 멍거의 지주회사 및 투자에 대한 통찰 중 내게 가장 큰 영향을 미친 몇 가지를 정리한 것이다.

- 자신의 '능력 범위' 안에서 움직여라. 이해하는 것에만 투자하라는 뜻이다. 배워야 하는 사업보다 이미 아는 사업에 투자하는 편이 위험 요소가 적은 경우가 많다.
- 5년에 한 번만 정말 좋은 투자를 하면 된다. 나는 투자 욕심이 많아 이렇게 하기 힘들었다. 하지만 인내심을 갖고 더 나은 기회를 찾는 데 점점 익숙해지고 있다.

- 몇 번의 나쁜 투자를 할 수 있지만, 단 하나의 훌륭한 투자가 그 모든 것을 상쇄한다. 몇 가지 실수를 했다고 해서 지속적인 사업 구축과 다각화를 단념해서는 안 된다.
- 서로의 약점을 보완해줄 수 있는 신뢰할 만한 사람들과 함께 일하라. 동시에 많은 회사를 관리하는 유일한 방법은 지주회사 차원에서 일할 뛰어난 인재와 개별 회사를 운영할 유능한 인재를 별도로 두는 것이다. 당신은 자신의 강점에 집중하고, 나머지는 다른 사람들에게 맡겨야 한다. 이렇게 해야 일상적인 업무에서 벗어나 훨씬 더 자유롭게 시간을 사용할 수 있다.

지주회사 설립 시점

특정 중요한 시점에 도달하면 지주회사 설립을 고려할 때라는 것을 느끼게 된다.

1. 사업에 효율적으로 재투자하기에는 너무 많은 현금을 창출하고 있을 때

현재 사업 내 투자수익률ROI이 한계에 다다르기 시작하면 다른 투자처를 찾아야 할 때다. 돈을 쓸 곳은 언제나 찾을 수 있으며, 그런 지출이 사업을 성장시킬 수도 있다. 하지만 현금을 어떻게 사용하는 것이 가장 효과적인지를 먼저 따져봐야 한다. 광고에 1달러를 추가로 지출해 얻는 매출이 주식시장에 1달러를 투자해 얻을 수 있는 수익만큼 가치 있을까? 아니면 빠르게 성장하는 다른 회사에 투자해 얻는 수익만큼 가치 있을까?

사업에 투자해도 더 이상 효율적인 결과가 나오지 않는다는 사실은 누구나 시간이 지나면서 스스로 깨닫기 마련이다. 이를 가장 쉽게 파악하는 방법은 투자가 늘어나도 이익률, 광고 수익률 또는 총 판매량이 정체되는 경우다. 물론 이런 침체는 여러 요인으로 발생할 수 있으며, 단순히 판매량이 정체됐다고 해서 마케팅 투자를 곧바로 중단해서는 안 된다. 하지만 이는 뭔가 다른 조치를 취해야 한다는 신호이며, 그것이 꼭 더 많은 현금을 쏟아붓는 식일 필요는 없다. 기업은 아무리 자원을 투자해도 일정 한도를 넘어서면 수확체감 현상을 겪게 되기 때문이다.

내가 함께 일했던 회사와 기업가 들은 끊임없이 새로운 마케팅 채널과 경쟁 전략을 시험하거나, 더 이상 수익성이 없는 전략에 계속 많은 돈을 지출하며 낭비하는 경우가 많았다. 앞에서도 말했듯 특히 유료 마케팅은 누구나 쉽게 따라 할 수 있고, 그 결과 비용이 빠르게 오른다. 따라서 효과적인 전략이 있다면 최대한 빨리 그 기회를 활용거나, 아니면 다른 전략으로 전환해야 한다.

수확체감 현상이 나타나더라도 계속해서 사업에 돈을 재투자할 수는 있다. 하지만 대신 투자를 멈출 최소한의 기준은 정해둬야 한다. 나의 경우 이익률 목표를 40% 이상 유지하는 것이며, 절대로 20% 이하로는 떨어지지 않도록 한다. 그 이하로 떨어지면 간접비와 위험을 감수할 만한 가치가 없기 때문이다.

하지만 모든 가치가 꼭 금전적인 것만은 아니다. 회사에 돈을 투자하는 일이 지역 비영리단체를 돕거나 새로운 정규 직원을 고용하는 데 드는 비용만큼 당신의 삶에 가치를 준다고 생각하는가? 새로운 산업에 진출하거나 친구의 스타트업에 투자하는 일이 현재 사업의 두 번째 지점을 열거나 제품 라인을 확장하는 것보다 더 흥미로운가? 세상에는 손익계산서에는 나타나지 않는 가치가 존재하기 마련이다.

2. 핵심 사업이 위협받을 때

유행이나 새로운 기술을 기반으로 사업을 구축했다면 금세 구식이 될 위험이 있다. 그렇게 되면 사업이 존속 불가능해지거나 도태될 수 있다. 따라서 그런 사태에 대비해 자산을 보호할 조치를 취해 놓아야 한다. 예를 들어 기후 변화의 영향을 크게 받는 지역에서 수영장 청소 사업을 운영한다면, 고객이 타 지역으로 이주할 경우 계속해서 수익을 내기 어려울 수 있다. 당장은 서비스에 대한 수요가 있더라도 위험 요소가 있음을 알면서도 사업 성장을 계속 추진하는 것은 합리적이지 않다. 차라리 초과 이익을 다른 벤처에 투자하거나 사업을 전환하는 편이 더 낫다.

최근 내가 속한 산업에서는 AI가 콘텐츠 생산 방식, 웹 사이트 및 구글 검색 결과에 영향을 미치면서 기존 사업 모델이 위험에 처했다는 인식이 퍼져 있다. 그래서 나는 AI의 영향을 덜 받을 것이라 생각하는 웹 사이트에 이미 투자하기 시작했다. 예를 들어 구글의 AI가 재테크 상담을 해줄 수 있을까? 잘못하면 구글의 명성을 훼손할 수 있고, 법적인 문제에 휘말릴 수도 있는데 말이다. 물론 영원히 불가능하지는 않을 것이다.

미래는 불확실하다. 하지만 막연한 불안이나 소문에 휩쓸리지 않고 당신의 사업에 실제로 어떤 위협이 존재하는지 냉철하게 분석하고 이해할수록, 당신은 위기 상황에 더 효과적으로 대응하고 사업 방향을 성공적으로 전환할 수 있다.

예를 들어 AI가 직접 배관을 고치지는 못하기에 집수리 같은 서비스 분야는 여전히 매력적이다. 반면 온라인 사업은 훨씬 빠르게 움직이며, 소비자의 선호가 계속 변화하므로 전통 산업보다 더 빠르게 적응하고 진화해야 한다.

3. 매수자 시장일 때

대부분의 산업에서 시장을 움직이는 힘은 끊임없이 변화하므로, 당신의 산업뿐 아니라 당신이 회사 인수에 관심이 있는 산업의 시장 역학에도 주의를 기울여야 한다. 이를 위해서는 관련 연구 자료를 부지런히 찾아보고, 온라인에서 오가는 대화에 귀 기울이며, 특히 중개인들과의 관계를 통해 귀중한 시장 정보를 얻어야 한다. 중개인들은 언젠가 당신과 함께 일하기를 희망하며 시장에 관한 가치 있는 정보를 기꺼이 무료로 공유할 것이다.

나는 몇 달에 한 번 정도 내가 속한 산업의 중개인 다섯 명과 대화를 나누며 시장을 보는 시각을 공유한다. 그들은 내 재테크 사이트의 현황에 대해 묻고, 나는 그들에게 지금이 매수자 우위 시장인지 매도자 우위 시장인지를 물어본다. 이런 관계는 매우 유익하므로, 당신도 자신이 속한 산업에서 중개인을 찾아 관계를 잘 구축하길 권한다.

당신이 속한 지역사회나 산업에서 잘 운영되고 있고 관심이 가는 다른 사업을 본 적이 있는가? 혹은 한때 번창했지만 지금은 어려움을 겪고 있는 회사가 있는가? 당신의 시장에 기업가들이 적응하는 방법을 몰라 발을 동동 구르는 어떤 대혼란이 있는가? 예를 들어 구글이 검색 순위에 영향을 미칠 또 다른 알고리즘 업데이트를 발표할 때마다 일부 제휴 기반 웹 사이트 소유자들은 고객이 자신의 사이트를 찾지 못하게 되어 수익이 크게 감소한다.

나는 디지털 마케팅과 SEO에 대한 지식 덕분에 이런 변화를 인식하고, 다른 사람들의 불확실성을 기회로 활용하는 방법을 잘 알고 있다. 관심 있는 회사 목록을 관리하며, 내 웹 사이트 포트폴리오를 확장하고 강화할 기회를 지속적으로 찾고 있다. 물론 내가 먼저 연락하기도 하지만, MMG미디어그룹의 명성이 높아지면서 웹 사이트를 판매하거나 제휴하려는 소유자들이 우리에게 먼저 연락해오는 경우도 많다.

내가 속한 시장은 큰 변화를 겪고 있으며, 판매를 고려하는 웹 사이트 소유자들은 점점 늘고 있다. 이런 변화로 인해 이 산업은 한때 웹 사이트가 실제 가치의 몇 배로 신고가에 팔리던 매도자 시장에서, 가치가 상당히 하락해 나처럼 포트폴리오를 확장하려는 매수자에게 더 많은 기회가 있는 매수자 시장으로 바뀌었다. 하지만 언제든 다시 매도자 시장으로 급격히 전환될 수 있으므로, 나는 지금 상황을 최대한 활용하려 노력하고 있다.

4. 시장 기회를 포착했을 때

사업 경험이 쌓일수록 돈을 벌 기회를 더 잘 포착할 수 있다. 나는 곳곳에서 사업 기회를 본다. 예를 들어 과거에 회사를 소유했던 미디어나 재테크 상담 서비스 같은 분야부터, 경험은 없지만 변화하는 트렌드를 포착할 수 있는 산업 그리고 취미로만 생각했던 시장에 이르기까지 내가 관심을 갖는 사업은 다양하다.

반드시 해당 산업에 직접적인 경험이 있어야 성공하는 것은 아니다. 대부분의 기업가적 자질은 다른 분야에서도 발휘될 수 있기 때문에, 현재나 과거의 경험에서 얻은 도구와 시스템을 활용하면 완전히 다른 분야에서도 사업을 성장시킬 수 있다.

이 글을 쓰는 지금도 나는 오프라인 서점인 클린턴빌북스를 설립하느라 정신이 없다. 나는 서점을 자주 방문하고 책을 수집하지만, 서점이나 소매점을 소유한 적도, 소매업에서 일한 적도 없다. 하지만 기업가로서 얻은 기술이 이 산업을 빠르게 배우는 데 매우 귀중하다는 사실을 깨달았다. 신선한 관점이 경험과 호기심과 결합하면, 다른 사람들이 보지 못하는 기회를 볼 수 있게 된다.

지난 몇 년 동안 나는 주유소, 냉난방 공조 회사, 출판 에이전시, 커뮤니티 아트 센터, 창고 등 다양한 사업체 인수를 고려했다. 여가 시간에는 관심 있는 웹 사이트(예를 들어 https://buybizsell.com, https://loopnet.com, https://acquire.com 등)에서 판매 중인 사업체를 검색하는 것을 즐긴다. 하지만 전통적인 사업체는 중개인들이 네트워크를 통해 판매할 수 없을 때 최후의 수단으로만 웹 사이트에 올리는 경우가 많으므로, 이를 통한 인수는 권장하지 않는다. 좋은 매물을 찾기 어렵기 때문이다.

차라리 중개인들과 관계를 맺어 지속으로 새로운 거래, 즉 '딜 플로우deal flow' 관련 정보를 받는 것이 더 좋다. 다만 이런 웹 사이트들은 산업을 공부하는 데 매우 유용하며, 여러 산업이 어떻게 운영되는지 파악하는 데 도움을 준다. 이후 몇 개의 유튜브 영상을 시청하면 이 비즈니스 모델의 위험성과 문제점을 더 구체적으로 알게 될 것이다. 최근에 나는 페덱스 대리점 사업의 장단점에 대한 영상을 시청했다. 그것을 통해 본사에서 가격을 책정하고 계약직 배송원을 관리하기 어렵다는 점 때문에 인수하기 좋은 사업이 아니라고 빠르게 결론 내릴 수 있었다.

나는 기회만 있다면 어떤 산업이든 상관없이 디지털 마케팅과 재테크 관련 전문 지식을 활용해 사업을 성장시킬 수 있다고 확신한다. 그렇기 때문에 지금 당장 거기에 시간을 집중해야 할지 말지가 더 큰 고민이다. 기업을 구매할 여력이 있고 성장시킬 자신이 있다고 해서 반드시 그렇게 해야 하는 것은 아니다. 새로운 사업 기회는 끊임없이 나타나지만, 이제는 오히려 그런 기회에 섣불리 뛰어들지 않도록 스스로를 다잡고 있다.

주의를 기울이면 반드시 기회는 나타나기 마련이다. 그 느낌은 마치 당신이 세상에 쏟아부은 에너지가 10배로 되돌아오는 것과 같다. 호기심만 있다면 그리 어려운 일도 아니다.

5. 새로운 도전을 할 준비가 됐을 때

개인으로서 그리고 기업가로서 성장하고 싶다면, 하나의 사업으로 배울 수 있는 것에는 한계가 있다. 어느 시점이 되면 사고방식을 넓혀 기업가 정신을 충족시키고 싶어질 것이다. 사업에서 번 돈을 현금화해 투자하고, 그 수익으로 남은 생애 동안의 생활비를 충당하며 살아도 잘못된 것은 전혀 없다. 만일 사업 성장의 목표가 공식적으로 조기 은퇴해 수익이 나지 않는 일들을 하며 인생을 보내는 것이라면, 내가 감히 무슨 말을 할 수 있겠는가?

하지만 인간은 무언가를 창조하도록 설계되어 있다. 바쁘지 않고 해결할 문제가 없으면 지루해한다. 돈을 불리는 방법 그리고 자신의 자원과 재능, 시스템을 활용해 자신과 타인을 위해 더 큰 가치를 창출하는 방법을 일단 깨달으면, 그 활동에서 완전히 손을 떼고 떠나기가 쉽지 않다. 물론 세상에 돈으로 환산할 수 없는 다양하고 소중한 기여를 할 수도 있다. 하지만 돈이 워낙 강력한 도구이기에, 자신의 기술과 자원을 활용해 돈을 버는 것이 가장 큰 영향력을 발휘할 수 있는 방법 중 하나임을 결국 깨닫게 될 것이다.

돈은 당신이 창조한 것의 부산물이며, 당신은 원하는 방식으로 그 돈을 세상에 재투자할 수 있다. 다른 회사나 분야를 탐색하는 일은 기업가적 여정 속에서 삶에 또 다른 차원의 풍요로움과 흥분 그리고 뿌듯함을 선사하는 한 가지 방법이다.

지주회사 설립 방법

지주회사는 유한합자회사limited partnership, LLC 또는 주식회사corporation 형태로 설립할 수 있으며, 현재 운영 중인 회사를 그 지주회사 아래에 편입시킬 수 있다. 이제 남은 일은 지주회사의 이름을 정하고, 사업을 운영할 주 또는 등록하고 싶은 주에 회사를 설립 등록하기만 하면 된다.

예를 들어 델라웨어주는 익명성이 보장되고 세금 처리와 LLC 설립 및 운영에 유리한 법률 때문에 특히 선호되는 지역이다. 설립하려면 등록 수수료(보통 100~500달러 사이)를 납부하고, 해당 주에서 사업을 운영하는 데 필요한 라이선스 또는 허가를 받고, 미국 국세청IRS에 온라인으로 사업을 등록해 세금 신고 및 W-9 양식 작성에 사용할 연방 고용주 식별 번호FEIN를 발급받아야 하며, 마지막으로 모든 규칙과 정관을 명시한 회사 운영 계약서를 작성해야 한다.

운영 계약서에는 사업체의 구조와 운영 방식을 상세히 명시하는데, 지주회사의 목표와 역할에 따라 그 복잡성이 달라질 수 있다. 이

때 선택지가 매우 다양하므로 전문가와 협력하는 것이 중요하다. 운영 계약서를 IRS에 제출하지는 않지만, 이 문서는 사업 운영과 파트너 및 투자자와의 관계에서 매우 중요한 역할을 하므로 상세하게 작성해야 한다. 전문가의 조언을 받아 지주회사를 설립하는 총비용은 운영의 복잡성 수준에 따라 다르지만, 보통 2,500달러에서 1만 달러를 넘지 않는다.

이제 지주회사 설립을 고려해야 할 신호와 설립 방법을 확인했으니, 다음 질문으로 넘어가자.

무엇에 투자하고 싶은가?

앞에서도 말했듯 지주회사 체제에서는 거의 모든 것을 통해 돈을 투자하고 불릴 수 있다. 하지만 그중에서도 더 쉽고 예측 가능한 수익을 기대할 수 있는 특정 자산군이 있다. 이런 자산군에 투자하는 방법도 다양하니 이제부터 하나씩 살펴보자.

1. 오래가고 탁월한 세금 혜택이 있는 부동산 투자

"결국 모든 성공적인 사업은 부동산 사업이 된다"라는 말을 들어본 적이 있다. 아쉽게도 누가 한 말인지는 기억나지 않지만, 꽤 통찰력 있는 표현이다. 그 이유는 부동산이 갖는 수많은 세금 혜택 덕분에, 사업이 성장하면 자연스럽게 부동산 투자로 이어지기 때문이다.

지주회사를 통해 부동산을 소유하면 임대 소득으로 꾸준한 현금 흐름을 창출할 수 있다는 이점이 있다. 또한 은행에서 대출이나 담보대출을 받아 부동산을 매입할 수 있으며, 이를 통해 처음부터 많은 자금을 투입하지 않고도 부동산 가치 상승에 따라 자산 가치를 높일 수 있다. 부동산 투자는 임대 소득과 평가이익을 회사 내에 유보했다가 다른 곳에 재투자할 수 있으므로, 지주회사를 활용하면 놀라운 세금 혜택을 누릴 수 있다.

또한 개인이 아니라 지주회사를 통해 부동산을 소유하면 추가적인 세금 혜택을 얻을 수 있다. 부동산이 법인 소유일 경우 자산의 예상 수명 동안 감가상각 공제를 받을 수 있어서 매년 최초 취득가의 일정 비율만큼 세금을 줄일 수 있다. 또한 부동산이 수익 창출에 사용되는 경우 담보대출 이자 및 원금 상환은 물론 부동산 관리 과정에서 발생하는 법률 및 기타 비용도 공제 대상이 된다.

부동산 사업은 다른 종류의 사업과는 다르기 때문에 일부 기업가들은 한 우물만 파라고 조언하기도 한다. 그러나 부동산 전문가든 아니든 회사가 입주한 건물을 소유할지, 사무실이 있는 오피스 빌딩을 소유할지, 아니면 지주회사를 통한 직접 소유나 부동산 투자신탁REITs을 통한 간접투자로 주거용 또는 상업용 부동산 투자를 시작할지 등은 검토해볼 가치가 있다.

회사가 입주한 건물을 직접 소유하는 것은 사업 포트폴리오를 다각화해 사업 전체의 위험을 줄이는 방법 중 하나다. 임대료로 지출할 돈을 담보대출 상환에 사용해 부동산 가치가 상승하는 추가적인 이익도 얻을 수 있다. 또한 건물을 소유하고 있기에 임대료 인상에 대해 걱정할 필요가 없다.

2. 수동적 투자로서 상장 주식 구입

회사의 주식을 매수할 때마다 당신은 그 회사의 소유권 일부를 사는 것이다. 예를 들어 애플 주식을 보유하고 있다면, 누군가가 새로운 아이폰을 살 때마다 그 판매 수익은 결국 애플의 수익이 되고, 그 수익의 아주 작은 일부가 주주인 당신에게 돌아온다. 주식을 소유하는 것의 큰 장점은 당신이 수동적인 소유자가 된다는 점이다. 즉 주식을 산 다음에는 그저 뒤로 물러나 회사 가치와 주식가격이 오르내림에 따라 돈을 벌거나 잃을 뿐이다. 당신은 애플의 경영 방식에 대해 어떤 결정도 내릴 필요가 없다.

지주회사를 통해 주식을 거래하면 개인 주식 계좌나 퇴직연금 계좌에서 사고파는 것보다 더 큰 세금 혜택을 얻을 수 있다. 지주회사가 주식을 사면 세금을 비롯해 재무 및 법적 이점이 생기는데, 그중에는 한 자회사에서 발생한 주식 매매 손실을 다른 자회사에서 발생한 이익과 합산해 세금 부담을 줄일 수 있는 점도 포함된다. 지주회사의 구성 방식에 따라 자회사들의 손익을 분배할 수 있으며, 이런 손익은 보통 전체 그룹의 통합 대차대조표에는 반영되지 않는다. 대신 각 자회사는 자체적으로 대차대조표, 손익계산서 및 현금 흐름표를 포함한 별도의 재무제표를 유지한다.

버크셔 해서웨이는 2016년부터 애플에 투자하기 시작했으며, 현재 주식 보유를 통해 애플 지분의 5.8%를 소유하고 있다. 버핏은 가이코 같은 다른 회사들의 현금 흐름을 이용해 지주회사 내 다양한 회사들의 주식을 매수한다. 최근 몇 년 동안 버크셔 해서웨이는 단순히 지주회사 안에서 이 주식을 소유하는 것만으로 수십억 달러의 이익을 창출했다. 2022년에는 애플로부터 약 8억 2,350만 달러의 배당금을 받았으며, 단 한 주도 팔지 않았기 때문에 보유 주식의 가치 또한 계속 상승했다.

3. 비상장 회사에 대한 직접투자

상장 시장에서 주식을 매수하는 것 외에도, 지주회사의 잉여 현금흐름을 활용해 자금을 조달하거나 성장을 모색하는 비상장 회사에 직접투자할 수도 있다. 이를 수행하는 방법은 다양한데, 벤처 또는 투자 펀드와 함께 비상장 회사에 직접투자하는 특수 목적 투자회사SPV, Special Purchasing Vehicles를 통해 투자하거나, 더 나아가 자체 펀드, 벤처 캐피털 또는 투자회사를 만들어 스타트업에 직접투자할 수도 있다. 요즘은 지주회사 내에 새로운 스타트업에 투자하거나, 위험한 투자를 하는 벤처 사업부 또는 회사를 두는 것이 점점 일반화되고 있다.

지난 몇 년 동안 나는 오픈AI, 제프 베이조스Jeff Bezos, 삼성, 엔비디아 등의 투자자들과 함께 25개 이상의 비상장 회사 및 스타트업에 투자할 기회를 가졌다. 과거 기록을 보면 비상장 회사에 대한 직접투자는 위험하지만, 투자 측면에서는 엄청난 상승 잠재력을 지니고 있다. 또한 특정 분야에서 경험이 풍부한 기업가나 그 분야의 회사를 소유한 사람들이 벤처 회사를 설립하는 사례도 점점 늘고 있다. 3장에서 소개한 '승차 공유 가이' 해리 캠벨은 승차 공유 분야에서 매우 유명한 인물로, 최근 블룸버그Bloomberg의 지원을 받아 초기 단계의 승차 공유 스타트업에 투자하는 펀드를 만들었다. 그가 풍부한 인맥을 갖추고 있으며 좋은 투자 기회에 접근할 수 있었기 때문이다.

4. 이미 수익성 있는 기업 인수

수익성이 검증된 기업을 구매하면 큰 수익을 얻을 수 있다. 보통 소유주가 연간 벌어들이는 이익의 2~3배 가격으로 기업을 사들인 다음, 10년, 20년 심지어 40년 이상 계속해서 이익을 내고 성장시킬 수 있기 때문이다. 인수 비용은 사업 초기 2~3년 치 이익에 불과하고, 그 이후에는 사업을 성장시켜 더 큰 이익을 낼 수 있으니 상승 잠재력은 실로 막대하다.

매각이든 인수든 기업을 평가하는 방식은 일반적으로 동일하다. 앞에서 우리는 가장 널리 쓰이는 네 가지 평가 방법, 즉 시장 가치 평가, 배수 가치 평가, 수익 기반 가치 평가, 자산 기반 가치 평가에 대해 살펴봤다. 이번에는 소득 기반 평가 방식 중에서도 구매자가 사업에서 기대할 수 있는 소득인 소유주 재량소득을 중심으로 기업의 잠재적 ROI를 계산해보겠다. 소유주 재량소득ODI, Owner's Discretionary Income이란 구매자 입장의 명명으로, 판매자 입장에서는 이를 판매자 재량소득SDE, Seller's Discretionary Earnings이라고도 한다.

회사를 인수할 때의 ROI는 쉽게 계산할 수 있다.

대출 없이 20만 달러에 사업을 인수하고 연간 ODI가 10만 달러인 가상의 사례를 살펴보면, 첫해 ROI는 (10만 달러 - 0달러) / 20만 달러 = 0.5, 즉 50%가 된다. 보유 기간을 10년 이상으로 확대하면 수익률은 매우 높아진다.

다년간의 수익률을 계산하려면 다음과 같이 보유 기간을 나타내는 숫자를 곱해주면 된다.

$$ROI = \{(ODI - 대출\ 상환) \times 보유\ 기간\} / 초기\ 투자$$

다음은 앞에서 사용한 동일한 숫자를 기준으로, 10년 보유 기간에 적용한 간단한 예다.

$$ROI = (10만\ 달러 \times 10) / 20만\ 달러$$

$$ROI = 100만\ 달러 / 20만\ 달러$$

$$ROI = 5\ 또는\ 500\%$$

이 예시에서 회사는 향후 10년 동안 현재 ODI의 5배에 달하는 수익을 창출할 것으로 예상되며, 이는 무려 500%의 수익률이다. 그리고 이는 ODI가 동일하게 유지된다고 가정했을 때의 수치다. 만약 사업 성장을 통해 ODI를 큰 폭으로 늘리면 수익은 엄청나게 커질 것이다.

이 단계에서 합법적이고 수익성 있는 회사로 자리매김했다면, 회사를 직접 인수할 현금을 보유했거나 은행, 미국 중소기업청SBA, 대출, 엔젤 투자, 판매자 금융 또는 이들 옵션의 조합으로 저금리 대출을 받을 자격이 될 것이다.

실제로는 구매 가격의 10~25%를 계약금으로 내야 하지만, 나머지는 대출로 충당할 수 있다. 대출의 좋은 점은 자금을 빌리더라도 사업체 소유권을 100% 유지할 수 있다는 점이다. 또한 이미 수익을 내고 있는 사업체를 인수할 때는 대출을 받기도 더 쉬우며, 덕분에 더 높은 ODI를 창출하는 사업체를 구매할 수도 있다. 수익성 있는 사업체를 인수한다는 것은 검증된 비즈니스 모델에 투자하는 것이므로 실패할 위험이 낮다. 또한 비효율성을 줄이고 신제품을 출시하며, 새로운 시장으로 확장하는 등 추가적인 성장과 수익 증대를 꾀할 수 있는 다양한 기회를 얻을 수 있다.

순이익의 2~3배 가격으로 사업체를 인수하는 것은 보통 순이익의 30배에 거래되는 애플, 구글, 아마존 같은 상장 기술주나, 평균 43배에 거래되는 부동산 개발주를 사는 것보다 훨씬 저렴하면서도 성장 가능성이 높은 투자다.[11] 어떤 주식이 순이익 대비 얼마에 거래되는지는 주가수익률P/E, Price to Earnings 비율을 보면 알 수 있다.

예를 들어 연간 10만 달러의 영업이익(ODI)을 내는 회사를 20만 달러(ODI의 2배)에 인수했다고 가정해보자. 이 가상의 예시를 통해 사업체 인수의 잠재적 수익률을 다른 자산군과 비교해보면 다음과 같다.

자산군 / 투자 수단	예상 연간 ROI	20만 달러 투자 시 연간 수익
고수익 예금계좌	5%	8,000달러
주가지수 인덱스 펀드	7%	14,000달러
사모펀드를 통한 비상장 기업 투자[12]	10.48%	20,960달러
주거용 부동산[13]	10.6%	21,200달러
사업체 구매	50%+	100,000달러

이미 수익을 내고 있는 기존 사업체를 인수하는 것은 또한 사업 확장을 위한 저위험 투자 전략이 될 수 있다. 수익성 있는 사업체를 구매하면 수익과 현금 흐름뿐 아니라 기존 고객층, 브랜드, 내부 프로세스, 경쟁 우위 등을 함께 확보할 수 있다. 처음부터 사업을 시작하며 모든 위험을 감수할 필요가 없을 뿐 아니라, 생각보다 훨씬 적은 돈으로 사업체를 인수할 수도 있다. 단 사업체를 인수한 뒤에는 직접 운영해야 하는 것이 필수적이다.

다음 장에서는 인수 과정에 대해 더 자세히 살펴보겠다.

14장

인수 기회를 잡을 안목을 키워라

> 투자가의 가장 큰 문제,
> 심지어 최악의 적은
> 아마도 그 자신일 것이다.
>
> — 벤저민 그레이엄 Benjamin Graham, 가치투자의 대가

　몇 달 전 나는 오하이오주 콜럼버스의 집 근처에 있는 창고 인수를 고려한 적이 있다. 그 창고는 위치가 좋았고 직거래라 가격도 매우 저렴하게 나와 있었다. 친구가 판매자를 알고 있어 내게 소개해준 매물이었다. 나는 몇 차례 디지털 사업체를 인수해 성장시킨 뒤 다시 매각해보니 할 만하다고 느껴 이제는 오프라인 사업체 인수에도 호기심이 생겼다. 오프라인 사업체의 이윤은 온라인 사업체보다 낮지만, 여전히 큰 수익 잠재력이 있다. 또한 자산을 다각화하기 위해 수익성과 사업 모델이 검증된 전통적인 사업체에도 투자해보고 싶었다.

　이 부동산의 재무 상태를 분석해보니 수많은 비효율이 발견됐지만, 그것들을 손보면 비용을 줄이고 수익을 늘릴 수 있겠다는 판단이 섰다. 엄청난 매물을 잡았다는 생각에 매우 흥분됐다. 하지만 거래 제안을 하기 직전, 전문가를 구해 해당 건물 부지에 대해 이전에 실시된 토양 검사 및 '레벨 2'의 환경영향평가 결과를 해석해줄 것을 요청했다.

안타깝게도 그 창고는 오래된 철도 석탄 야적장 위에 지어진 것이었고, 토양은 독성이 매우 강하며 발암성 화학물질로 오염되어 있었다. 나와 세입자 모두에게 해로울 뿐 아니라, 훗날 막대한 법적 책임을 물어야 할 수도 있었다. 상황이 심각해 전문가는 토양을 정화하는 데 드는 비용을 추정조차 하기 어렵지만 수백만 달러는 족히 들고 5년 이상의 시간이 걸릴 것이라고만 했다. 나는 즉시 이는 내가 감당할 수 없는 일임을 깨달았다.

나는 그 거래 자체가 객관적으로 나쁘다고 생각하지는 않았다. 단지 그 거래가 내게 맞지 않는다고 판단했을 뿐이다. 나는 토양 정화나 토지이용 제한법에 대한 경험이 전혀 없고, 그것을 새로 배울 생각도 없다. 다른 누군가는 그 창고를 산 다음 돈을 써서 문제를 해결하고 아파트로 용도변경하겠지만, 나는 그로 인해 얻을 수 있는 이익을 위해 내 시간과 에너지를 희생할 의향이 없었다.

인수 가치가 높은 사업체

항상 수만 개의 회사가 매물로 나오고, 좋은 매물은 늘 있기 마련이다. 하지만 회사를 인수할 능력이 있고 수익성 있게 만들 수 있다고 해서 반드시 그렇게 해야 하는 것은 아니다. 이 문장을 거듭 읽어보기 바란다. 이는 나 자신에게 끊임없이 상기시키는 문장이다. 어떤 소유주에게 맞는 회사가 반드시 당신에게도 맞는다는 보장은 없다. 기회는 너무나 많기에 선택의 폭을 좁히기 위한 자신만의 원칙을 세워야 한다. 진정한 자유는 오히려 원칙을 지킬 때 누릴 수 있는 법이다.

다음은 내가 추천하는 '사면 좋은 사업체'다.

1. 풍부한 현금 흐름과 높은 매출 총 이익을 가진 사업체

새로운 사업을 시작하는 대신 기존 사업체를 구매하는 가장 큰 장점은 첫날부터 수익을 창출할 수 있다는 점이다. 아무도 당신에게 사업체를 구매하라고 강요하지 않는다. 그러니 충분한 시간을 들여 당신과 잘 맞고, 훌륭한 수익 모델을 갖추고 있으며, 원하는 목표 수익을 창출하고, 개선의 여지가 있는 회사를 찾아야 한다.

불확실성이 커지는 상황에서 사업을 운영하는 것은 이미 매우 어려운 일이다. 그런데 상황이 좋지 않아 수익을 내기 위해 과도한 노력이 필요한 사업체를 인수해 스스로를 더 힘들게 만들 필요는 없다. 그렇다. 망해가는 사업체를 되살리기 위해 극도로 열심히 일할 수도 있다. 하지만 확실한 회사를 살 수 있는데 왜 그런 위험을 감수하겠는가?

나는 망해가는 사업체나 흔히 '부실 자산distressed asset'이라고 불리는 자산은, 아무리 이런 사업체를 살리는 데 경험이 많다고 해도 구매하지 않을 것을 권한다. 대부분은 생각보다 되살리기 어렵기 때문이다. 물론 부실 사업체 중에서도 좋은 매물을 찾을 수 있겠지만, 왜 투자에 추가적인 위험을 더하고 성공 확률을 낮추겠는가?

사업체를 구매할 때는 단순히 순이익뿐 아니라 높은 매출 총 이익률을 가진 회사를 선택해야 한다. 순이익은 실제보다 낮은 비용을 제시하면 쉽게 조작할 수 있기 때문이다.

매출 총 이익과 순이익의 차이는 다음과 같다.

$$매출\ 총\ 이익 = 매출액 - 매출원가$$

$$매출\ 총\ 이익률 = (매출\ 총\ 이익 / 매출액) \times 100\%$$

$$순이익 = 매출액 - 매출원가 - 운영비 - 세금$$

$$순이익률 = (순이익 / 매출액) \times 100\%$$

어차피 사업을 인수하면 최적화나 조직 통합 등을 통해 운영비를 빠르게 줄이는 작업을 할 것이므로, 순이익은 매출 총 이익과 비교했을 때 지표로서 유용성이 떨어진다.

따라서 최소 40%의 매출 총 이익율을 가진 사업체를 찾아야 한다.

40~60% 정도면 훌륭하고, 60% 이상이면 매우 훌륭하다. 현금 흐름이 많을수록 그 자금을 활용해 사업을 성장시키거나 포트폴리오 내 다른 회사에 투자할 수 있다. 예를 들어 나는 최근 현금 흐름이 풍부한 어떤 웹 사이트를 인수했는데, 그 목적은 그것을 활용해 내가 보유한 다른 웹 사이트의 신규 콘텐츠 개발 비용을 충당하기 위함이었다.

2. 패시브 인컴 잠재력이 있는 사업체

당신은 사업체를 사려는 것인가, 아니면 일자리를 사려는 것인가? 사업체에 따라 소유주의 시간이 많이 필요한 경우가 있다. 반면 패시브 인컴 사업체passive income business는 최소한의 인력과 기술을 사용해 사업을 관리함으로써, 당신이 돈을 벌기 위해 시간을 거의 또는 전혀 투입하지 않아도 된다. 대신 다른 사람의 시간을 고객에게 돈을 받고 팔고, 그들에게 급여를 지불함으로써 레버리지를 활용하는 것이다.

이것이 워런 버핏이 버크셔 해서웨이 소속 회사들을 직접 관리하지 않는 이유다. 각 회사에는 이미 유능한 경영진이 있어 잘 운영되고 있다. 버핏은 세부적인 일에는 관여하지 않고도 돈을 번다.

3. 불황에 강한 사업

당신이 투자하는 동안에도 경제는 불황과 호황을 오르내리겠지만, 특히 불황에 잘 견디는 사업은 분명 있기 마련이다. 예를 들어 경제 상황이 어떻든 사람들은 여전히 난방과 에어컨이 작동하기를 바란다. 다음은 불황에 강한 사업 분야의 예다.

- **집수리 서비스**: 주택 소유주(때로는 세입자)는 항상 자산을 유지 보수할 전문가를 필요로 한다. 가장 회복력 있고 지속 가능한 집수리 서비스 사업에는 배관, 전기 설치 및 수리, 냉난방 공조 회사 등이 포함된다. 이들은 큰 시장을 가지고 있고 경기 침체에도 강하며, 한 번 고객을 확보하면 지속적인 수익을 기대할 수 있는 사업적 장점이 있다.

  또한 이런 서비스는 전문 자격증을 갖춰야 하므로 시장에서의 전반적인 경쟁이 줄어들어 고객에게 더 높은 요금을 청구할 수 있다. 다른 유망한 집수리 서비스 사업으로는 해충 방제, 자물쇠 수리, 조경, 시공, 태양광 패널 설치, 청소 등이 있다.[14]

- **건강 관리 및 의료 서비스**: 병의원, 응급 진료 센터, 제약회사 등 건강 관련 사업은 사람들이 건강과 의료 서비스를 최우선시하기 때문에 경기 침체기에도 꾸준한 수요를 보이는 경우가 많다.

- **교육 및 훈련**: 교육 및 직업 훈련 서비스를 제공하는 사업 역시 불황을 타지 않는다. 사람들은 불황기에 기술을 향상시키거나 직업훈련을 받아 취업하려는 경우가 많기 때문이다.

- **건강 및 웰빙**: 체육관, 피트니스 센터, 건강 식품점 등 웰빙 관련 사업은 스트레스가 많은 시기에도 소비자들이 자신의 웰빙을 우선시하기 때문에 꾸준히 수입을 창출할 수 있다.

- **정보 기술 및 소프트웨어**: 소프트웨어 솔루션, 사이버 보안, IT 컨설팅을 제공하는 사업은 기업들이 보안을 유지하고 사업을 운영하기 위해 기술에 의존하기 때문에 수요가 꾸준히 유지되는 경우가 많다.
- **아이 돌봄 서비스**: 특히 저렴하고 신뢰할 수 있는 서비스를 제공하는 아이 돌봄 센터는 맞벌이 부모들이 경제 상황과 관계없이 돌봄 서비스를 필요로 하므로 수요가 꾸준하다.

안타깝게도 이런 분야는 사모펀드 자금이 대거 유입되면서 인수 경쟁이 더 치열해지고 있다. 그럼에도 여전히 좋은 매물을 찾을 수 있으며, 대부분의 시장이 그렇듯 좋을 때와 나쁠 때가 있다.

4. 기후 변화에 강한 사업

기후 변화의 영향을 모두 이해하기는 어렵지만, 인수하기 전에 반드시 기후가 그 사업에 미칠 수 있는 영향을 평가해야 한다. 기후는 공급망에도 영향을 미치기 때문에 상황이 안 좋아지면 사업에 필요한 물품을 확보하기 어려울 수도 있다. 이것이 내가 온라인 콘텐츠 기반 사업을 선호하는 이유 중 하나다. 이런 사업은 기후와 관련된 위험이 훨씬 적기 때문이다(물론 다른 위험은 있다).

냉난방 공조 사업은 매우 전망이 좋은 사업 분야다. 미국 대부분 지역의 기온이 점점 더 따뜻해지면서 에어컨에 대한 수요는 계속 증가할 것이기 때문이다. 기후 변화의 영향을 받지 않는 또 다른 사업에는 재생에너지 생산 관련 사업이 포함된다. 태양광, 풍력, 수력 부문을 아우르는 이런 기업들은 전 세계적으로 화석연료에서 청정에너지원으로 전환하는 추세에 따라 향후 성장 가능성이 크다. 이 범주에는 태양광 패널 제조업체, 풍력발전소 운영업체, 재생에너지 기술 제공업체 등이 포함된다.

회복력 있는 또 다른 부문은 에너지 효율 및 절약 솔루션 전문 업체다. 이 회사들은 LED 조명, 단열재, 스마트 빌딩 기술 및 에너지 효율적 가전제품 같은 제품과 서비스를 제공한다. 이런 제품은 에너지 소비를 줄이고 탄소 배출을 최소화하려는 수요가 점점 커지고 있는 오늘날의 추세와 정확히 맞아떨어진다.

기후 회복력이 있고 정밀하며, 유기농 농업 방식을 중시하는 지속 가능한 농업 사업은 기후 변화로 인한 생산 차질이나 농산물 가격의 불안정성 같은 외부 충격에 덜 취약하다. 또한 친환경 건축자재, 지속 가능한 건설 방식sustainable construction practices(건축 과정에서 환경에 미치는 영향을 줄이고 자원 효율성을 높이며, 장기적으로 건물 가치를 높이는 건축 방식-옮긴이), 친환경 건물 디자인을 전문으로 하는 사업 등은 환경 규제가 엄격해지면서 건설 산업에서 유리한 입지를 다지고 있다.

5. 단일 고객 유입 소스 또는
단일 마케팅 채널에 의존하지 않는 사업체

마케팅 채널과 전략은 생겨났다 사라지기를 반복한다. 따라서 다양한 고객 유입 소스 및 마케팅 채널을 보유하고, 이메일 또는 문자 마케팅을 효과적으로 활용하는 사업체를 인수하는 것이 좋다. 그러면 소비자의 플랫폼 선호도가 변화할 때도 안정적으로 사업을 유지할 수 있다. 웹 사이트, 뉴스레터 구독자 목록, 문자 수신자 목록 등은 당신이 소유하고 있는 플랫폼으로 옮기는 것을 권한다.

6. 경쟁 우위를 가진 사업체

사업체를 인수하고 난 뒤에는 경쟁력이 크게 약화될 위험이 항상 존재한다. 특히 브랜드의 얼굴이었던 창업자나 소유주에게 크게 의존하는 사업의 경우 더욱 그렇다. 또 경쟁자들이 사업 매각을 당신의 직원과 고객을 빼앗을 기회로 삼을 위험도 있다. 그래서 반드시 새로운 소유주에게 이전 가능한, 경쟁 우위를 갖춘 비즈니스를 인수해야 한다.

예를 들어 오랫동안 존재해온 신뢰받는 브랜드라면, 인수 후에도 그 지위를 누릴 수 있다. 수십 년 동안 지역사회에서 높은 평가를 받아온 브랜드와 경쟁하는 것은 매우 어렵기 때문이다. 또 해당 산업에서 반드시 면허가 필요하다면, 새로운 경쟁자가 시장에 진입하기 어려운 점이 경쟁 우위로 작용할 수 있다. 예를 들어 배관공이나 전기공 같은 기술직 사업은 종사자들이 특정 면허와 훈련을 필요로 하기 때문에 훨씬 더 크게 성장할 수 있다는 것은 잘 알려진 사실이다.

7. 자산 경량 사업체

나는 자산 경량 사업체를 선호한다. 창고 가득 재고가 있거나 업무용 차량이 많은 회사는 좋아하지 않는다. 어디서든 일할 수 있고, 가급적 문제의 소지가 없는 회사를 선호한다. 트럭이나 장비처럼 유지 보수가 많이 필요한 자산을 잔뜩 보유한 사업체를 인수하면 골칫거리가 늘고 관리할 일도 훨씬 많아진다. 특히 자산 집약적 사업체를 운영해본 경험이 없다면 관리하기 더 어려울 수 있다.

8. 즉각적인 가격 인상 기회가 있는 비즈니스

내가 어떤 사업체를 인수할 때는, 이미 인수 전에 얼마나 빠르게 매출과 가격을 올릴 수 있을지 알고 있다. 이는 내가 어떤 웹 사이트를 인수하면, 대부분의 경우 그전 소유주보다 광고주에게서 가망 고객 한 명당 더 많은 돈을 받을 수 있다는 뜻이다. 다시 말해 나는 웹 사이트를 인수한 첫날부터 새로운 웹 사이트에 제휴사의 링크를 추가해 가망 고객당 또는 판매 건당 20~30% 더 많은 수익을 올릴 수 있다. 단지 링크를 교체하는 것만으로도 이것이 가능하다. 이렇게 하면 투자금을 훨씬 더 빨리 회수할 수 있다.

이런 기회가 있는 사업체는 많이 존재한다. 현재 제공하는 서비스, 제품, 제휴 또는 구독의 가격을 인상할 수 있는가? 이는 특정 시장에서 사전 경험이 있으면 큰 도움이 되지만, 가격 탄력성이 높은 산업도 많기 때문에 주의해야 한다.

9. 기존 팀과 기술을 활용해 비용을 절감할 수 있는 사업체

수익을 빠르게 늘리는 것 외에도, 기존 팀과 기술을 사용해 비용을 절감할 기회를 찾아야 한다. 이럴 때 규모의 경제가 큰 도움이 된다. 나는 새로운 웹 사이트를 인수할 때 비용을 90% 이상 절감할 수 있는데, 이미 사내에 편집자, 작가, 웹 사이트 호스팅 계정, 디자이너, 프로그래머를 보유하고 있기 때문이다. 이것이 앞에서도 이미 다룬 바 있는, 소위 말하는 롤업이다.

10. 원래 세금을 적게 내거나 절세 기회가 많은 사업체

당신은 이미 미국 세법이 기업가와 소규모 사업체에 유리하다는 사실을 배웠다. 따라서 사업을 인수할 때 이를 활용할 수 있다. 어떤 회사들은 다른 회사보다 세금을 효율적으로 내지만, 사업을 인수한 뒤에 더 효과적인 재무 및 세금 관리 전략을 통해 세금을 빠르게 낮출 수 있는 경우가 많다. 또한 다양한 유형의 자산 구매에 대해 감가상각 공제를 받을 수도 있다.

정부가 인프라 투자를 위한 재원을 마련하기 위해 세금을 올릴 가능성이 높으니, 지금처럼 세율이 낮은 시기에 세금을 최대한 절감할 기회를 찾아야 한다.

이제 이런 기준들을 바탕으로 어떤 거래가 자신과 잘 맞는지 평가해보자.

인수 전 점검

새로운 회사를 인수하는 일은 제국을 빠르게 세우고 큰 부를 가져다줄 수 있다. 하지만 아무리 좋은 조건의 인수일지라도 삶이 더 복잡해지는 것은 피할 수 없는 일이다. 설령 일상적인 운영을 맡길 사람을 고용하더라도 소유주는 여전히 당신이다. 회사를 소유하는 동안에는 모든 것을 감독해야 하며, 거래를 고민하고 조건을 협상하며, 최종 확정 후에는 회사를 당신의 시스템에 통합하는 과정에서 최소 3~6개월 동안은 매우 적극적으로 관여해야 한다.

솔직하게 자신에게 물어보라. 정말 이 과정에 참여하고 싶은가? 무엇을 기꺼이 포기할 의향이 있으며, 무엇은 절대 포기할 수 없는가? 이 벤처가 가치 있으려면 어떤 종류의 가치를 얼마나 창출해야 하는가? 이 거래에서 당신을 설레게 하는 것은 무엇인가?

인수 유형 결정

인수를 결정했다면 당신이 보유한 기존 기술, 자원, 프로세스, 시스템, 전문 지식을 어떻게 활용해 투자 수익을 얻을 수 있을지 고민해야 한다. 이 사업체를 인수함으로써 기존 사업과 자신의 삶이 어떻게 더 나아질 수 있는지 자문해보라. 크게 보면 지주회사를 통해 할 수 있는 투자 또는 인수의 유형은 두 가지다. 바로 수직적 통합과 수평적 통합이다.

수직적 통합은 이미 소유한 회사와 매우 밀접한, 같은 산업 내 회사를 인수할 때 발생한다. 이는 규모의 경제를 확립하는 데 도움이 된다. 원래 아웃소싱해야 했을 여러 사업 부문을 직접 통제하게 되면서 모든 것을 더 효율적으로 처리할 수 있다는 의미다. 대표적인 예로는 회사의 공급망에 있는 다른 회사를 인수하는 경우다. 애플이 중국 공장을 인수해 아이폰 제조 비용을 줄이는 식이다. 이처럼 가장 지출이 큰 요소를 찾아 수직적 통합의 기회를 모색하라.

내게 가장 큰 지출 요소는 작가들이다. 다양한 웹 사이트 콘텐츠를 작성하기 위해 프리랜서 작가들을 고용하는 데 매달 많은 비용을 쓰고 있다. 이 작가들에게 충분한 작업을 보장하고, 수년간 약속을 지키며 제때 돈을 지급해온 덕분에 그들과 좋은 관계를 쌓았고, 그 결과 꽤 좋은 요율로 거래하고 있다. 하지만 평판 좋은 카피라이팅 에이전시를 인수할 수 있다면, 그 사업을 성장시키는 동시에 다른 사업체의 비용을 줄이는 데도 도움이 될 것이다.

우리는 또한 웹 호스팅에도 많은 돈을 쓰고 있어 웹 호스팅 회사를 인수할 수도 있다. 아직 그렇게 하지 않은 이유는 웹 호스팅 사업은 고객을 확보하고 관리해야 하는데, 내가 그 일을 하고 싶지 않기 때문이다.

수평적 통합은 다른 산업으로 확장해 규모의 경제를 활용할 때 발생하며, 현재 MMG미디어그룹의 지주사가 그런 식으로 작동하고 있다. 예를 들어 우리가 보유한 웹 사이트들은 편집 내용 면에서는 서로 독립적이지만, 다루는 주제가 비슷해 한 웹 사이트에 글을 쓰는 작가 네트워크를 다른 웹 사이트의 글을 쓰는 데도 활용할 수 있다. 또한 광고 캠페인이나 회계 처리 등에 이미 수립해둔 표준 운영 절차를 적용해 전체 운영을 더 효율적으로 만들 수 있다.

예를 들어 집 청소 대행 회사를 소유하고 있어 고객 예약, 추적, 일정 관리 및 사후 관리를 위한 독점적인 시스템을 개발했다고 가정해보자. 이 경우 홈 클리닝 고객들이 관심 가질 만한 서비스인 잔디 관리 회사를 인수하면, 두 사업 모두에 고객 서비스 플랫폼을 활용할 수 있다. 이렇게 하면 고객은 여러 서비스를 한 플랫폼에서 동시에 예약할 수 있고, 사업주는 양쪽 고객에게 서비스 및 프로모션을 교차 홍보할 수 있다. 이 인수가 성공한다면 당신이 이미 거래하고 있는 주택 소유주들에게 서비스를 제공할 수 있는 배관 회사, 주택 수리 회사, 냉난방 공조 회사, 주택 관리 회사 등을 추가로 인수할 수도 있다.

시장조사

인수 대상 기업을 적극적으로 물색하기 전에, 먼저 해당 산업에서 인수 대상이 될 만한 회사들이 시장에서 어떤 위치를 차지하고 있고 또 어떤 기준으로 가치를 평가받고 있는지 충분히 파악해야 한다. 최소 3~6개월은 이 작업을 한 다음, 본격적으로 한 기업을 파고들어야 한다. 이를 통해 다양한 산업, 부문 및 지역을 탐색할 수 있고, 동향을 파악하며, 기본적인 재무 상태를 이해할 수 있다.

가장 좋은 인수 기회는 멀고 낯선 곳이 아니라, 현재의 네트워크와 커뮤니티 안에서 나올 가능성이 높다. 기존 사업이나 역량과 가장 잘 보완되며, 이미 이들과 긴밀히 협력하고 있어 가장 정확히 평가할 수 있는 대상이기 때문이다.

나는 업계의 경쟁사를 면밀히 연구하며, 경쟁사들 역시 내가 웹 사이트를 매입한다는 사실을 알고 있다. 그래서 그들이 회사를 매각하고 싶을 때 먼저 내게 연락해 관심이 있는지 묻기도 한다. 때로는 웹 사이트를 시장에 내놓기 전에 먼저 연락이 와서 '직거래off-market deal' 기회를 얻기도 하고, 다른 경우 이미 중개인을 통해 웹 사이트를 등록한 뒤에 연락을 받기도 한다. 어느 쪽이든 관심이 있다면 나는 자유롭게 제안한다.

나는 그들의 웹 사이트를 면밀히 지켜봐왔기 때문에 어떤 회사가 인수를 고려할 만큼 매력적이고 또 어떤 회사는 인수 대상에서 제외하는 것이 좋을지 이미 파악하고 있다. 그리고 현재 관심을 갖고 지켜보는 신생 소규모 웹 사이트도 있다. 그들이 어느 정도 궤도에 올랐다고 판단하면 내가 먼저 연락해 인수 의사를 타진할 수도 있다. 나는 최고의 매물을 찾기 위해 집중하고, 사람들과 소통하며, 시장에 대한 공부를 많이 한다. 이는 나처럼 내성적인 사람에게는 쉽지 않은 일이지만, 시장에 관심이 있기에 나는 적극적으로 네트워크를 구축하고 키우려 노력한다.

특히 현재 속한 산업 외부에서 인수할 만한 기업을 찾고 있다면, 온라인 리소스를 활용해 현재 판매 중인 회사를 조사해야 한다. 비즈바이셀닷컴BizBuySell.com, 엠파이어플리퍼스닷컴 등 여러 웹 사이트를 통해 손쉽게 매물을 검색할 수 있다. 내가 이 글을 쓰는 지금도 웹사이트플립The Website Flip(매물로 나온 웹 사이트를 모아 보여준다) 및 쿠모Kumo(비즈바이셀닷컴에 등록된 매물을 모아 분류해준다) 같은 새로운 웹 사이트들이 등장해 다양한 검색 기준으로 기업 매물을 더 쉽게 검색할 수 있게 됐다.

이런 웹 사이트의 매물 정보는 각 사이트마다 다르지만, 보통 회사 개요, 판매 가격, 연간 매출, 비용, 이익 등이 포함된다. 그리고 때로는 소유주의 수입, 사업체의 경쟁 우위, 성장 기회 같은 지표 등도 포함된다. 목록을 통해 원하는 매물을 쉽게 필터링할 수 있으며, 관심 있는 매물이 있으면 소유주나 판매를 담당하는 중개인에게 연락할 수 있다.

이런 매물 목록에서 흔히 중개인들이 사업체의 수익을 부풀린다는 점을 잊어서는 안 된다. 따라서 '게시가sticker price'가 높다고 해서 사업체를 인수하기 위해 지불해야 할 금액이 반드시 높은 것은 아니다. 사업체의 가치를 평가할 때는 12장에서 다룬, 사업체를 매각할 때와 같은 계산 방식을 적용해야 한다. 특히 소유주의 실보수와 매출원가(종종 과소계상된다)에 주의를 기울여야 한다. 만약 당신이 사업체를 평가하는 과정에서 실사 단계까지 간다면, 그때는 앞서 언급한 숫자들을 훨씬 더 깊이 파고들어 실제로 이 사업체에서 얼마의 수익을 얻을 수 있을지 정확히 파악해야 한다.

이런 웹 사이트를 통해 회사를 구매하지 않더라도, 판매자들이 부르는 가격에 대한 감각을 익히고 어떤 사업이 투자에 적합한지 파악할 수 있다. 특정 산업이나 지역의 회사들은 일반적으로 어떤 기준으로, 어느 정도의 가격에 거래되는가? 현재 어떤 추세가 나타나는가? 어떤 시장이 특히 판매 경쟁이 심해 구매자에게 유리한가? 어떤 회사가 당신의 가슴을 뛰게 하는가? 특정 기업을 인수하면 당신의 제국을 확장하는 데 어떤 도움이 될까? 그것은 수직적 통합이 될까, 수평적 통합이 될까?

나는 다른 기업가들이 무엇을 하고 있는지 배우고, 거래를 잘하는 방법에 대한 조언을 얻기 위해 커뮤니티에 참여하는 것을 좋아한다. 다른 분야와 마찬가지로 자신이 속한 산업이나 지역에 지주회사 소유주 전용 레딧 스레드가 있을 것이고, 기업가를 위한 오프라인 행사도 열릴 것이다. 나 역시 매년 소규모 지주회사 소유주를 위한 컨퍼런스에 참석한다.

또한 나는 1,000명 이상의 고액 순자산 기업가들이 속해 있는 온라인 커뮤니티에 가입했고, 기업가들을 위한 나만의 커뮤니티를 구축하기도 했다. 나와 비슷한 일을 하는 사람들 사이에서 며칠만 시간을 보내도 비행기, 호텔, 경비로 지출하는 금액의 20배에 달하는 정보를 얻을 수 있으며, 이를 활용해 사업을 성장시킬 수 있다. 나는 수백 명에 달하는 사람들을 알고 있는데, 이들은 변호사 고용부터 세금 최적화 기술에 이르기까지 모든 종류의 문제에 대해 내게 조언해준다.

얼마나 큰 회사를 인수해야 할까?

회사의 매출이 클수록 인수 비용이 더 많이 든다. 그러나 인수 후 회사를 관리하고 기존 사업과 통합하는 데 그보다 더 많은 노력이 필요할 수 있다. 매출 규모에 따라 회사를 인수할 때 발생하는 일반적인 문제들을 살펴보자.

● 매출 150만 달러(원화로 약 21억 원) 이하

이는 매우 작은 회사로, 창업자 혼자 운영하거나 소수의 계약직 혹은 몇 명의 정규직 직원이 함께 운영한다. 이런 수준의 기업은 사업 성공의 상당 부분이 창립자나 CEO 개인에게 달려 있을 가능성이 높아 상당한 위험을 안고 있으며, 이를 보통 '키맨 key man 리스크'라고 부른다. 또한 이익과 현금 흐름이 부족해 소유주가 가져갈 수 있는 수입이 제한적이며, 사업을 빠르게 성장시키기 위한 재투자 여력도 부족하다.

이 정도 규모의 사업은 인수가가 저렴하며, 사업을 성장시킬 인프라가 이미 구축되어 있거나, 해당 산업에서 이미 성공한 상태라면 큰 가치를 지닌다. 그러나 이전에 사업을 인수해본 적이 없다면 상당한 위험이 될 수 있다.

● 매출 150만~ 500만 달러(약 21억~700억 원)

이 규모의 사업체가 첫 인수 대상으로 가장 적합하다. 새로운 지주회사를 설립해 인수하기에 적당한 규모이며, 구조가 비교적 단순해 인수 후 효율적인 관리와 개선이 용이하기 때문이다. 이미 괜찮은 매출을 창출하고 있지만, 더 효율적으로 관리하고 효과적인 마케팅 및 판매 정책을 펼치면 매출과 이익을 빠르게 성장시킬 수 있다.

이런 회사는 보통 5~20명의 직원, 체계 잡힌 구조, 안정적인 고객 기반 및 좋은 평판을 갖추고 있을 가능성이 크다. 또한 기업의 핵심 기능인 판매, 인사 및 회계 부문의 시스템을 갖추고 체계적으로 운영되고 있을 가능성도 크다. 내부 프로세스가 제대로 수립되어 있어 CEO 또는 창업자가 전체 사업을 감독하기는 하지만, 그들이 없더라도 사업은 잘 굴러간다.

● 매출 500만~1,000만 달러(약 700억~1,400억 원)

이 규모의 회사는 말 그대로 중소기업이므로, 인수하려면 탄탄한 운영 경험을 가지고 있어야 한다. 일반적으로 여러 계층의 직급과 체계가 갖추어져 있고, 핵심 사업 영역이 구축되어 있어 그것들이 서로 복잡하게 연결되어 동시에 움직이며 상호작용한다. 임원

진, 영업팀, 고객 서비스팀, HR팀 등이 별도로 조직되어 있을 가능성이 크다. 이 정도 규모의 회사는 핵심 운영 기능을 담당하는 전문 팀들이 잘 갖춰져 있어 롤업 전략을 펴기에 가장 이상적이다. 더 빠르게 성장하려면 현금 흐름을 늘리고 그 자금을 다시 투자해 매출 규모가 더 작은 경쟁사를 인수하면 된다.

- **매출 1,000만 달러(약 1,400억 원) 이상**

이 규모의 회사는 규모가 크고 복잡하며, 해당 산업에서 실질적인 강자다. 이런 회사를 인수하려면 상당한 재정적·운영적·전략적 자원이 필요하다. 만약 당신이 이런 수준의 회사를 운영하고 있다면, 상당한 규모의 팀과 해당 산업 경험을 갖추고 있을 것이다. 이 규모에서는 이미 유능한 경영진이 있는 회사를 인수해 회사가 보유한 방대한 전문 지식을 유지하고 활용하기를 원할 것이다.

규모가 큰 회사들은 당신의 기존 운영 체제에 통합하기는 어렵지만, 대신 경쟁 우위와 상당한 시장 점유율을 빠르게 확보하는 데 도움이 될 수 있다. 이런 규모의 회사들은 때로 '플랫폼 회사'라고 불리는데, 시장 지위를 확립하고 그 아래 더 작은 사업체들을 인수하는 발판이 되기 때문이다. 또한 이런 플랫폼 회사들은 대기업에게 매력적인 인수 대상이다. 대개 대기업들은 연간 매출이 1천만 달러 이상인 사업체만 인수한다.

고객으로서의 경험

괜찮은 매물처럼 보이는 회사를 발견했다면, 그 회사의 운영 방식을 더 깊이 파고들어 배울 필요가 있다. 재무제표에서도 배울 점이 많지만, 회사가 잘 운영되는지 판단하는 가장 효율적이고 효과적인 방법 중 하나는 직접 고객이 되어보는 것이다. 그들의 웹 사이트를 방문하고, 직접 제품을 구매하거나 서비스에 가입해보라. 이메일 마케팅 정보를 받아보도록 구독 신청을 하고, 온라인 고객 리뷰를 읽어보라. 단지 구글 검색 결과의 첫 페이지만 보지 말고, 더 깊이 파고들어보라. 몇 시간을 투자해 고객의 입장에서 그리고 고객의 눈을 통해 브랜드를 경험하라. 고객이 만족하는지, 부족한 점은 없는지 찾아보라. 그리고 개선 가능한 사항이 있다면 리스트를 만들라.

고객의 입장에서 살펴볼 때는 구매 의사를 미리 드러내서는 안 된다. 그래야 다른 사람들과 동일한 경험을 할 수 있다. 해당 제품이 다른 유사 제품과 비교해 어떤가? 그 브랜드는 경쟁사들이 제공하지 않는 무엇을 제공하는가? 고객 서비스는 어떤가? 반복 고객을 어떻게 대우하는가?

시즈캔디See's Candies가 그토록 수익성이 높았던 이유는 고객들이 항상 그 브랜드를 사랑했기 때문이다(1972년 초기 2,500만 달러, 한화로 약 360억 원을 투자한 이후 이 회사는 버크셔 해서웨이에 8,000%의 수익률을 안겨줬다).[15] 버핏은 당시 지역에서만 운영하던 시즈캔디의 고객들과 직접 이야기하며 이를 알게 됐다. 고객들은 회사의 제품과 고객 서비스에 열광했고, 버핏은 그 충성도를 활용해 다른 지역으로 확장할 수 있다는 확신을 얻었다.

비효율성과 이상 징후

다음 장에서는 인수를 진지하게 고려하는 회사에 대해 실사를 수행하는 방법을 다룰 것이다. 그전에 선택 사항들을 고려하고 후보 회사를 좁혀나가는 과정에서는 공개적으로 이용 가능한 정보를 활용해 회사의 재무 상태를 더 깊이 검토하라. 이는 그 회사가 겉보기

만큼 실제로도 좋은지 아닌지를 판단하기 위함이다. 이때 비효율적인 부분과 이상 징후를 모두 찾아야 한다. 비효율성이 많을수록 회사의 운영을 개선하고 수익을 늘릴 기회가 많아진다. 반면 이상 징후는 피해야 할 위험 신호일 수 있다.

내 회사의 손익계산서 및 재무제표를 읽었던 경험을 살려 부정확성과 비효율성을 찾아보라. 사업 평가 초기 단계에서는 이 데이터에 접근하기 어렵지만, 실사 단계에서는 반드시 손익계산서상의 총매출이 은행 거래 내역서 및 세금 신고서와 대조 및 확인 결과 정확한지 확인해야 한다. 손익계산서의 매출액은 조작되거나 부풀려지거나 축소될 수 있지만, 은행 거래 내역서와 세금 신고서를 보면 실제 매출 발생 여부를 검증할 수 있다. 무언가를 숨기고 있는 사업주라면 세금 부담을 줄이기 위해 은행 예금에 표시된 것보다 적은 매출액을 세금 신고서에 보고하거나, 반대로 사업 가치를 부풀리기 위해 손익계산서에 매출액을 과대 기입할 수도 있다.

어느 정도 경험이 쌓이면, 단순히 잘못된 부분뿐 아니라 비효율적인 부분까지도 빠르게 찾아낼 수 있다. 여기서 핵심은 첫째, 비용을 빠르게 줄일 수 있는 영역과 둘째, 매출을 늘릴 수 있는 영역을 찾는 것이다. 나는 내가 속한 업계 회사의 손익계산서를 빠르게 살펴보며 비용을 줄이고 매출을 늘릴 수 있는 곳을 금세 알아낼 수 있다.

예를 들어 콘텐츠 회사의 급여 외 가장 큰 비용은 작가나 크리에이터를 고용하는 비용이다. 나는 경쟁사들보다 훨씬 낮은 단어당 요율로 협상해왔고, 이는 콘텐츠 비용의 평균 80%의 절감 효과를 가져왔다. 즉 웹 사이트의 손익계산서를 보고 콘텐츠에 얼마를 지출하는지 확인하면, 즉시 그 비용을 70~80% 줄일 수 있음을 알 수 있다.

손익계산서를 보고 비용 절감 기회를 쉽게 포착할 수 있는 이유는, 기존 팀을 활용해 일부 업무를 처리하고 인력을 줄일 수 있기 때문이다. 또는 자신의 경험을 바탕으로 기존 공급업체나 제휴사와 계약 조건을 다시 협상함으로써 비용을 줄일 수도 있다.

물론 결코 쉬운 일은 아니다. 하지만 새로운 사업주들이 사업을 인수한 뒤 가장 먼저 취하는 조치 중 하나는 비용을 빠르게 줄이기 위해 계약직과 정규직 일부를 해고하는 것이다. 회사는 시간이 지나면서 비대해지고, 너무 많은 인력을 고용하거나 과도하게 많은 서비스에 가입하기 마련이다. 손익계산서를 새로운 시각으로 살펴보면 이런 비용 절감 기회를 신속히 찾아내 이익을 늘릴 수 있다.

다음은 매출을 늘릴 기회를 찾아야 한다. 가장 빠른 방법은 사업을 인수한 뒤, 고객층이 이를 감당할 수 있다고 판단하면 가격을 인상하는 것이다. 해당 산업과 회사 그리고 제품을 연구하면 이것이 가능한지 여부를 알 수 있다. 만약 경쟁사보다 가격이 낮거나 경쟁 우위가 있다면 가격을 올릴 여지가 있다. 또한 수요가 공급보다 빠르게 증가하고 있어도 가격을 인상할 수 있다. 회사의 제품이나 서비스 없이 살 수 없는 충성도 높은 고객이 많다면 역시 가격 인상이 가능하다. 또한 당신이 이미 유사 산업에서 일하고 있거나, 대규모 이메일 마케팅 대상자를 보유했거나, 현 사업주보다 디지털 마케팅에 더 능숙하다면 손익계산서, 제품 가격 리스트, 마케팅 활동을 검토해 매출을 빠르게 늘릴 수 있다.

  이상 징후를 발견하면, 그 심각성을 판단하기 위해 더 많은 정보를 수집해야 한다. 부실하거나 부정직한 회계 자료, 법률 위반 사항, 불량 채권, 수상한 사업 관행 또는 해당 사업에서 정상적인 행위가 아닌 모든 것을 찾아야 한다.

  예를 들어 당신이 가장 좋아하는 지역 바비큐 식당을 인수하려는데, 그들이 매출 이익률이 60%라고 주장한다고 해보자. 그런데 레스토랑 업계 평균 매출 이익률은 5%에 가깝다. 이 경우 당신은 당연히 그런 수치가 어떻게 나오는지 의문을 제기해야 한다. 중개인 또는 가능하다면 소유주에게 직접 질문하고, 그들이 어떻게 반응하는지 살펴보라. 만약 답변이 타당하고 각종 수치로 뒷받침되며, 당신이 개선할 수 있는 비효율성을 반영한 내용이라면 대화를 계속해도 좋다. 하지만 그들이 모호하게 반응한다면 매물의 가치를 다시 계산해야 할 것이다.

대금 지불

  나는 사업체를 인수하기 위해 대출을 받거나 빚을 진 적은 없지만, 거래 자금을 조달하는 방법을 결정할 때에는 고려할 수 있는 몇 가지 선택지가 있다. 물론 전액 현금으로 지불할 수도 있지만, 일반적으로 대금의 일부를 대출이나 다른 방식으로 조달하는 것이 재정적으로 가장 합리적이다. 그렇지 않으면 현금이 묶이기 때문이다.

실제로 거의 모든 거래에서는 일정 금액의 현금을 먼저 지불하고, 나머지 금액은 외부 자금을 조달해 마련한다.

내가 빚을 전혀 지지 않으려는 가장 큰 이유는 외부 투자를 받지 않는 이유와 같다. 나는 누구에게 얽매이거나, 갚아야 할 빚 때문에 사업상의 결정을 제한받고 싶지 않다. 빚이 없으면 사업을 성장시킬 때 더 전략적인 결정을 내릴 수 있고, 월별 부채 상환에 얽매이지 않기 때문에 현금 흐름에 기복이 있어도 버틸 여유가 생긴다. 빚이 없으면 자신의 속도에 맞추어 기업을 성장시킬 수 있다. 다만 자금력이 제한되므로 큰 규모의 사업체를 인수하기는 어렵다.

사업체를 인수할 자금이 없거나 더 큰 사업체를 인수하고 싶다면 어떤 형태든 융자를 활용할 수 있다. 그러나 반드시 신중해야 하며, 기업의 재무 상태를 위태롭게 하지 않도록 주의해야 한다. 자금을 빌리거나 투자를 받을 때는 그 조건과 자신의 책임을 정확히 이해해야 한다.

중개인이 있는 판매자로부터 사업체를 구매하는 경우, 판매자가 원하는 자금 조달 방식은 보통 매물 리스트나 해당 매물의 사업 소개서에 명시되어 있다. 판매자가 빠른 매각을 원한다면 여러 가지 지불 시나리오를 기꺼이 받아들일 가능성이 크다. 사업체 매매 대금을 지불하는 방식에는 여러 가지 창의적인 접근이 가능하며, 이는 협상 과정의 핵심 부분이기도 하다. M&A 변호사 또는 숙련된 중개인은 당신의 사업 목표에 맞는 거래 방식을 제안하고, 판매자와 협상을 시작하는 데 도움을 줄 수 있다. 궁극적으로 거래 방식은 당신이 지불할 금액과 기간에 큰 영향을 미칠 수 있다.

다음은 가장 일반적인 자금 조달 방법과 각각의 장점이다.

판매자 파이낸싱 Seller Financing

이 방식은 판매자가 구매자에게 판매 대금의 일부를 합의된 기간 동안 정해진 이율로 직접 상환받는 방식이다. 이는 인기 있는 자금 조달 방법이지만, 구매자가 선불로 상당한 비율의 현금을 지불할 때만 가능하다. 일반적으로 판매자 파이낸싱은 전체 거래 금액의 25% 이하를 차지한다. 예를 들어 240만 달러에 사업체를 인수하는 경우, 190만 달러는 선불 현금으로 지불하고, 나머지 50만 달러는 3년간 연 5%의 이율로 판매자 파이낸싱을 통해 갚아나가는 식이다. 구매자는 현금 투입을 줄일 수 있고, 판매자는 거래를 성사시키고 대출 금액에 대해 약간의 이자를 벌 수 있다는 것이 장점이다.

언아웃 Earnout

구매자가 일부 대금을 미리 현금으로 지급하고, 나머지는 인수 후 해당 사업에서 발생하는 미래 매출의 일정 비율을 정해진 기간 동안 판매자에게 분할 지급하는 방식이다. 일반적으로 사업체 매출의 일정 비율을 기준으로 매월 또는 분기별로 판매자에게 지불한다. 언아웃의 유형은 보장형과 성과 기반형 두 가지다. 보장형은 사업 성과와 관계없이 매매 대금 지급이 보장된다는 의미다. 이 방식은 판매자에게 확실한 수금 보장을 제공한다.

이름에서 알 수 있듯, 성과 기반 언아웃은 사업 성과에 따라 지급액이 달라진다. 이때 지급액이 특정 금액으로 제한될 수도 있고, 사업이 매우 잘될 경우 상한선 없이 큰 수익을 올릴 수도 있다. 이는 사업체의 성과가 좋아야만 판매자가 돈을 받을 수 있는 방식이다. 그러나 금액 상한선이 없거나 높고 회사가 좋은 성과를 낸다면, 판매자는 훨씬 더 많은 돈을 벌 기회를 가질 수 있다. 반면 보장이 없는 언아웃은 판매자에게 큰 위험이 따른다.

예를 들어 240만 달러짜리 웹 사이트를 인수하면서 140만 달러를 현금으로 지불하고, 나머지 100만 달러는 분기별로 매출의 20%를 언아웃으로 지불하는 조건으로 협상할 수 있다. 언아웃이 보장형일 경우, 보통 3~5년과 같이 일정한 지급 기간이 정해진다. 마지막 해에 매출의 20%만으로도 언아웃의 전체 잔액을 충당하기 충분하지 않다면, 성과와 관계없이 구매자는 나머지 금액을 지불해야 한다.

언아웃이 기한 제한 없는 성과 기반형이라면, 구매자는 전체 대금을 상환할 때까지 매년 매출의 20%를 계속 지불한다. 만일 사업체가 문을 닫아 더 이상 매출이 없다면, 구매자는 언아웃 잔액을 지불할 책임이 없게 되고 이는 판매자에게 위험한 상황이 된다. 반대로 사업체가 급성장하고 언아웃 기간이 5년이라면 매출의 20%는 판매자에게 100만 달러를 훨씬 뛰어넘는 가치가 될 수 있다. 그래서 판매자는 일반적으로 보장형 언아웃을 선호하지만, 새로운 소유권 하에서 사업 전망에 대해 낙관적이라면 성과 기반형 언아웃도 받아들일 수 있다.

SBA 정부 대출 SBA Government Loan

미국 중소기업청SBA은 7(a) 대출 프로그램을 통해 특정 사업주에게 소기업 인수 등 다양한 목적으로 사용할 수 있는 저금리 대출을 제공한다. 이 10년 만기 무이자 대출은 최대 500만 달러까지 가능하며, 기업 인수 비용의 최대 80%를 조달할 수 있다. SBA 대출은 SBA 파트너 은행을 통해서만 승인 및 진행된다.

매물로 나와 있는 사업체 중에는 'SBA 사전 적격prequalified'이라는 표시가 있는 경우가 있다. 이는 대출 기관이 해당 사업체의 SBA 대출 적격성을 미리 검토했다는 의미다. 또한 SBA 대출 지정 은행 또는 SBA 공인 평가자에게 사업 인수 계획을 제출해, SBA 대출 승인 가능성을 타진해볼 수도 있다.

다른 대출과 마찬가지로 SBA 대출 은행은 승인 전에 사업체와 개인 재정 상태 모두에 대한 실사를 수행한다. 이는 사업체를 인수하려는 사람에게 좋은 소식이다. 경험 많은 대출 기관은 대개 매출 및 이익이 보장되고 풍부한 현금 흐름이 입증된 사업체에만 대출을 승인하기 때문이다. 그들은 사업체를 면밀히 평가하고, 차용인이 대출 상환을 감당할 수 있을 만큼 충분한 현금 흐름과 유동성을 보유하고 있는지 검토한다.

최종적으로 대출을 승인받으려면 회사 자산 및 개인 자산을 담보로 제출해야 하므로, 사업을 운영할 능력에 확신이 없다면 이 방법은 위험할 수 있다. 예를 들어 대출을 상환하지 못하면 집을 잃을 수도 있는 것이다. 그러나 사회생활을 시작한 지 얼마 되지 않아 자산이 없다면 전혀 위험하지 않을 수도 있다. 자산이 있더라도 견고한 실사와 SBA 대출 절차 덕분에 SBA 대출 불이행률은 매년 10% 미만이며, 어떤 해에는 2~3% 범위에 있다. 이는 SBA 대출 승인을 받은 대부분의 구매자가 대출금을 문제없이 갚는다는 뜻이다.

SBA 평가자는 일반적으로 다음과 같은 서류를 요구한다.

- 과거 3년간의 소득세 신고서(개인 및 법인)
- 현재 및 전년도 포괄적 재무제표(손익계산서, 매출채권 및 매입채무 연령분석 요약 포함)
- 대략적인 평가액이 기재된 현재 재고자산 리스트
- 법인 및 개인 자산 목록
- 개인 재무제표
- 개인 신용 기록
- W-2, 1099 및 기타 확인 가능하고 신고된 소득 증빙 서류
- 개인 담보 가치 평가
- 기업의 전략적 성장 계획서

실사를 수행하는 것 외에도 인수 위험을 줄이는 방법은 SDE가 높

은 사업체를 인수하거나, 계약금을 많이 지불해 지분을 높이거나, 더 많은 여유 현금을 보유하는 것이다. 다른 대출과 마찬가지로 대출액이 적을수록 위험은 줄어든다.

은행 대출

인수하려는 매물이 지역 기반 사업체라면, 해당 지역 은행에서 대출을 받는 것도 고려할 만하다. 지역 은행과 신용협동조합은 당신이 조건을 충족하고 신용 등급이 좋다면 사업체 인수 자금의 일부를 기꺼이 대출해줄 것이다.

지역 은행과 기존 거래 관계가 있다면 이 과정이 더 쉬워질 수 있으며, 은행은 고객을 유지하기 위해 더 유리한 대출 조건을 제시할 수도 있다. 따라서 마음에 드는 매물이 나타나는 즉시 주저하지 말고 곧바로 은행에 대출 상품을 알아보는 것이 좋다. 다만 SBA 대출과 마찬가지로 법인 및 개인 자산을 담보로 제공해야 할 수 있으므로 어느 정도의 위험은 감수해야 한다. 앞에서 언급했듯 당신이 인수하려는 사업체가 은행이 위치한 지역 또는 그 근처에 있는 경우라면, 지역 은행은 지역사회를 지원하기 위해서라도 대출을 해줄 가능성이 크다.

사모 대출

투자자나 동료 기업인 또는 특정 산업에 관심이 있거나 잘 아는 재력가들도 사업체를 인수하려는 기업가에게 자체 투자 형태로 대출을 제공할 수 있다. 물론 개인이나 소규모 대출 사무소가 진행하는 대출이기 때문에 사모 대출의 이자율은 SBA 및 은행 대출보다 높다. 하지만 이들은 다른 기관보다 더 빠르게 자금을 제공하므로 사업체를 신속하게 구매할 수 있도록 해준다.

대부분의 사모 대출 기관은 회사 지분을 원하지 않는 대신, 대출금에 대한 안정적인 이자 수익을 원한다. 이들에게 대출을 받을 경우 일반적으로 현재 운영 중인 당신의 사업체가 주요 담보가 되며, 경우에 따라서는 개인 자산까지 담보로 제공해야 할 수도 있다.

신디케이트 투자 Syndication

신디케이트 투자는 혼자 감당하기 어려운 큰 회사를 인수할 때 좋은 선택지가 될 수 있다. 여러 투자자가 모여 각자 구매 가격의 일정 비율을 기여하고, 그 대가로 회사에 대한 상대적 지분을 얻는 구조다. 이 접근 방식을 통해 큰 수익을 얻고 사업을 더 빠르게 성장시킬 수 있지만, 다른 사람의 막대한 자금과 거대 기업 인수를 동시에 관리해야 하므로 당신의 삶이 엄청나게 복잡해질 수 있다. 나 역시 억만장자 가문으로부터 5,000만 달러를 대줄 테니 웹 사이트를 사들이고 운영해달라는 제안을 받은 적이 있다. 그러나 억만장자가 되고 싶지도 않았고, 다른 사람의 재산을 관리하는 부담을 떠안고 싶지 않아 거절했다. 사람은 자신의 분수를 알아야 한다.

'정말로 이것을 하고 싶은가?'

이제 매물에 관한 모든 정보를 수집했다. 숫자도 정확하고 성장 잠재력도 포착했다. 하지만 거래 협상을 시작하기 전, 다시 한번 스스로를 점검하는 시간을 가지길 권한다. 시간은 돈보다 더 소중하기 때문이다. 무언가를 살 수 있다고 해서 반드시 사야 하는 것은 아니다. 아래는 이 단계에서 내게 도움이 됐던 몇 가지 질문이다.

- 회사를 인수하고 싶은 것인가, 아니면 단지 일자리가 필요한 것인가?
- 진정으로 이 사업에 뛰어들고 싶은가?
- 이 사업이 나의 자산 포트폴리오와 얼마나 잘 맞는가?
- 회사를 인수했을 때 얻을 수 있는 진정한 장점은 무엇인가?
- 혹시 이 돈을 다른 곳에 더 유용하게 쓸 수 있지 않을까?
- 지주회사 안에서 완전히 자동화되어 스스로 운영될 때까지 향후 1~3년 동안 직접 운영하고 관리할 의향이 있는가?
- 모든 내막을 다 알고도 여전히 이 사업에 뛰어들고 싶은가?
- 이 회사를 위해 얼마큼 헌신할 자신이 있는가?
- 어디까지 위험을 감당할 수 있는가?

돈을 벌 기회는 많으며, 매일 더 많은 기회가 생겨나고 있다. 당신의 삶을 진정으로 풍요롭게 할 기회를 선택하라.

인수 팀 구성

《하버드 비즈니스 리뷰》에 따르면 기업 인수의 70~90%는 실패한다.[16] 그 원인은 문화적 차이, 시스템의 효율적인 통합 실패, 시장 상황 등 무수히 많으며, 실제 인수하기 전까지는 성공 여부를 예측할 방법이 전혀 없다. 하지만 거래를 확정하기 전에 대상 자산에 대한 실사를 수행하면 위험을 최대한 줄일 수 있다.

실사 단계는 매우 빠르게 복잡하고 전문적인 영역으로 들어가므로, 직접 관리하기보다 전문가를 고용해 진행하는 것이 가장 좋다. 그럼에도 불구하고 최소한 어떤 중요한 요소들을 파악해야 하는지는 알고 있어야 되돌아오는 정보를 평가하고 정곡을 찌르는 질문을 할 수 있다. 이는 주택 점검home inspection 절차와 같다. 어떤 부동산을 원한다는 확신이 있어도, 서명하기 전에는 벽 속에 놀랄 만한 문제가 숨어 있지 않은지 반드시 확인해야 한다.

만약 당신이 25만 달러 이상의 가치를 지닌 회사를 인수하려 한다면, 다음과 같은 전문가들을 고용하는 것이 좋다.

M&A 전문 변호사

이미 다른 변호사와 협력하고 있더라도, 별도로 M&A 전문 변호사를 찾아야 한다. 이들의 역할은 의향서, 기밀유지협약 그리고 인수 대상 회사의 구매 계약서를 작성하는 것이다. 두 회사를 합병하는 과정에는 여러 복잡한 문제가 따르기 마련이다. 서류를 잘못 또는 늦게 제출하거나, 올바른 라이선스나 보험을 확보하지 못하는 등의 사소한 실수만으로도 수천, 심지어 수백만 달러의 법률 비용과 벌금이 발생할 수 있다. 많은 것이 걸려 있는 만큼 적임자를 고용해 이 일을 맡기는 것이 좋다.

뛰어난 M&A 변호사를 찾는 일은 쉽지 않다. 따라서 주변 지인들에게 물어보거나, 회사를 사고팔아본 사람들에게 연락해 그들의 경험을 묻는 등 노력을 기울여야 한다. 적임자를 잘 고용하면 기업 인수 과정에서 큰 도움을 받을 수 있을 뿐 아니라, 시간 낭비 없이 좋은 기회를 포착하는 데 필요한 통찰력도 얻을 수 있다. 그리고 그 변호사와 신뢰를 쌓으면, 결국 그는 당신의 사업을 충분히 이해하게 되어 전반적인 전략에 부합하는 행동 전략을 추천해줄 수 있을 것이다.

회계사

법률문제와 마찬가지로, 재무 상태가 양호한지, 미납 세금은 없는지 역시 반드시 확인해야 한다. 기존 회계사와 상담할 수도 있지만,

처음부터 거래를 정확하게 진행하고 세금 문제가 발생하지 않도록 하려면 반드시 M&A 전문 지식을 갖춘 전문 회계사를 고용하는 것이 좋다.

중개인

부동산 중개와 마찬가지로 중개인은 관심 있는 구매자와 판매자의 소개 및 만남을 주선한다. 인수하려는 회사와 이미 관계가 있다면 중개인이 필요 없을 수도 있지만, 특정 상황에서는 중개인을 두는 것이 유리하다. 대부분의 기업 인수 거래에서는 판매자를 대리하는 중개인이 있으므로 별도로 고용할 필요는 없지만, 거래 과정의 소통을 외부 전문가에게 맡기고 싶다면 고용할 수도 있다. 좋은 중개인은 장기적 관점에서 접근한다. 당장의 거래가 불발되거나 자신이 판매자 측을 대리하는 중개인이더라도, 당신이 진지하게 구매를 고려하는 사람임을 알기에 다른 좋은 기회가 생기면 계속 연락을 해올 것이다.

이제 거래 과정을 살펴보자.

15장

인수 거래는
신속하고 신중해야 한다

> 세상은 당신의 지식이 아니라
> 행동에 돈을 지불한다.
> ― 잭 캔필드Jack Canfield, 작가

사업체를 매입할 준비가 됐다면 정리된 상태를 유지하고, 명확하고 일관되게 의사소통하며, 투명하게 행동하고, 신속하게 움직이는 것이 중요하다. 아무리 순조롭게 진행되더라도 초기 관심 표명부터 거래 종결까지는 보통 6~12개월의 시간이 걸릴 수 있다. 사업체 규모가 작다면 6개월 이내에도 가능하지만, 이는 매우 드문 경우다. 시간이 지연될수록 거래가 무산될 가능성이 매우 커진다는 격언을 명심하라. 매물을 평가하는 데 시간이 많이 소요되면 판매자가 마음을 바꾸거나 다른 구매자가 나타날 수 있으며, 시장 자체가 변해 기업 가치가 오르거나 내려갈 수도 있다.

사업체를 인수하다 보면 어쩔 수 없는 변수가 수없이 나타난다.

하지만 통제할 수 있는 부분도 많으므로, 미리 인수 과정을 이해하고 통제할 수 있는 부분을 관리해야 한다. 인수 과정은 대체로 산업별로 표준화되어 있지만, 각 단계에 소요되는 시간은 사업체의 복잡성이나 특수한 상황에 따라 달라질 수 있다. 이 장에서는 웹 사이트나 디지털 사업체 인수를 예로 들어 각 과정을 설명하겠다.

사업체 소유주 또는 중개인과의 접촉

인수하고 싶은 사업체가 나타나면, 소유주에게 직접 연락하거나 중개인이 있다면 중개인을 통해 연락해야 한다. 연락 방식은 크게 콜드 아웃리치cold outreach, 웜 아웃리치warm outreach, 핫 아웃리치hot outreach 세 가지로 나뉜다. 콜드 아웃리치는 사업체 소유주를 알지 못하고 인맥도 없으며, 해당 회사가 사업체를 매각하고 싶어 하는지조차 모르는 상태에서 연락하는 경우다. 웜 아웃리치는 친구, 지인 또는 소셜 미디어 등을 통해 소유주가 매각에 관심이 있거나 확실히 관심이 있다는 소식을 들었을 때 연락하는 방식이다. 핫 아웃리치는 사업체 소유주가 매각할 준비가 되어 있고, 직접 또는 중개인을 통해 제안을 받을 의사가 있다고 밝힌 경우를 말한다.

사업체가 웹 사이트나 중개업체를 통해 매물로 나와 있지 않다면, 소유주에게 직접 연락해 사업체 매입에 대한 관심을 밝혀야 한다. 나 역시 내 웹 사이트 중 하나를 매입하고 싶어 하는 사람들로부터 매주 2~3통의 이메일을 받는다. 경험상 이런 구매자들은 좋은 매물을 인수한 다음 더 높은 가격에 되팔아 이익을 보려는 사람들이거나, 아니면 비교적 경쟁이 덜한 직거래 매물을 찾는 사람들이다.

어떤 구매자들은 실제로 구매할 의사가 없음에도 단지 정보를 얻기 위해 접근하기도 한다. 사업체 매매 과정의 특성상 어느 정도는 정보 공개가 필요하기 때문이다. 성공적인 사업체의 소유주들은 잠재적 구매자들로부터 자주 연락을 받는데, 보통 상대의 진정성을 의심하거나 사업 매각에 관심이 없기 때문에 콜드 아웃리치에는 대체로 무관심하거나 부정적인 반응을 보일 가능성이 높다.

콜드 아웃리치를 할 때 가장 좋은 방법은 직접적이고 투명하게 행동하는 것이다. 자신이 누구인지, 왜 그 사업체에 관심이 있는지, 왜 인수하려 하는지, 현실적인 타임라인은 어떻게 되는지 그리고 선불로 얼마를 지불할 의향이 있는지를 설명해야 한다. "얼마면 파시겠습니까?"라고 묻기 전에 제안 금액을 먼저 밝히는 것이 좋다. 이 상황에서는 판매자가 우위에 있으므로 당신의 제안 금액을 먼저 듣고 싶어 할 것이다.

콜드 아웃리치의 목표는 신뢰성을 보여주고, 잠재적 판매자와 신뢰를 쌓으며, 판매자가 당신이 실제로 구매할 의사가 있다고 느끼도록 하는 것이다. 내가 받는 문의 이메일은 대부분 "사업체를 매각할 의향이 있으십니까?" 같은 간단한 내용이다. 이런 이메일에는 자세한 내용이 없어서 상세한 내용을 확인하려면 내가 다시 질문을 해야 한다. 그래서 설사 내가 매각에 관심이 있더라도, 이런 구매자들을 진지하게 받아들이지 않는다.

사업체 매각은 특히 처음 경험하는 사람에게는 매우 어렵고 감정적으로도 힘든 과정이 될 수 있다. 따라서 처음부터 당신이 합법적이고, 함께 일하기 쉬우며, 인수에 적극적인 사람이라는 점을 분명히 해야 한다. 이메일이나 전화 외에도, 링크드인이나 X처럼 사업체 소유주들이 자주 사용하는 플랫폼에서 직접 메시지를 보내는 것도 좋다. 소셜 미디어를 통해 직접 메시지를 보내면 판매자가 당신의 프로필을 보고 당신이 누구인지 빠르게 파악할 수 있어 특히 효과적이다.

이메일을 보낼 때는 당신 또는 사업체의 웹 사이트나 링크를 삽입해 상대가 당신이 누구인지 쉽게 확인하고 평가할 수 있게 하라. 안타깝게도 소셜 미디어에서는 누군가를 사칭하기가 쉽다. 만약 오프라인 사업체에 관심이 있다면, 전화나 이메일 또는 소셜 미디어로 이미 연락했더라도 직접 방문해 소유주와 대면하는 것이 좋다. 콜드 아웃리치는 결코 쉽지 않지만, 직거래 매물을 잡는 데는 매우 성과가 좋은 방식일 수 있다.

웜 아웃리치는 비교적 더 쉽다. 사업체 소유주가 당장 매각할 의사가 있든 없든 이미 상호 연결된 관계가 있고, 대화를 시작할 수 있는 여지가 있기 때문이다. 나 역시 대부분의 매물 정보를 이런 방식으로 얻는다. 내가 재테크 사이트 인수에 관심이 있다는 것을 아는 사람들이 웹 사이트 매각을 고려하는 사람들에게 나에 관한 정보를 알려준다. 또 내가 관심 있는 사업체의 소유주를 아는 사람이 있다면, 그에게 나를 소유주에게 소개해달라고 부탁할 수 있다. 아니면 소유주에게 직접 처음 연락할 때 공통된 연결 고리를 언급하는 방법도 있다.

사업체 소유주들은 언젠가는 사업체를 매각해야겠다고 생각하지만, 당장 적극적으로 구매사를 찾지는 않는다. 하지만 매각에 대한 생각은 대부분의 사업체 소유주들의 마음 한구석에 자리하고 있다. 이들이 망설이는 이유는 지금이 적절한 시기인지에 관한 확신이 없거나, 매각 절차를 잘 모르거나 또는 구매자를 찾는 데 시간을 할애하고 싶지 않기 때문이다. 만약 공통의 지인을 알고 있다면 소유주는 당신을 신뢰할 가능성이 더 크고, 이는 직거래를 성사시키는 데 더 유리하게 작용한다.

핫 아웃리치는 소유주나 중개인이 사업체를 '매물'로 등록한 경우다. 보통 2주~2개월까지 기한을 정해놓고 그 기간 내에만 제안서를 받는 경우가 많다. 소유주가 매각 의사가 확고하다면 가급적 빠르게 거래를 종결하고 싶어 할 것이다. 이때 가장 효과적인 소통 전략은 단도직입적이고 직접적으로 연락하는 것이다.

그들에게 연락해 당신이 누구이며 왜 그 사업체에 관심이 있는지 표현하라. 실제로 구매 의사가 있고 자격을 갖춘 구매자임을 보여주며, 사업체에 관한 추가 정보를 요청하라. 때로는 소유주나 중개인이 사업체 정보를 공유하기 전에 당신의 제안 가격을 묻는 경우도 있다. 이때 정말 구매 의사가 있다면 가격을 알리는 것이 유용할 수 있다. 매물 목록에는 보통 희망 가격이 포함되어 있으므로, 당신의 답변은 그 숫자를 기반으로 하되 합리적인 반대 제안이어야 한다.

소유주는 당연히 사업체 매각으로 최대한 많은 것을 얻고 싶어 하므로 희망 가격이 부풀려져 있을 수 있다. 따라서 협상을 통해 흥정의 여지는 충분하다.

만약 흥정할 의사가 없다면, 소유주는 가격을 '확정가' 또는 '협상 불가'로 명시할 것이다. 하지만 때로는 개인적 사정 또는 시장 상황의 변화 때문에 빠른 매각을 목표로 합리적인 가격을 제시하는 경우도 있다. 내가 이 글을 쓰는 지금도 여러 웹 사이트 소유주들이 자금이 필요하거나 AI가 사업에 위협이 될 것이라는 우려 때문에 합리적인 가격으로 매물을 내놓고 있다.

기밀 유지 협약 체결

기밀 유지 협약NDA은 매매 과정에서 알게 되는 모든 정보를 외부에 발설하지 않겠다는 판매자와 구매자 사이의 약속이다. 여기에는 모든 정보를 사업체 매입 평가에만 사용해야 하며, 합의된 당사자 외에는 누구에게도 공개할 수 없다는 기밀 유지 조항이 포함된다. 일반적으로 NDA는 사업체의 세부 정보를 당신의 직속 팀 또는 파트너와 논의하는 것만을 허용하며, 회사 외부의 다른 누구와도 논의하는 것을 금지한다.

대부분의 NDA는 인수 또는 매각을 고려하고 있다는 사실을 회사 외부의 누구에게도 공개할 수 없다고 명시하며, 협상 과정이 끝나면 판매자가 제공한 데이터나 보고서 사본을 파기하거나 삭제해야 한다. 또한 구매자와 판매자 모두 일정 기간(예를 들어 2~3년) 동안 상대 회사의 직원을 고용하거나 스카우트하는 것을 금지하는 조항도 포함된다.

사업체 자료 검토

NDA에 서명하면 소유주가 직접 소통과 증빙 자료를 통해 사업 정보를 보다 안전하게 공개할 수 있다. 그들은 아마도 여러 구매 희망자들과 동시에 이 작업을 진행할 것이므로, 사업체에 관심이 있다면 신속하면서도 꼼꼼하게 대응해야 한다.

일반적으로 중개인이 사업체를 대리하는 경우, 관심 있는 구매자들을 위해 사업체 요약본을 PDF로 작성할 것이다. 이 문서에는 희망 가격, 사업체 개요와 이력, 매출 및 이익 데이터, 트래픽 및 판매 성과 데이터, 소유주가 사업체를 매각하려는 이유, 미래 성장 기회와 잠재적 위협 요소 그리고 주요 경쟁사에 관한 정보가 포함된다.

대부분의 경우 사업주는 사업체의 성장 기회와 잠재적 위협에 대한 자신의 견해를 담아 성장 권고를 제시함으로써, 사업의 미래 가치를 강조하고 솔직한 정보를 제공한다. 보고서에 명시된 기회와 위협은 대체로 일반적인 경우가 많지만, 일부는 더 깊은 분석으로 이어질 유용한 단서가 될 수 있다.

자료는 손익계산서, 현금 흐름표, 대차대조표 그리고 구글 애널리틱스 데이터 스크린샷 등으로 구성되는 경우가 많다. 때로는 구매자가 제안서 또는 자금 증빙을 제출한 다음에야 이 정보를 제공받기도 한다. 자금 조달 능력을 증명하는 방법에는 은행 잔고 스크린샷, 계좌 명세서 또는 사업체 인수 자금을 대출받았다는 대출 승인서나 인수 자금이 풍부하다는 사실을 증명하는 간단한 서한 등이 있다.

때로는 중개인이 사업체 소유주를 인터뷰한 녹취록이나 영상 또는 오디오 파일을 자료에 포함하기도 한다. 이 인터뷰에서 중개인은 구매 희망자들이 자주 묻는 일련의 질문을 소유주에게 던진다. 내 경험상 그들은 다음과 같은 질문을 할 것이다. '웹 사이트에서 어떻게 수익을 창출하는가?', '웹 사이트 트래픽을 어떻게 성장시켰는가?', '당신 회사의 가장 큰 기회 세 가지는 무엇이라고 생각하는가?', '가장 큰 제휴 파트너십을 잃으면 어떻게 되는가?'

이런 사업체 자료 중 상당수는 소유주가 직접 작성하기 때문에 공인회계사가 공식적으로 확인한 사안은 아니다. 구매자는 이 정보를 일단 믿고 진행하지만, 실사 과정에서 자체 분석을 하거나 또는 회계사에게 의뢰해 검증해야 한다. 대부분의 '매도 측 중개인'은 소유주가 자료를 작성하도록 돕고, 매우 약한 수준의 실사만 수행한다. 예를 들어 사업주가 주장하는 매출액이 대략적으로 맞는지, 웹 사이트 트래픽 수치가 보고된 것과 일치하는지 정도만 확인할 뿐, 일반적으로 그 이상 더 깊이 들어가지는 않는다.

나 역시 중개인들이 가능한 한 사업체의 매출과 이익이 크게 보이도록 모든 노력을 기울인다는 것을 알고 있다. 사업체를 높은 가격으로 판매할수록 수수료가 커지기 때문이다.

또한 나는 유사한 유형의 사업체보다 비용이 훨씬 낮은 경우 항상 의심한다. 다행히 내가 주로 매입하는 온라인 사업체의 경우, 비교적 쉽게 소유주의 전자 상거래 거래 내역이나 신용카드 거래 데이터를 통해 매출 데이터를 확인할 수 있다. 구매자는 '구매자 측 중개인'을 고용해 이 실사 과정을 관리할 수도 있지만, 그전에 우선 스스로 그것을 이해하고 있어야 한다.

중개인과 함께 일하지 않거나 앞에서 언급한 정보를 전혀 유지하지 않은 사업체 소유주를 상대한다면 거래는 좀 더 어려울 것이며, 이런 경우 아마도 당신이 미리 더 많은 조사를 해야 할 것이다. 일부 소유주들은 사업체를 조직적으로 운영하므로, 요청하는 정보를 며칠 또는 몇 주 안에 취합할 수 있다.

하지만 안타깝게도 많은 사업체 소유주들은 사업체 운영에는 능숙할지 몰라도 장부를 관리하거나 정리된 상태를 유지하는 데는 능숙하지 않다. 또 어떤 소유주들은 개인 자금과 사업 자금을 한 계좌에서 관리하거나, 각종 장부를 최신 상태로 유지하지 않으며, 심지어 기장조차 하지 않는 경우도 있다. 자신의 재무 수치조차 알지 못하며, 회계 업무 및 일상 운영 업무를 COO나 외부 기관에 의존하는 소유주도 많다.

소유주가 야무지게 관리하는 사람이 아니라면, 사용 가능한 정보를 캐는 데 더 많은 시간을 들여야 할 수도 있다. 이 경우 사업체를 평가하거나 잠재적 문제를 발견하기가 훨씬 어려워진다. 그러나 이런 비효율성 속에도 기회가 있을 수 있다. 그런 회사를 당신이 인수하면 더 효율적이고 더 나은 내부 조직 운영으로 사업체를 쉽게 회생시킬 수 있기 때문이다.

이것이 바로 언젠가 사업체 매각을 염두에 두고 있다면 조직적으로 관리하는 것이 매우 중요한 또 다른 이유다. 사업의 모든 요소를 조직적으로 유지하면 무질서한 상태로 방치된 경우보다 더 매력적인 인수 대상이 될 수 있다. 다행히 기술 덕분에 이런 정보들을 최신 상태로 유지하는 작업이 그 어느 때보다 쉬워졌다.

초기 질문 목록 작성

중개인이나 사업주가 제공한 모든 데이터를 검토한 뒤에는 가능한 한 구체적으로 질문 목록을 작성해야 한다. 자료에 포함된 중개인의 FAQ는 참고할 수 있겠지만, 평가 목적에는 충분하지 않을 수 있다. 다만 일부 답변은 후속 질문을 떠올리는 데 도움이 될 수 있다. 질문하기를 주저해서는 안 된다. 이 단계는 데이터를 꼼꼼히 살펴보고 회사에 대해 최대한 많이 알아낼 수 있는 기회다. 모든 산업 분야에는 질문서 작성 시 참고할 수 있는 템플릿이 있다. 이 단계에서 우리가 고용한 M&A 변호사가 자료를 평가하고 상세한 질문 목록을 작성하는 데 매우 큰 도움을 줬다. 또한 우리 측 중개인도 도움이 될 수 있다.

중개인이나 사업주가 자료의 일부로 제공한 데이터가 적을수록, 질문 목록은 더 길어질 가능성이 크다. 이때 모든 질문을 모아 중개인이나 사업주에게 이메일로 보내 답변을 준비할 시간을 주는 것이 좋다. 그래야 다음 단계인 통화 회의로 무리 없이 넘어갈 수 있다.

다자간 회의

일부 사업주나 중개인은 시간을 절약하기 위해 이메일로 직접 질문에 답변하기도 하지만, 판매자, 중개인 및 직원들과 함께 다자간 화상 회의를 진행해 자세한 내용을 파악하는 것이 바람직하다. 이런 통화는 판매자와 단둘이 할 수도 있고, 필요하다면 당신 팀의 다른 구성원들을 참여시킬 수도 있다. 나 역시 항상 M&A 변호사 및 다른 팀원을 참여시켜 다양한 관점으로 보려고 노력한다.

이 화상 회의의 목표는 질문에 대한 답변을 얻는 동시에 판매자를 파악하는 것이다. 사업에 대한 질문이 많으면 통화가 길어질 수도, 질문이 없으면 짧아질 수도 있다. 모든 질문에 답변하기 위해 여러 번의 통화가 필요할 수도 있지만, 대부분의 거래에서는 한 번의 통화가 일반적이다. 단 이 통화에서는 제안을 하거나 거래 조건을 논의해서는 안 된다는 점에 유의해야 한다. 이는 나중에 공식적인 제안을 할 때 거론된다.

당신은 사업체 인수에 대한 강한 자신감이 생길 때까지 계속해서 회의하고 분석해야 한다. 이는 몇 주 또는 그 이상이 걸릴 수 있다. 하지만 몇 개의 사업체를 사고팔았던 경험이 있다면 좋은 매물일 경우 신속하게 진행할 수 있으며, 또 그렇게 해야 한다. 며칠 전 우리와 경쟁 관계에 있는 웹 사이트를 대리하는 중개인으로부터 웹 사이트 인수에 관심이 있는지를 묻는 연락이 왔다. 나는 어쩌면 그럴 수도 있다고 대답했고, 그는 약 50페이지 분량의 사업 개요 PDF를 보내왔다. 나는 한 30분 정도 그 서류를 읽고, 그날 늦게 중개인에게 보낼 질문 목록을 작성했다.

다음 날 중개인은 모든 질문에 대한 답변을 이메일로 보내왔고, 내가 더 자세히 살펴볼 수 있도록 해당 웹 사이트의 구글 애널리틱스 계정에 대한 접근 권한도 주었다. 이메일 답변을 읽은 뒤 몇 가지 추가 질문이 생겨 중개인 및 웹 사이트 소유자와 통화를 요청했다. 세 시간 뒤 약 한 시간 동안 통화 회의가 이루어졌다. 이 통화를 하는 중에 나는 그 웹 사이트 수익의 대부분이 단 두 개의 제휴 파트너십에 집중되어 있다는 사실을 알게 됐고, 결국 그 회사는 내 포트폴리오에 적합하지 않다고 결론을 내렸다. 만일 내가 통화에서 이런 질문을 하지 않았다면 자세한 내용을 알 수 없었을 것이다. 이 거래를 평가하는 데 3일 동안 약 세 시간을 소모했지만, 나는 곧바로 다음 매물로 넘어갈 수 있었다.

당신이 구매하려는 사업체는 반드시 당신의 가슴을 뛰게 하고, 자산 포트폴리오와도 잘 맞아야 한다. 통화를 하고 데이터를 분석한 뒤에는 인수 후 전략에 관한 명확한 계획이 있어야 한다. 예를 들어 수익을 빠르게 늘리는 방법, 비용을 줄이는 방법, 기존 사업과 통합해 규모의 경제를 활용하는 방법 등이 있을 수 있다. 웹 사이트를 인수한 다음의 대략적인 계획은 이미 구상해봤을 것이다.

그러나 불확실하거나, 혼란스럽거나, 감당하기 어렵다는 느낌이 들면 과감히 그만둬야 한다. 단 하나라도 위험 신호가 발견되면 즉시 손을 떼야 한다. 소유자에게서 나쁜 느낌을 받는다면 그 역시 바로 중지해야 한다. 어떤 사업체를 인수하든 항상 상당한 위험이 따르기 마련이지만, 소유주가 진실한지 알 수 없거나, 뭔가 수상한 일이 벌어지고 있다고 의심되면 더 큰 위험에 빠지기 전에 발을 빼야 한다. 결국 믿을 것은 당신의 직감뿐이다.

심지어 나 같은 사람이 웹 사이트를 평가하고 분석 및 수익 데이터를 살펴봐도 알 수 없는 부분이 있다. 예를 들어 소유자가 과거 어떤 방식으로 웹 사이트에 외부 링크를 구축했는지와 같은 것들이다. 많은 시간을 들여 살펴보면 일부를 밝혀낼 수 있겠지만, 전부 알 수는 없다. 만약 소유자가 수상한 방식으로 링크를 구축했거나, 수많은 웹 사이트에 게스트 포스팅을 했거나, 링크를 구매한 경우 구글이 알고리즘을 업데이트하면 트래픽이 크게 감소할 위험이 높다. 이처럼 뭔가 수상한 일이 진행되고 있다고 느끼면 나는 거래를 중단한다. 위험부담이 너무 크기 때문이다.

물론 사업 인수를 앞두고 긴장하는 것은 자연스러운 일이지만, 흥분과 두려움은 전혀 다른 감정이므로 반드시 구분해야 한다. 당신의 결정은 명확하게 '그렇다' 또는 '아니다'여야 한다. '잘 모르겠다' 또는 '아마도'라는 느낌이 든다면 거래를 포기해야 한다는 신호다. 다른 일과 마찬가지로 시간이 지남에 따라 경험이 쌓이면 직관도 더욱 날카로워질 것이다.

최초 제안 및 조건 명시

통화 후 구매에 관심이 생겼다면 다음 단계는 공식적인 제안, 즉 관심표명서IOI, Indication of Interest를 작성하는 것이다. 방법은 이메일 또는 짧은 메모를 보내거나, 법적 구속력이 있는 의향서LOI를 직접 제출하는 것이다. 중개인이 개입된 경우라면 대개 여러 구매 의향자의 제안을 모아 판매자에게 일괄 제시하는 경우가 많다. 이때는 이메일 LOI만으로도 충분할 수 있다. 확실하지 않다면 중개인에게 확인하면 된다.

이메일에는 제안 금액, 지불 조건, 매도인이 계속 회사에 남아 도움을 줄 것인지 여부와, 만약 남는다면 얼마 동안 남기를 원하는지 그 기간에 대한 정보 그리고 포함하고 싶은 기타 거래 조건이 담겨야 한다. 내 제안은 대부분 4~5개 항목으로 구성된다.

판매자와 직접 협력하는 경우 이메일만으로도 충분할 수 있다. 나는 비공식적으로 제안하되, 가능한 한 많은 내용을 이메일로 공유하는 방식을 선호한다. 그래서 항상 판매자에게 LOI로 제안을 공식화하기 전에 거래의 주요 부분, 즉 가격, 현금 선불금, 언아웃 조건 등을 이메일로 협상하는 것에 동의하는지 확인한다.

LOI 작성은 비교적 간단하지만 법적 구속력이 있는 계약이므로, 나는 거래의 핵심 조건들에 대해 대부분 합의한 뒤 그것을 보낸다. 양측이 동의하기 전에는 어떤 계약에도 얽매이고 싶지 않기 때문이다. 다만 간혹 중개인이나 판매자가 LOI 형태로만 제안을 수락하는 경우도 있어, 그럴 때는 나 역시 LOI 형태로 제안을 보낸다. 드물지만 거래를 신속히 진행하고 싶을 때는 이메일 대신 LOI를 보내 판매자가 서명하도록 하고, 곧바로 실사 단계로 넘어가기도 한다.

공식적인 제안서를 제출하면 중개인이나 판매자가 후속 질문을 하거나 다시 통화를 원할 수도 있다. 판매자에게 중개인이 있다면 오가는 모든 소통을 중개인이 담당할 것이다. 중개인이 없다면 판매자와 직접 이야기하면 된다. 또는 당신의 변호사가 상대방 변호사와 이야기하고, 당신은 계속해서 진행 상황을 보고받을 수도 있다.

LOI 및 자금증명서 제출

LOI는 특정 조건으로 사업체나 자산을 구매하겠다는 의사를 명시하는, 법적 구속력이 있는 계약이다. 여기에는 제안 금액, 지불 조건(현금 선불금의 비율, 보장형 또는 성과 기반형 언아웃과 같은 대금 지불 방식 등), 취득하는 자산에 대한 자세한 설명, 인수 부채에 대한 정보, 실사 수행 기한, 기밀 유지 조항, 판매자가 일정 기간(보통 2~3년) 경쟁업체에 취업하거나 사업 활동을 하지 않도록 요구하는 경쟁 금지 조항 그리고 구매자가 실사를 수행하는 동안 판매자가 다른 제안을 받지 않기로 동의하는 독점 기간(보통 90일) 조항 등이 포함된다. 판매자가 초기 제안을 의향서로 제출하도록 요구하지 않는 한, 이 단계는 양측이 주요 거래 조건에 합의한 뒤 이루어지는 것이 일반적이다.

LOI는 기업을 반드시 인수해야 할 법적 의무를 지우지는 않기 때문에 언제든지 철회할 수 있다. 하지만 이는 사업체를 구매하겠다는 확고한 약속이며, 특정 조건하에 잠재적 구매자와 판매자를 계약으로 묶어두는 역할을 한다. 이는 구매자보다 판매자에게 더 중요한 약속이다. 구매자는 이 매물 이외의 다른 매물을 계속 찾아볼 수 있지만, 판매자는 정해진 기간 동안 다른 제안을 받을 수 없기 때문이다. 반면 구매자는 이 단계에서 사업체나 자산을 반드시 구매하겠다고 약속하는 것이 아니라, 더 포괄적인 실사를 거친 뒤에 인수 의향이 있음을 확인하는 것뿐이다.

실제로 구매자는 실사를 통해 사업체에 대한 모든 것을 알아낸 다음, 여러 이유로 인수를 진행하지 않기로 결정할 수 있다. 그렇기 때문에 판매자가 적극적 구매 의사가 없는 구매자와 90일 독점 기간에 묶이는 것은 항상 위험한 일이다. 따라서 인수 희망자를 철저히 심사해 이 과정에 들어가기 전에 그들의 신뢰성을 확인하는 것이 매우 중요하다.

안타깝게도 심지어 애플이나 아마존 같은 대기업조차 인수를 추진하며 LOI에 서명까지 하지만, 이를 단지 다른 회사의 독점 정보를 얻는 수단으로 활용하는 경우도 있다. 대기업과의 협상에 들떠 있다가 막판에 철회당해 뒤통수를 맞는 기업가들의 사례는 무수히 많다.

LOI를 보내면 중개인과 구매자는 '자금증명서'를 요구할 것이다. 이는 사업체를 인수할 자산이 있음을 보여주는 시각적이고 검증 가능한 증거다. 때로는 중개인이나 구매자가 인수 프로세스 초기에 이를 요청할 수도 있지만, 대부분의 경우 LOI와 함께 제출한다. 대기업이라면 자금증명서를 제출할 필요가 없지만, 처음 거래하는 구매자나 알려지지 않은 구매자라면 제출해야 한다. 주로 이용하는 형식으로는 은행 계좌 스크린샷, 은행 입출금 명세서, 대출 승인서 또는 기타 자산 증명서 등이 있다.

이 시점에서 큰 틀의 합의가 이루어졌더라도, 여전히 몇 가지 세부 사항을 협상해야 할 수 있다. 협상이 끝나면 양 당사자는 LOI에 서명한다. 다음 단계는 철저한 실사를 수행해 제출된 데이터를 꼼꼼하게 확인하고, 사업체 정보가 정확한지 그리고 겉으로 드러나지 않은 문제점은 없는지 확인하는 것이다.

실사 체크리스트 점검

서명된 LOI가 있으면 구매자가 판매자에게 실사 체크리스트를 보내는 것이 일반적이다. 이 체크리스트 항목에는 사업체를 조사하기 위해 판매자로부터 제공받고자 하는 모든 문서, 정보 및 접근 권한 등이 포함된다.

구매자 또는 판매자는 드롭박스나 구글 드라이브 같은 플랫폼에 클라우드 기반 폴더를 설정해 모든 정보와 문서를 업로드한다. 이는 실사 과정을 체계적으로 관리하기 위한 작업 폴더가 된다.

LOI에도 명시되어 있듯, 실사 프로세스를 완료해야 하는 시간은 제한되어 있으므로 신속히 진행해야 한다. 시간이 부족하다면 판매자가 동의할 경우 한두 달 더 연장할 수 있다. 하지만 지체할 이유가 없으니 가능한 한 철저하고 효율적으로 실사를 진행해야 한다.

당신이 숫자 감각이 있고 꼼꼼한 사람이라면 실사 프로세스를 직접 관리하고 대부분의 작업을 직접 수행할 수도 있다. 물론 가끔씩은 전문 팀의 도움을 받아야겠지만 말이다. 나는 손익계산서, 구글 애널리틱스 데이터 그리고 사업체 내부 업무 방식을 자세히 살펴보는 것을 좋아한다. 더 나아가 회사를 배우고 개선할 기회를 찾는 것도 좋아한다. 실사를 주도하면 이미 많은 것을 파악할 수 있기 때문에 사업체를 인수한 뒤 더 빠르게 움직일 수 있다. 나는 이 다음에 무엇을 할지, 어떤 전략을 쓸지에 대해 주도적으로 목록을 만들고, 심지어 개선 작업을 위한 대략적인 시간 계획까지 세운다.

하지만 숫자에 관심이 없거나 다른 일을 더 선호한다면, 숙련된 중개인이나 컨설턴트, 변호사나 회계사에게 실사를 맡길 수 있다. 당신이 실사 과정을 주도하더라도 이들 팀원들과 상의해야 하지만, 세부적인 업무는 위임하는 것이 좋다. 사업의 복잡성과 팀원들의 경험에 따라 이 서비스에 대한 수수료는 매우 달라지는데, 거래액의 일정 비율(1~5%)부터 시간당 500달러 이상까지 부과될 수 있다. 이들이 제공하는 서비스에는 여러 옵션이 있지만, 적절한 대가를 지불하고 도움을 받아볼 만한 가치가 있다.

당신이 직접 주도하든 중개인이나 컨설턴트를 고용하든, 모든 실사 체크리스트는 반드시 인수하려는 산업 및 사업체 또는 자산 유형에 맞추어 준비해야 한다. 아래는 거의 모든 사업체를 평가할 때 요청해야 하는 가장 중요한 문서, 정보 및 접근 권한을 요약한 것이다.

재무 관련 요청 자료

재무 관련 자료를 요청해 분석하는 목적은 손익계산서가 실제 사업의 재무 상태를 정확히 반영하는지 여부를 확인하는 것이다. 이를 위해 손익계산서의 매출과 비용 항목을 은행 거래 내역서, 신용카드 사용 명세서 그리고 세금 신고서와 대조해 검증한다. 손익계산서는 은행 계좌로 입금된 금액을 기준으로, 사업체가 실제로 창출한 매출액을 보여줘야 한다.

또한 세금 신고서에는 총 매출, 비용, 이익이 명시되어야 하며, 이 수치는 손익계산서의 내용과 일치해야 한다. 만일 사업주가 대부분 현금으로 지불받아 입금 내역이나 세금 기록으로 매출을 추적할 수 없다고 말한다면, 그런 매출은 기업의 가치 평가에 포함할 수 없다. 오직 검증 가능한 매출만 인정해야 한다. 이때 다음과 같은 재무 관련 자료들을 요청하라.

- 지난 3년간의 손익계산서, 대차대조표, 현금 흐름표
- 지난 3년간의 은행 거래 명세서 및 신용카드 사용 명세서
- 매출 채권 및 매입 채무 연령별 보고서
- 지난 3년간의 결제 처리 명세서(스트라이프, 페이팔, 신용카드 등으로 결제를 받는 경우)
- 지난 3년간의 법인세 신고서 사본(자산 감가상각 일정표 포함)
- 모든 미결 채무에 대한 대출 계약서 및 지난 3년간의 대출 상환 명세서(사업

체가 어떤 종류든 대출을 받은 경우)
- 회사의 급여 관리 업체로부터 받은 사업주 및 전 직원의 급여 지불 내역서
- 사업주가 거래 자금을 빌려주는 경우 사업주 대출 약정서
- 재무 기록에 대한 공인회계사 감사 보고서(있는 경우)
- 국세청의 서신, 국세청과의 납부 합의서 또는 체납 세금에 대한 정보
- 사업체에 설정된 유치권 세부 정보(해당하는 경우)

운영 및 인사 관련 요청 자료

이 요청 자료의 목표는 매도인이 사업을 소유하고 있으며 매각할 권리가 있는지를 확인하는 것이다. 또한 파트너, 직원, 공급업체, 고객과의 계약을 이해하고, 해당 계약들이 당신에게 승계될 수 있는지 검토하는 것이다. 요청해야 할 자료는 다음과 같다.

- LLC 또는 법인의 내부 운영 규약 및 수정안
- 주 정부에 제출한 법인 등기부등본
- LLC가 등록된 주에서 발급된 사업자 등록 증명원
- 과거 발생했거나 현재 진행 중인 소송 또는 산재 청구 내역(변호사를 통해 별도 조사 필요)
- 특허, 상표, 지식재산권 소유 증명(등록 서류 포함)
- 전체 직원 조직도
- 직원 목록(급여, 복지 혜택, 고용 일자, 고용 계약서, 성과 평가 사본 포함)

- 취업 규칙
- 사업자등록증, 면허증, 인증서 사본(현재 유효한지 여부 확인 필요)
- 사업체가 가입한 모든 보험 계약서 사본
- 부동산 임대 계약서 또는 관련 계약서
- 장비 임대 계약서 또는 유지 보수 계약서
- 연락처 정보가 포함된 고객 목록 및 주요 추천 고객 명단
- 고객, 파트너십, 제휴 계약서 사본
  때로는 일부 파트너십 또는 공급업체 계약이 승계 불가능할 수 있다. 이는 매매와 함께 계약이 승계되지는 않으므로 당신이 불리한 조건으로 재협상 해야 한다는 의미다. 나는 이런 문제로 여러 차례 고생한 기억이 있다.
- 공급업체, 배급사, 벤더 계약서
- 대형 고객이나 대규모 거래 또는 반복 서비스에 대한 고객 계약서
- 재고자산 목록 및 평가액
- 사업장의 장비, 비품, 가구 목록

직원, 핵심 경영진 및 고객 인터뷰

실사로 사업체에 대한 모든 정보를 충분히 확인했다면, 이제 인수 제안을 할 차례다. 제안서를 제출한 뒤에는 소유주에게 핵심 직원 및 고객과의 인터뷰를 주선해줄 것을 요청하라. 이 인터뷰에서는 회사 문화, 근무 환경, 효율적인 부분과 비효율적인 부분 그리고 향후 성장 및 개선 가능성 등에 대해 질문해보라.

매우 조심스러운 상황이라는 점을 기억하라. 인터뷰한 직원들이 사내에 관련 내용을 퍼뜨릴 수도 있고, 일반적으로 거래가 완료되기 전에는 고객이나 직원이 알아서는 안 되기 때문이다. 인터뷰의 목적은 사업체 내부 사정을 파악하고, 경영진이 함께 일하기 적합한지 그리고 얼마나 유능한지를 평가하는 동시에 직원, 경영진 및 현재 고객으로부터 개선 기회를 찾는 데 있다.

제품 및 마케팅 요청 자료

이 요청 자료의 목적은 사업체의 제품 및 서비스를 완전히 이해하고, 과거 판매 및 마케팅 방식을 파악하는 것이다. 또한 웹 사이트 유입 경로, 방문자와 브랜드의 상호작용, 온라인 판매 데이터와 관련한 모든 수치와 정보를 이해하는 것이다. 요청해야 할 자료는 다음과 같다.

- 모든 제품 및 서비스의 상세 목록과 가격 정보
- 지난 3년간의 모든 마케팅 자료 및 캠페인 사본
- 구글 애널리틱스, 구글 서치 콘솔 및 기타 디지털 성과 데이터에 대한 접근 권한
- 마케팅 성과 보고서(있을 경우)
- 광고·마케팅·홍보 대행사와의 계약서

자산구매계약서

실사를 마친 뒤 거래를 진행해야겠다는 확신이 들면, 자산구매계약서APA, Asset Purchase Agreement 작성을 시작해야 한다. LOI가 사업체를 구매하겠다는 의사를 나타내는 문서라면, APA는 해당 사업체의 핵심 자산을 실제로 인수하겠다는 구체적인 계약이다. 이 문서는 반드시 포괄적이어야 하며, 여기에는 사업체 매각에 포함되는 모든 자산, 전체 지불 조건 그리고 구매자가 에스크로에 보관된 자금을 해제하기 전에 판매자가 완료해야 할 모든 이전 절차가 상세히 명시되어야 한다.

또한 판매자에게 해당 사업의 각 부문을 어떻게 운영하는지에 대한 상세한 표준 운영 절차SOP를 문서화해 넘겨달라고 요구하는 것이 일반적이다. 내가 밀레니얼머니를 매각할 때는 전체 웹 사이트 운영, SEO 콘텐츠, 주간 뉴스레터 발송 등 일상적인 사업 운영의 핵심 구성 요소에 대한 SOP를 포함시켜 계약을 맺었다.

판매자가 회사에 남아 계속 관여할 계획이라면, APA에 향후 참여 조건을 포함할 수도 있다. 다만 이런 조건을 APA와 별도로 서비스 계약서에 명시하는 것이 일반적인 관행이다. 실제로 내가 밀레니얼머니를 매각한 뒤 1년간 근무하기로 하는 계약을 체결할 때도 모두 별도의 계약서에 급여 지급 조건과 요구 성과를 명시했다.

경험이 풍부한 M&A 변호사 또는 중개인과 협력해 APA를 작성하기를 권한다. 전문가에게 비용을 지불하는 것은 나 자신을 보호하기 위한 조치로, 충분히 그만한 가치가 있다. 내 변호사가 작성한 APA는 구매자 입장이든 판매자 입장이든 상관없이 항상 매우 포괄적이고 빈틈이 없었다. 그들은 내가 미처 생각하지 못한 여러 위험으로부터 나를 보호해줬다.

일반적으로 구매자가 APA를 작성해 판매자에게 보내고, 판매자가 법률 검토 및 수정을 진행한다. 판매자가 직접 APA를 검토하고 의견을 제시할 수도 있지만, 변호사를 선임하지 않았다면 신속하게 지정해 도움을 받는 것이 좋다. 판매자는 계약 내용과 거래 조건을 정확히 이해해야 하므로, 변호사를 고용하면 시간과 골칫거리를 줄일 수 있기 때문이다. 구매자와 판매자가 거래의 모든 사항에 대해 합의하기까지는 몇 차례 의견 교환이 이루어지는 것이 일반적이다. 모든 당사자가 APA 조건에 동의하면, 다음 단계는 완료일을 정하는 것이다.

거래 완료

축하한다. 이제 당신은 사업체를 인수할 준비가 됐다. 구매자와 판매자는 이제 거래 완료일에 맞추어 각자 APA에 서명하고, 모든 자산이 이전되며, 에스크로에 보관된 자금이 판매자에게 지급될 것이다. 완료 날짜가 정해지는 즉시 구매자는 거래 대금을 에스크로 보관사, 제 3자 변호사 또는 에스크로닷컴Escrow.com 같은 회사로 보낸다. 자산 이전은 일반적으로 1 영업일 이내에 이루어진다. 더 오래 걸릴 수도 있지만, 판매자는 빨리 대금을 받기 위해 신속하게 움직이기 마련이다.

구매자와 판매자가 모든 절차가 완료됐음에 동의하면, 에스크로 계정에 있던 자금이 판매자에게 지급된다. 이렇게 공식적으로 이전이 완료되지만, 아직 처리해야 할 일이 많이 남아 있다.

인수 이후

이제 본격적으로 일할 시간이다. 인수 후 기간은 엄청난 노력과 고민 그리고 중요한 결정을 해나가야 하는 시기다. 물론 사업체마다 다르고 당신이 어떤 산업에서 인수하는지 모르지만, 사업체를 효과적으로 합병하고 직원들을 안정시키는 등, 새로운 소유주로서 처음 90일을 최대한 효과적으로 활용하는 방법에 대한 전반적인 내 생각을 요약했으니 참고 바란다.

인수 후 첫 30일은 실사 과정에서 발견한 개선점과 성장 기회들을 검토하는 데 집중해야 한다. 하지만 처음 1~3개월 동안은 큰 결정을 내려서는 안 된다. 그 대신 쉽게 달성 가능하며 실적을 개선할 수 있는 기회에 집중하라. 사업을 더 잘 알기 전까지는 급격한 변화를 주지 않는 편이 현명하다.

이전 소유주의 도움을 받기 위해 맺었던 컨설팅 계약을 활용해 원활하게 사업을 전환하고, 그들의 시간과 전문 지식을 최대한 흡수해 조직 안정화에 매진해야 한다. 대개 큰돈을 번 소유주는 기뻐하며 사업 운영에서 손을 떼려 할 것이다. 그럴수록 체계적으로 준비해 그들의 시간을 어떻게 활용하고 싶은지 명확하게 소통해야 한다. 질문을 미리 준비하고 정기적인 통화 일정을 잡아라. 그들이 제공한 SOP를 과정별로 면밀히 검토하고 정확히 이해하며, 그 방식으로 일하는 이유에 대한 질문을 정리하라. SOP를 점검하면서 기존 프로세스를 개선할 수 있는 여지가 없는지도 집중해서 살펴보라.

인수 후 처음 90일은 강도 높은 학습 기간이다. 사업 전반을 폭넓게 이해해야 하며, 가능한 한 직접 참여하라. 직원들과 최대한 시간을 보내면서 개선 또는 변경하고 싶은 점이 있는지 물어보라. 핵심 고객들을 직접 만나 그들의 경험을 어떻게 개선할 수 있을지 들어보라. 회사가 제공했으면 하는 제품이나 서비스가 있는가? 무엇이 그들을 더 행복하고 만족스럽게 만들 수 있을까? 시간을 들여 회사의 제품과 서비스를 직접 경험하라.

디자인, 마케팅, 판매, 배송, 계정 관리, 고객 서비스 등 모든 분야를 깊이 파고들어야 한다. 판매하는 제품과 사업 운영 방식을 속속들이 알아야 한다. 경험이 쌓이면 개선이 필요한 부분이 많이 보일 것이다. 일부는 쉽고 빠르게 해결할 수 있겠지만, 규모가 더 크고 시간이 많이 걸리는 문제도 있을 것이다. 모든 것을 한 번에 해결할 수는 없으며, 그렇게 해서도 안 된다.

새로운 소유주가 사업에서 진정한 가치를 창출하려면 눈앞의 다양한 기회 중 가장 중요한 것을 선별해 전략적으로 선택해야 한다. 당신이 내린 결정의 이행 여부를 문서화하고 모니터링하는 데 도움이 되는 간단한 시스템을 마련하는 것도 필요하다. 한 번에 큰 결정을 너무 많이 내리면 각각의 결정이 사업에 미친 개별적인 영향을 정확하게 파악하기가 어렵다. 예를 들어 마케팅, 판매 및 상품 전략을 동시에 바꾸는 것은 권하지 않는 방식이다. 정말 필요한 경우가 아니라면 사업 초기에 극적인 변화를 주는 것은 큰 위험이 따르는 일이다.

재정을 체계적으로 관리해야 한다. 그렇게 해야 매출과 이익의 증가를 더 쉽게 확인할 수 있고, 인수 과정에서 떠안은 언아웃이나 대출도 적절하게 관리할 수 있다. 이때 부채나 언아웃 지급 의무 때문에 사업에 재투자할 수 있는 현금은 어쩔 수 없이 제한될 것이다. 따라서 돈을 현명하게 사용해야 하며, 언아웃이나 대출 이자는 반드시 제때 지급해야 한다.

새로운 사업체를 갖게 된 처음 몇 달 혹은 처음 몇 년은, 특히 첫 인수라면 매우 신나는 경험이다. 하지만 지금까지 배운 모든 교훈, 특히 일곱 가지 진실을 늘 염두에 두어야 한다. 제국을 확장할수록 삶은 복잡해지므로, 기본으로 돌아가는 시간을 가져야 한다. 자신의 한계를 알고, 사업에 계속 참여하면서 직감을 믿어보라.

16장

당신이 찾는 모든 것은
이미 당신 안에 있다

> 노력해서 정원을 가꾸면,
> 나비가 알아서 찾아온다.
> — 마리우 킨타나 Mário Quintana, 브라질 작가

1월의 추운 날이지만, 나는 평화롭고 따뜻함으로 충만하다. 나는 나무로 둘러싸인 아름다운 집에서 살고 있다. 부족한 것이 없으며, 살아 있음을 느낀다. 상상조차 할 수 없었던 방식으로 내가 커나가고 있음을 실감한다. 지난 한 해 가장 큰 변화는 딸을 얻은 것이다. 딸이 있어 내 삶은 갈수록 더 부드럽게 느껴진다. 아빠가 된 뒤로 책임감도 더욱 커졌다. 딸을 생각하면 머릿속 복잡한 생각에서 벗어날 수 있다. 아이가 새로운 것을 발견하고 웃는 모습은 너무나 사랑스럽다.

지난 10년은 정말 빠르게 지나갔다. 그 시간 동안 몇 번의 삶을 산 것 같은 기분이다. 수염은 거의 하얗게 변했지만, 지금이 내 인생의

전성기라 느낀다. 훗날 '좋았던 시절'이라고 회상할 바로 그 시기 말이다. 하지만 나는 지금의 행복을 당연시하지 않는다. 대신 내 시간의 영향력을 극대화하고 어떤 유산을 남길지에 대해 더 깊이 고민하기 시작했다.

물론 수백 년 후에는 우리 모두 잊히겠지만, 우리가 세상에 쏟아부은 에너지와 우리가 내리는 모든 결정은 영원히 남아 파동을 일으킬 것이다. 20대와 30대에는 유산에 대해 생각하지 않았지만, 이제는 딸이 있고, 여러 채의 부동산이 있으며, 내가 쓴 책이 있고, 예상했던 것보다 더 많은 돈이 있으며, 사업체들도 성장하고 있다. 최근에는 상속 계획을 세웠다. 그 과정에서 나는 많은 것을 배웠고 여전히 배우고 있다.

39세인 내가 지금 여기에 앉아 있자니, 인터넷 나이로는 100세 노인 같다. 나는 여전히 젊은 사람들이 하는 게임을 하고 있다. 나는 7세 때 중고 노트북으로 처음 내 컴퓨터를 가졌고, 인생의 대부분을 온라인에서 보냈다. 인터넷 덕분에 많은 돈을 벌 수 있었음에 감사하지만, 이제는 오프라인 활동에 더 큰 노력을 쏟고 싶다.

최근 나는 오프라인 서점인 클린턴빌북스를 열었다. 나의 열정이 담긴 프로젝트일 뿐만 아니라, 완전히 새로운 사업을 배우고 아날로그적 사업에 도전하는 일이기에 나는 무척 설렌다. 책을 읽고, 글을 쓰고, 도서를 수집하고, 다른 사람들과 책을 나누는 것은 내가 가장 좋아하는 일이다. 이런 나의 책사랑은 자연스럽게 서점이라는 공간으로 확장됐다. 바라건대 이곳이 상상조차 할 수 없었던 방식으로 나를 성장시켜주길 바란다. 또한 내가 가진 것을 지역사회에 환원하고 내가 사는 곳에 재투자할 수 있어 매우 기쁘고 설레며 행복하다.

요즘 나는 가족과 친구들을 사랑하며, 새로운 인연들을 쌓아가고 있다. 오하이오주 콜럼버스와 뉴욕 브루클린을 오가며 살고 있고, 최고의 음식을 먹고, 훌륭한 음악을 듣고, 여행하고, 책을 쓴다. 아빠이자 파트너이며, 투자자이자 서점 주인이다. 이 모든 것이 참으로 감사할 뿐이다.

더 바랄 게 무엇이 있을까? 필요한 모든 것을 가지고 있으니 말이다.

20대로 돌아가 그 시절의 나에게 이 평화를 전해줄 수 있다면 좋겠다. 그에게 잠 못 이루던 밤들 그리고 스트레스와 불확실성이 결국 모두 그만한 가치가 있는 일이었다고 말해주고 싶다. 알지 못하는 것은 오히려 좋은 것이라고, 그것은 모퉁이를 돌면 새로운 무언가가 있다는 뜻이라고 알려주고 싶다. 지금 이 순간의 모든 노력과 경험은 미래의 더 나은 나를 위한 투자이고, 삶은 계속해서 '되어가는' 과정이며, 언젠가는 방황을 끝내고 원하는 목적지에 다다를 것이며, 생각하는 것보다 네가 사랑하는 삶에 훨씬 더 가까이 와 있으니 계속 나아가라고 말해주고 싶다.

나는 내 삶에서 상상했던 것보다 훨씬 더 많은 것을 성취했지만, 돌이켜보면 생각의 크기가 너무 작았음을 쉽게 알 수 있다. 우리는 흔히 우리가 서 있는 지금의 위치에 만족하는 경향이 있다. 아마도 마음 깊은 곳에서의 두려움 때문에 충분히 큰 위험을 감수하지 못하는 것일 수도 있다. 하지만 그 한계를 선택한 것은 나 자신이므로 그것을 받아들일 수 있다. 어떤 사업이든 채무 없이 이루다 보니 필연적으로 성장은 제한됐지만, 자유와 맞바꾸면서까지 사세를 확장하고 싶지는 않았다. 나는 결코 억만장자가 되거나 대기업을 운영하고 싶은 욕심은 없었다. 세상의 모든 나라를 여행하거나, 에베레스트를 오르거나, 마라톤을 완주하는 것도 원하지 않았다. 유명한 요리사나 드러머, 포커 선수가 되고 싶지도 않았다.

나는 그저 자유롭고 싶었고, 단지 내 삶에 약간의 평화를 찾고 싶었다. 그것뿐이었다.

하지만 내가 발견한 것은 훨씬 더 많았다. 충분히 가진 뒤에는 다른 사람들을 돕는 일이 훨씬 더 보람 있음을 배웠다. 혼자만 느끼는 행복에는 한계가 있다. 삶은 멀티플레이어 게임이기 때문이다. 우리가 신경 쓰든 쓰지 않든, 우리가 남긴 유산은 우리를 초월해서 살아남는다. 그것은 우리가 우주에 남기는 흔적이다. 알지 못하더라도 다른 사람들에게 남기는 영향력이다. 그것은 우리가 베푸는 사랑이자 소중히 여기는 가치들이다. 우리는 다른 사람들에게 나의 돈, 시간, 지식을 줄 수 있다. 그리고 나는 더 많이 주기 시작했다.

당신이 아직 사업가로서 성숙하지 못했거나 막 시작하려는 단계라면, 이 책에서 내가 말한 내용이 너무 벅차거나 당신의 삶과는 무관하게 느껴질 수도 있다. 지금 당장은 그럴 수 있다. 하지만 분명히 기억해야 할 점은, 기업가가 되기 위해 필요한 것은 팔 만한 물건과 그것을 사줄 사람을 찾는 일뿐이라는 것이다. 그리고 지금이야말로 당신이 제공하는 것을 찾는 사람들에게 다가가기 가장 쉬운 시대다.

성장할 준비가 됐다면 효과가 입증된 것에 집중 투자하고 플라이휠을 가속화하라. 사업을 한다는 것은 어렵고 복잡한 과정이다. 따라서 뜻대로 되지 않는다고 가정하고 계획을 세워야 한다. 계속해서 선택하고 추진력을 유지하라. 행동하면서 배우므로 계속 나아가라. 예상치 못한 사태에 적응하고 방향을 전환하라. 공부하고 성장하라. 그러면서도 여유를 가지고 그 어떤 것에도 지나치게 집착하지 말라. 필요하다면 때로는 포기할 줄도 알아야 한다. 새로운 아이디어는 언제나 생겨나기 마련이다. 약간의 호기심, 창의성, 끈기 그리고 자기 성찰이 있으면, 당신은 상상조차 하지 못했던 방식으로 돈을 벌 수 있다.

중간에 멈추지만 않아도 도전의 절반 이상은 이미 성공이다. 2015년에 나와 함께 시작했던 수백 명의 재테크 블로거 가운데 살아남은 사람은 단 세 명에 불과하다. 결국 마지막까지 버티는 사람이 성공하게 되어 있다. 그러니 좌절하지 말고 변화에 적응하라. 경험은 소중하지만, 그것 때문에 판단력이 흐려져서는 안 된다. 항상 초심자의 마음으로 새로운 관점에서 사물을 바라보라. 단기적인 부침에 일희일비하지 말고, 장기적 관점을 유지하라. 인간은 미래를 완벽히 예측할 수 없으므로 대부분의 시간을 오늘, 내일 그리고 앞으로의 90일에 집중하라.

우리는 모두 근거 없는 두려움과 모든 것을 통제할 수 있다는 환상 사이에서 살아간다.

나 역시 새로운 사업을 시작할 때면 여전히 두려움을 느낀다. 그것은 단지 과정의 일부이며, 이로 인해 성공했을 때 크게 보람을 느끼는 것이기도 하다. 하지만 때로는 통제할 수 없는 요인 때문에 일이 잘 풀리지 않을 수도 있다. 적절한 시기가 아니었을 수도 있다. 그런 일은 누구에게나 일어난다. 그렇기 때문에 다양한 시도를 해보는 것이 매우 중요하다.

만약 일이 잘 풀리지 않더라도 언제든 직장 또는 다른 사람을 위해 일하는 자리로 돌아갈 수 있다. 하지만 적어도 했어야 할 일을 시도하지 않았다고 후회하지는 않을 것이다. 기업가로서 성장하는 여정에서 어떤 일이 일어나든, 당신은 엄청나게 많은 것을 배우고 상상조차 할 수 없었던 방식으로 성장하게 되리라 확신한다. 어떤 목표를 추구하는 것은 아무것도 하지 않는 것보다 훨씬 더 가치 있으며, 보상은 위험을 감수하는 이에게 돌아오기 마련이다.

일곱 가지 진실을 기억하라.

1. 자유는 무제한적 선택이 아닌 제약에서 온다.
2. 생각하기 전에 자신의 느낌을 믿어라.
3. 약점을 고치려 하기보다 강점에 집중하라.
4. 모든 것은 인센티브에 의해 움직인다.
5. 하나를 숙달한 다음, 회복력을 높이기 위해 다각화하라.
6. 경쟁보다 협력이 더 강력하다.
7. 추진력은 사업에서 가장 강력한 힘이다.

이 책은 많은 것을 다루지만, 그중 당신에게 필요한 것만 받아들이기 바란다. 기업가라는 것이 무엇을 의미하는지, 돈이 나에게 어떤 의미인지는 전적으로 나 자신이 선택할 수 있다. 이 모든 것에 정답은 없고, 단지 당신에게 맞는 답만 있을 뿐이다.

때로 기업가는 외로울 수 있다. 하지만 필연적인 것만은 아니다. 다른 사람들을 당신의 여정에 동참시켜라. 아무것도 바라지 말고 무조건 베풀어라. 그저 돕고 응원하라. 은혜를 갚고 협력하라. 개방적인 태도로 친절함과 정직함을 유지하라. 베푸는 사람이 되어라. 그리고 당신이 배운 모든 것을 아낌없이 공유하라.

모두와 나누어도 충분히 남는다.

인생을 살아가다 보면 시간을 인식하는 법과 돈을 다루는 방식이 변하듯 당신 자신도 바뀔 것이다. 오늘은 기꺼이 희생을 감수하더라도 미래에는 그렇지 않을 수 있다. 스스로를 돌아보고 얼마나 멀리 왔는지, 어떤 사람이 됐는지 생각하라. 다른 사람과 비교할 필요는 없지만, 배울 것은 배워야 한다. 그러면서도 자신만의 주관적인 성공관을 가져야 한다. 책임감을 느끼되 모든 것을 너무 심각하게 받아들일 필요는 없다. 이미 가지고 있는 자유를 최대한 활용하라.

에너지는 마치 복리 효과처럼 파급력이 크다. 그러므로 에너지를 고갈시키는 사람을 멀리하고 에너지를 북돋아주는 사람들과 함께 하라. 왜 더 많은 돈을 원하는지 생각해보라. 당신의 시간을 맞바꿀 만큼 돈이 가치 있는가? 어쩌면 당신은 이미 게임에서 이겼을지도 모른다. 자신의 건강을 돌보고 휴식을 취하라. 그리고 가족, 친구 들과 더 많은 시간을 보내라. 그렇게 하면 결코 후회하지 않을 것이다.

모든 일에는 대가가 따르기 마련이다. 그러니 감당할 수 있는 한계를 알고, 그 안에서 자신만의 자유로운 공간을 찾아라.

현실에 안주하며 되는 대로 살지 말라. 무언가에 너무 집착하고 있다면 이제 놓아줄 때일지도 모른다. 살아 있다는 기쁨을 주는 일을 하라. 당신 자신으로 살아가라. 망설이지 말고 주체적으로 선택하라. 아무것도 기대하지 말고 세상에 마음을 열어라. '나'라고 생각하는 존재를 내려놓으면 어떤 일이 일어나는지 지켜보라.

당신이 찾는 모든 것은 이미 당신 안에 있다. 자신의 내면을 탐구하는 데 더 많은 시간을 투자하라. 그 안에 좋은 것들이 있다. 시간은 스스로 만드는 것이다. 움직여 창조하라. 무엇이든 만들어라.

이보다 더 중요한 일은 없다. 이것은 바로 당신의 삶이기 때문이다. 당신의 앞날에 성공과 평화가 있기를 바란다.

내게 연락하고 싶다면 여기로 이메일을 보내면 된다(실제 사용하는 이메일이다).
: grant@grantsabatier.com
내가 다룬 주제에 대해 더 깊이 알고 싶거나, 더 빠른 재정적 독립을 위해 도움이 필요하다면 이곳을 방문해보라.
: https://grantsabatier.com/community
내가 운영하는 서점인 클린턴빌북스를 응원하고 싶다면 이곳에서 원하는 어떤 책이든 구매할 수 있으며, 구매한 책은 집으로 직접 배송된다.
: https://clintonvillebooks.com
이 책이 마음에 들었다면 당신이 좋아하는 플랫폼(아마존과 굿리즈가 인기 있다)에 리뷰를 남겨 내 활동을 응원하고, 여러 사람에게 이 책을 알려주기 바란다.
여러분의 응원에 감사드린다.

감사의 말

책을 쓰는 일은 마법과 같다. 혼자서는 해낼 수 없었을 것이고, 원하지도 않았을 것이다. 이번 두 번째 책을 쓰는 동안 아이가 태어났다. 에이버리/펭귄 랜덤하우스 팀은 고맙게도 내게 마감 시간을 연장해줬고, 이는 내게 너무나 소중한 지원이었다.

이 책을 기획했지만 집필 도중 출판사를 떠난 캐롤라인 서튼에게 감사드린다. 덕분에 로렌 애플턴이 애슐리 알리아노의 도움을 받아 아무 문제없이 작업을 이어나갈 수 있었다. 내게 피드백을 주고 이 프로젝트를 믿어준 두 분에게 감사드린다.

또한 나와 함께 또 다른 책을 쓰기로 동의해준 브룩 캐리에게도 감사를 전한다. 당신 없이는 책 쓰는 것을 상상할 수 없다. 당신의 호기심, 개방성 그리고 배려가 없었다면 이 일은 불가능했을 것이다.

내 출판 에이전트 페이 앳치슨에게, 친절한 조언과 디자인 감각 그리고 응원에 감사드린다.

책을 읽고 내용을 검토 및 피드백해준 코디 베르만, 조던 그루멧, 롭 펠란, 로건 레키 그리고 트래버 세레트에게 감사의 말을 전한다.

또한 자신의 이야기를 언급하도록 허락해준 트래비스 혼스비, 해리 캠벨, 애슐리 해밀턴 그리고 줄리 벌링어에게도 감사드린다.

MMG미디어그룹의 직원들, 맷과 메건 번드릭, 안드레아와 데이비드 톨러에게도 고맙다는 말을 전하고 싶다. 나는 여러분과 함께 우리의 일을 만들어가는 것이 좋다.

꾸준한 멘토링과 지도 편달 그리고 우정을 베풀어준 비키 로빈에게 감사드린다.

항상 내 창의성을 지지해주고 이 여정에서도 변함없이 나를 응원해주신 어머니와 아버지께도 감사드린다.

나의 파트너 에린에게, 당신의 지혜, 따뜻한 마음 그리고 내게 우리 딸을 선사해준 것에 감사드린다. 나는 우리 가족과 우리의 삶을 사랑한다.

마지막으로 전 세계 독자들에게 감사드린다. 독자 여러분이 나와 공유한 모든 것이 우리의 삶을 정말 아름답게 만든다.

더 읽을 거리

기업가 정신에 관한 책

『블루오션 전략』 김위찬, 르네 마보안 저 · 김현정, 이수경 역 · 교보문고 · 2015년 11월
『나는 4시간만 일한다』 팀 페리스 저 · 최원형, 윤동준 역 · 다른상상 · 2017년 10월
『트랙션』 지노 위크먼 저 · 장용원 역 · 시목 · 2020년 5월
『1년에 10억 버는 방구석 비즈니스』 라이언 대니얼 모런 저 · 신솔잎 역 · 비즈니스북스 · 2021년 6월
『린 스타트업』 에릭 리스 저 · 이창수, 송우일 역 · 인사이트 · 2012년 11월
『1인 기업』 폴 자비스 저 · 이강덕 역 · 성안당 · 2021년 6월
『미니멀리스트 창업가』 사힐 라빈지아 저 · 박재영 역 · 캐피탈엣지랩스 · 2025년 7월
『100달러로 세상에 뛰어들어라』 크리스 길아보 저 · 강혜구, 김희정 역 · 더퀘스트 · 2015년 12월
『퍼스널 MBA』 조시 카우프만 저 · 박상진, 이상호 역 · 진성북스 · 2024년 1월
『리워크』 제이슨 프라이드, 데이비드 하이네마이어 핸슨 저 · 정성묵 역 · 21세기북스 · 2016년 5월
『사업의 철학』 마이클 E. 거버 저 · 이제용 역 · 라이팅하우스 · 2015년 9월
『부의 추월차선』 엠제이 드마코 저 · 신소영 역 · 토트 · 2022년 2월
『80/20 영업과 마케팅 80/20 Sales and Marketing』 페리 마셜 저 · Pgw · 2013년 8월
『마이클 포터의 경쟁전략』 마이클 포터 · 미래경제연구소 역 · 권용 감수 · 프로제 · 2018년 9월
『투자의 모험』 스티븐 슈워츠먼 저 · 이경식 역 · 비즈니스북스 · 2020년 8월
『내가 너무 애매하게 구나?』 샘 젤 저 · 존 최 역 · 비즈니스101 · 2023년 8월
『나는 자본주의를 사랑한다 Love Capitalism!』 켄 랭곤 저 · Potfolio · 2018년 5월
『팔 수 있게 만들어라 Built to Sell』 존 워릴로우, 보 벌링엄 저 · Flip Jet Media Inc · 2010년 2월
『사서 키워라 Buy Then Build』 워커 디벨 저 · Lioncrest Publishing · 2018년 10월
『하나에서 여럿으로 One from Many』 디 혹 저 · Berrett-Koehler Publishers · 2005년 1월
『제프 베조스, 발명과 방황』 제프 베조스 저 · 이영래 역 · 월터 아이작슨 서문 · 위즈덤하우스 · 2021년 2월
『혁신기업의 딜레마』 클레이튼 M. 크리스텐슨 저 · 이진원 역 · 세종서적 · 2020년 3월
『스몰 자이언츠』 보 벌링엄 저 · 김유범 역 · 안진환 감수 · 팩컴북스 · 2008년 10월

『길 잃은 창업자Lost and Founder』 랜드 피쉬킨 저 · Portfolio · 2018년 4월

투자에 관한 책

『가치투자자의 교육The Education of a Value Investor』 가이 스피어 저 · Palgrave Macmillan · 2014년 9월
『투자를 어떻게 할 것인가』 모니시 파브라이 저 · 김인정 역 · 이레미디어 · 2018년 7월
『돈의 공식』 윌리엄 그린 저 · 방영호 역 · 이상건 감수 · 알에이치코리아 · 2025년 8월
『워런 버핏의 주주 서한』 워런 버핏 저 · 로렌스 A. 커닝엄 엮음 · 이건 역 · 에프엔미디어 · 2022년 8월
『가난한 찰리의 연감』 찰리 멍거 저 · 피터 코프먼 엮음 · 김태훈 역 · 김영사 · 2024년 11월
『보글헤드 투자 가이드The Bogleheads' Guide to Investing』 마이클 르버프, 테일러 라리모어, 멜린다우어 저 · Wiley · 2021년 11월
『뮤추얼 펀드 상식』 존 보글 저 · 황영기, 노동래 역 · 연암사 · 2017년 9월
『투자의 네 기둥』 윌리엄 번스타인 저 · 박정태 역 · 굿모닝북스 · 2009년 7월
『현명한 투자자』 벤저민 그레이엄 저 · 이성민 역 · 국일증권경제연구소 · 2025년 6월
『유일한 투자 가이드The Only Investment Guide You'll Ever Need』 앤드루 토비아스 저 · Mariner Books · 2016년 4월

부동산 투자에 관한 책

『백만장자 부동산 투자자The Millionaire Real Estate Investor』 게리 켈러, 데이브 젱크스, 제이 파파산 저 · McGraw Hill · 2005년 4월
『임대 부동산 투자에 관한 책The Book on Rental Property Investing』 브랜든 터너 저 · Bigger Pockets · 2015년 10월
『부동산으로 조기 은퇴하기Retire Early with Real Estate$』 채드 카슨 저 · BiggerPockets · 2018년 9월
『모든 부동산 투자자가 알아야 할 현금 흐름의 진실What Every Real Estate Investor Needs to Know about Cash Flow』 프랭크 갈리넬리 저 · McGraw Hill · 2015년 10월

삶의 철학에 관한 책

『우리는 날마다 죽는다』 욘게이 밍규르 린포체, 헬렌 트워르코프 저 · 까르마 빼마 돌마 역 · 지영사 · 2021년 5월
『삶의 지혜』 틱낫한 저 · 정윤희 역 · 성안당 · 2018년 8월

『숨결이 바람 될 때』 폴 칼라니티 저 · 이종인 역 · 흐름출판 · 2016년 8월
『데바트마 샥티』 스와미 비슈누 티르타 저 · Legare Street Press · 2023년 7월
『지금 있는 곳에서 시작하라』 페마 초드론 저 · 이재석 역 · 한문화 · 2015년 9월
『부서지지 않고 흩어지기 Going to Pieces without Falling Apart』 마크 엡스타인 저 · Harmony · 1999년 6월
『황금빛 영원의 경진 The Scripture of the Golden Eternity』 잭 케루악 저 · City Lights Publishers · 1994년 1월
『나의 오늘은 내일로 이어지지 않는다』 브로니 웨어 저 · 책읽는수요일 · 2025년 3월
『불안이 주는 지혜』 앨런 왓츠 저 · 이석명 역 · 마디 · 2014년 2월
『빅터 프랭클의 죽음의 수용소에서』 빅터 프랭클 저 · 이시형 역 · 청아출판사 · 2020년 5월

경제적 자유에 관한 책

『부의 주인은 누구인가』 비키 로빈, 조 도밍후에즈 저 · 강순이 역 · 도솔플러스 · 2019년 1월
『이웃집 백만장자』 토머스 J. 스탠리, 윌리엄 D. 댕코 저 · 홍정희 역 · 지니의서재 · 2025년 8월
『돈 걱정 없는 삶』 스콧 트렌치 저 · 이정민 역 · 비즈페이퍼 · 2019년 1월
『부자 되는 법을 가르쳐 드립니다』 라밋 세티 저 · 김태훈 역 · 안드로메디안 · 2019년 12월
『자동 부자 습관』 데이비드 바크 저 · 김준수 역 · 이혜경 감수 · 마인드빌딩 · 2018년 9월

주

1장

1. Gallup, "State of the Global Workplace 2024 Report.", https://www.gallup.com/workplace/349484/stateofthe-global-workplace.aspx
2. Obschonka, M., et al. "Job Burnout and Work Engagement in Entrepreneurs: How the Psychological Utility of Entrepreneurship Drives Healthy Engagement." *Journal of Business Venturing* 38, no. 2 (2023), https://doi.org/10.1016/j.jbusvent.2022.106272.
3. Rigby, Rhymer, "Psychology of Wealth: Do the New Rich Not Care about Losing Money?" *Financial Times*, May 5 (2019), https://www.ft.com/content/9569eaaa-4009-11e9-9499-290979c9807a.

3장

4. Yuen, Meaghan, "US Retail ECommerce Sales Will See Increasing Growth through 2027." eMarketer, August 8 (2023), https://www.insiderintelligence.com/content/usretail-ecommerce-sales-growth-2027.

5장

5. Pop-Andonov, Neda, "Creator Economy Market Size: Key Statistics in 2022." Influencers.club, June 14 (2022), https://influencers.club/2022/06/14/creator-economy-market-size; Florida, Richard, "The Creator Economy Is the Future of the Economy." *Fast Company*, November 18 (2022), https://www.fastcompany.com/90812387/the-creator-economyisthe-futureofthe-economy.
6. 크리에이터의 약 절반은 연간 5만 달러 미만을 벌고 있다. 온라인 팬들과 소통하는 데 필요한 시간과 노력을 고려하면, 이 수입은 최저임금에도 미치지 못하는 수준이다. 한편 크리에이터의 60%는 팔로워들과 '항상 소통하고' 있으며 '끊임없이 메시지와 댓글

에 답장하고 있다'고 말한다. NeoReach, "Creator Earnings Report Breakdown: Where Are We in the Creator Economy?", https://neoreach.com/creator-earnings/#Creators_Earning_Power.
7. Delouya, Samantha, "Nearly Half of Gen Z Is Using TikTok and Instagram for Search Instead of Google, According to Google's Own Data." *Business Insider*, July 13 (2022), https://www.businessinsider.com/nearly-half-genz-use-tiktok-instagram-over-google-search-2022-7.

7장

8. Nielson, "Consumer Trust in Online, Social and Mobile Advertising Grows." April (2012), https://www.nielsen.com/insights/2012/consumer-trust-in-online-social-and-mobile-advertising-grows.

10장

9. Reichheld, Fred, "Prescription for Cutting Costs." Bain & Company, https://media.bain.com/Images/BB_Prescription_cutting_costs.pdf; Gallo, Amy, "The Value of Keeping the Right Customers." *Harvard Business Review*, October 29 (2014), https://hbr.org/2014/10/the-value-of-keeping-the-right-customers.

12장

10. Kenny, Graham, "Don't Make This Common M&A Mistake." *Harvard Business Review*, March 16 (2020), https://hbr.org/2020/03/dont-make-this-common-ma-mistake.

13장

11. Damodaran, Aswath, "P/E Ratio by Sector (US)." NYU Stern, January (2024), https://pages.stern.nyu.edu/~adamodar/New_Home_Page/datafile/pedata.html.
12. "Private Investment Benchmarks." Cambridge Associates, https://www.cambridgeassociates.com/private-investment-benchmarks.
13. Baldridge, Rebecca, "What Is Real Estate Return on Investment(ROI)?" *Forbes*, August 21 (2023), https://www.forbes.com/advisor/investing/roi-on-real-estate-investment/.

14장

14. Wilson, John, "Home Services: Homeowners (and, in Some Cases, Even Renters) Always Need Professionals to Help Them Maintain Their Properties." Owned and Operated, May 16 (2022), https://www.ownedandoperated.com/post/johns-top-home-service-based-businesses.
15. Mohamed, Theron, "Warren Buffett's Favorite Business Is a Little Chocolate Maker with an 8000% Return. Here Are 5 Reasons Why He Loves See's Candies." *Business Insider*, July 12 (2019), https://markets.businessinsider.com/news/stocks/warren-buffett-berkshire-hathaway-dream-business-is-sees-candies-2019-7-1029916323#quality-people-4.
16. Kenny, Graham, "Don't Make This Common M&A Mistake." *Harvard Business Review*, March 16 (2020), https://hbr.org/2020/03/dont-make-this-common-ma-mistake.

찾아보기

[ㄱ]

가격 책정 145, 146, 148, 397
간접비 157, 233, 300, 301, 451, 452, 465, 513
검색 데이터 102, 141
검색 엔진 최적화(SEO) 89, 117, 123, 174, 175,
　　186, 189, 191~193, 197, 201, 202, 205, 206,
　　217, 241, 273, 343, 388, 402, 405, 438, 470,
　　516, 589
계약직 337, 344~346, 349~351, 353, 354, 415,
　　417, 425, 428, 432~434, 446, 453, 518, 548,
　　552
고객 생애 가치(CLV) 291, 299, 385, 389~392, 394,
　　399, 471
고객 유지 393, 398, 399
고객 유지율 285, 390
관심표명서(IOI) 580
광고 비용 대비 수익(ROAS) 383, 384, 407
구글 애널리틱스 213, 264, 289, 291, 333, 336, 584,
　　588
구글 애즈 401, 402
구글 키워드 플래너 197
구글 트렌드 140, 141
구독 비즈니스 125, 395, 396
구독 서비스 123, 158, 396, 463
규모의 경제 120, 506, 509, 541, 543, 578
그로스 해킹 37, 373
기밀 유지 협약(NDA) 477, 572, 573
기업가 정신 21, 25, 27, 32, 35, 37, 50, 85, 105, 114,
　　252, 500, 505, 519
기회비용 66, 485

[ㄴ]

나그팔, 앙쿠르Nagpal, Ankur 268, 269
나이트, 필Knight, Phil 135
네트워킹 139, 241, 271
노턴, 캣Kat Norton 92
놀란, 카일Kyle Nolan 28, 124, 125

[ㄷ]

다각화
　~된 고객 기반 464
　~된 지주회사 505
　마케팅의 ~ 407, 408
　보유 자산의 ~ 39, 531
　사업 영역의 ~ 38, 58
　소득원의 ~ 76, 142
　수입의 ~ 90
　제품 및 서비스의 ~ 60
　투자의 ~ 313, 327~329, 500
대차대조표 249, 250, 358, 361, 472, 523, 573, 585
더바디샵 368
도메인 131, 198, 199
디지털 광고 339, 377, 379, 380, 384, 427
디지털 마케팅 46, 75, 84, 114, 120, 127, 136, 178,
　　379, 390, 400, 415, 416, 433, 516, 518, 552
디지털 제품 98~101, 103, 149, 150, 410
딕더바이브 83, 84

[ㄹ]

라이프스타일 비즈니스 현금 흐름 방식 315, 316, 318
레키, 로건Lecke, Logan 105~109, 314, 315
로딕, 아니타Roddick, Anita 368
리젠버거, 댄Riesenberger, Dan 154
링크 추적 시스템 129, 242

[ㅁ]

마케팅 투자수익률(ROMI) 387, 388
매니챗 187
매출원가(COGS) 149, 151, 291, 299, 300, 310, 311, 390, 468, 534, 546
머스크, 일론Musk, Elon 27, 153
멍거, 찰리Munger, Charles 501, 510, 511
밀레니얼머니 24, 46, 62, 76, 77, 86, 100, 126, 135, 165, 170, 173, 177, 183, 194, 195, 198, 200, 202, 206, 217, 219, 230, 264, 269, 343, 345, 405, 457, 461, 463, 480, 482, 484, 498, 589

[ㅂ]

배당금 229, 313, 326, 507, 524
배수 가치 평가 483, 525
뱅크보너스닷컴 481
버크셔 해서웨이 501, 507, 510, 511, 523, 524, 535, 550
벌링어, 줄리Julie, Berlinger 99, 100, 150
보상 패키지 443
브랜딩 107, 202, 276
부동산 투자 87, 327, 328, 521, 522
『부의 주인은 누구인가』 272
브랜드 구축 105, 109, 167, 407
비상 자금 235, 243, 325
빌드인퍼블릭 29, 267~270

[ㅅ]

사명 78, 86~88, 204, 367, 368, 429, 441
사업 인수 20, 557, 579
사용자당 평균 매출(ARPU) 392, 398
서비스의 제품화 120~123, 346~349
서비스형 소프트웨어(SaaS) 123~125, 396
성장 전략 367, 478
소비자 직접 판매(DTC) 109
소셜 미디어 92, 93, 109, 110, 139, 141, 147, 172, 180, 185~191, 211, 216, 267, 270, 274, 281, 282, 288, 289, 340, 356, 381, 388, 400~402, 405, 568, 570
손익계산서 246~249, 251, 291, 303, 305, 309~311, 333, 358, 361, 468, 472, 479, 514, 523, 551, 552, 558, 573, 584, 585
순수익 유지율(NDR) 392, 395, 396, 398
스토리텔링 181, 273
스튜던트론플래너 60, 96, 122,130, 217, 347
잡스, 스티브Jobs, Steve 27
시스템화 82, 260, 474

[ㅇ]

아마존 24, 105~110, 142, 191, 209, 211, 312, 314, 315, 378, 381, 408, 475, 527, 582, 604
아웃소싱 36, 56, 57, 78, 197, 234, 259, 260, 280, 287, 308, 415, 417, 432, 480, 543
업셀링 285, 291, 395~398, 408
예산 책정 247, 398, 399
오가닉 마케팅 188, 189, 402, 407
온라인 사업 79, 95, 117, 335, 355, 375, 466, 515
온라인 사업체 531, 575
외상 매입금 250, 302
외상 매출금 302~304, 309
운용 자산(AUM) 268
『워런 버핏, 위대한 자본가의 탄생』 511
월간 반복 매출(MRR) 125, 157, 158, 398
유한책임회사(LLC) 229~231, 240, 244, 245, 320, 322, 501, 520, 586
의향서(LOI) 476, 487, 563, 580~583, 588

인센티브 57~59, 218, 219, 285, 318, 376, 394, 397, 398, 410, 440~442, 602

[ㅈ]
자산 구매 계약서(APA) 589, 590
잠재 고객 105, 120, 126, 128, 146, 152, 167, 171, 186~188, 204, 211, 212, 214, 215, 267, 281, 282, 347, 348, 375, 382, 400, 404~406, 408, 410, 430, 431, 463, 509
재무제표 523, 549, 551, 558
전환율 108, 126, 129, 156, 209, 210, 213, 280, 292, 335, 383, 402
전환율 최적화(CRO) 129
제휴 마케팅 62, 110, 117, 125, 126, 129~131, 214, 247, 339, 403, 404
『좋은 기업을 넘어 위대한 기업으로』 373
직무 기술서 350, 420, 421, 426, 433, 440

[ㅊ]
총 시장 규모(TAM) 140
최소기능제품(MVP) 348

[ㅋ]
커뮤니티 39, 46, 47, 62, 63, 98~101, 139, 140, 148, 210, 212, 222, 241, 254, 258, 260, 264, 266~269, 277, 281, 283, 286, 354, 359, 360, 367, 375, 382, 398, 404, 409, 412, 517, 544, 546, 547
코로나19 팬데믹 144, 155, 296
콘텐츠 재활용 277
크라우드 펀딩 152
클릭당 비용(CPC) 383
클릭당 수익(EPC) 214
클릭률(CTR) 205, 290, 383, 401
키맨 리스크 548

[ㅌ]
타깃팅 194, 214, 378, 379, 382, 383, 389
투명성 275, 423, 447
투자수익률(ROI) 374, 377, 451~453, 485, 512, 525, 526, 528
트래픽 109, 110, 151, 191, 194, 213, 214, 289, 374, 381, 400, 403, 407, 461, 463, 480, 481, 495, 573, 574, 579
『팀워크의 부활』 448

[ㅍ]
『파이낸셜 프리덤』 272, 315, 326, 345
파이낸셜레지던시 400
파타고니아 170
파트너십 175, 187, 244, 341, 361, 376, 443, 444, 445, 463, 574, 578, 587
평균 고객 수명(ACL) 391
평균 구매 가치(APV) 390~392
평균 구매 빈도(APF) 390, 391
표준 운영 절차(SOP) 122, 338, 339, 342~344, 346, 348, 352, 353, 359, 470, 543, 589
표준화 120~122, 337, 343, 346, 348, 464, 484, 568
프로토타입 107
플라이휠 효과 373, 374, 377

[ㅎ]
핵심 고객 129, 592
핵심 성과 지표 336, 383, 471
현금 전환 주기(CCC) 309~312
현금 흐름 FI 314~317
현금 흐름표 251, 252, 358, 361, 523, 573, 585
확장성 99, 117, 345, 348, 509
회복 탄력성 70, 465

옮긴이 조용빈

서강대학교에서 영문학과 경제학을 공부했다. 현대자동차에서 근무했으며 전략, 마케팅 상품, 내부감사, 캐나다 주재원 등의 경력이 있다. 옮긴 책으로는 『변화하는 세계 질서』 『나만을 위한 레이 달리오의 원칙』 『트러스트』 『오늘도 플라스틱을 먹었습니다』 『리처드 루멜트 크럭스』 『세금의 세계사』 『핸드오버』 『레인보우 맨션』 『정상이라는 환상』 『기업의 세계사』 『빅 사이클』 등이 있다.

백만장자의 창업 바이블

초판 1쇄 발행 2025년 11월 28일

지은이 그랜트 사바티어
옮긴이 조용빈
감수 김기영

발행인 윤승현 **단행본사업본부장** 신동해
편집장 김예원 **책임편집** 김예빈
교정 윤홍 **디자인** 스튜디오 보글
마케팅 최혜진 강효경 **홍보** 반여진 허지호 송임선
국제업무 김은정 김지민 **제작** 정석훈

브랜드 리더스북
주소 경기도 파주시 회동길 20
문의전화 031-956-7210(편집) 031-956-7088(마케팅)

홈페이지 www.wjbooks.co.kr
인스타그램 www.instagram.com/woongjin_readers
페이스북 www.facebook.com/woongjinreaders
블로그 blog.naver.com/wj_booking

발행처 ㈜웅진씽크빅
출판신고 1980년 3월 29일 제406-2007-000046호

한국어판 출판권 ©웅진씽크빅, 2025
ISBN 978-89-01-29878-8 03320

- 리더스북은 ㈜웅진씽크빅 단행본사업본부의 브랜드입니다.
- 이 책은 저작권법에 의해 한국 내에서 보호를 받는 저작물이므로 무단 전재와 무단 복제를 금합니다.
- 책 내용의 전부 또는 일부를 이용하려면 반드시 저작권자와 ㈜웅진씽크빅의 서면 동의를 받아야 합니다.
- 책값은 뒤표지에 있습니다.
- 잘못된 책은 구입하신 곳에서 바꿔드립니다.